Dietz Berlin / Theorie

Walter Rodney

Dekolonialer Marxismus

Schriften aus der panafrikanischen Revolution

Hrsg. von Asha Rodney, Patricia Rodney, Ben Mabie und Jesse Benjamin

Aus dem Englischen von Christian Frings

Dietz Berlin

Bibliografische Informationen der Deutschen Nationalbibliothek.
Die Deutsche Nationalbibliothek verzeichnet diese Publikation in der Deutschen Nationalbibliografie; detaillierte bibliografische Daten sind im Internet über http://dnb.dnb.de abrufbar.

Gefördert von der Rosa-Luxemburg-Stiftung

Die englische Originalausgabe ist erschienen bei Verso unter dem Titel »Decolonial Marxism«,

1. Auflage 2024

Franz-Mehring-Platz 1, 10243 Berlin

Gestaltung: Andreas Homann
Satz: Kerstin Davies
Druck und Bindung: Interpress Budapest
Printed in Hungary
ISBN 978-3-320-02418-5

WALTER RODNEY, 1942 in der Kolonie Britisch-Guayana geboren und 1980 in der mittlerweile in die nationale Selbstständigkeit entlassenen Republik Guyana ermordet, gehörte zu den wichtigsten revolutionären Figuren eines panafrikanischen und sozialistischen Internationalismus.

NGŨGĨ WA THIONG'O, 1938 in Kenia geboren, musste 1982 sein Heimatland verlassen und lebt heute in die USA. Ngũgĩ lehrt Vergleichende Literaturwissenschaft und zählt mit seinem umfangreichen Romanwerk und seinen politischen Essays zu den bedeutendsten Schriftstellern Afrikas.

CHRISTIAN FRINGS ist Autor und Übersetzer, unter anderem von David Harvey. Seit den 1970er-Jahren beschäftigt er sich mit der Kritik der politischen Ökonomie von Karl Marx und Fragen der globalen Klassenkämpfe.

Inhalt

Vorwort

Walter Rodney vervollständigt Marx

von Ngũgĩ wa Thiong'o

DIE KOLONISIERUNG MIT ALL ihren miteinander verknüpften wirtschaftlichen, politischen, kulturellen und sogar psychischen Dimensionen war für die Entstehung der kapitalistischen Moderne von zentraler Bedeutung. Die neuen Kolonien im Westen entfachten den atlantischen Sklavenhandel mit dem afrikanischen Körper als Ware. Sie schufen die Sklaverei mit dem afrikanischen Körper als unbezahlte Arbeitskraft für die kolonialen Plantagen und den Rassismus mit all seiner Entmenschlichung des afrikanischen Körpers und Geistes. Die Negation der afrikanischen Menschlichkeit.

All dies trieb die Entwicklung Europas und des Westens voran. Die großen Städte Europas wurden mit dem Reichtum aus Sklavenhandel, Sklaverei und Kolonialismus erbaut. Die USA, Großbritannien und Frankreich sind nicht nur drei der größten Atommächte von heute, sie waren ebenso maßgeblich an der Versklavung und Kolonialisierung beteiligt. Die westliche Moderne ist in der Ausplünderung eines Kontinents verwurzelt.

Doch eine der am häufigsten verbreiteten kolonialen Mythologien besagt, Europa und der Westen hätten Afrika entwickelt. Alle großen Denker der europäischen Aufklärung von Hume bis Kant und Hegel vertraten dieselbe These, die sich auch in den Erzählungen von Missionarinnen[1] und Entdeckern über diesen Kontinent findet. Bis heute hält sich dieser Mythos von der segensreichen Hilfe des Westens für Afrika.

Walter Rodney war es, der diese Mythologie mit seinem heute weltweit anerkannten Klassiker »Wie Europa Afrika« unterentwickelte am eindringlichsten widerlegt hat. Sein Buch und »Die Verdammten dieser Erde« von Frantz Fanon sind in der Tat die grundlegenden Texte, um die Widersprüche zu verstehen, von denen Afrika und alle ehemals kolonisierten Länder Asiens und Südamerikas noch heute heimgesucht werden. Die postkolonialen afrikanischen Eliten sind sehr darum bemüht, ihre vorgetäuschten Identitäten zu beschützen: frankofon, anglofon und lusofon. Aber niemals beschützen sie die Ressourcen des Kontinents. 90 Pro-

1 Anm. d. Ü.: Da in der englischen Sprache die Bezeichnungen für handelnde Subjekte in vielen Fällen keine Angabe des Geschlechts beinhalten, die deutsche Sprache sie aber in der Regel enthält, werden in der deutschen Übersetzung abwechselnd verschiedene Geschlechter gebraucht, worunter immer alle zu verstehen sind; es sei denn, aus dem Kontext ergibt sich eine geschlechtsspezifische Aussage.

zent dieser Ressourcen, darunter Diamanten, Gold, Öl, Kupfer, Kobalt und Uran, befinden sich immer noch im Besitz westlicher Konzerne. Für Europa und den Westen ist Afrika, der größte Kontinent der Welt, nach wie vor die wichtigste Quelle von geschenktem Reichtum.

Das ist der Widerspruch. Europa gab Afrika die Ressourcen seiner Sprachen, die Grundlage für diese vorgetäuschten Identitäten. Afrika gab Europa den Zugriff auf die Ressourcen des Kontinents. Sprachen gegen Zugriff: Das ist die eigentliche Geschichte der Unterentwicklung Afrikas durch Europa, die von Walter Rodney so gut erfasst und analysiert wurde.

Rodney konnte dies aufgrund seiner marxistischen Auffassung von Geschichte tun. Sie ermöglichte es ihm, die Verflechtung von Wirtschaft, Politik, Kultur und Werten klar zu erkennen, die im Kapitalismus auf dem Hauptwiderspruch zwischen Arbeit und Kapital beruht. Aber es gelang ihm, dem die Dimension von Rassismus und Kolonialismus hinzuzufügen. »Rasse«, Geschlecht und Kolonialismus waren integraler Bestandteil der Entwicklung des Kapitalismus zu seinem heutigen Stadium des globalen Imperialismus.

Kolonisierung bedeutet Kolonisator und Kolonisierte. Daher muss die Dekolonisierung auf wirtschaftlicher, politischer, kultureller und psychischer Ebene sowohl die Kolonisatoren als auch die Kolonisierten einbeziehen. Selbst unsere Methodologien müssen von ihrer eurozentrischen Grundlage dekolonialisiert werden. Die marxistische Klassenanalyse braucht die Dimensionen von »Rasse«, Kolonie und Geschlecht, um sie zu vervollständigen.

Diese Aufsätze, »Dekolonialer Marxismus«, werden ein wichtiger Ratgeber für unser weiteres Lernen von demselben panafrikanischen Geist sein, der uns deutlich gezeigt hat, wie Europa den Kontinent unterentwickelt hat. Indem er die Klassenanalyse um die Dimensionen von »Rasse« und Kolonie ergänzt, vervollständigt Rodney Marx.

I —— Marxistische Theorie und Massenaktion

Eine kurze Würdigung von Amílcar Cabral

MIT AMÍLCAR CABRAL HATTE Afrika einen Giganten, der die Kluft zwischen Theorie und Praxis überbrückte und damit die Verkörperung von revolutionärer *Praxis* darstellte. Cabral war ein Theoretiker von höchstem Rang – aber nur, weil er daran beteiligt war, die hässlichen Realitäten der kolonialisierten afrikanischen Gesellschaft zu verändern. In herausragender Weise führte er einen Befreiungskrieg des Volkes an – aber nur aufgrund der Schlüssigkeit seiner wissenschaftlichen Weltanschauung und seiner Fähigkeit, diese auf die sozialen Verhältnisse in Guinea-Bissau anzuwenden.

Die wenigen Seiten, die Cabral einer Analyse der afrikanischen Gesellschaften Guinea-Bissaus widmete, sind von außerordentlicher Scharfsinnigkeit und Authentizität. Das ist verständlich, denn die Genauigkeit der Interpretation war buchstäblich eine Frage von Leben und Tod. Die gewaltige politische Mobilisierungsleistung, die die Afrikanische Partei für die Unabhängigkeit von Guinea und Kap Verde (Partido Africano da Independência da Guiné e Cabo Verde – PAIGC) so eindrucksvoll vollbrachte, beruhte auf einer korrekten Einschätzung solcher Feinheiten wie der Beziehungen zwischen der Jugend und den Älteren beim Volk der Balanta, der Beziehungen zwischen einem quasi feudalen Fula-Herrscher und seinen Fremden oder der Rolle der umherziehenden Manding-Händler innerhalb der kolonialen Wirtschaft. Auf der Grundlage dieser politischen Mobilisierung ist der militärische Konflikt in den meisten Teilen Guinea-Bissaus eindeutig zugunsten der PAIGC entschieden worden.

Dieses Engagement hebt Cabral von der Masse der Intellektuellen ab, die sich rühmen, »neutral« und »unvoreingenommen« zu sein, und damit die Aufrechterhaltung des kolonialen Status quo passiv hinnehmen. Zugleich steht Cabrals Arbeit als revolutionärer afrikanischer Intellektueller auch in scharfem Kontrast zu den Zielen der frühen europäischen Anthropologen, die ihre Studien offen auf die Aufrechterhaltung der Kolonialherrschaft ausrichteten, indem sie »Geheimdienstberichte« für die Besatzungsmacht verfassten. Cabral diente als Geheimdienstoffizier der Befreiungsarmee, als er die komplizierte Zusammensetzung der Abstammungslinien und der sozialen Schichtungen in Guinea-Bissau entschlüsselte. Die Tatsache, dass das portugiesische Kolonialregime praktisch zusammengebrochen ist, im Gegensatz zu dem rasanten Wachstum im Gebiet des befreiten Guinea, ist der ultimative Beweis für den reaktionären Charakter der kolonialen Beziehungen und den progressiven Charakter der intellektuellen Arbeit von Cabral und seinen Kollegen.

So paradox es auch erscheinen mag, Cabral (Führer einer nationalistischen Bewegung) spielte die Bedeutung des reinen Nationalismus ständig herunter. Er tat dies, weil er den Unterschied zwischen einer politischen Perspektive, die sich auf den Nationalismus beschränkt, und einer, die eine revolutionäre Umgestaltung des Lebens der Menschen auf sozialistischer Grundlage beinhaltet, erkannte. Diese revolutionäre Umgestaltung war in Cabrals Augen das oberste Ziel. Er betonte dies bei den unzähligen Gelegenheiten, bei denen er vor den Dorfbewohnerinnen von Guinea-Bissau stand. Er sagte ihnen Folgendes:

> »Die Unabhängigkeit besteht nicht nur darin, die Portugiesen zu vertreiben, eine Flagge und eine Nationalhymne zu haben. Die Menschen müssen die Gewissheit haben, dass niemand ihre Arbeitskraft stehlen wird, dass der Reichtum des Landes nicht in die Taschen anderer fließt. Noch heute steht das guineische Volk nackt da und hat Angst vor dem Fluss, dem Regen und dem Wald. Wir sagen den Guineern, dass durch ihre Arbeit der Fluss gezähmt und der Regen genutzt werden wird.«

Das war die klare Sprache, die sich gegen das Fortbestehen des Neokolonialismus, das Erstarken einer nationalen Bourgeoisie und die Aufrechterhaltung von Unwissenheit und Angst unter den Massen richtete.

Cabral vertrat die Auffassung, dass der nationalistische Kampf der sozialistischen Revolution zeitlich vorausging, dass es jedoch unerlässlich war, die nachfolgende sozialistische Revolution vom Beginn der nationalen Phase an vorzubereiten. Der bewaffnete Kampf war der unausweichliche Weg zur Befreiung von Guinea. Dennoch hat die Politik immer das Kommando behalten. Die PAIGC hat sich ständig für die Kaderbildung, die Massenmobilisierung und die Schaffung demokratischer sozialistischer Strukturen und Einstellungen eingesetzt. All diese Programme profitierten von der langfristigen Vision von Amílcar Cabral, dem Führer der PAIGC seit ihrer Gründung im September 1956.

Für diejenigen unter uns, die ein tieferes Verständnis der historischen Dialektik anstreben, sind die Analysen von Cabral vorbildlich. Es ist kaum vorstellbar, dass selbst Skeptiker von der Stärke und Flexibilität seiner Argumente bezüglich der Rolle der jeweiligen Schichten und Klassen innerhalb der guineischen Revolution unbeeindruckt bleiben können. Cabral löste sich von einer starren Kategorisierung dieser oder jener Klasse als »reaktionär« oder »revolutionär«. Stattdessen befasste er sich mit dem dualen revolutionären/reaktionären Potenzial der meisten am nationalistischen Kampf beteiligten Elemente. Er untersuchte die Besonderheiten der guineischen Gesellschaft und zeigte die Methoden auf, mit denen das revolutionäre Potenzial unter der Führung der PAIGC verwirklicht werden konnte.

Frantz Fanon ist vielleicht mehr als jeder andere für die Popularisierung der Vorstellung vom revolutionären Charakter der afrikanischen Bauernschaft verantwortlich. In einer Rede vor dem Frantz-Fanon-Zentrum in Mailand musste Cabral darauf hinweisen, dass die Bauernschaft zwar das größte objektive Interesse am Kampf habe, aber keine revolutionäre Kraft sei, sondern vielmehr die wichtigste physische Kraft, die dem bewaffneten Kampf zur Verfügung stehe.

Der Widerspruch zwischen ihm und Fanon besteht nur scheinbar. Cabral warnt lediglich vor der leichtfertigen Schlussfolgerung einiger, die Bauern würden *spontan* revolutionär werden. Die bittere Erfahrung hat gezeigt, dass dies nicht einmal auf die industrielle Arbeiterklasse zutrifft, trotz des hochgradig sozialisierten Charakters der industriellen Produktion. Cabral erneuerte nur den Kampf gegen das Konzept der revolutionären Spontaneität und plädierte wieder für eine sorgfältige Mobilisierung der bewusstesten Elemente. Dann, und nur dann würde die Bauernschaft zu einer revolutionären Kraft werden.

Große politische Führer beziehen ihr Ansehen aus ihrer Beziehung zu einer bestimmten sozialen Klasse, in der Regel dann, wenn diese Klasse auf dem Vormarsch ist. Im Fall von Cabral ist seine Größe mit dem Voranschreiten der werktätigen Bevölkerung von Guinea-Bissau, Afrika und der Dritten Welt verbunden. Er ist nicht nur ein Produkt und Sprecher dieser Bewegung, sondern er hat auch aktiv dazu beigetragen, die Kraft des Wandels in eine antiimperialistische Richtung zu lenken. In der Tat lässt sich sagen, dass Amílcar Cabral immer noch ein handelnder Akteur ist, der gegen den Imperialismus arbeitet, sowohl durch das Vermächtnis seines Denkens als auch durch die Strukturen, die er hinterlassen hat. Es wäre leichtfertig und gefährlich zu leugnen, dass der Feind immer noch in der Lage ist, Spaltungen und Verwirrung innerhalb der guineischen Befreiungsbewegung zu stiften. Die Ermordung von Cabral selbst ist ein Beweis dafür. Aber ab einem bestimmten Punkt wird eine Bewegung unumkehrbar, und alle Bemühungen des Feindes bekommen den Beigeschmack von Verzweiflung und Wahnsinn, wie wir es in den letzten Tagen vor dem historischen Sieg des vietnamesischen Volkes über den US-Imperialismus erlebt haben. Der Sieg der Volkskräfte in Guinea-Bissau, in Angola und in Mosambik genügt, um Cabral zu rechtfertigen, und an allen Fronten zeichnet sich dieser Sieg ab.

Brief Tribute to Amilcar Cabral, in: Ufahamu, 1973/3.

Massen in Aktion

IN DEN LETZTEN ZEHN JAHREN wurde Guyana zu einer ständigen Selbstuntersuchung angeregt. Die Ergebnisse waren jedoch dürftig und enttäuschend, vor allem deshalb, weil sich die Diskussion auf die Zeit nach 1953 und auf die Persönlichkeiten, Versäumnisse und Schuldzuweisungen dieser Ära beschränkte.[1] Stillschweigend wurde davon ausgegangen, dass sich die Massen erst ab 1953 an den politischen Angelegenheiten Guyanas beteiligten, nationale politische Führungsfiguren auftraten und rassiales[2] Misstrauen und Konflikte zum Ausdruck kamen. Die Geschichte Guyanas begann schon vor langer Zeit. Selbst der Beginn des 20. Jahrhunderts wäre ein willkürlicher und nicht wirklich überzeugender Zeitpunkt, um mit der Geschichte der guyanischen Massen zu beginnen; aber er lässt zumindest einen gewissen Spielraum für eine vorläufige Untersuchung der guyanischen Vergangenheit in Begriffen, die für die Arbeiterklasse relevant sind.

Die nahezu 300-jährigen vielfältigen Aktivitäten von externen Kräften hatten im Endeffekt dazu geführt, dass am Ende des 19. Jahrhunderts auf dem Festland Guyanas eine kleine, auf die Küstengebiete beschränkte Gesellschaft existierte, die allein auf der Produktion von Zucker beruhte und in der alle Fragen der Klassenschichtung und der Ausbeutung durch das Ausland mit dem Zucker verbunden waren. Im Wesentlichen hat sich an dieser Situation nichts geändert, über 40 Prozent des Nationaleinkommens beruhen auf der Zuckerproduktion. Doch das alte Kolonialsystem hatte seine Kritiker, und die gewichtigsten unter ihnen waren – die arbeitenden Massen. Es wird hier behauptet, dass sowohl die marginale Veränderung einer vollständig vom Zucker abhängigen Gesellschaft als auch die von dieser Gesellschaft hervorgerufene Feindseligkeit auf die Jahre nach 1900 und insbesondere auf die Zeit des Ersten Weltkriegs zurückzuführen sind.

1 Eine Ausnahme von diesem Muster findet sich in The New World Quarterly, 1/1963. Unter: newworldjournal.org/category/volumes/volume-1-1963.

2 Anm. d. Ü.: Anders als im Original wird in der Übersetzung »Rasse« durchgehend in Anführungszeichen gesetzt. Zu Recht wird oft darauf hingewiesen, dass die Verwendung von »race« im Englischen eine andere Bedeutung als »Rasse« im Deutschen hat. Darüber hinaus übersetze ich »racial« mit »rassial« (wie »kolonial« oder »imperial«), auch weil »rassisch« durch das Vokabular des Nationalsozialismus erheblich vorbelastet ist.

Bauxit

In wirtschaftlicher Hinsicht ist Bauxit heute die wichtigste Ergänzung zum Zucker in Guyana. Bei Ausbruch des Ersten Weltkriegs wurde eine Reihe von Bergbaukonzessionen erteilt, als geologische Erkenntnisse darauf hindeuteten, dass in Guyana mit umfangreichen Bauxitvorkommen zu rechnen war. Die größte Konzession besaß die Demerara Bauxite Company, die 1916 vor Ort registriert wurde und von US-amerikanischen und kanadischen Finanzinteressen unterstützt wurde. Die Demerara Bauxite Company erbaute noch vor Kriegsende die Stadt Mackenzie, und Anfang November 1919 berichtete der *Chronicle*, dass das Unternehmen gerade 1 500 Tonnen Bauxit exportiert hatte – seine vierte Lieferung.[3] Alle Guyaner begrüßten die Entdeckung von Bauxit, aber es kam zu einer aufschlussreichen Debatte über die Rolle des US-amerikanischen Kapitals, als sich herausstellte, dass die Northern Alumina Company aus Toronto, deren Tochtergesellschaft die Demerara Bauxite Company war, nur als Fassade von Kapitalisten aus den USA diente. Zunächst wurde die Frage als Konflikt zwischen den britischen imperialen Interessen und denen der USA behandelt, und in der Endphase des Krieges suspendierte die britische Regierung tatsächlich die Vergabe von Bergbaukonzessionen in Guyana, in der Hoffnung, dass nach dem Ende der Kämpfe in Europa britisches Kapital zum Zuge kommen könnte. In der guyanischen Presse tauchte jedoch auch die Frage auf, ob nicht lokale Interessen durch das US-Kapital gefährdet werden könnten, und die örtlichen Unternehmer forderten die Möglichkeit, sich Kapital zu beschaffen und in der Bauxitindustrie aktiv zu werden. Am Ende behielten die nordamerikanischen Financiers und Industriellen das Feld für sich allein. Die Demerara Bauxite Company schloss sich schnell mit Sprostons, dem damals wichtigsten Ingenieurs- und Schifffahrtsunternehmen in Guyana, zusammen und übernahm einen Teil der Kontrolle über dieses Unternehmen. Gemeinsam beherrschten sie den Demerara-Fluss und damit einen wichtigen Teil der Wirtschaft.

Das Vordringen des US-Imperialismus in Lateinamerika

Angeregt durch die Kriegsbedingungen nahm der Handel zwischen Guyana und den Vereinigten Staaten zu, und die Einfuhren aus den USA übertrafen rasch die Einfuhren aus Großbritannien. Guyana war nur ein kleiner Teil eines Entwicklungsprozesses, der sich im gesamten lateinamerikanischen und karibischen Raum vollzog. In Jamaika waren die USA bei der Eroberung des lokalen Marktes weitergegangen als in jedem anderen britisch-westindischen Gebiet; in Surinam war es ebenfalls US-amerikanisches Kapital, das die Bauxitindustrie ins Leben gerufen hatte.

3 Dieser Abschnitt beruht vor allem auf den Zeitungsberichten aus dieser Zeit, die sich im *Chronicle* und in *Argosy* finden.

Diese neue US-Offensive war eine weitere Etappe im Niedergang des europäischen Einflusses in den südlichen Amerikas, ein Prozess, der mit der haitianischen Revolution begonnen hatte.

Das 19. Jahrhundert hatte bereits gezeigt, dass der Niedergang Europas eine Ablösung durch die Vorherrschaft der USA bedeutete. Diese Situation wurde in der Karibik und in Lateinamerika am Ende des Ersten Weltkriegs ernsthaft diskutiert. *The Argosy* veröffentlichte die Abhandlung eines argentinischen Intellektuellen über die Gefahren, die durch den US-Imperialismus drohten. Alle britisch-westindischen Inseln waren besonders darüber besorgt, dass die Briten planten, ihre karibischen Besitztümer an die Vereinigten Staaten abzutreten. Die Antwort auf diese neue Bedrohung sahen sie in einer Föderation, die allerdings merkwürdigerweise auf die gesamte Hemisphäre ausgedehnt wurde und auch Kanada einschließen sollte. In der Folgezeit wurden die Hoffnungen auf eine Föderation enttäuscht, während die Befürchtungen, dass die Briten ihre Besitztümer an die USA abtreten würden, in jeder Hinsicht – mit Ausnahme des Völkerrechts – völlig berechtigt waren.

El Dorado

Gleichzeitig mit Bauxit wurde die glamourösere Attraktion der Diamanten präsentiert. Bis 1922 florierte die Diamantenindustrie, die wertmäßig ein Viertel der Ausfuhren Guyanas ausmachte. Da 1882 Gold entdeckt worden war, Kautschuk und Balata weitere Anreize boten und sich auch die Vorkommen von Bauxit und Diamanten abzeichneten, ist es nicht verwunderlich, dass der »Busch« für die Menschen in Guyana eine neue Bedeutung erlangte. Verstärkt wurde das neue Interesse am Landesinneren wahrscheinlich noch durch den kriegsbedingten teilweisen Abbruch der traditionellen Beziehungen zu Europa. Während des Krieges diskutierten die Menschen eifrig über die Durchführbarkeit von Projekten wie einer Straße, die an die Panamericana angeschlossen werden sollte, und einer tief ins Hinterland führenden Eisenbahnlinie, während eine wirtschaftliche Erschließung der Region Rupununi vorgeschlagen wurde.

Die Parallele zu Guyana im Jahr 1966 ist frappierend. Das Landesinnere stellt im Bewusstsein der Guyanesen einen Ausweg aus den insularen und kolonialen Verhältnissen des schmalen Küstenstreifens dar, und im Übrigen ist klar, dass die Massen in dieser Frage die Initiative ergreifen. Auf den Inseln der Karibik ist ein solches Bewusstsein aus offensichtlichen geografischen Gründen nicht vorhanden, aber auf dem Festland ist es weit verbreitet. Ein moderner Historiker sieht in diesem »El-Dorado-Geist« das charakteristischste Element der lateinamerikanischen Geschichte.[4] Von

4 George Pendle: A History of Latin America, Baltimore/MD 1963.

den guyanischen *Pork-Knocker*[5] wurde dieser Geist in idealer Weise verkörpert, aber er wurde auch von denen geteilt, die zurückblieben.

Aus der Hoffnung, dass das Landesinnere Guyana eine bessere Zukunft bieten würde, wurde nicht viel. Das Einzige, was aus dem Plan zur Verbindung mit dem Hinterland hervorging, war der 1917 eröffnete Rupununi-Viehtrakt. Der Goldrausch der 1880er-Jahre hatte sich in den ersten Jahren des 20. Jahrhunderts verflüchtigt. Die rasant gewachsenen Unternehmen gingen pleite, da sie nicht länger rentabel waren, und die Diamantenindustrie sollte einem ähnlichen Muster folgen. Beide Mineralien brachten zwar weiterhin regelmäßige Einnahmen, aber die Produktion war gering. Auf den ersten Blick scheint es, als habe Guyana seine Ressourcen überschätzt. Aber in Wirklichkeit irrten sich diejenigen, die nur von geringen Gold- und Diamantenvorkommen im Schwemmland ausgingen und die Lagerstätten in großer Tiefe übersahen. Die beklagenswerte Ignoranz und Apathie des Kolonialregimes standen einer rationellen Nutzung der Ressourcen Guyanas entgegen.

Einwanderung durch Schuldknechtschaft

Die Vorstellung von Veränderung, die die Arbeiterinnen Guyanas während des Krieges hegten, beschränkte sich keineswegs auf die Erkundung des Landesinneren. Sie waren bereit, an mehreren wichtigen Fronten gegen die Kräfte der Unterdrückung zu kämpfen. Einer ihrer wichtigsten Kämpfe zielte auf die Beendigung der Einwanderung durch Schuldknechtschaft *(indenture)* und damit auf die Abschaffung dieser Art von Ausbeutung.

Als 1916 McNeil und Chiman Lal, zwei Kommissare aus Indien, Guyana besuchten, um das System der Schuldknechtschaft zu untersuchen, gab es versteckte Hinweise in der guyanischen Presse, dass sie ihre Informationen von sorgfältig ausgesuchten Quellen erhielten. Indische[6] und Schwarze Arbeiter erklärten ihnen nachdrücklich, dass sie kompromisslos gegen das System der Schuldknechtschaft gekämpft hätten. Der Bericht der Kommissare enthielt zwar keine eindeutige Verurteilung, aber wie dem auch sei, am 18. April 1917 legte das letzte Schiff an, das Einwanderinnen mit Schuldverträgen aus Indien transportierte. Nach der Erfüllung der letzten Indenturverträge waren die Arbeitsverhältnisse in allen Bereichen der Gesellschaft nominell frei.

5 Anm. d. Ü.: Als *Pork-Knocker* werden freiberufliche Goldsucher in Guyana bezeichnet, die in den Schwemmlandebenen des Landesinneren nach Diamanten und Gold suchen. Der Ausdruck bezieht sich darauf, dass sie sich oft von gepökeltem Wildschweinfleisch ernährten.

6 Anm. d. Ü.: Im englischen Text werden die aus Indien eingewanderten Menschen meistens als »east indian«, ostindisch, bezeichnet, um eine Verwechslung mit Menschen von den »westindischen Inseln« zu vermeiden. Im Deutschen wird »Ostindien« aber in der Regel als Bezeichnung des östlichen Landesteils von Indien gebraucht. Daher wird »east indian« einfach als »indisch« übersetzt, weil die hier gemeinten Menschen aus allen Landesteilen von Indien stammen können.

Anders als die Sklaverei brachte das System der Schuldknechtschaft ständig freie Bürger in großer Zahl hervor, von denen einige nach Ablauf ihres Vertrags wieder in ihre Heimat zurückgeführt wurden. In der Tat war die Rückführungsquote recht hoch. In den 20 Jahren zwischen 1891 und 1911 kehrten insgesamt 36 016 indische Einwanderer in ihre Heimat zurück, verglichen mit den 65 764, die im gleichen Zeitraum zuwanderten. Viele der in Guyana verbliebenen Inder verließen wie die befreiten Schwarzen die Zuckerrohrplantagen und versuchten, sich als unabhängige Bauern niederzulassen. Im Jahr 1890 verdienten 30 Prozent der aus Indien stammenden Menschen ihren Lebensunterhalt außerhalb der Zuckerrohrplantagen, während 1911 weniger als die Hälfte der im Interesse der Zuckerindustrie nach Guyana gebrachten Arbeiterinnen noch auf den Zuckerrohrplantagen zu finden waren. Im Dezember 1917 betrug die Bevölkerung Guyanas 314 000 Personen, von denen 137 000 aus Indien stammten, und nur 62 000 von ihnen arbeiteten auf den Zuckerrohrplantagen.

Reis

Reis bildete die Grundlage für den Rückzug der indischen Menschen von den Zuckerrohrplantagen. Einige afrikanische Sklavinnen und ihre Nachkommen hatten in Guayana und anderswo Reis angebaut, doch war diese Kulturpflanze in Westafrika nicht weit verbreitet, im Gegensatz zu Indien, von wo die Einwanderer mit Indenturverträgen Techniken des bewässerten Reisanbaus mitbrachten. Bereits 1905 begann der Reisimport nach Guyana zu sinken, und kurz darauf deckte der lokale Reisanbau nicht nur den Inlandsverbrauch, sondern diente auch dem Export. Unter den Bedingungen des Krieges konnte sich die Reisproduktion verstärkt auf den Export ausrichten, da sich die Märkte auf den westindischen Inseln, die von Nahrungsmittelimporten abgeschnitten waren, leicht erobern ließen. In Guyana selbst herrschte Nahrungsmittelknappheit, sodass 1917 ein Embargo für die Ausfuhr von Reis verhängt werden musste. Im März 1919 wurden jedoch wieder Genehmigungen für die Ausfuhr von Reis auf die westindischen Inseln erteilt, sodass aus den Wirren des Krieges die Reisindustrie als zweiter landwirtschaftlicher Wirtschaftszweig hervorging.

Natürlich wollten die indischen Bauern Land. Die Haltung der Pflanzer und der Regierung gegenüber der Vergabe von kleinen Ländereien an indische Einwanderer war anfangs nicht sehr positiv, aber sowohl in Trinidad als auch in Guyana war man bereit, kleine Mengen Land zu vergeben, wenn dies die Rückkehr der Arbeitskräfte nach Indien verhindern würde. Außerdem musste das Land für den Reisanbau gut entwässert und bewässert werden, und die Ernte musste finanziert und vermarktet werden. All diese Probleme wurden erst in den letzten Jahren erfolgreich in Angriff genommen, sodass die Reisbauern jahrzehntelang einen ständigen Kampf gegen Dürre und Überschwemmungen und gegen die Habgier der Händler in

Georgetown führten, die Kredite gewährten und dann den Reis zu lächerlich niedrigen Preisen aufkauften. Dennoch waren die indischen Bäuerinnen wie auch die ehemaligen Sklaven, denen es gelungen war, in Guyana freie Dörfer zu gründen, bis zu einem gewissen Grad der Mühsal des Plantagensystems entkommen, und es ist wahrscheinlich bezeichnend, dass laut Chandra Jayawardena »die Inder der Reisanbaudörfer die indischen Plantagenarbeiter als unordentlich und unmoralisch betrachten«.[7] In der gesamten Karibik ist das Erbe des Zuckers ein Erbe der Erniedrigung.

Die indische »Mittelschicht«

Während die Masse der indischen Bevölkerung entweder auf den Zuckerrohrplantagen oder auf den Reisfeldern arbeitete, gab es auch eine kleine Anzahl von Kaufleuten und Fachkräften, die bereits 1917 eine wichtige Rolle spielten, da aus der Schuldknechtschaft schon seit Langem freie Bürger hervorgegangen waren. Natürlich hatten diese Personen bereits ganz andere Interessen als die indischen Arbeiterinnen und Bauern. Gayadeen, ein indischer Großgrundbesitzer und Reismüller, war der Hauptgegner des Ende 1918 vorgeschlagenen Vorhabens, eine genossenschaftliche Reismühle zu gründen. Er wollte, dass die Bauern vollständig von ihm abhängig blieben, und drohte den unter seiner Knute stehenden indischen Bäuerinnen mit einer Erhöhung der Pacht für den Boden und die Häuser. Veeraswamy, ein Anwalt aus Georgetown, wurde der Heuchelei bezichtigt, als er die indischen Arbeiter Guyanas aufforderte, für König und Vaterland zu kämpfen, während er sich selbst einreden ließ, dass er für Guyana zu wertvoll sei, um eine Einberufung zu riskieren. Es war jedoch der kleine indische Teil der »Mittelschicht«, an den sich die noch oder nicht mehr der Schuldknechtschaft unterworfenen Einwanderer wandten, um Rat und Führung zu erhalten. Daher bemühten sich die Anwälte und Kaufleute, die Interessen der indischen Gemeinschaft als Ganzes zu artikulieren.[8] Wenn es beispielsweise zu ernsthaften Meinungsverschiedenheiten auf einer Zuckerrohrplantage kam, reisten die Arbeiter nach Georgetown und suchten den Beistand prominenter Personen wie Luckhoo und Veeraswamy.

Rassiales Bewusstsein

In den 1890er-Jahren hatten die aus Indien stammenden Menschen offenbar begonnen, eine Art Gemeinschaftsleben aufzubauen. 1917 gab es 46 Moscheen und 43 Tempel, während eine königliche Kommission 1870 nur zwei Tempel vorgefunden hatte.[9] Das Ende der Schuldknecht-

7 Chandra Jayawardena: Conflict and Solidarity in a Guianese Plantation, London 1963, S. 12.

8 Raymond Smith meint, dies sei darauf zurückzuführen, dass die indische »Mittelschicht« von der bereits etablierten »farbigen« und portugiesischen »Mittelschicht« nicht akzeptiert wurde. Raymond T. Smith: British Guiana, London 1962.

9 Ebd.

schaft war zwar nicht so entscheidend wie das Ende der Sklaverei, brachte aber eine neue Welle des Gemeinschaftsgefühls unter den indischen Menschen in Guyana hervor, die unter anderem zur Gründung der British Guiana East Indian Association führte. Die Idee wurde auf Initiative von Herrn Mudhoo Lall Bhose in die Tat umgesetzt, und die anderen Unterzeichner des ersten Rundschreibens, das zur Gründung der Vereinigung aufrief, waren J. Viapree, Rampersaud Sawh, E. Kawall, J. D. Rohee, M. Ishmael, A. S. Ruhoman und Peter Ruhoman. Am 13. Februar 1919 wurde die Vereinigung mit Herrn J. Luckhoo als erstem Präsidenten gegründet.[10] Die Ziele und Zwecke der British Guiana East Indian Association waren die soziale, intellektuelle und moralische Besserstellung ihrer Mitglieder durch Debatten, Vorträge, das Verfassen von Aufsätzen und die Bereitstellung von Bibliotheks- und Erholungseinrichtungen. Nach einigen Meinungsverschiedenheiten wurde beschlossen, dass sich die Vereinigung auch politisch betätigen sollte. Als offizielles Organ der Vereinigung wurde die Zeitschrift *Indian Opinion* herausgegeben, die sich für die Belange der indischen Menschen in Guyana einsetzte. Darüber hinaus gab es ein reges Interesse an den Angelegenheiten des indischen Subkontinents. Der Leitartikel einer frühen Ausgabe der *Indian Opinion* befasste sich im Mai 1919 mit den jüngsten Unruhen in Indien und den Angelegenheiten des Indischen Nationalkongresses.

Zur gleichen Zeit lebte auch das rassiale Bewusstsein der Schwarzen wieder auf. Dies hing auch mit der Abschaffung der Schuldknechtschaft zusammen, da in den Diskussionen über die Rolle und den Status der indischen Menschen in Guyana unweigerlich Vergleiche zur Situation der Schwarzen angestellt wurden. Noch entscheidender waren jedoch die Auswirkungen des Kampfes der Schwarzen in den USA.

Zweimal, 1918 und 1919, versuchte die Regierung, die Einfuhr von Schriften der Schwarzen in den USA, die bei den Massen der Schwarzen in Guyana sehr beliebt waren, gesetzlich zu unterbinden. Am Ende des Krieges versuchte die panafrikanische Bewegung, auf die Friedenskonferenz in Frankreich Einfluss zu nehmen. An verschiedenen Orten, vor allem in den Rathäusern von Georgetown und New Amsterdam, wurden Versammlungen abgehalten, um die Frage der Entsendung eines Delegierten nach Versailles zu erörtern. Briefe an die Presse, Vorträge und Predigten über die Probleme der Schwarzen waren an der Tagesordnung und es wurde oft auf Beispiele aus den USA verwiesen.

Bis 1923 hatten die Massen der Schwarzen Organisationen wie den Georgetown-Zweig der Universal Negro Improvement Association (von

10 Vgl. den Artikel »Centenary History of the East Indians of British Guiana« (Daily Chronicle, 1938), in dem P. Ruhomon die Gründung der Vereinigung seinem Bruder Joseph Ruhomon zuschreibt, der 1916 einen indischen Verein in Berbice gegründet hatte. Aber als 1919 der Versuch in Georgetown unternommen wurde, war diese Vereinigung praktisch nicht mehr existent.

Marcus Garvey), die African Communities League und die Negro Progress Convention gegründet. Auch die relativ kleine portugiesische Gemeinschaft versuchte, sich in der Portuguese Benevolent Society zu organisieren. Die Portugiesen sprachen viel von ihrem »portugiesischen Erbe«, von der Notwendigkeit, die portugiesische Sprache in Guyana zu bewahren, und vom Wunsch nach einer portugiesischen politischen Partei.

Der Klassenkampf

Neben der Betonung der rassialen Identität entwickelte sich auch ein starkes Klassenbewusstsein. Pfarrer M. A. Cossou erklärte im Februar 1919 in einer Rede in McKenzie: »Wenn, wie Präsident Wilson sagte, die Welt für die Demokratie sicher sein soll, müssen die Beziehungen zwischen Kapital und Arbeit die besten sein.« Drei Monate später lautete die Präambel einer Resolution der Arbeiterinnen in Georgetown wie folgt: »Diese Versammlung der arbeitenden Klassen in der Stadt Georgetown und der Delegierten verschiedener Verbände der arbeitenden Klassen in den Wahlkreisen Demerara, Essequibo, Berbice und der Stadt Neu-Amsterdam bringt zum Ausdruck, dass …«. Dies waren typische Ausdrucksformen des Bewusstseins für die grundlegenden Klassenwidersprüche in der Gesellschaft.

Steigende Preise

Während des Krieges waren die Preise in die Höhe geschossen. Eine Kommission, die mit der Ausarbeitung eines Berichts über die Gehälter im öffentlichen Dienst beauftragt war, stellte fest, dass die Lebenshaltungskosten bis 1918 im Durchschnitt um 150 Prozent gestiegen waren. Welche Verbesserung würde das Ende des Krieges bringen? Dies war die wichtigste Frage, die sich die Guyaner stellten, als sich der Konflikt in Europa seinem Ende näherte. Im Dezember 1918, kurz nach dem Waffenstillstand vom November, warnte Pfarrer R. T. Frank die Arbeiter, für deren Sache er sich sehr einsetzte, sie sollten nicht zu viel erwarten. Insbesondere vertrat er die düstere, aber realistische Einschätzung, dass sich die Lebenshaltungskosten nicht verringern würden. Er drängte auf die Gründung von Gewerkschaften, und tatsächlich waren es die hohen Preise während und nach dem Krieg, die die Arbeiter zwangen, sich zu organisieren.

Der Aufruhr der Hafenarbeiter

Bereits 1905 hatte der damals 18-jährige Hafenarbeiter H. N. Critchlow zusammen mit einigen seiner Kollegen vorgeschlagen, für höhere Löhne zu streiken. Noch im selben Jahr wurde der Plan in die Tat umgesetzt, was zu weitverbreiteten Unruhen führte, auf die von der Polizei mit Waffengewalt reagiert wurde. Als im folgenden Jahr ein weiterer Streikversuch unternommen wurde, musste Critchlow als Sprecher der Hafenarbeiter vor dem Magistrat der Stadt erscheinen. Er wurde beschuldigt, er habe »einen Arbeiter namens Abraham Richie daran gehindert, auf ehrliche Weise seinen Lebensunterhalt zu verdienen«. Die Anklage wurde fallen gelassen, aber auch der Aufruf zum Streik. Erst im Jahr 1916 wurde ein neuer Versuch unternommen. Die Arbeitszeiten der Hafenarbeiter waren damals von 6.30 Uhr bis 18.00 Uhr, mit einer einstündigen Pause für das Frühstück. Die Hafenarbeiter beschlossen, dass die Arbeitszeit verkürzt und der Lohn von 64 Cent pro Tag auf 84 Cent erhöht werden sollte. Mithilfe von J. Sydney McArthur, einem Anwalt aus Georgetown, und Nelson Cannon, einem Mitglied des Court of Policy, bereiteten sie eine Petition an die Regierung vor. Als diese scheiterte, setzten die Arbeiter ihre Forderungen mit einem kämpferischen Streik durch.

Der erste Erfolg der Hafenarbeiter im Jahr 1916 war jedoch nur von kurzer Dauer, weil die Preise weiter stiegen, und im September 1918 griffen sie erneut an. Wieder unter der Führung von Critchlow forderten sie Lohnerhöhungen für Gelegenheits- und Vollzeitbeschäftigte, ein anderes Entlohnungssystem und eine Verkürzung der Arbeitszeit. Die Hafenarbeiter verhandelten geschickt und erstellten einen detaillierten Lebenshaltungskostenindex, der die Preissteigerungen bei Lebensmitteln und anderen lebensnotwendigen Gütern aufzeigte. Bei einer vollen Sechs-Tage-Woche mit 69 Stunden konnten die regulär Beschäftigten höchstens vier Dollar und achtzig Cent pro Woche verdienen, was angesichts des Lebenshaltungskostenindexes eindeutig unzureichend war. Die Handelskammer, die für den Großkonzern Booker und andere Water-Street-Firmen die Verhandlungen führte, erklärte, diese seien nicht für den Anstieg der Preise für Grundnahrungsmittel verantwortlich, und war zunächst nur zu einer Lohnerhöhung von einem Schilling (fünf Cents) pro Woche bereit. Die Hafenarbeiter blieben hartnäckig und setzten sich durch. In einem abschließenden Schreiben, in dem den Arbeitern der Sieg zugestanden wurde, fügte die Handelskammer bedrohlich hinzu, dass »der Rat hofft, dass damit erneute Forderungen für eine bestimmte Zeit zurückgestellt werden«.

Die tägliche Arbeitszeit der Hafenarbeiter betrug damals neun Stunden. Der »Achtstundentag« wurde zur nächsten Forderung, die Anfang Dezember 1918 an die Handelskammer gerichtet wurde. Diese hatte bereits angedeutet, dass sie weitere Verbesserungen für die Hafenarbeiter verhindern werde, und äußerte nun »ihr großes Bedauern und Erstaunen darüber, dass die Arbeiter bereits sechs Wochen, nachdem in großzügiger und liberaler Weise alle ihre Forderungen vom 16. September 1918 erfüllt worden waren, erneut weitere Zugeständnisse von der Kammer verlangten«. Die Kaufleute machten geltend, dass die Löhne seit Kriegsbeginn um fast 100 Prozent gestiegen seien und die Verkürzung der Arbeitszeit um eine Stunde eine weitere Erhöhung um zehn Prozent bedeuten würde. Die Forderung der Hafenarbeiter nach dem Achtstundentag wies die Kammer weiterhin kategorisch zurück und ließ keinen Spielraum für Verhandlungen. So wurde im Januar 1919 ein militanter Streik beschlossen, der direkt zur Gründung der British Guiana Labour Union führte.

The British Guiana Labour Union (BGLU)

Die BGLU feiert ihren Jahrestag am 11. Januar, aber die am 11. Januar 1919 existierende Organisation scheint nicht mehr als eine »Hafengewerkschaft« gewesen zu sein, ein informelles Gebilde, das durch den Streik im Hafen ins Leben gerufen wurde. Am 6. April fand in der Unique Friendly Society in der Regent Street eine Versammlung statt, auf der Critchlow eine Resolution zur Gründung einer Gewerkschaft vorschlug, die auch angenommen wurde. Zwei Vertreter von Bookers waren ebenfalls eingeladen, und von ihnen kam der Vorschlag, einen Industrierat zur Beilegung von Streitigkeiten zwischen den Hafenarbeitern und den Arbeitgebern der Water Street zu bilden. Der dreiköpfige Rat trat kurz darauf zusammen und empfahl den Achtstundentag und einige Lohnerhöhungen.

Aus der Bewegung der Hafenarbeiter ging eine Organisation hervor, die sich nicht nur um den eigenen Kampf kümmerte. Ein Korrespondent der *Argosy* wies darauf hin, dass die angespannte Lage der Arbeiterschaft in der Nachkriegszeit in der ganzen Welt, die regelmäßig in der guyanischen Presse behandelt wurde, nicht ohne Einfluss auf das guyanische Proletariat bleiben konnte. Es war ein Zeugnis für die revolutionäre Stimmung der Arbeiterschaft im ganzen Land, dass aus verschiedenen Teilen des Landes Anträge auf Mitgliedschaft in der BGLU eingingen.

Im April beschloss eine Versammlung in Victoria (Ostküste Demerara) die Gründung eines Gewerkschaftszweigs für dieses Gebiet und im nächsten Monat folgten dem die Arbeiterinnen von Bagotville (Westküste Demerara). Dies waren typische Beispiele für die Bewegung, die zur raschen Gründung einer landesweiten Arbeiterorganisation führte. Alle Sektoren der Arbeiterschaft, einschließlich der Handwerker, waren daran beteiligt. Der erste Vorsitzende, M. Hosanah, war ein Schneider, und es gab Spötteleien darüber, dass auch die Bewohnerinnen der Alten- und Armenhäuser der Gewerkschaft beitreten durften. Dies war möglich, weil die Gewerkschaft auch ein Begräbnisverein war und damit an eine der ältesten Formen von sozialer Organisierung unter den Massen von Guyana anknüpfte.

Die BGLU verfügte über eine breite Basis für direkte Arbeitskampfmaßnahmen. In der zweiten Hälfte des Jahres 1919 und fast im gesamten Jahr 1920 kam es zu einer Reihe von Konflikten und Streiks, an denen unter anderem die Eisenbahn, die Elektrizitätsgesellschaft, die Sägewerke, die Zuckerplantagen, die *Argosy* und die Docks beteiligt waren. Durch den Druck dieser von Arbeitern getragenen Bewegungen konnten sogar Verbesserungen für die Angestellten in der Water Street durchgesetzt werden, obwohl es nicht verwunderlich war, dass diese Angestellten nie eine wirkliche Loyalität zur Arbeiterbewegung zeigten.

Die erste Jahreshauptversammlung im Jahr 1920 war ein Fiasko und die Gewerkschaft löste sich fast auf. Die Mitgliederzahl sank von einem Höchststand von 13 000 auf einige Hundert, aber die Gewerkschaft fungierte weiterhin als Interessenvertretung. Im Jahr 1923 konnten die Delegierten der Generalkonferenz auf einige Jahre solider Erfolge zurückblicken. Eine Gewerkschaftskampagne hatte Anfang 1922 zur Verabschiedung eines Gesetzes zur Beschränkung der Mieten geführt. Im Januar 1923 kam das Gerücht auf, das Mietgesetz stehe kurz vor der Aufhebung, und die Arbeiterinnen waren bereit, den Kampf notfalls wieder aufzunehmen. Mit dieser und ähnlichen Kampagnen machten die Arbeiter deutlich, dass sich die Aktivität der Gewerkschaft nicht nur auf Lohnverhandlungen beschränken sollte.

Eine Entschließung der Konferenz von 1923 zielte auf die Einrichtung einer freiwilligen Organisation ab, die die Massen davon abhalten sollte, sich in Fällen, die außergerichtlich geregelt werden konnten, auf kleinliche Streitigkeiten einzulassen. Ein weiteres Hauptanliegen war die Arbeitslosigkeit, gegen die eine Petition organisiert wurde. Der vielleicht ehrgeizigste Schritt der BGLU war der Versuch, 1920 die erste westindische Konferenz einzuberufen. Leider war nur die Trinidad Working Men's Association in der Lage, Delegierte zu entsenden – die übrigen Territorien bekundeten zwar ihr Interesse, konnten sich aber nicht beteiligen. Die Chance, eine gemeinsame westindische Perspektive für die Arbeiterbewegung zu entwickeln, wurde somit vertan, obwohl die Kämpfe der Arbeiter in Trinidad in Guyana aufmerksam verfolgt wurden.

Ländliche Revolution

Es muss betont werden, dass das Erwachen der Massen in Guyana landesweit stattfand und sich nicht nur auf die Aktivitäten der städtischen Arbeiter in Georgetown beschränkte. Die BGLU interessierte sich auch für die Plantagenarbeiterinnen, obwohl ihre Aktivitäten auf den Plantagen durch den Widerstand der Manager gegen den Beitritt ihrer Arbeiterinnen zur Gewerkschaft stark eingeschränkt waren. Die indischen Arbeiter nutzten weiterhin Crosby[11] und die Einwanderungsbehörde, um ihre Probleme vorzubringen, und baten prominente indische Anwälte, in ihrem Namen zu intervenieren. Dabei handelte es sich keineswegs um ein passives Arrangement. Sowohl Crosby als auch die indischen Anwälte mussten sich mit riesigen Abordnungen treffen, die von der jeweiligen

11 Anm. d. Hrsg.: James Crosby war von 1858 bis 1880 Generalvertreter der Einwanderungsbehörde in Britisch-Guayana, der häufig für die Belange von Arbeitsmigranten gerichtlich gegen Plantagenbesitzer vorging.

Plantage oder dem Gebiet, in dem die Beschwerden vorgebracht wurden, nach Georgetown kamen.

Oft verließen ganze Belegschaften ihre Plantage, wie es 1917 und 1924 in Ruimveldt geschah. Bei letzterer Gelegenheit kam es zu einer ermutigenden Einigkeit zwischen den Bemühungen auf dem Land und in der Stadt. 4000 Inder und Schwarze marschierten mit Fahnen, Stöcken und ihren Werkzeugen nach Georgetown – einige, um Critchlow im BGLU-Büro zu treffen, andere, um sich bei der Einwanderungsbehörde über unregelmäßige Lohnzahlungen zu beschweren.

Unabhängig von der Bildung einer Gewerkschaft ging die Initiative zu den Fragen, die das Wohlergehen der Massen betrafen, von der Landbevölkerung aus. Der Vorsitzende des Victoria-Instituts stellte im April 1919 fest, dass »Georgetown bei politischen Entscheidungen auf die Ostküste schaut«, und die Tatsachen bestätigten dies. Zu den Waffen, die das ländliche Proletariat und die Bauernschaft für ihren Kampf entwickelten, gehörten Kreditbanken und landwirtschaftliche Vereinigungen, während die Dorfräte und die Konferenzen der Dorfvorsteher Foren für den Ausdruck des Willens der ländlichen Massen und ihrer Entschlossenheit boten, sich der Klasse der Plantagenbesitzer entgegenzustellen. Im Februar 1919 wurde A. A. Thorne, ein Abgeordneter der Arbeiter im Combined Court (der zum Teil gewählten Legislative in Guyana), von der Generalstaatsanwaltschaft beschuldigt, er wolle sich in irgendeinem Dorf auf Gesuch des Dorfvorstehers mit einer Gruppe von Bolschewiken treffen. In seiner Antwort stellte der Vorsitzende der West Bank Agricultural Society fest, dass »der Generalstaatsanwalt das verdächtige russische Wort benutzt ... Es war eine Frage von Kapital und Arbeit. Die Arbeiter wurden durch die Konferenz der Landwirte und die Konferenz der Dorfvorsteher vertreten«.

Zuckerrohranbau

Einer der wichtigsten Trends während der Kriegszeit war die Entwicklung eines Systems des Zuckerrohranbaus auf bäuerlicher Basis. Im Jahr 1897 hatte eine königliche Kommission die Gewährung von Beihilfen für Zuckerrohrbauern empfohlen. Die Regierung unternahm nur wenig, um den Bericht umzusetzen, aber auf einigen Ländereien trafen Bauern und Zuckerrohrpflanzer private Vereinbarungen. Die Landwirte sahen sich mit erheblichen Schwierigkeiten konfrontiert, beispielsweise beim Transport des Zuckerrohrs zu den Fabriken und beim Entladen, aber sie organisierten sich, um diese Probleme zu überwinden und von den Zuckerfabriken, die ihr Produkt abnahmen, höhere Preise zu erhalten. Im März 1919 schlug das Cane Farming Movement ein Gesetz vor, das die Beziehungen zwischen den kleinen Zuckerrohrbauern und den Zuckerfabriken, die ihr Zuckerrohr kauften und verarbeiteten, regeln sollte. Sie verwiesen auf Trinidad, wo 1902 geringfügige gesetzliche Regelungen zu dieser Frage verabschiedet worden waren, obwohl die Bauern in Guyana ein umfassendes Gesetz bevorzugt hätten, wie es in Queensland, Australien, existierte.

Kooperative Kreditbanken

Zusammen mit dem bäuerlichen Zuckerrohranbau entstand die Bewegung der genossenschaftlichen Kreditbanken, da für die Zeit zwischen Aussaat und Ernte Kredite unerlässlich waren. Auch für den erst kürzlich aufgekommenen Reisanbau spielten Kredite eine immer größere Rolle. Schon zu Beginn des Jahrhunderts waren mehrere genossenschaftliche Kreditbanken gegründet worden, aber wirklich bedeutend wurden sie erst, als der bäuerliche Zuckerrohranbau und der Reisanbau expandierten und die Planungen 1916 vom Local Government Board übernommen wurden. Ende 1915 waren nur drei Banken registriert, Ende 1916 waren es bereits 18, und 1918 gab es bereits 26 genossenschaftliche Kreditbanken. Die Zahl der Anteilseigner stieg von 220 im Jahr 1915 auf 5815 im Jahr 1918, und im gleichen Zeitraum war das Betriebskapital von 611 auf 28 020 US-Dollar gestiegen.

Die Tätigkeit der Ann's Grove-Clonbrook Co-operative Credit Bank kann als typisches Beispiel herangezogen werden. Im Jahr 1918 gewährte sie 156 Anteilseignern Darlehen in Höhe von 2508 US-Dollar. Diese Kredite in Höhe von fünf bis zwanzig Dollar hatten eine Laufzeit von einem bis zwölf Monaten. Bei den Kundinnen handelte es sich hauptsächlich um Reisbäuerinnen, aber auch um Zuckerrohrbauern, Kleinhändlerinnen, Kokosnussölhersteller und Kleinunternehmer. Natürlich waren dies nur erste kleine Versuche, da dem Kolonialregime nur schwer etwas abgerungen werden konnte.

Die Reaktion der Plantokratie

Jede der bisher aufgezeigten Tendenzen stellte eine direkte oder potenzielle Bedrohung für das alte Kolonialsystem dar. Die Erschließung des Landesinneren, die Abschaffung der Schuldknechtschaft für die Menschen aus Indien, die Entwicklung des bäuerlichen Zuckerrohranbaus und die Organisation des Proletariats stellten allesamt für die Plantokratie einen Angriff auf die Struktur der auf Zucker beruhenden Gesellschaft dar.

Als in den 1890er-Jahren die Goldfelder erschlossen wurden, hatten die Zuckerrohrpflanzer große Schwierigkeiten, regelmäßig genügend Arbeitskräfte zu den von ihnen angebotenen Löhnen zu bekommen. Aus diesem Grund wurde 1896 die königliche Kommission mit ihrer Untersuchung beauftragt. Die Empfehlung der Kommission, königliches Land *(Crown Lands)* an Bauern zu vergeben, war den Pflanzern jedoch ein Dorn im Auge. Laut J. Eleasar, einem Anwalt aus Georgetown, »wurden die Crown Lands viele Jahre lang dem Volk vorenthalten, weil die Pflanzer der Meinung waren, dass alles, was zur Ansiedlung von Menschen auf dem Land unternommen würde, dazu führen würde, den Zuckerrohrplantagen Arbeitskräfte wegzunehmen«. Das war den Massen durchaus bewusst. Am Ende des Krieges waren die Pflanzer besorgter denn je, denn Bauxit, Balata, Reis, Gold, Diamanten, Zuckerrohranbau und Bewässerungssysteme boten alternative Beschäftigungsmöglichkeiten für die früher an die Zuckerrohrplantagen gefesselten guyanesischen Arbeiterinnen. Die Pflanzer starteten daher eine konterrevolutionäre Offensive.

Nach der Kommission von 1896 förderten die Eigentümer von Vryheid's Lust (Berbice-Fluss) den Anbau von Zuckerrohr auf ihren Ländereien durch Bauern, die das Land pachtfrei erhielten. Von einer Reihe anderer Ländereien wurde diese Praxis übernommen. Im Dezember 1918 wurde den Zuckerrohrbauern plötzlich mitgeteilt, dass sie zwischen neun und zwölf Dollar pro Acre zu zahlen hätten. Es gab weder eine Vorankündigung, noch wurde den Bauern eine Erhöhung der Preise für ihr Zuckerrohr angeboten. La Bonne Mere war das einzige Gut, das diese reaktionäre Politik nicht verfolgte. Die Landwirte schlugen vergeblich alternative Konzepte für die Fortsetzung der Bewirtschaftung der Ländereien vor. Die Pflanzer suchten nach einem Vorwand, um Gesetze zur weiteren Einwanderung einzuführen, die einzige Methode, die sie kannten, um das hierarchische Plantagensystem aufrechtzuerhalten. Sie entzogen Land dem Anbau, das die Zuckerrohrbauern gerne bearbeitet hätten, und innerhalb kurzer Zeit wurden allein in Berbice die Ländereien von Adelphi, Canefield, Bath, La Retraite, Highbury, Goldstone Hall und Everton geschlossen – angeblich wegen Arbeitskräftemangels, obwohl es in Wirklichkeit viele Menschen gab, die zur Arbeit bereit gewesen wären, nur eben nicht zu diesen Hungerlöhnen.

Das Kolonisierungsprogramm

Anfang 1919 wandte sich der Vorsitzende der Pflanzervereinigung an den Generalstaatsanwalt mit der Behauptung, der Zuckerrohranbau sei um 6000 Acre zurückgegangen und es bestehe die Aussicht auf einen noch größeren Rückgang, wenn die Pflanzer nicht neue Arbeitskräfte bekämen. Aus dieser Forderung ging die Colonziation Bill hervor, mit der ein weiterer Zustrom von billiger Arbeitskraft nach Guyana, vorzugsweise aus Indien, sichergestellt werden sollte.

Die Pflanzer brachten die Maßnahme zu einer Zeit ein, als die während des Kriegs eingeführten »Defence of the Colony Regulations« noch in Kraft waren. Thorne beschwerte sich, dass »es offensichtlich ungerecht war, dass sich die Kapitalisten versammeln und ein Gesetzesvorhaben einbringen konnten, während den an diesen Fragen interessierten Arbeitern erklärt wurde, dass sie sich aufgrund der Zeitumstände mit diesen Angelegenheiten nicht zu befassen hätten«. Aber die Arbeiter ließen sich nicht mundtot machen. Sie sahen in dem Kolonisierungsprogramm das, was es war – ein Versuch, den einheimischen Arbeitskräften die Löhne zu kürzen und sie in einer Position der Unterwerfung zu halten. Als die Vorlage im Combined Court verhandelt wurde, agitierten die Arbeiterinnen heftig gegen seine Verabschiedung und forderten die gewählten Abgeordneten auf, den Widerstand der Bevölkerung gegen das Gesetz zum Ausdruck zu bringen. Darauf antwortete ein Leitartikel im *Chronicle,* in dem es hieß, »die gewählten Abgeordneten wären sehr dumm, wenn sie sich von Agitatoren terrorisieren ließen, die sie warnen, dass sie mit einer Zustimmung ihr Mandat riskieren würden«. Er deutete düster an, dass derartige Aktionen die stärksten Argumente für die Schaffung einer Kronkolonieregierung liefern würden. Solche Drohungen hielten die Arbeiter im ganzen Land nicht davon ab, ihren Standpunkt deutlich zu machen. Jede der im ganzen Land abgehaltenen Versammlung gegen das Gesetz war ein Erfolg, während die Versammlungen der Befürworter ausnahmslos ein Fiasko waren.

Obwohl der Combined Court eine Mission nach England und Indien schickte, wurde aus dem Kolonisationsgesetz nichts. Dennoch war es das wichtigste Thema der öffentlichen Debatte in Guyana am Ende des Ersten Weltkriegs, an der sich ganz klar zeigte, wie deutlich den Massen ihre koloniale Situation bewusst war und wie entschlossen sie waren, ihr ein Ende zu setzen. In dieser Stimmung entging der Wachsamkeit der Massen nichts. Als die Regierung ein Gesetz einführte, das die Einfuhr von Schriften der Schwarzen in den USA verbieten sollte, wehrten sich die Arbeiter zweimal dagegen; als ein reaktionäres Geschworenengesetz eingebracht wurde, kämpften die Arbeiterinnen erneut erbittert, wenn auch erfolglos; und bei einer weiteren Gelegenheit erstickte der Widerstand des Volkes einen Vorschlag des Gouverneurs im Keim, ein Landstreichergesetz zu verabschieden, mit dem Arbeiter zu lächerlichen Löhnen für öffentliche Arbeiten zwangsverpflichtet werden sollten.

Die Verfassung

An dieser Stelle ist es notwendig, an die Art des politischen Systems in Guyana zu erinnern. Im Jahr 1891 wurde der »Court of Policy«, der bis dahin nur aus ernannten Mitgliedern bestand, reformiert, sodass neben den acht vom Gouverneur bestimmten Mitgliedern 14 Mitglieder gewählt werden konnten, die zusammen im »Combined Court« saßen. Außerdem gab es zwei gewählte Finanzvertreter, wobei die Zuständigkeit für die Finanzen ständig umstritten war, da sie mit der Exekutivgewalt des Gouverneurs kollidierte. Auf jeden Fall dauerte es einige Zeit, bis sich im Regierungskörper die Verfassungsänderung widerspiegelte, mit der die farbige und portugiesische »Mittelschicht« eine gewisse Vertretung erhalten sollte.

Angesichts des sehr begrenzten Wahlrechts konnten die neuen Vertreter im Combined Court nach 1891 natürlich nicht von den Arbeiterinnen gewählt werden und diese auch nicht vertreten. Es war jedoch für sie von gewissem Vorteil, dass nun im Zentrum der lokalen politischen Macht eine Gruppe von Personen saß, die in Opposition zur Klasse der Pflanzer und zu vielen Aspekten des alten Kolonialsystems stand. So ist es, wie Raymond Smith feststellte, wahrscheinlich bezeichnend, dass zum Beispiel der Reisanbau zu einer Zeit entstand, als die Zuckerproduktion am Boden lag und die neue »Mittelschicht« nach den Verfassungsreformen von 1891 an der Macht beteiligt wurde. Außerdem war die »Mittelschicht« selbst nicht zufrieden. Sie verlangte nach mehr Kontrolle über die Angelegenheiten des Landes, insbesondere im finanziellen Bereich, und wie so oft ermutigte sie die Arbeiter, mit ihnen zu schreien, um so viel Lärm wie möglich zu machen.

Entscheidend scheint das Jahr 1916 gewesen zu sein. Gegen den damaligen Gouverneur Egerton, der sich bei den Kaufleuten in Georgetown unbeliebt gemacht hatte, weil er sich in ihre zwielichtigen Spekulationen mit dem Reisexport einmischte, wurde eine Abberufungsbewegung gestartet. Dieses Drama der »Mittelklasse« wurde jedoch vor einer Öffentlichkeit aufgeführt, die ihre eigenen Gründe hatte, das koloniale System und seinen Vertreter, den Gouverneur, zu verabscheuen. Auch die Arbeiterinnen forderten nun eine demokratischere Verfassung und ein politisches Programm, das ihre Lebensbedingungen verbessern würde. Im Oktober 1918 schrieb ein Korrespondent des *Chronicle:* »Die ärmeren Menschen dieser Kolonie sind im Allgemeinen der Auffassung, dass es in den Gebieten unter britischer Herrschaft zu keinen schnellen Fortschritten kommt ... Solange die Politik des Landes nicht durch ihre Vertreter in die Hände des Volkes gelangt, werde es zwangsläufig nur langsam vorankommen.«

Am Ende des Krieges sahen sich die Wähler mit einer »Fortschrittspartei« konfrontiert, bei der es sich nicht um eine organisatorische Einheit, sondern um ein Bündnis von Politikern handelte, das aus der Abberufungsbewegung hervorgegangen war und die Absicht hatte, alle 14 durch Wahlen zu besetzenden Sitze zu erobern. Auch sie identifizierten sich mit den Massen, was nach ihrer erfolgreichen Wahl für Ernüchterung sorgen sollte.

Politischer Einfluss der Volksmassen

Der Einfluss, den die Arbeiter schon vor der Einführung des allgemeinen Wahlrechts aller Erwachsenen hatten, wird gewöhnlich unterschätzt. Die physische Unruhe der Massen war ein Faktor, der immer berücksichtigt werden musste. In den ersten drei Jahrzehnten dieses Jahrhunderts kam es ständig zu Unruhen und Riots. Die sogenannten Brotunruhen waren die krassesten Beispiele dafür, wie auf die Bitte der Menschen um Brot mit Kugeln geantwortet wurde. Die atemlose Eile, mit der das Kolonialregime den Riot Act verabschiedete, zeugte von der tief verwurzelten Angst vor Massenaktionen, die es von den Zuckerrohrpflanzern und Sklavenhaltern geerbt hatte.

Abgesehen von der Androhung von Gewalt übten die Arbeiterinnen auch durch öffentliche Versammlungen Druck aus. Unter der Schirmherrschaft der BGLU trafen sich die Arbeiter von Georgetown, um die relativen Vorzüge von Percy Wight und P. N. Cannon zu diskutieren, wobei sie zu dem Schluss kamen, dass Letzterer ein Feind der Arbeiterklasse war. Arbeiterinnen in New Amsterdam forderten in einer Versammlung, Eustace Woolford solle in seinen Wahlkreis zurückkehren und Rechenschaft über seine Amtsführung im Combined Court ablegen und insbesondere seine Ambivalenz in Bezug auf das von den Arbeitern angeprangerte Kolonisierungsgesetz erklären. Währenddessen kamen Bauern der Ostküste Demeraras in Victoria Village zusammen, verurteilten die amtierende Regierung und gründeten eine »Politische Vereinigung«, deren Mitglieder aus Anne's Grove und Bachelor's Adventure kamen. All dies geschah in der Zeit nach der Abberufungsbewegung und der Bildung der »Fortschrittspartei« und es mag bedeutungslos erscheinen, weil die Arbeiterinnen kein Wahlrecht hatten.

Aber der Aufschrei des Volkes wirkte sich auf diejenigen aus, die das Wahlrecht hatten, und auf diejenigen, die als Volksvertreter auftraten. So verlor zum Beispiel Cannon 1923 das Bürgermeisteramt von Georgetown, und während er selbst einen Sitz im Combined Court behielt, waren die von ihm unterstützten Kandidaten alle erfolglos. Die Wirkung der breiten Agitation gegen das Kolonisierungsgesetz zeigte sich daran, dass die Regierung selbst beschloss, eine Reihe von öffentlichen Versammlungen abzuhalten, um Unterstützung für die Maßnahme zu gewinnen. Die Arbeiter drangen einfach in diese Versammlungen ein, die 1919 stattfanden, und verabschiedeten eigene Resolutionen, in denen sie Verbesserungen bei der Abwasserentsorgung, der Entwässerung und der Bewässerung sowie höhere Löhne forderten, bevor sie einem weiteren Zustrom von Einwanderern zustimmen würden.

Die Aussetzung der Verfassung im Jahr 1928

Allen war klar, dass die Verfassung von 1891 nicht länger von Nutzen war. Die »Mittelschicht« wollte mehr Macht, insbesondere über die Finanzen und die Exekutive, während die Pflanzer, die bereits einen Teil ihrer Autorität an die »Mittelschicht« abgetreten hatten und im Falle von liberaleren Reformen das Gespenst einer Machtübernahme durch die Massen auf sich zukommen sahen, sich bereit erklärten, der britischen Krone die direkte Verantwortung für die Kolonie Britisch-Guayana zu überlassen. Die Unzufriedenheit mit den konstitutionellen Formen war nach dem Krieg in allen britischen Kolonien in Westindien weit verbreitet und führte zur Einsetzung einer königlichen Kommission, die das Gebiet besuchte und 1922 Bericht erstattete. Die sogenannte Wood-Kommission lehnte die Forderungen der guyanischen Pflanzer ab, einen Schritt zurückzumachen, ließ aber auch nicht die von der Progressive Party geforderte Präsenz von gewählten Mitgliedern in der Exekutive zu. Da keine wesentlichen Änderungen vorgenommen wurden, fanden die Wahlen von 1926 auf der Grundlage der Verfassung von 1891 statt.

A. R. Webber, einer der wenigen Historiker Guyanas und selbst persönlich in die Politik dieser Zeit involviert, schrieb, dass die Wahlen im Oktober 1926 »mit beispielloser Härte ausgefochten« wurden und dass »das Wahlergebnis einen überwältigenden Sieg der Popular Party und eine vollständige und vernichtende Niederlage ihrer Gegner, die über die Güter dieser Welt verfügten, darstellte«.[12] Aber praktisch jeder Sitz wurde gerichtlich angefochten, und schließlich wurden fünf Mitglieder des Court of Policy wegen juristischer Formalitäten abgesetzt. Zweifellos war das Kolonialamt über diese Entwicklungen informiert und erhielt von der Gruppe der Pflanzer den Rat, der Verfassung ein Ende zu setzen, die der aufstrebenden »Mittelklasse« Macht verlieh und die Arbeiter ermutigte, sich politisch zu betätigen.

Wie bereits erwähnt, gab es schon 1919 dunkle Andeutungen, dass es »die stärksten Argumente für die Schaffung einer Kronkolonieregierung« liefern würde, wenn sich die gewählten Mitglieder von Agitatoren aus dem Volk beeinflussen ließen. 1925 wurde dieser Vorschlag vom Gouverneur von Britisch-Guayana bei seiner Rückkehr nach England erneut öffentlich geäußert, und 1927 wurde seine Umsetzung beschlossen.

Niemand wusste so recht, was die Kommissare bezweckten, die 1927 Guyana besuchten – zumindest nicht bis zum folgenden Jahr, als klar wurde, dass sie einen Vorwand suchten, um die Verfassung auszusetzen. Auf jeden Fall wurde die Verfassung von 1891 so radikal geändert, dass den gewählten Vertretern jegliche Macht entzogen wurde. Offensichtlich sah das Kolonialregime selbst in dem geringen Maß an Repräsentation, das die Verfassung von 1891 vorsah, eine Bedrohung. So kam es 1928, nicht zum ersten und nicht zum letzten Mal, zu einem verfassungsmäßigen Staatsstreich, um den lokalen Widerstand gegen das britische Imperialsystem zu brechen.

12 A. R. Webber: Centenary History and Handbook of British Guiana, Georgetown 1931.

»Rasse« und Klasse

Insofern Überlegungen zu dem hier behandelten Zeitraum verständlicherweise von der gegenwärtigen Situation in Guyana beeinflusst sind, ist die Frage nach der Wechselbeziehung zwischen dem rassialen Bewusstsein und dem Klassenbewusstsein von größter Bedeutung. Im Jahrzehnt nach 1955 erwiesen sich diese beiden Faktoren als antagonistisch, wodurch der antikolonialistische Kampf der Massen Guyanas einen schweren Rückschlag erlitt. Zwischen 1900 und 1928 war die Situation jedoch völlig anders. Damals war es das Bewusstsein sowohl der indischen Menschen als auch der Schwarzen für die besonderen Nachteile, unter denen ihre eigene »Rasse« litt, das einen Angriff auf die koloniale Gesellschaft auslöste.

Rassiales Bewusstsein wurde mobilisiert, wenn eine Gruppe das Gefühl hatte, von besonderen nachteiligen Arbeitsbedingungen betroffen zu sein. Die *Indian Opinion* griff die Regierung an, weil sie die indischen Massen in einem Zustand des Analphabetismus hielt. Sie wies darauf hin, dass von 20 000 Kindern indischer Eltern im schulpflichtigen Alter nur 6000 die Schule besuchten. Dies wurde als »nicht nur unentschuldbare, sondern schuldhafte Vernachlässigung« gebrandmarkt. Bei einem Thema wie diesem richtete sich der allgemeine Zorn gemeinsam gegen das Kolonialregime, denn die Schwarzen Massen kämpften zu diesem Zeitpunkt für die Schaffung eines demokratischeren Bildungssystems und lehnten die Finanzierung der Schulen in Abhängigkeit von ihren »Ergebnissen« und andere Beschränkungen ab, die seit der Grundschulverordnung von 1876 in Kraft waren. Nebenbei gesagt gehört der Kampf der Lehrerinnen nicht nur für sich selbst, sondern auch für ein Bildungssystem, das ihren Schülern und dem Land zugutekommt, zweifellos zu einer der großartigsten Bewegungen in der Geschichte der Arbeiterklasse Guyanas.

Neben den Forderungen nach mehr Bildung wurden auch Überlegungen zu den Lehrplänen angestellt und einer der Vorschläge der indischen Gemeinschaft war, dass indische Sprachen unterrichtet werden sollten. Besonders bemerkenswert in der Debatte der Lehrervereinigung zu diesem Thema war der Standpunkt von R. French. Er argumentierte, dass die indischen Sprachen ohne ihre Unterrichtung verschwinden würden, so wie die afrikanischen Sprachen der Sklavinnen verschwunden waren, und dass die Gemeinschaft dadurch ärmer werden werde. Diese und viele andere Ansichten zu verwandten Themen zeigten, dass sich die rassialen Gruppen in Guyana ernsthaft mit der Frage beschäftigten, wo sie stehen, was sie wert sind und welche Veränderungen wünschenswert sind. Bei jeder Gelegenheit entlarvten sie die koloniale Gesellschaft als ihren Feind.

Als es den Indern 1917 gelang, die Heiratszeremonien von Moulvis und Pandits anerkennen zu lassen, hatten sie einen Sieg über das weißchristlich-kapitalistische Gesellschaftskonzept errungen.[13] Und gegen eben dieses kämpften auch die Massen der Schwarzen Menschen. Sie stimmten in den Refrain der Schwarzen in den Vereinigten Staaten ein, dass ihnen neue Chancen eingeräumt werden müssten, nachdem die Schwarzen während des Krieges Seite an Seite mit den Weißen gekämpft hatten. Es ist äußerst bezeichnend, dass die Kolonialverwaltung Vereinigungen wie die Negro Progress Convention nicht als rassistische Gruppen, sondern als Klassenvereinigungen betrachtete. Die Literatur aus den Vereinigten Staaten war ihr ein Gräuel, weil sie von »den ärmeren Schichten der Gesellschaft« gelesen wurde; und es wurde vorgeschlagen, den lokalen Zweig der Garvey-Bewegung zu verbieten, weil er »bolschewistisch« sei.

Rev. Frank schrieb im Januar 1919 über die Schwarzen Massen in Guyana, dass die in ihnen steckenden Möglichkeiten und Kräfte immens seien. Dies galt gleichermaßen für die Masse der aus Indien stammenden Menschen. Doch um diese Energien freizusetzen, bedurfte es notwendigerweise eines Prozesses der Selbstvergewisserung, der sich im Rahmen von rassialen Gruppen und nicht im Kontext der »Nation« vollzog. Dieser Prozess der gemeinschaftlichen Selbstvergewisserung führte nicht zwangsläufig zu Konflikten zwischen den »Rassen«, verzögerte nicht die Bildung von Organisationen entlang der Klassenlinien und schwächte nicht den Kampf gegen den Kolonialismus.

In der Zeit nach 1955 wurde das Gemeinschaftsbewusstsein aus verschiedenen Gründen nach innen gekehrt, um die rassialen Widersprüche unter den guyanischen Arbeitern und Bäuerinnen zu verschärfen. Ich sage »verschärfen«, weil der rassiale Konflikt in Guyana eine unvermeidliche Begleiterscheinung davon war, dass die Anwerbung von Arbeitskräften durch Schuldknechtschaft (aus Indien, China und Portugal) eigens dazu gedacht war, den Widerstand der Schwarzen gegen die Klasse der Plantagenbesitzer zu brechen. In den Jahrzehnten nach dem Beginn der Einwanderung im Jahr 1838 wurden den Arbeitern auf den Zuckerrohrplantagen je nach ihrer rassialen Zugehörigkeit unterschiedliche Löhne gezahlt. Es handelte sich um eine bewusste Politik der Pflanzer, mit der sie die verschiedenen Gruppen gegeneinander ausspielen wollten. Zweifellos nährten rassiale Konflikte den Rassismus und umgekehrt, und es ließen sich noch eine ganze Reihe anderer Zusammenhänge herstellen. Sicher ist, dass einfache und endgültige Erklärungen einer nüchternen Analyse der Komplexität der Entwicklung der Massenbewegung in Guyana weichen müssen – der Beziehung zwischen rassialem Bewusstsein und rassialen Vorurteilen, zwischen ökonomischer Konkurrenz und

13 Die genauen Bestimmungen dieses Zugeständnisses konnte ich nicht in Erfahrung bringen, aber die Angelegenheit war keineswegs zufriedenstellend geregelt, und in jüngerer Zeit mussten weitere Regelungen getroffen werden.

rassialem Konflikt, zwischen gemeinschaftlicher Identifikation und Klassenzielen.

Masses in Action, in: New World Quarterly 3/1966, S. 30–37.

Marxismus und afrikanische Befreiung

ZUNÄCHST EINMAL MÜSSEN WIR den Hintergrund für diese Art von Debatte verstehen. Wenn man gebeten wird, über die Bedeutung des Marxismus für Afrika in dieser bestimmten Zeit zu sprechen, dann wird man gebeten, sich in eine historische Debatte einzuschalten – eine laufende Debatte in diesem Land [USA], insbesondere unter der Schwarzen Bevölkerung. Es handelt sich um eine Debatte, die sich im letzten Jahr [1974] verschärft hat und die nach meinen Beobachtungen an vielen Orten in diesem Land geführt wird.

Manchmal tritt sie im Kostüm des Streits zwischen den sogenannten Nationalisten und den Marxisten auf, manchmal in Gestalt derjenigen, die behaupten, eine Klassenposition zu vertreten, im Gegensatz zu denen, die behaupten, eine »Rassen«position zu vertreten. Es wäre uns daher nicht möglich, in einer einzigen Sitzung auf alle Verzweigungen dieser Debatte einzugehen, aber sie bildet den Hintergrund für unsere Diskussion.

Es ist eine wichtige Debatte. Es ist eine wichtige Tatsache, dass solche Fragen heute in diesem Land debattiert werden, genauso wie in Afrika, in Asien, in Lateinamerika und in vielen Teilen der großstädtischen Welt in Westeuropa und in Japan. Denn in der weiten Verbreitung der Debatte und ihrer derzeitigen Intensität spiegelt sich die Krise der kapitalistisch-imperialistischen Produktionsweise. Ideen und Diskussionen fallen nicht einfach vom Himmel. Es handelt sich nicht einfach um ein Komplott bestimmter Personen, um andere in eine sinnlose Debatte zu verwickeln.

Wie auch immer die Debatte ausgeht und welche Haltung die verschiedenen Teilnehmerinnen auch immer einnehmen, die Tatsache, dass sie geführt wird, ist ein Ausdruck der heutigen Krise des Kapitalismus und des Imperialismus. Je tiefer die Krise wird, desto schwieriger wird es für die Menschen, die alten Denkweisen zu akzeptieren, die das zusammenbrechende System rationalisieren. Daraus ergibt sich die Notwendigkeit, nach neuen Wegen zu suchen, und ganz klar stellt der Marxismus, der wissenschaftliche Sozialismus, eine der naheliegendsten Optionen dar, die zur Verfügung stehen.

Weder für Afrika noch für die Schwarzen Menschen in ihrer Gesamtheit ist die Frage neu – das ist vermutlich wesentlich, um sie zu verstehen. Viele von uns haben schon zuvor die Frage nach der Bedeutung des Marxismus für dieses oder jenes aufgeworfen. Seine Bedeutung für Europa; viele europäische Intellektuelle diskutierten seine Bedeutung für ihre eigene Gesellschaft. Seine Bedeutung für Asien wurde von Asiatinnen diskutiert. Seine Relevanz für Lateinamerika wurde von Lateinamerikanern diskutiert. Einzelpersonen haben lange über die Bedeutung des Marxismus für ihre eigene Zeit debattiert. War er für das 19. Jahrhundert relevant? Wenn ja, war er dann noch für das 20. Jahrhundert relevant? Man kann über seine Bedeutung für eine bestimmte Facette der Kultur einer Gesellschaft oder für das Recht oder die Kultur der Gesellschaft als Ganzes diskutieren.

Das sind alles Fragen, die schon früher diskutiert wurden, und wir sollten einen gewissen Sinn für Geschichte haben, wenn wir uns dieser Frage heute nähern, denn mit diesem Sinn für Geschichte können wir fragen: Warum taucht die Frage nach der Bedeutung des Marxismus für die Gesellschaft immer wieder auf? Und als eine sehr kurze Antwort würde ich sagen, dass der allgemeine Hintergrund für die Stellung dieser Frage eine Situation des Kampfes ist, eine Situation, in der die Menschen mit der vorherrschenden Art und Weise, die Realität wahrzunehmen, nicht mehr zufrieden sind.

An diesem Punkt fragen sie nach der Bedeutung des Marxismus.

Mehr noch, die zweite Bedingung besteht darin, dass die Menschen die Frage aufgrund ihres eigenen bürgerlichen Bezugssystems stellen. Man befindet sich zunächst in der vorherrschenden Denkweise, der Denkweise, die den Kapitalismus stützt und die wir einen bürgerlichen Wahrnehmungsrahmen nennen werden. Und weil man so anfängt, wird es notwendig, die Frage nach der Bedeutung des Marxismus zu stellen.

Diejenigen, die weiter fortgeschritten sind, würden wahrscheinlich eher die Frage nach der Bedeutung des bürgerlichen Denkens stellen, und damit den Spieß umdrehen!

Aber so sehr die Bourgeoisie es auch bestreiten mag, zunächst einmal ist klar, dass es einen gemeinsamen Strang im gesamten bürgerlichen Denken gibt: die Relevanz, die Logik und so weiter des marxistischen Denkens infrage zu stellen. Wenn wir also diese Frage stellen, fügen wir uns in gewisser Weise leider auch in diesen Rahmen und dieses Muster ein. In gewisser Weise sind wir auch immer noch mehr oder weniger in den Rahmen des bürgerlichen Denkens eingebettet, und von diesem Rahmen aus fragen wir mit einem großen Maß an Zögern und Unsicherheit – was ist die Bedeutung des Marxismus?

Dies gilt insbesondere für unseren, also den englischsprachigen Teil der Welt, denn die angloamerikanische Tradition ist philosophisch gesehen von einer starken Feindseligkeit gegenüber dem Marxismus geprägt, einer Feindseligkeit, die sich auf eigentümliche Weise manifestiert. Sie äußert sich darin, dass sie versucht, sich sogar vom Studium des Marxismus zu distanzieren. Betrachten wir die kontinentaleuropäische Tradition, so stellen wir fest, dass sie nicht dieselbe ist. Die französischen, deutschen und belgischen Intellektuellen verstehen, ganz unabhängig von ihrer jeweiligen Perspektive, die Bedeutung des Marxismus. Sie studieren ihn, sie beziehen sich auf ihn, sie verstehen das Gedankengut, das als Marxismus bezeichnet wird, und nehmen Stellung zu ihm.

In der englischen Tradition, die auch in diesem Teil der Welt, in der Karibik und in vielen Teilen Afrikas weitergegeben wurde, ist es Mode, jegliche Kenntnis des Marxismus zu verleugnen. Es ist in Mode, sich seiner Unwissenheit zu rühmen und zu sagen, dass wir gegen den Marxismus sind. Auf ihn angesprochen antworten sie – aber warum sich die Mühe machen, ihn zu lesen? Er ist offensichtlich absurd.

Man weiß also, dass er absurd ist, ohne ihn zu lesen, und man liest ihn nicht, weil man weiß, dass er absurd ist, und deshalb rühmt man sich der Ignoranz in seiner Haltung.

Es ist ziemlich schwierig, sich ernsthaft mit der Frage nach der Bedeutung des Marxismus zu befassen, wenn man nicht wenigstens bereit ist, sich auf das gesamte Gedankengut einzulassen. Denn es handelt sich um eine enorme Menge von Texten und Analysen, und von außen betrachtet ist es nun mal äußerst schwierig.

Ich würde sogar sagen, dass es sinnlos ist, die Frage nach seiner Bedeutung zu stellen, solange wir ihn nur von außen betrachten, ohne uns jemals damit beschäftigt zu haben, was ihn eigentlich ausmacht. Dann lässt sich die Frage kaum beantworten. Und ich denke, in aller Bescheidenheit, dass diejenigen von uns, die aus bestimmten Verhältnissen stammen (und wir alle stammen aus diesen Verhältnissen), sich als Erstes mit den verschiedenen intellektuellen Traditionen vertraut machen müssen. Wir könnten dann besser beurteilen, ob der Marxismus eine Bedeutung hat oder nicht, wie dem auch sein mag.

Ich gehe im Folgenden davon aus, dass wir in dieser Diskussion herauszufinden versuchen, ob die jeweilige Zeit und der jeweilige Ort von Bedeutung sind; oder anders ausgedrückt, ob es für die Frage, ob der Marxismus eine Bedeutung hat oder nicht, auf die Zeit und den Ort ankommt. In gewisser Weise müssten wir seine Gültigkeit für den Ort, an dem er entstanden ist, nämlich Westeuropa, fast voraussetzen. Wir haben nicht die Zeit, das im Detail zu behandeln. Aber wenn wir davon ausgehen, dass der Marxismus eine Bedeutung, einen Sinn, eine Anwendbarkeit für Westeuropa hat oder im 19. Jahrhundert hatte, dann können wir fragen, inwieweit er auch für andere Orte und für andere Zeiten Gültigkeit hat.

Das sind die beiden Variablen, Zeit und Ort. Sie lassen sich übersetzen als historische Umstände: Zeit; und Kultur: Ort – und welche sozialen und kulturellen Bedingungen an jedem einzelnen Ort herrschen. Um es konkreter zu machen: Für uns als Schwarze Menschen – zweifellos wohlgesinnte Schwarze – stellt sich die Frage, ob eine Ideologie, die historisch in der Kultur Westeuropas im 19. Jahrhundert entstanden ist, heute, im dritten Viertel des 20. Jahrhunderts, für einen anderen Teil der Welt – nämlich Afrika oder die Karibik oder Schwarze in diesem Land – noch gültig ist; ob sie für andere Gesellschaften zu anderen Zeiten gültig ist. So formuliert möchte ich die Frage zur Diskussion stellen.

Die Methodologie des Marxismus

Ich will zwei wesentliche Gründe anführen, warum ich glaube, dass marxistisches Denken, das wissenschaftliche sozialistische Denken, auf verschiedenen Ebenen, zu verschiedenen Zeiten und an verschiedenen Orten existieren und sein Potenzial als Werkzeug, als eine Reihe von Konzepten, die die Menschen begreifen sollten, beibehalten kann.

Der erste besteht darin, den Marxismus als eine Methodologie zu betrachten, denn eine Methodologie wäre praktisch per Definition unabhängig von Zeit und Ort. Ihr werdet die Methodologie zu jeder Zeit und an jedem Ort anwenden. Das kann natürlich zu verschiedenen Ergebnissen führen, aber die Methodologie selbst wäre unabhängig von Zeit und Ort.

Und im Rahmen einer etwas verkürzten und aufgrund der begrenzten Zeit zwangsläufig zu sehr vereinfachten Darstellung des Marxismus würde ich sagen, dass es zu den eigentlichen Grundlagen des marxistischen Denkens gehört, von der Beziehung des Menschen zur materiellen Welt auszugehen. Als der Marxismus historisch entstand, distanzierte er sich ganz bewusst von allen anderen Auffassungen, die von Ideen, von Begriffen und von Worten ausgingen. In Abgrenzung zu diesen verankerte er sich in den materiellen Bedingungen und in den sozialen Beziehungen der Gesellschaft.

Mit dieser Differenz will ich beginnen. Eine Methodologie, die in ihre Analyse jeder Gesellschaft, jeder Situation von den Beziehungen ausgeht, die in der Produktion zwischen den Menschen entstehen. Daraus ergibt sich eine ganze Reihe von Dingen: Das Bewusstsein des Menschen wird durch den Eingriff in die Natur geformt; die Natur selbst wird durch ihre Interaktion mit der menschlichen Arbeit vermenschlicht; und die menschliche Arbeit produziert einen ständigen Strom von Technologien, die wiederum andere gesellschaftliche Veränderungen hervorbringen.

Dies ist also der Kernpunkt der wissenschaftlich-sozialistischen Auffassung. Eine Methodologie, die sich mit den Beziehungen der Menschen im Produktionsprozess befasst, und zwar unter der – meiner Meinung nach zutreffenden – Annahme, dass die Produktion nicht nur die Grundlage für die Existenz des Menschen ist, sondern die Grundlage dafür, den Menschen als ein besonderes Wesen mit einem gewissen Bewusstsein zu bestimmen.

Nur durch die Produktion unterscheidet sich die menschliche Gattung von den übrigen Primaten und anderen Lebensformen.

Gegen was richtet sich der Marxismus? Er wendet sich gegen eine Reihe von Hypothesen, gegen eine Reihe von Weltanschauungen, die von Worten und Begriffen ausgehen. Diejenigen, die mit Marx' eigener Entwicklung vertraut sind, wissen, dass er sich zunächst mit Hegel auseinandersetzte – einem sehr überzeugenden und scharfsinnigen Analytiker des 19. Jahrhunderts, der sich nach Marx' eigener Einschätzung schuldig machte, eine völlig idealistische Position zu vertreten, eine Position, die Ideen in den Mittelpunkt des Universums stellte und die »materielle« Welt als eine bloße Ableitung aus diesen Ideen betrachtete.

Als ich darüber nachdachte, hatte ich das Gefühl, dass ich nicht auf Hegel eingehen sollte. Für eine klassische Darstellung der idealistischen Weltanschauung könnte ich noch weiter zurückgehen. Ich finde sie im Neuen Testament, dem Buch Johannes, in dem gesagt wird: »Im Anfang war das Wort, und das Wort war bei Gott, und das Wort war Gott.« Das ist die klassische Darlegung der idealistischen Position. Alles andere ergibt sich daraus: Das Wort war Gott!

Wir behaupten jedoch, dass das Wort selbst aus dem Handeln der Menschen hervorgeht, aus dem Versuch, miteinander zu kommunizieren, aus der Entwicklung von sozialen Beziehungen in der Produktion, und dass wir Worte nicht mystifizieren sollten. Natürlich müssen wir uns mit Begriffen und mit der Kraft des Bewusstseins auseinandersetzen, die eine sehr mächtige Kraft ist. Selbst einige Marxisten waren versucht, diese Kraft zu unterschätzen.

Marx ist also von diesem breiten methodologischen Rahmen ausgegangen und hat versucht, ihn auf Westeuropa anzuwenden. Er wandte ihn auf eine Reihe von Gesellschaften an verschiedenen Orten und zu verschiedenen Zeiten an, aber er konzentrierte seine Aufmerksamkeit auf Westeuropa. Wenn ihr die Schriften von Marx und Engels studiert, werdet ihr feststellen, dass sie auch über Sklaverei, über kommunale Gesellschaften, über den Feudalismus sprechen. Aber im Großen und Ganzen haben sie sich auf den Kapitalismus konzentriert. Selbst über den Sozialismus verlieren sie kaum ein Wort.

Der große Beitrag von Marx war seine fantastische Kritik an der bestehenden Gesellschaft, der kapitalistischen Gesellschaft. Wie ist der Kapitalismus in einem bestimmten Teil der Welt entstanden? Der größte Teil seiner Schriften beschäftigt sich mit dieser Frage.

Aber wie ich im Hinblick auf vorkapitalistische Gesellschaften, insbesondere auf den Feudalismus, schon sagte, sprachen sie in diesen Fällen auch über einige andere Teile der Welt. An einigen Stellen erwähnt Marx die asiatische Produktionsweise. Hin und wieder bezieht er sich auf die Verhältnisse in den Vereinigten Staaten. Er hatte also durchaus einen größeren Teil der Welt und lange historische Zeiträume im Blick.

Aber im Vergleich zum Großteil seiner Arbeit waren diese Ausführungen so minimal, dass viele Leute die Methode von Marx und seine Schlussfolgerungen als ein und dasselbe angesehen haben – dass der Marxismus nicht nur eine bestimmte Methodologie sei, die auf Westeuropa angewandt wird, sondern selbst eine Ideologie, die sich auf Westeuropa, auf den Kapitalismus im 19. Jahrhundert bezieht und diese Grenzen nicht überschreiten kann. Aber Marx tat nur das, was er tun musste. Er schaute sich seine eigene Gesellschaft an und er tat dies unter den widrigsten Umständen. Er tat es, indem er sich die bürgerlichen Erkenntnisse aneignete und sie in den Dienst der Veränderung und der Revolution stellte.

Ich denke also, dass die Methode unabhängig von Zeit und Ort war. Bei Marx ist dies implizit und es wird explizit in der nach-marxschen Entwicklung – wobei marxsch hier im wörtlichen Sinne des Lebens von Marx selbst zu verstehen ist. Nach dem Tod von Marx sehen wir die Evolution oder die Entwicklung eines wissenschaftlichen sozialistischen Denkens, an der andere Individuen beteiligt sind, die erkennen, dass die Methodologie auf andere Zeiten und auf andere Orte angewandt werden kann, angewandt werden muss.

Um unsere Geschichte noch einmal in einer sehr verkürzten Form darzustellen, können wir uns Lenin ansehen, seine Anwendung der marxistischen Theorie auf die russische Gesellschaft. Das ist einer seiner wichtigsten Beiträge. Die erste große Arbeit des jungen Lenin war seine Schrift »Die Entwicklung des Kapitalismus in Russland«. Er musste sich mit seiner eigenen Gesellschaft auseinandersetzen. Er musste diese Texte aus dem spezifischen kulturellen und historischen Kontext Westeuropas herausnehmen und auf Osteuropa, auf Russland, das sich anders entwickelte, übertragen und sie auf seine eigene Gesellschaft anwenden. Das hat er getan.

Gleichzeitig musste er die zeitliche Dimension berücksichtigen, dass Marx im 19. Jahrhundert über das schrieb, was wir heute als die klassische Periode des Kapitalismus bezeichnen, die unternehmerische Version des Kapitalismus, und dass diese gegen Ende des 19. Jahrhunderts vom Monopolkapitalismus abgelöst worden war. Sie war durch den Imperialismus ersetzt worden. Lenin musste sich also dieser Methode bedienen, indem er sie auf eine zeitlich neue Dimension anwandte. Daher schrieb er über den Kapitalismus in seinem imperialistischen Stadium.

Das sind also die beiden Aspekte, die zum Tragen kommen: erstens die Ideologie und zweitens ihre Methodologie, die auf verschiedene

Gesellschaften zu verschiedenen Zeiten angewendet wird (wir bleiben vorerst bei der Methodologie). Nachdem ich dies für Lenin gezeigt habe, sollte klar sein, dass es auch für eine Reihe von anderen gilt: Mao Zedong zum Beispiel wandte sie auf die chinesische Gesellschaft an, die sich wiederum von der russischen Gesellschaft unterschied. Um die innere Dynamik der chinesischen Gesellschaft zu verstehen, musste er sich mit der Frage der Bauernschaft auf eine andere und tiefgründigere Weise auseinandersetzte als irgendjemand zuvor. Denn diese machte das Wesen der chinesischen Gesellschaft aus und auf sie konzentrierte sich Mao.

Und schließlich das für unser Anliegen wichtigste Beispiel: das Beispiel von Amílcar Cabral, denn er befasste sich mit Afrika. Wenn ich mich recht erinnere, stellt Cabral in einem seiner wichtigsten Aufsätze, »Die Theorie als Waffe«, gleich eingangs fest, das Beste, was er tun könne, sei es, zu der grundlegenden Methodologie von Marx und Engels zurückzukehren. Aber Cabral konnte die Analyse der Geschichte von Guinea-Bissau nicht damit beginnen, dass er zum Beispiel gesagt hätte: »Ich werde nach Klassen suchen.« Vielmehr stellte er fest: »Wenn ich das sage, würde ich leugnen, dass mein Volk eine Geschichte hat. Denn über einen langen Zeitraum hin kann ich keine Klassen in der Entstehung meines eigenen Volkes erkennen.«

Dann verwies er auf die klassische Aussage von Marx und Engels, dass »die Geschichte aller bisherigen Gesellschaften die Geschichte von Klassenkämpfen« sei. Engels habe später die Anmerkung hinzugefügt, dass sie mit aller bisherigen »Geschichte« die »schriftlich überlieferte Geschichte« meinten. Nun ist aber die Geschichte des Volkes von Guinea-Bissau nicht schriftlich überliefert und Cabral sagt: »Ich will diese Geschichte aufschreiben. Wir werden die Methode von Marx anwenden. Wir werden uns nicht an das Konzept klammern, das historisch in Westeuropa entstanden ist, als Marx diese Gesellschaft studierte.«

Marx wendet die Methode an und stößt auf die Entwicklung von Klassen. Und dieses Phänomen der Klassen erkennt er als eine wichtige, als die wichtigste Determinante in der westeuropäischen Geschichte zu einer bestimmten Zeit. Cabral sagt, wir werden am Anfang beginnen. Zunächst werden wir uns nicht einmal mit Klassen beschäftigen. Wir werden einfach den Menschen im Produktionsprozess betrachten. Wir werden die Produktionsweisen in der Geschichte Guineas untersuchen und sehen, wie sich unsere Gesellschaft entwickelt hat. Ohne viel Aufhebens zeigte er also die Bedeutung dieser Methodologie für die afrikanische Gesellschaft.

Sobald der Klassenaspekt in der Geschichte von Guinea-Bissau eine historische Bedeutung zu bekommen scheint, hat Cabral ihn behandelt. Bis dahin hielt er sich einfach an die Grundlage der marxschen Methodologie, die darin bestand, die Menschen in Guinea im Produktionsprozess zu betrachten, die verschiedenen Produktionsweisen, sozialen Formationen, kulturellen Formationen, die historisch entstanden sind, und in welche Richtung sich die Gesellschaft entwickelte.

Wenn wir heute die Frage nach der Bedeutung des Marxismus für Schwarze Menschen stellen, befinden wir uns in vielerlei Hinsicht bereits in einer Position der Minderheit. Viele, die sich an der Debatte beteiligen, stellen sie so dar, als sei der Marxismus ein europäisches Phänomen, dem Schwarze Menschen nur fremd gegenüberstehen können, weil die rassiale Entfremdung in der Diskussion fehlt.

Sie scheinen nicht zu berücksichtigen, dass diese Methodologie und diese Ideologie bereits in weiten Teilen der Welt, die nicht europäisch sind, genutzt, verinnerlicht und angepasst wurden.

Dass sie bereits die Ideologie von 800 Millionen Chinesen ist; dass sie bereits die Ideologie ist, die das vietnamesische Volk zum erfolgreichen Kampf und zum Sieg über den Imperialismus geführt hat. Dass sie bereits die Ideologie ist, die es Nordkorea ermöglicht, sich von einem rückständigen, quasi-feudalen, quasi-kolonialen Land in eine unabhängige Industriemacht zu verwandeln. Dass sie bereits die Ideologie ist, die auf dem lateinamerikanischen Kontinent übernommen wurde und die als Grundlage für die Entwicklung der Republik Kuba dient. Dass sie bereits die Ideologie ist, die von Cabral genutzt wurde, die von Samora Machel genutzt wurde und die auf dem afrikanischen Kontinent selbst gebraucht wird, um den Kampf und den Aufbau einer neuen Gesellschaft zu stärken und zu festigen.

Sie kann also nicht als europäisches Phänomen bezeichnet werden. Die Beweislast liegt in der Tat bei jenen, die behaupten, dass dieses Phänomen, das sich selbst bereits universalisiert hat, für manche Schwarze Menschen irgendwie keine Bedeutung haben kann. Sie müssten dafür irgendwelche Gründe angeben – vielleicht genetische? Dann müssten sie zeigen, warum die Gene von Schwarzen Menschen diese ideologische Position ablehnen.

Wenn wir die Frage nach der Bedeutung stellen und sie in den Mittelpunkt rücken, dann müssen wir Fragen zur Gegenwart stellen. In was für einer Gesellschaft leben wir heute? In welcher Art von Gesellschaft leben Schwarze Menschen heute in verschiedenen Teilen der Welt? Und obwohl wir als Schwarze in diesem Land, in der Karibik und in verschiedenen Teilen Afrikas natürlich unsere eigenen, unabhängigen historischen Erfahrungen haben, besteht eine der zentralen Tatsachen darin, dass wir alle auf die eine oder andere Weise in das kapitalistische Produktionssystem eingebunden sind.

Die Gesellschaft, über die Marx schrieb, entfaltete durch ihr Wachstum ihre Herrschaft über Afrika und die Amerikas in der Zeit des Merkantilismus, also in der Zeit, als der Kapitalismus zur Reife gelangte. Er beherrschte diese Teile der Welt. Er schuf Sklavengesellschaften in den Amerikas.

Nach der Zeit der Sklaverei war der noch mächtiger gewordene Kapitalismus in der Lage, die ganze Welt in ein globales Produktionsnetzwerk einzubinden, das von Westeuropa und Nordamerika ausging, ein System, das ein metropolitanes Zentrum oder eine Reihe von metropolitanen Zentren besaß und eine separate Reihe von Peripherien, Kolonien und Semikolonien.

Wir sind also alle historisch in das kapitalistische Produktionssystem eingebunden worden, und das ist eine weitere Dimension der Bedeutung des Marxismus.

Wenn wir Teil der kapitalistisch-imperialistischen Welt geworden sind, dann sind wir es uns schuldig, uns auch unabhängig von der Übersetzung des Marxismus in räumlicher und zeitlicher Hinsicht auf dieses kapitalistische System zu beziehen, es zu beobachten, es zu verstehen und hoffentlich eine Kritik an diesem kapitalistischen System anzuwenden und anzupassen, denn das ist es, worum es in den Schriften von Marx geht. Er hat dieses kapitalistische System kritisiert. Und wenn wir die Welt, in der wir leben, die vom Kapitalismus beherrschte Welt, verstehen wollen, dann müssen wir das Zentrum dieses Systems, den Motor innerhalb dieses Systems, die Formen der Ausbeutung in der kapitalistischen Produktionsweise verstehen. Das ist also ein weiterer Faktor.

Der Marxismus als revolutionäre Ideologie

Nach den Überlegungen zur Methodologie will ich jetzt auf den Marxismus als revolutionäre Ideologie und als Klassenideologie eingehen.

In Klassengesellschaften sind alle Ideologien Klassenideologien. Alle Ideologien entstammen einer bestimmten Klasse und unterstützen diese. So sind wir praktisch in der kapitalistischen Gesellschaft aufgewachsen und die bürgerliche Ideologie ist in unserer Gesellschaft vorherrschend. Diese Institutionen, in denen wir arbeiten, wurden geschaffen, um Ideen als Waren zu produzieren, Ideen, die das kapitalistische System stützen.

So wie Marx selbst es gesagt hat, würde ich behaupten, dass die Ideen, die wir als wissenschaftlichen Sozialismus bezeichnen, historisch innerhalb der kapitalistischen Gesellschaft entstanden sind, um die Interessen der produzierenden Menschen in dieser Gesellschaft anzusprechen, um die Interessen der Ausgebeuteten und Enteigneten anzusprechen, um die Interessen der Unterdrückten, der kulturell Entfremdeten anzusprechen. Und es muss uns klar sein, dass die uns vorliegenden zwei theoretischen Hauptströmungen, der Idealismus und der Materialismus, die bürgerliche Philosophie und die marxistische Philosophie, beide eine bestimmte Klasse repräsentieren.

Ich habe nicht die Zeit, auf alle historischen Wurzeln der Entstehung des Sozialismus einzugehen. Kurz gesagt wurden im 19. Jahrhundert mit dem Aufblühen der kapitalistischen Gesellschaft die Bedingungen für die Entwicklung sozialistischer Ideen geschaffen. Aus den vielfältigen und unsystematischen sozialistischen Ideen gelang es Marx, eine klare und systematische Theorie zu formulieren – den wissenschaftlichen Sozialismus. Er hatte eine besondere Klassenbasis, und weil er diese besondere Klassenbasis hatte, war er revolutionär. Er strebte danach, die gesellschaftlichen Verhältnisse zu verändern und umzustürzen.

Die bürgerliche Ideologie bewahrt zwangsläufig den Status quo. Sie versucht, das gegebene Produktionssystem zu bewahren und die Verhältnisse, die sich aus einem bestimmten Produktionssystem ergeben, zu stützen.

Eine wissenschaftlich-sozialistische Position ist und bleibt revolutionär, weil sie darauf abzielt, bewusst darauf abzielt, dieses Produktionssystem und die politischen Verhältnisse, die sich daraus ergeben, zu untergraben. Das ist es, was ich unter revolutionär verstehe.

Von Zeit zu Zeit sind Marxisten aufgetaucht, die versucht haben, dem Marxismus seinen revolutionären Gehalt abzusprechen oder zu entziehen. Das ist richtig. Es gibt Marxisten, die zu legalen oder Kathedermarxisten geworden sind, die den Marxismus lediglich als eine weitere Variante der Philosophie betrachten möchten und ihn auf sehr eklektische Weise behandeln, als stünde es einem frei, aus dem Marxismus in gleicher Weise wie aus dem griechischen Denken und seinen Entsprechungen zu schöpfen, ohne die Klassenbasis zu betrachten und ohne zu prüfen, ob eine Ideologie den Status quo unterstützt oder nicht.

Dennoch können wir den Marxismus und den wissenschaftlichen Sozialismus im Großen und Ganzen als subversiv und antithetisch zur Aufrechterhaltung des Produktionssystems, in dem wir leben, betrachten. Denn Ideen, ich wiederhole es, schweben nicht im Himmel, sie hängen nicht in der Luft, sie sind mit konkreten Produktionsverhältnissen verbunden. Bürgerliche Ideen entstammen den bürgerlichen Produktionsverhältnissen. Sie dienen dazu, diese Produktionsverhältnisse zu erhalten und zu bewahren. Sozialistische Ideen entstammen derselben Produktion, aber sie ergeben sich aus einem anderen Klasseninteresse und ihr Ziel ist es, dieses Produktionssystem zu stürzen.

Afrika und der wissenschaftliche Sozialismus

An dieser Stelle möchte ich noch einmal darauf hinweisen, dass die Menschen in Afrika, wie auch andere Menschen in der Dritten Welt, ein großes Interesse am wissenschaftlichen Sozialismus haben, weil er sich ihnen als theoretische Waffe anbietet. Er bietet sich ihnen als das Werkzeug auf der Ebene der Ideen an, das zur Zerstörung der kapitalistischen, imperialistischen Struktur eingesetzt werden kann. Das ist sein Anliegen.

Ich werde versuchen, so gut ich kann, auf bestimmte Fragen einzugehen, die von Einzelnen aufgeworfen werden, die vielleicht das meiste von dem, was ich gesagt habe, bejahen und dann die Frage stellen: »Gibt es keine andere Alternative? Gibt es kein anderes ideologisches System, das weder kapitalistisch noch sozialistisch, aber antikapitalistisch ist, das sich aber, sagen wir, humaner an die Interessen der afrikanischen Menschen richtet, wo auch immer sie sind?«

Auf diese Fragen müssen wir eingehen, denn es gibt Schwarze Menschen, die diese Fragen stellen, und wir müssen versuchen, auf sie eine Antwort zu geben. Ich möchte vorschlagen, dass wir uns konkrete Beispiele afrikanischer oder Schwarzer Menschen ansehen, die versucht haben, Systeme zu entwickeln, die sie als nicht-kapitalistisch und nicht-sozialistisch ansehen, Systeme, die sie als gültige Alternativen zum wissenschaftlichen Sozialismus für die Emanzipation der afrikanischen Menschen betrachten.

Diesbezüglich gibt es eine Reihe von Panafrikanisten, eine Reihe von afrikanischen Nationalisten in Afrika, in der Karibik und in diesem Land, die diesen Weg eingeschlagen haben. George Padmore hat dies am Ende seines Lebens getan und eine Unterscheidung zwischen wissenschaftlichem Sozialismus und Panafrikanismus getroffen. Er sagte, dies sei der Weg, den wir gehen werden: Panafrikanismus. Wir wollen nicht den kapitalistischen Weg gehen, wir wollen nicht den sozialistischen Weg gehen; wir werden für uns etwas entwickeln, das panafrikanisch ist.

In gewisser Weise hat Kwame Nkrumah daran angeknüpft; und obwohl er sich einst als Marxist bezeichnete, war er immer darauf bedacht, dies zu relativieren, indem er sagte, er sei auch Protestant. Er glaubte gleichzeitig an den Protestantismus. Er versuchte also, sich gleichzeitig in zwei Welten zu bewegen – in der Welt, die sagt, am Anfang war die Materie, und in der Welt, die sagt, am Anfang war das Wort.

Und unweigerlich geriet er zwischen diese beiden Welten. Es ist unmöglich, diese beiden Welten zu überbrücken. Aber das war seine Vorstellung, und wir müssen ihm seine Ehrlichkeit zugestehen, und wir müssen die Ehrlichkeit vieler Menschen anerkennen, die versucht haben, diese unmögliche Aufgabe zu bewältigen, und uns auf sie einlassen, um herauszufinden, warum sie gescheitert sind.

Sie sind gescheitert, weil sich ihre Vorstellung von einer Variante, die sich vom bürgerlichen Denken und vom sozialistischen Denken unterscheidet, unweigerlich als ein weiterer Zweig des bürgerlichen Denkens herausstellte.

Das Problem besteht darin, dass das bürgerliche Denken, wie allerdings auch das sozialistische Denken, zu einer Vielzahl von Entwicklungen oder Wegen und Aspekten oder Pfaden führen kann. Aufgrund seines launenhaften Charakters und seiner Inspirationen für Exzentriker kann das bürgerliche Denken alle möglichen Wege einschlagen. Denn wenn du nirgendwo hinwillst, kannst du jeden beliebigen Weg wählen!

Es war also möglich, dass diese Menschen einen – wie ich meine – ernst gemeinten Versuch unternahmen, mit der Vorherrschaft des bürgerlichen Denkens zu brechen, am Ende jedoch feststellen mussten, dass sie lediglich eine andere Ausdrucksform dessen entwickelt hatten, was sie selbst anfangs zu bekämpfen vorgaben.

Es gibt eine Reihe von Beispielen, von denen einige treffender sind als andere. Einige der Beispiele sind Afrikaner, die meiner Meinung nach von Anfang an offenkundig unehrlich waren. Ich denke, dass die meisten Ideologen des Afrikanischen Sozialismus, die einen dritten Weg finden wollen, in Wirklichkeit nur billige Trickbetrüger sind. Es sind Schwindler, die versuchen, die Mehrheit der Bevölkerung hinters Licht zu führen. Ich glaube nicht, dass es ihnen um die Entwicklung des Sozialismus geht. Ich glaube nicht, dass sie etwas entwickeln wollen, das den Interessen der afrikanischen Menschen dient. Aber dennoch gehört es zu den Erfordernissen unserer Zeit, dass unsere Leute nicht mehr bereit sind, alles zu akzeptieren, was ihnen unter dem Deckmantel des Sozialismus angeboten wird.

Deshalb will ich nicht weiter auf den Afrikanischen Sozialismus eingehen. Ich werde jedoch Beispiele von Menschen anführen, die meiner Meinung nach ernsthaft und ehrlich waren. Und zu ihnen gehörte zweifellos Nkrumah. Von den 1950er-Jahren bis zu seinem Sturz [1966] verbrachte Nkrumah einige, also mindestens zehn Jahre mit der Suche nach einer Ideologie. Er begann mit dieser Mischung aus Marxismus und Protestantismus, sprach von Panafrikanismus, ging zum Consciencismus und dann zum Nkrumahismus über und entwickelte alles andere als ein klares Verständnis von Sozialismus.[1]

Was waren die tatsächlichen Folgen dieser Auffassung? Das ist es, was für uns zählt. Nehmen wir an, er sei auf der Suche nach etwas Afrikanischem gewesen, um nicht in die Falle zu geraten, etwas Fremdes zu übernehmen. Was waren die praktischen Folgen dieses Versuchs, sich von einer internationalen sozialistischen Tradition zu distanzieren? In Ghana haben wir erlebt, dass Nkrumah sich standhaft geweigert hat, zu akzeptieren, dass es Klassen gibt, dass es Klassenwidersprüche in Ghana gibt und dass diese Klassenwidersprüche fundamental sind.

Jahrelang vertrat Nkrumah diesen philosophischen Mischmasch, der zwar einige sozialistische Prämissen enthielt, die er aber nicht logisch zu Ende denken wollte – nämlich dass es entweder ein kapitalistisches System gab, das auf dem Privateigentum an den Produktionsmitteln und der

1 Consciencismus ist eine synkretistische und umstrittene politische Philosophie, die von Kwame Nkrumah im Zuge der Gründung eines unabhängigen Ghanas entwickelt wurde. Eine ausführliche Darstellung ihres Begründers findet sich in Kwame Nkrumah: Consciencismus. Philosophie und Ideologie zur Entkolonialisierung und Entwicklung mit besonderer Berücksichtigung der afrikanischen Revolution. Aus dem Englischen von Rudolf Martens, Köln/Opladen 1965 [1964].

Entfremdung der Menschen von den Produkten ihrer Arbeit beruht, oder ein völlig anderes alternatives System; und dass es keine Möglichkeit gab, diese beiden Systeme nebeneinanderzustellen und zu mischen, um etwas Neues und Lebensfähiges zu schaffen.

Ein wichtiger Beleg für diese Position war der Sturz von Nkrumah selbst! Nach seinem Sturz lebte er in Conacry, der Hauptstadt von Guinea, und schrieb vor seinem Tod eine kleine Schrift mit dem Titel »Class Struggle in Africa«. Es ist keine große philosophische Abhandlung, aber sie ist historisch wichtig, weil Nkrumah darin die Folgen, die irreführenden Folgen einer Ideologie eingesteht, die sich für die afrikanische Sache einsetzte, aber es aus ihm selbst nicht klaren Gründen für historisch notwendig hielt, sich vom wissenschaftlichen Sozialismus zu trennen. Er zeigte ganz klar die katastrophalen Folgen dieser Position auf.

Denn Nkrumah leugnete in Ghana die Existenz von Klassen, bis ihn das Kleinbürgertum als Klasse stürzte. Und dann, in Guinea, sagte er, dies sei ein schrecklicher Fehler gewesen. Ja, es gebe Klassen in Afrika. Ja, das Kleinbürgertum sei eine Klasse mit Interessen, die den Interessen der Arbeiterinnen und Bauern in Afrika grundlegend entgegenstehen. Ja, das Klasseninteresse der Kleinbourgeoisie sei das gleiche wie das Klasseninteresse des internationalen Monopolkapitals oder zumindest mit ihm verbunden; und daher hätten wir es in Afrika mit einem Klassenkampf innerhalb des afrikanischen Kontinents und mit einem Kampf gegen den Imperialismus zu tun.

Und um diese Widersprüche zu überwinden, um den arbeitenden Menschen, den Produzentinnen Afrikas zum Sieg und zur Emanzipation zu verhelfen, müssten wir uns mit dieser Ideologie auseinandersetzen, die zuallererst von der Existenz von ausbeutenden und unterdrückenden Klassen ausgeht und sie infrage stellt.

Der Text ist ein sehr wichtiges historisches Dokument. In ihm kommt Nkrumah einer Selbstkritik am nächsten. Er ist die Bilanz eines echten Nationalisten, eines afrikanischen Nationalisten, der jahrelang mit der Annahme und dem Gefühl herumlief, dass er sich auf die eine oder andere Weise vom wissenschaftlichen Sozialismus distanzieren müsse, weil dieser außerhalb der Grenzen seiner eigenen Gesellschaft entstanden war und er Angst vor seinen kulturellen Implikationen hatte.

So ist es sehr nachsichtig formuliert. Aber diese Angst geht eigentlich auf Aspekte der bürgerlichen Ideologie zurück. Sie beruht darauf, dass er eine Unterscheidung zwischen Gesellschaftstheorie und naturwissenschaftlicher Theorie getroffen hatte, die nicht notwendig ist. Diese Unterscheidung ergibt sich aus der Geschichte des bürgerlichen Denkens.

Die Menschen scheinen keine Schwierigkeiten zu haben, sich für die Nutzung von Aspekten der materiellen Kultur zu entscheiden, die aus dem Westen stammen, unabhängig davon, ob sie aus der kapitalistischen oder sozialistischen Gesellschaft kommen. Die Menschen haben keine Schwierigkeiten, die Elektrizität zu nutzen, aber sie sagen: »Marx und Engels, das ist europäisch!« War Edison ein Rassist? Aber sie stellen die Frage: »War Marx ein Rassist?« Sie glauben wirklich, dass sie eine grundlegende Unterscheidung treffen, während sie in Wirklichkeit die Totalität der gesellschaftlichen Entwicklung ausblenden. Und die Naturwissenschaften sind nicht von den Sozialwissenschaften zu trennen. Aus unserer Interpretation der sozialen Wirklichkeit lassen sich ebenfalls bestimmte historische Gesetze und damit naturwissenschaftliche Gesetze der Gesellschaft ableiten, die unabhängig von ihrem Ursprung oder ihren Urhebern angewendet werden können.

Natürlich ist es richtig – und das ist der beste Punkt, um zum Schluss zu kommen –, dass jede Ideologie mit Umsicht angewandt werden muss. Sie muss mit einem gründlichen Verständnis für die inneren Realitäten einer bestimmten Gesellschaft angewandt werden.

Der Marxismus kommt als historisches Faktum in die Welt und er stammt aus einem bestimmten kulturellen Zusammenhang. Als zum Beispiel die Afrikanerinnen, oder kehren wir besser zu den Asiaten zurück, als die Chinesen sich die marxistischen Texte zum ersten Mal aneigneten, waren es europäische Texte. Sie waren voller Vorstellungen über die historische Entwicklung Europas selbst. Die Methode und die Fakten waren also offensichtlich miteinander verwoben, und die Schlussfolgerungen bezogen sich tatsächlich auf ein spezifisches historisches und kulturelles Umfeld.

Es war die Aufgabe der Chinesinnen, damit umzugehen, sie anzupassen, zu hinterfragen und zu prüfen, inwieweit sie auf ihre Gesellschaft anwendbar wären. Um wissenschaftlich zu sein, bedeutete das zuerst vor allem, die Besonderheiten der chinesischen historischen und sozialen Entwicklung zu berücksichtigen.

Ich habe Cabral bereits in einem anderen Zusammenhang zitiert und er taucht in diesem Zusammenhang wieder auf. Die Art und Weise wie er stets die Besonderheiten der Klassenentwicklung im heutigen Guinea-Bissau betrachtet; wie er das Potenzial der Klassen in Guinea-Bissau zu seiner Zeit betrachtet. Und daher sorgt er natürlich dafür, dass der Marxismus nicht einfach als eine Zusammenfassung der Geschichte anderer Menschen erscheint, sondern als lebendige Kraft innerhalb der eigenen Geschichte.

Und das ist eine schwierige Transformation. Das ist die Aufgabe einer jeden oder eines jeden, die oder der sich als Marxistin versteht. Aber weil diese Aufgabe mit so vielen Schwierigkeiten und Hindernissen verbunden ist, machen es sich viele Menschen leicht, indem sie den Marxismus als ein fertiges Produkt betrachten und nicht als ein soziales Produkt, das an die eigene Gesellschaft angepasst werden muss.

Wenn wir uns die marxistische Theorie anschauen, ihre Bedeutung für Fragen der »Rasse«, ihre Bedeutung für die nationale Emanzipation, dann stoßen wir auf ein sehr wichtiges Paradoxon: Der Nationalist im engeren Sinne des Wortes, das heißt die kleinbürgerliche Nationalistin, die lediglich die Wiedererlangung der nationalen Unabhängigkeit in unserer Epoche anstrebt, kann den Menschen in Afrika oder den Menschen in der Karibik keinerlei Teilnahme an der liberalen Demokratie verschaffen.

Der Kleinbürger kann diese historischen Aufgaben nicht erfüllen, weil die nationale Befreiung eine sozialistische Ideologie erfordert. Wir können die beiden nicht voneinander trennen.

Guinea-Bissau und Mosambik haben sehr deutlich gezeigt, dass selbst für eine nationale Befreiung in Afrika eine ideologische Entwicklung notwendig ist, eine kritische Bewusstseinsbildung *(conscientização)*, wie es in Lateinamerika genannt wird. Und sie haben den Kampf um die nationale Befreiung gewonnen, weil sie ihn mit einer sozialistischen Perspektive führten.

Wie Cabral sagte: »Es mag Revolutionen geben, die eine revolutionäre Theorie hatten und die gescheitert sind. Aber es hat sicherlich keine Revolution gegeben, die ohne eine revolutionäre Theorie erfolgreich war.«

Marxism and African Liberation. Speech by Walter Rodney at Queen's College, New York, USA 1975, in: Yes to Marxism! People's Progressive Party, Georgetown, Guyana 1986.

Der Marxismus als Ideologie der Dritten Welt

HEUTE IST EIN PASSENDER MOMENT, um uns an einer weiteren Diskussion über die Frage des Marxismus zu beteiligen, denn das Interesse und die praktische Aufmerksamkeit, die sich auf diese Ideologie beziehen, haben enorm zugenommen.

Im Verlauf dieser Zunahme hat es zwangsläufig auch eine Tendenz zur Fraktionierung gegeben – eine Tendenz, logischerweise eine Position einnehmen zu wollen, die von den Anhängerinnen des Marxismus oder des wissenschaftlichen Sozialismus als die theoretischste und letztlich praktischste Interpretation dessen angesehen wird, was der Marxismus sei. Ich für meinen Teil will mich der Einfachheit halber erst gar nicht an einer Diskussion beteiligen, in der über die rivalisierenden Anwärter auf den Titel Marxismus ein Urteil gefällt wird. Ich glaube, es würde unsere Analyse in der zur Verfügung stehenden Zeit nicht voranbringen, wenn wir zu entscheiden versuchten, wer tatsächlich Marxist-Leninist ist – die sogenannten Stalinisten oder die sogenannten Trotzkisten, die eine oder die andere Seite im chinesisch-sowjetischen Streit, die alte oder die neue Linke. Das heißt, ich werde der Einfachheit halber die Komplikationen vermeiden, die mit diesen sehr oft polemischen Unterscheidungen verbunden sind. Aber darüber hinaus glaube ich, dass wir im Grunde davon ausgehen können, dass es unter all jenen, die sich zum Marxismus bekennen, ein gemeinsames Verständnis – oder einen Korpus eines gemeinsamen theoretischen Verständnisses – gibt sowie einen kleineren, aber dennoch bedeutenden Bereich einer gemeinsamen Praxis dieser rivalisierenden Gruppen, eine gemeinsame antikapitalistische und antiimperialistische Praxis. Und das ist einer der Gründe, warum ich diesen Streit nicht berücksichtige. An einem späteren Punkt der Analyse werde ich außerdem darauf hinweisen, dass es für politische Diskussionen um die Dritte Welt meistens destruktiv oder bestenfalls sinnlos ist, wenn wir von vornherein von der Fraktionierung des Marxismus ausgehen.

Versuchen wir also – so schwierig das auch manchen an den marxistischen Diskussionen Beteiligten erscheinen mag –, den Marxismus so zu nehmen, als wäre er homogen oder als gäbe es nicht eine Vielzahl von Anwärtern auf den Titel Marxismus, und konzentrieren wir unsere

Aufmerksamkeit auf die Dritte Welt. Sie ist jener Teil des Globus, der seit Jahrhunderten in kapitalistische Verhältnisse einbezogen ist, aber auf eine ganz eigene Art und Weise, die sich qualitativ davon unterscheidet, wie die metropolitanen Länder Nordamerikas und Europas in das kapitalistische System eingebunden wurden. Und aufgrund dieser besonderen Weise, in der die Dritte Welt an der internationalen kapitalistischen Wirtschaft beteiligt wurde, gibt es eigentümliche Faktoren, die als Rückständigkeit oder Unterentwicklung oder Ähnliches bezeichnet werden. Es handelt sich um einen Teil der Welt ohne Kapitalisten – ohne nennenswerte einheimische Kapitalistinnen, ohne ein nennenswertes einheimisches Proletariat, sehr oft mit vorkapitalistischen Gesellschaftsformationen, die noch in verschiedenen Stadien ihres Zerfalls existieren.

Mit unserer Untersuchung wollen wir also versuchen, die Bedeutung des Marxismus für diesen Teil der Welt zu bestimmen. Insbesondere wollen wir verstehen, welche Bedeutung eine marxistische Interpretation für Strategien hat, mit denen diese Teile der Welt, die allzu oft leichtfertig als Dritte Welt bezeichnet werden, transformiert werden können oder ihre Transformation beschleunigt werden kann. Bei dem Versuch, die Frage »Welche Bedeutung hat der Marxismus für die Dritte Welt« zu beantworten, bestehe ich also darauf, dass wir verstehen, dass Afrika, Asien und Lateinamerika, wenn sie als Dritte Welt bezeichnet werden, kein sozioökonomisches System darstellen, das getrennt von den kapitalistischen Zentren der Welt existiert. Würden wir von einer solchen Trennung ausgehen, dann würden wir bei dem Versuch, die Analyse des Marxismus oder irgendeine andere Ideologie auf die Dritte Welt anzuwenden, meiner Meinung nach in alle möglichen Fallen tappen. Wir müssen die Länder Afrikas, den größten Teil Asiens mit Ausnahme von China, Korea und Vietnam und praktisch ganz Lateinamerika mit Ausnahme von Kuba als integrale Bestandteile der kapitalistischen Welt betrachten. Sie sind lediglich eine Ergänzung zu den kapitalistischen Zentren. Und diese These muss schließlich heute, im Jahr 1975, nicht ausführlich dargelegt werden. Auch zahlreiche nicht-marxistische Wissenschaftlerinnen haben diese Komplementarität – diese dialektische Beziehung zwischen dem, was oft als Zentrum und Peripherie oder als metropolitane Kernländer und koloniale oder halbkoloniale oder neokoloniale Gebiete der Welt bezeichnet wird – inzwischen akzeptiert. Wenn wir über mehrere Jahrzehnte hinweg diese Frage nach der Bedeutung des Marxismus für die Dritte Welt betrachten, können wir feststellen, dass zu verschiedenen Zeiten unterschiedliche Antworten vorherrschend waren.

Die frühesten Antworten – die von den Kolonialmächten selbst vorgeschlagen wurden – waren recht einfach. Sie sagten den Menschen der Dritten Welt: Der Marxismus-Leninismus oder der wissenschaftliche Sozialismus oder der Kommunismus hat absolut keine Bedeutung für eure Bedürfnisse und Interessen. Diese Ideologie ist euren Bedürfnissen und Interessen sogar völlig abträglich. Die Kolonialmächte, ihre Wortführer und Ideologien sagten einfach, dass der Marxismus nicht gut für die Einheimischen sei; dass er keine Weltanschauung sei, mit der die Kolonialvölker sich selbst, ihre Gesellschaften und die Welt draußen betrachten sollten. Und dies entsprach ihrer Machtposition. Der Kolonialismus versuchte sicherzustellen, dass die kolonisierten Völker keine wirksamen Kämpfe um nationale Befreiung führen konnten. In den ersten Jahren waren sie sogar dagegen, einen Nationalismus zum Ausdruck zu bringen. Umso erbitterter und besorgter waren sie daher gegen jenen Nationalismus, der durch marxistisches Gedankengut belebt wurde, das nicht nur besagte, dass wir entschlossen sind, die Unabhängigkeit zu erlangen, sondern auch, dass wir entschlossen sind, eine neue Gesellschaft aufzubauen, die sich von der kapitalistischen Gesellschaft, die wir geerbt haben, völlig unterscheidet.

Und während die Kolonialisten den Marxisten in ihren eigenen Ländern feindlich gegenüberstanden, waren sie doppelt feindlich gesinnt, wenn der Marxismus und Marxistinnen in Indien, in Teilen Asiens, Afrikas, Lateinamerikas und der Karibik auftauchen sollten. Zweifellos hatte es das marxistische Denken auch in den westlichen Ländern – in Großbritannien, Frankreich, Nordamerika – nicht leicht. Bis heute werden westliche Marxisten in Institutionen wie dieser hier diskriminiert. Aber das bürgerlich-metropolitane System hat gewisse Möglichkeiten, mit ihm umzugehen. Manchmal bemüht es sich sogar, einige Personen aufzunehmen, die außerhalb des sogenannten Mainstreams stehen, und es wird daher innerhalb der Grenzen seiner eigenen Aufrechterhaltung auch kompromissbereit sein und einige marxistische Gedanken zulassen. Aber die Praxis eben dieser Mächte gegenüber der Dritten Welt bestand seit vielen Jahren und besteht meiner Einschätzung nach noch heute darin, sich dem Aufkommen des marxistischen Denkens entschieden zu widersetzen. Wie mir scheint, erkennt die Bourgeoisie selbst, wie verwundbar sie in der Dritten Welt ist. Es ließe sich sagen, dass das marxistische Denken in den Ländern der Dritten Welt eine doppelte Potenz hat.

Dieser Versuch des Imperialismus und der Kolonialmächte, den Marxismus aus dem Selbstverständnis der Dritten Welt herauszuhalten, war nicht durchgehend erfolgreich. Immer wieder traten afrikanische, asiatische, lateinamerikanische und karibische Marxisten auf, die in ihren eigenen Gesellschaften aktiv waren und auch auf internationaler Ebene – manchmal sogar recht erfolgreich. Im Großen und Ganzen müssen wir aber feststellen, dass der Marxismus während der gesamten Kolonialzeit – die sich bis in die 1920er-, 1930er- und 1940er-Jahre erstreckte – eine unbedeutende Ideologie war, der es sowohl an Personen fehlte, die marxistische Ideen in Zeitschriften artikulierten, als auch an politischen Parteien, die die marxistisch-leninistische Position vertraten.

Den Kolonialisten gelang es relativ erfolgreich, marxistisches Denken weiterhin auszuschließen. Noch wichtiger war es, dass sie eine Generation von Theoretikerinnen der Dritten Welt schufen, die von der bürgerlichen Theorie geprägt waren und mit all den Erkenntnissen hausieren gehen, die sie aus der bürgerlichen Theorie gewonnen hatten. Und das bedeutete in der Regel, dass sie zum Beispiel automatisch antimarxistisch waren; ohne überhaupt darüber nachzudenken, waren sie antimarxistisch. Sie hatten eine idealistische Vorstellung von der Welt und gingen davon aus, dass ihre Vorstellungen universalistisch seien. Sie betrachteten das kapitalistische System und dachten, dass das kapitalistische System schon immer existiert habe und weiter existieren werde. Sie sahen den Menschen, der innerhalb der Zwänge der kapitalistischen Gesellschaft funktionierte, und sagten: »Das ist der Mensch.« Sie begannen, vom Wesen des Menschen und Ähnlichem zu sprechen, erkannten aber nicht und konnten nicht erkennen, dass sie nur über das Wesen des Menschen in einem bestimmten sozialen System sprachen.

All diese Auffassungen waren tief in das Selbstverständnis der Dritten Welt verankert worden. Und das gilt unabhängig davon, ob wir in diesen Institutionen im Ausland ausgebildet wurden oder in den Ersatzinstitutionen wie der University of the West Indies [Jamaica] oder der University of Ghana oder Makerere. Denn du kannst auf Linie mit der bürgerlichen Weltanschauung gebracht werden, indem du in die Metropole selbst gebracht wirst oder indem die bürgerlichen Institutionen zu dir verlegt werden, um die Arbeit vor Ort zu erledigen, als eine Art Vorläufer der internationalen Filialwirtschaft der multinationalen Konzerne.

Diese Zeit ist zwar noch nicht vorüber, aber sie ist meines Erachtens im Verschwinden begriffen. Wir müssen den Trend beachten. Heute geht es nicht mehr einfach um die Auseinandersetzung zwischen bürgerlicher Ideologie und marxistischer Ideologie. Diese einfache Dichotomie zwischen Gut und Böse – den Kräften des Übels und den Kräften des Christentums usw. –, diese Art von Argumenten ist nicht mehr sehr überzeugend. Eine Reihe von Faktoren hat dazu beigetragen. Wenn den Menschen in Ghana oder in Jamaika gesagt wurde, der Kommunismus sei böse und der Marxismus-Leninismus habe keinen Wert, dann gehörte das zu einer Botschaft, mit der die Bourgeoisie behauptete, der Marxismus-Leninismus könne nicht funktionieren. Abgesehen von den moralischen, philosophischen oder ideologischen Argumenten gab es diesen Appell an die sogenannte Praxistauglichkeit. Es hieß: Selbst wenn wir diesem System eine theoretische Gültigkeit einräumen, können wir euch beweisen, dass es nicht effizient ist, dass es nicht funktioniert; dass der Kapitalismus effizient ist und dass der Sozialismus den Menschen keine Nahrung verschafft; dass es in Russland Hunger und keine Kleidung gibt; und dass die Chinesen Gras essen. Dies liegt also Jahre zurück, als die Entwicklung von revolutionären Systemen auf der Welt noch in ihren Anfängen steckte.

Aber als die russische Revolution diese ersten Jahre extremer wirtschaftlicher Schwierigkeiten überwunden hatte – Schwierigkeiten, die ihr das zaristische Regime hinterlassen hatte – und als die chinesische Revolution immer stärker wurde und ebenfalls aus einer Phase absoluter Massenarmut, die für den Feudalismus und Imperialismus in China charakteristisch war, heraustreten konnte, war und ist es nicht mehr möglich, irgendeinem Land der Dritten Welt ernsthaft zu erzählen, dass der Sozialismus nicht funktioniere – dass er sozusagen kein praktikables System sei. Daher muss sich die Argumentation verschieben; sie muss sich in irgendeiner Weise mit den ideologischen Dimensionen auseinandersetzen. Ich denke, die Argumentation hat sich verschoben, und auf diese Verschiebung möchte ich mich konzentrieren, weil sie die aktuelle Dimension der Diskussion über den Marxismus in der Dritten Welt darstellt.

Diese neue Diskussion – die neue Verschiebung – bedeutet in erster Linie, dass der Marxismus nicht in direkter Weise der bürgerlichen Ideologie gegenübergestellt wird. Es wird versucht, diese direkte Konfrontation zu vermeiden. Dem Marxismus in der Dritten Welt – ich habe das in Afrika gesehen, es geschieht in der Karibik, es geschieht in Asien – wird eine Auffassung von der Welt gegenübergestellt. Den Menschen in Afrika oder Westindien wird gesagt: »Wir verstehen, dass der Marxismus eine gewisse Gültigkeit hat, aber wir glauben nicht, dass der Marxismus für uns von Bedeutung ist. Wir müssen nach unseren eigenen Lösungen suchen.« Das ist eine der einflussreichsten Methoden, um der marxistischen Weltsicht zu begegnen. Und wie wir sehen können, erscheint sie offensichtlich zunächst plausibler als die alte Unterscheidung zwischen Marxismus und bürgerlicher Ideologie – zwischen Sozialismus und Kapitalismus.

Eine zweite und mit der ersten oft verbundene Variante zum gleichen Thema besteht darin, dass du zu hören bekommst, der Marxismus und der Sozialismus habe zwar gewisse Stärken, aber auch der Kapitalismus und die kapitalistische Theorie verfüge über gewisse Stärken. Eine unserer Aufgaben bestehe daher darin, auf intelligente Weise aus beiden Systemen zu schöpfen. Auch hier wird der Marxismus also nicht in angsteinflößenden grellen Farben als ein Ungeheuer gemalt, vor dem wir schreiend davonlaufen müssen. Er wird vielmehr von der Seite aus angegriffen, indem uns gesagt wird, wir sollten aus beiden Systemen einige Elemente übernehmen.

Meiner Meinung nach sind beide Varianten Taschenspielertricks und ideologische Kunstgriffe, um die Entwicklung eines wissenschaftlichen

Verständnisses der Welt zu verhindern. Im Folgenden will ich zeigen, worin meines Erachtens die logische Schwäche beider Ansätze besteht.

Eine eigentümliche Sicht auf die Dritte Welt

Untersuchen wir zunächst den Ansatz, der besagt, dass wir in der Dritten Welt etwas Besonderes brauchen. Wenn wir in Ghana leben, werden wir an die ghanaische Kultur denken. Für Afrika als Ganzes benötigen wir einen Afrikanischen Sozialismus, würde gesagt werden. In Indien, in Sri Lanka: Lasst uns nach etwas suchen, das mit unserer eigenen Kultur zu tun hat. Das sind schlagkräftige Argumente, weil sie echte Emotionen ansprechen, weil sie das Selbstverständnis des Kolonialisierten berühren. Die Kolonialisierte war schließlich als Wesen infrage gestellt worden; ihre Identität war infrage gestellt worden. Neben der politischen und wirtschaftlichen Ausbeutung war sie auch dem kulturellen Imperialismus ausgesetzt. Daher spricht es bestimmte Gefühle an und stößt auf Sympathie, wenn gesagt wird, dass wir jegliche Fremdbestimmung unseres Denkens vermeiden und etwas schaffen müssen, das ganz uns gehört. Wir dürften daher nicht den Kapitalismus oder die bürgerliche Theorie ablehnen und an ihre Stelle den Sozialismus oder die marxistische Theorie setzen, weil dies eine neue Form der Fremdbestimmung sei. Und ich denke, dass es einige Afrikaner, einige Asiatinnen gibt, die eine derartige Argumentation sehr überzeugend vorbringen könnten – ich selbst hatte ganz ernsthaft versucht, sie stark zu machen. Ich denke, in dieser Form kann das Argument am besten vorgebracht werden, aber trotzdem halte ich es – bestenfalls – für falsch. Aus mehreren Gründen.

Zunächst einmal gehen diese Menschen in ihren Aussagen automatisch von der Annahme aus, dass die wissenschaftliche sozialistische Ideologie oder der Marxismus-Leninismus zeitlich und räumlich begrenzt seien – kulturell begrenzt. Das ist die Grundannahme des Arguments, die besagt, dass der Marxismus in Westeuropa im 19. Jahrhundert entstanden ist. Ganz abgesehen von der Frage, ob er irgendeine Bedeutung hat, sei seine mögliche Bedeutung durch diese zwei Umstände begrenzt. Er könne für Europäer relevant sein, er könne im 19. Jahrhundert relevant gewesen sein oder vielleicht auch noch für Europäer in diesem Jahrhundert, aber für uns sei er nicht relevant. Eine Afrikanerin, ein Mensch aus der Dritten Welt, würde sagen: Er ist für uns nicht relevant, weil er zu ihnen gehört, weil er einer fremden Kultur entstammt. Wir werden noch darauf zurückkommen, inwieweit der Marxismus wie jede Ideologie notwendigerweise Elemente der Kultur enthalten muss, die ihn hervorbringt, fördert und propagiert. Aber an diesem Punkt müssen wir festhalten, dass diese grundlegende ideologische Annahme eine bürgerliche Annahme ist.

Es ist eine metaphysische Annahme, die die Anwendung wissenschaftlicher Prinzipien auf die Gesellschaft von der Anwendung wissenschaftlicher Prinzipien auf die reale Welt – auf die natürliche Welt – abtrennt. Dieselben Menschen, die diese Art von Argumenten so überzeugend vorbringen würden, hätten keine Skrupel, vor euch zu stehen und dieses Mikrofon zu benutzen. Sie hätten keine Skrupel, vor euch zu sprechen und dafür die Elektrizität, mit elektrischer Energie betriebene Geräte, zu benutzen; und das können sie natürlich auch in einem afrikanischen oder asiatischen oder karibischen Land tun. Sie werden wohl kaum irgendwelche abstrusen Argumente vorbringen, die besagen, dass Dinge, die ihren Ursprung in der natürlichen Welt haben – die Nutzbarmachung von Prinzipien zum Verständnis der Bewegungen in der natürlichen Welt –, in der Dritten Welt a priori abgelehnt werden sollten, weil sie ursprünglich in der Ersten Welt oder in der Zweiten Welt oder an irgendeinem anderen Ort in der jeweiligen Rangordnung entdeckt wurden. Und ohne es zu merken, unterwerfen sie sich einer bestimmten Dichotomie, die ihre bürgerliche philosophische Weltanschauung darstellt – jener Dichotomie, die durchaus bereit ist, die Bewegungsprinzipien der natürlichen Welt zu entdecken (oder sich auf jeden Fall um ihre Entdeckung zu bemühen). Die Kapitalisten tun das, weil es hilfreich für die Produktion ist. Es gehört ganz wesentlich zum kapitalistischen System, dass sie die Produktion maximieren und die Effizienz der Technologie steigern müssen. Daher werden sie das Streben nach wissenschaftlichen Erkenntnissen in Bezug auf die reale Welt nicht (jedenfalls nicht bewusst und absichtlich) durch Mystifikationen behindern.

Aber aus dem gleichen Grund hat die Bourgeoisie – die Kapitalistenklasse – ein Interesse daran, die Anwendung wissenschaftlicher Prinzipien auf die Gesellschaft zu mystifizieren. Denn diese Anwendung würde nahelegen, dass wir die Veränderungen verstehen müssen – Umwälzungen, durch die der Kapitalismus selbst entstanden ist und durch die eine herrschende Klasse auch wieder entmachtet werden wird. Es wäre gewissermaßen eine Studie über ihre eigene Liquidierung und wir können kaum erwarten, dass die Bourgeoisie eine solche Studie fördern würde.

Wir stellen also fest, dass es im bürgerlichen Denken immer diesen Widerspruch zwischen der Anwendung wissenschaftlicher Prinzipien auf die Gesellschaft und auf die natürliche Welt gibt – was eine sehr künstliche Unterscheidung ist. Und wie ich bereits sagte, fallen diejenigen, die von der kulturellen Gültigkeit und der kulturellen Einzigartigkeit und Besonderheit sprechen, eindeutig dieser Unterscheidung zum Opfer. Sobald wir uns von dieser Auffassung freimachen, werden die Schwachpunkte einer Position noch klarer, die den Marxismus als kulturell verschieden und daher bedeutungslos für die Dritte Welt betrachtet.

Einer dieser Schwachpunkte besteht darin, dass Marx zunächst bewusst missverstanden und falsch gelesen werden muss, um die eigene Polemik vortragen zu können. So wird zum Beispiel gesagt: Marx befasst sich nicht mit der Art von Gesellschaft, die wir haben, Marx und Engels schrieben über die europäische Gesellschaft, die Klassen hatte, und wir haben nicht die gleichen Klassen; wir haben keine proletarischen Arbeiter. Das mag richtig sein. In einigen Ländern Afrikas gibt es kaum ein nennenswertes Proletariat. In Ländern Lateinamerikas und Asiens gibt es vielleicht eine größere Zahl von Proletariern, aber auf jeden Fall haben sie recht, wenn sie sagen, dass die besondere Klassenkonfiguration oder sogar das Fehlen von Klassen in einem Land der Dritten Welt nicht dem Analysemodell entspricht, das Marx vielleicht für Westeuropa nutzen konnte und das natürlich auch für Nordamerika relevant ist.

Dabei übersehen sie jedoch, was Marx selbst gesagt hatte. Er hatte nicht beansprucht, eine philosophische Auffassung von der Welt zu entwickeln, und dachte nicht, dass die für Westeuropa geschaffenen Kategorien an und für sich auf die Dritte Welt anwendbar seien – anwendbar ohne jede neue intellektuelle oder analytische Anstrengung. Marx musste sogar jenen (von denen sich einige als Marxisten bezeichneten) einen Rüffel erteilen, die sein Verständnis von Westeuropa in einer sehr unkritischen Weise auf die Entwicklung Osteuropas anwenden wollten. Er musste sie warnen, dass der Marxismus kein allgemeines geschichtsphilosophisches Verständnis der ganzen Welt zu allen Zeiten und an jedem Ort sei. Er machte sehr deutlich, dass es sich bei dem, womit er und Engels sich beschäftigt hatten, um eine systematische und detaillierte Darstellung der Entwicklung des Kapitalismus in Westeuropa handelte; und dass sie versucht hatten, die spezifischen Merkmale des Kapitalismus in Westeuropa zu beschreiben und zu verstehen. Die Universalität, die sowohl er als auch Engels beanspruchten, war keine Universalität, die für Westeuropa galt. Ihre »Universalität« war die Universalität des Widerspruchs; eine Universalität, die darin besteht, dass sich die historisch-materialistische Methode auf jede beliebige Gesellschaft anwenden lässt. Wenn diese Leute also sagen, dass der Marxismus behaupte, alle Gesellschaften müssten die gleichen Prozesse durchlaufen und das Wichtigste sei das Vorhandensein einer bestimmten Arbeiterklasse und dass wir daher mit dem Marxismus zwangsläufig nichts anfangen könnten, weil sich unsere Gesellschaft von der von Marx beschriebenen unterscheidet – dann denke ich, dass diese Leute im Grunde nicht verstanden haben, was Marx gesagt hat. Und ich glaube nicht, dass es sich dabei nur um ein Versehen handelt. Ich denke, zum Teil wird hier die Auffassung von Marx absichtlich verzerrt. Und damit ist schon einiges über ihre Argumente gesagt, denn wer die Argumente der Gegenseite absichtlich verzerren muss, bevor er sich mit ihnen auseinandersetzen kann, scheint selber von einer sehr schwachen Position auszugehen.

Ein weiterer Schwachpunkt des Versuchs, den Marxismus in diese engen zeitlichen und örtlichen Grenzen zu zwingen, besteht darin, dass diese Leute den Marxismus nicht als eine sich entwickelnde Ideologie erkennen und akzeptieren. Das heißt, wie jede Wissenschaft ist sie nicht statisch. Sie nimmt neue Ideen auf, macht neue Entdeckungen und reagiert auf Veränderungen, die sich im Laufe der wissenschaftlichen Forschung ergeben. Aus diesem Grund können wir von einem Marxismus-Leninismus sprechen. Allein die Tatsache, dass wir den Namen Lenin mit dem Namen Marx in einer sehr grundlegenden Weise verbinden, spiegelt den Beitrag Lenins zu einer anderen Zeit wider – seine Fähigkeit zu sagen: Ja, wir betrachten den Kapitalismus, aber wir betrachten nicht denselben Kapitalismus, den Marx in der ersten Hälfte des 19. Jahrhunderts betrachtet hatte. Vielmehr untersuchen wir den Kapitalismus in seiner imperialistischen Epoche, und das ist etwas qualitativ anderes. In diesem Prozess hat Lenin also zur Weiterentwicklung der marxistischen Ideologie beigetragen.

Das Gleiche gilt für die Beiträge von Mao, für die Beiträge von Che Guevara oder für die Beiträge von Amílcar Cabral. Beiträge, die anerkennen, dass der Marxismus selbst ein sich entwickelnder Korpus wissenschaftlicher Erkenntnis ist, dass wir eine Ontologie haben, dass wir eine Epistemologie haben und dass wir von dort aus dazu gelangen müssen, uns mit den Besonderheiten zu beschäftigen, die an einem bestimmten Ort zu einer bestimmten Zeit auftreten. Und das würde den Marxismus sicherlich weit über diese profanen engen Grenzen hinausführen, die ihm von einigen Theoretikerinnen aufgezwungen wurden.

In den praktischen, alltäglichen Kämpfen der Dritten Welt entwickelt sich der Marxismus als eine Ideologie der Dritten Welt weiter – unabhängig davon, ob die Menschen einige dieser Argumente akzeptieren, sie für esoterisch halten oder denken, dass der alltägliche Kampf diese Argumente notwendigerweise berücksichtigt. Er entwickelt sich weiter trotz der Versuche, ihn als etwas der Dritten Welt Fremdes darzustellen. Und er entwickelt sich weiter als eine unabhängige Ideologie, die nach klaren Alternativen zum Kapitalismus sucht, trotz der Versuche, diesen Prozess durch die Suche nach einem Kompromiss zwischen Kapitalismus und Sozialismus zu stören.

Auf diesen Kompromiss möchte ich nicht näher eingehen, denn wer sich die Mühe macht, die marxistische Ideologie zu verstehen, wird sofort erkennen, dass wir nicht gleichzeitig in beiden Lagern stehen können. Es ist nicht möglich, auf unbestimmte Zeit von der Koexistenz eines sozialistischen und eines kapitalistischen Systems zu sprechen. An einem bestimmten Punkt des Übergangs können kapitalistische Elemente in ein sozialistisches System einfließen oder umgekehrt. Aber wenn dem so ist, dann müssen wir die Tendenz untersuchen; wir müssen herausfinden, welches der widersprüchlichen Merkmale sich letztendlich durchsetzt und zum vorherrschenden System wird. Aber wir können nicht wie

Léopold Senghor[1] sagen: Im Senegal werden wir ein bisschen Kapitalismus und ein bisschen Sozialismus und dann ein bisschen Senegalismus haben. Aber genau das sagt er. Er sagt: Wir werden drei Sektoren in unserer Wirtschaft haben. Etwas wird den Ausländern gehören, ein Teil wird sich in öffentlichem Besitz befinden und es wird gemischtwirtschaftliches Eigentum geben. Dies wird als sozialistische Alternative oder als Alternative zum Marxismus präsentiert und Senghor nennt es ganz bewusst eine Alternative zum Marxismus.

Einer der vielen Trugschlüsse dieser Position ist jedoch, dass der Senegal als kapitalistisches Land entstanden ist. Er befindet sich innerhalb der internationalen imperialistischen Ordnung. Die Menschen im Senegal konnten es sich nicht aussuchen, ob der Senegal kapitalistisch oder sozialistisch sein sollte. Er war bereits kapitalistisch. Sie stehen allein vor der Wahl, ob sie weiterhin in einem kapitalistischen System leben wollen oder ob sie ihm entkommen wollen. Es ist also eine trügerische Dualität, sich vorzustellen, sie befänden sich außerhalb der beiden Systeme und könnten sich aus beiden etwas auswählen, um eine dritte Alternative zu schaffen. Und jeder Schritt, der sie nicht aus dem kapitalistischen System herausführt, ist ein Schritt, der in Wirklichkeit das kapitalistische System unterstützt.

Der Aufschwung des Marxismus in der Dritten Welt

Auch ohne zu untersuchen, was es theoretisch bedeutet, ist es beeindruckend, wie stark der Marxismus in der Dritten Welt angewachsen ist – oder besser gesagt, das Bekenntnis zum Marxismus, die Diskussion über ihn und die Aufmerksamkeit für ihn. Alle diese in Afrika, Lateinamerika und Asien verfolgten Strategien, mit denen die Flut des Marxismus eingedämmt werden sollte, waren nicht wirklich erfolgreich. Auch wenn es schwierig wäre, eine exakte quantitative Beschreibung zu geben, in der Art, dass es zum Beispiel in Asien 1965 10 000 Marxisten und heute 20 000 gebe, bin ich mir sicher, dass keine Beobachterin und kein Analyst der Situation diese Zunahme des Marxismus und seiner Anhängerschaft bestreiten würde. Und auf verschiedene indirekte Weisen lässt sich dieser Aufschwung abschätzen.

Er lässt sich beispielsweise an der Zahl der Wissenschaftlerinnen ablesen, die sich der formellen Instrumente der marxistischen Analyse bedienen – Anthropologen und Ökonominnen, Politikwissenschaftler, Historikerinnen aus Afrika, Asien und Lateinamerika. Vor fünf oder zehn Jahren waren sie auf der Bildfläche noch nicht vorhanden, und auch wenn sie

1 Léopold Senghor (1906–2001) war ein gefeierter Dichter, der erste Präsident Senegals (1960–1980), ein prominenter Theoretiker der Négritude und ein Politiker, der sowohl einen »einheimischen Sozialismus« im Gegensatz zum Marxismus entwickeln als auch die besonderen Beziehungen des postkolonialen Senegals zu Frankreich bewahren wollte.

heute nicht in der Mehrheit sind, fallen sie doch in jedem Bereich auf. Sehr oft fallen sie durch die hohe Qualität ihrer Arbeiten auf, weil sie durch ernsthafte und originelle Forschungen die bürgerlichen Annahmen infrage stellen und sich aufgrund der eigenen inneren Logik und Konsistenz durchsetzen können. Ein Blick in die Zeitschriften zeigt uns also – aus der Sicht von uns Akademikern – die zunehmende Zahl von Marxistinnen, die in allen Disziplinen in den Ländern der Dritten Welt tätig sind. Und das liegt ganz sicher nicht daran, dass sie dazu ermutigt wurden. Es handelt sich selbst um eine dialektische Entwicklung, in der sie sich über den Trend ihrer eigenen Ausbildung hinwegsetzen und gegen sie wenden. Denn wie ich bereits sagte, wurden sie geistig von der bürgerlichen Philosophie geprägt.

Einen zweiten Maßstab finden wir außerhalb der Universitäten oder jenseits der Ebene der universitären Akademikerinnen in der Zahl der Gruppen von Studenten, von Arbeiterinnen oder von unabhängigen Intellektuellen, die sich zum Marxismus bekennen. Nicht nur das – es ließe sich ja einwenden, dass sie lediglich eine marxistische Terminologie verwenden oder dass sie ihren marxistischen Inhalt verschleiern. Heutzutage gibt es in der Dritten Welt eine große Anzahl von Gruppen, die offen auftreten und erklären: Wir sind Marxisten. Auch hier möchte ich zunächst die Frage ausklammern, ob sie sich als Maoisten oder irgendetwas anderes bezeichnen. Auf jeden Fall bezeichnen sie sich als marxistisch. Und das ist eine sehr wichtige Veränderung, die Teil unserer heutigen Szenerie ist. Denn in den meisten Teilen der Dritten Welt ist es immer noch gefährlich, sich als Marxist zu bezeichnen. Die Tatsache, dass dies mehr und mehr geschieht, ist ein Anzeichen für ein enormes Anwachsen sowie für die Bereitschaft und Fähigkeit, die Vorherrschaft des bürgerlichen Denkens herauszufordern.

Neben diesen Gruppen sehen wir die Entstehung von vielen neuen Zeitschriften, die oftmals auf der Aktivität dieser Gruppen beruhen und die marxistische Parolen verbreiten, marxistische Analysen enthalten. Diese Entwicklung wird dir auffallen, wenn du dich stichprobenartig in der Dritten Welt umschaust, vor allem, wenn du Zugang zu den an der sogenannten Basis hergestellten Druckerzeugnissen hast. Das sind nicht gerade Hochglanzmagazine wie die *Time* oder *Fortune,* sondern Schriften, die mit schweißtreibender körperlicher Arbeit an einer Gestetner [Hektografiergerät] produziert werden, die oft noch von Hand, ohne elektrischen Antrieb, betrieben wird. Diese Druckerzeugnisse sind vielleicht nicht die attraktivsten, aber sie erfüllen die Aufgabe, die Gesellschaft einer marxistischen Neubetrachtung zu unterziehen.

Der Marxismus ist in der Dritten Welt auf dem Vormarsch, und ich glaube nicht, dass dies nur an irgendwelchen theoretischen Spitzfindigkeiten der Marxisten selbst liegt – sofern diese überhaupt eine Rolle spielen. Vielmehr scheint mir dies auf die praktischen Erfahrungen der Dritten Welt in den letzten anderthalb Jahrzehnten zurückzuführen zu sein – die praktischen Erfahrungen, die gemacht wurden, seit die Länder insbesondere in Afrika und Asien ihre sogenannte Unabhängigkeit, ihre nominelle verfassungsmäßige Unabhängigkeit, erlangt haben. Seit ihrer Unabhängigkeit haben diese Länder bestimmte Erfahrungen gemacht. Sie haben sich zum Beispiel auf den Weg gemacht, sich selbst zu entwickeln, was immer das für andere bedeuten mag. Aber sie hatten sehr oft eine bewusste Vorstellung von Entwicklung und Vorankommen. Bei der Umsetzung oder dem Versuch der Umsetzung dieser Vorstellungen bedienen sie sich der bekannten bürgerlichen theoretischen Annahmen darüber, wie man sich entwickelt. Sie bedienen sich bürgerlicher Berater, um ihre Vier- und Fünf-Jahres-Entwicklungspläne aufzustellen. Sie bedienen sich bürgerlicher internationaler Experten, die ihnen sagen sollen, wie ihnen der Take-off gelingt. Und das Ergebnis ist für jeden sichtbar. Wir könnten sagen, das bürgerliche Denken hat nicht geliefert.

Dies ist eine der wichtigsten Erklärungen dafür, warum die alternative philosophische Sichtweise an Boden gewinnt. Denn als die bürgerlichen Theoretiker das neue Feld der unabhängigen afrikanischen Länder vor sich hatten, ließ sich noch sagen, sie sollten eine Chance bekommen zu beweisen, ob der Kapitalismus ein Entwicklungsweg für alle sein kann. Aber nach 10 oder 15 Jahren und in einigen Fällen wie den asiatischen Ländern nach einer sehr viel längeren Zeit kann nicht mehr behauptet werden, dass die bürgerliche Theorie den Ländern der Dritten Welt Wachstumsmöglichkeiten zu bieten habe. Selbst die Liberalen, sogar neoklassische Ökonomen wenden sich marxistisch inspirierten Vorstellungen und Auffassungen darüber zu, was Abhängigkeit ist und was Unterentwicklung ist und welche Wege aus dieser Situation der Abhängigkeit und der Unterentwicklung herausführen. Es ist also vor allem die Praxis, die den Vormarsch des Marxismus in der Dritten Welt erklärt.

Klassenkampf in der Dritten Welt

Ebenso wird anerkannt, dass die Dritte Welt nicht außerhalb der übrigen internationalen Gesellschaft stehen kann. Sie kann sicherlich nicht isoliert vom Rest der kapitalistischen Welt betrachtet werden, noch kann sie sich von jenen Teilen der Welt isolieren, in denen es zu sozialistischen Revolutionen gekommen ist. Dies ist sehr deutlich erkannt worden und in Südostasien ist es schon zu einem früheren Zeitpunkt erkannt worden – was auf die enorme Entwicklung des vietnamesischen Kampfes zurückgeht.

Auch in Lateinamerika wurde dies erkannt, weil die Länder in Lateinamerika bereits lange Zeit unabhängig waren und nach dieser politischen Unabhängigkeit langjährige Erfahrungen mit dem Neokolonialismus gemacht haben. Diese Erfahrungen zwangen sie zu der Erkenntnis, dass sich die Entwicklung der lateinamerikanischen Gesellschaft nicht verstehen lässt, ohne zu begreifen, wie tief ausländisches – hauptsächlich US-amerikanisches, monopolitisches – Kapital in die lateinamerikanischen Verhältnisse eingedrungen ist. Sie begannen daher, die Analyse ihrer eigenen Gesellschaft mit der Untersuchung der globalen Gesellschaft zu verbinden. Und damit mussten sie automatisch darauf zurückkommen, den Kapitalismus zu verstehen und zu erkennen, warum der Kapitalismus nicht nur seine eigene Arbeiterklasse versklavt, sondern mehr noch die Arbeiterklasse und die enteigneten Menschen in der Dritten Welt.

Eine der interessanten Entscheidungen auf ideologischer Ebene, die von den meisten politischen Sprechern der Dritten Welt getroffen wurde, beruhte darauf, dass sie der Klassenfrage für ihre eigenen Verhältnisse keine Bedeutung einräumen wollten. Diese Weigerung hatte eine gewisse Berechtigung aufgrund der realen Gegebenheiten. In vielen Ländern der Dritten Welt befand sich der Klassenkampf im Inneren zu Beginn der politischen Unabhängigkeit auf einem sehr niedrigen Niveau, weil die internen Klassen dem externen Kapital untergeordnet waren und der interne Klassenkampf dem nationalistischen Kampf aller Klassen gegen die externen Monopolkapitalisten untergeordnet war. Aber im Laufe der Jahre seit der Unabhängigkeit wurde in jedem Land der Dritten Welt immer deutlicher, dass die internen Klassenkämpfe eine entscheidende Rolle spielten, eine wichtige Bedeutung für die Entwicklung der eigenen Gesellschaft bekamen. Und daher sahen sich die Menschen in der Dritten Welt auch gezwungen, Analysen zu entwickeln, in denen die Frage des Klassenkampfs berücksichtigt wurde.

Ein sehr deutliches und anschauliches Beispiel bietet Ghana und die Entwicklung des Denkens von Kwame Nkrumah. Im Denken von Nkrumah gab es immer einige marxistische Untertöne, bevor er an die Macht kam und als er an die Macht kam. Es gab eine Zeit, in der er sich als Marxist und Christ bezeichnete; es gab eine Zeit, in der er sich als Consciencist[2] beschrieb, und er nannte sich selbst einen Panafrikanisten. Er versuchte, einige marxistische Erkenntnisse einzubeziehen, aber nicht als vollständige Methodik, nicht als etwas, das seiner gesamten politischen Philosophie und seiner politischen Praxis zugrunde lag, vor allem, weil er darauf bestand, dass es in Ghana keine Klassen gebe. Dann wurde er gestürzt und ging nach Guinea, wo er von seinem Freund Sekou Toure unterstützt wurde. In seinen letzten Tagen verfasste er eine bemerkenswerte Schrift, in der er verkündete: Ich habe immer gesagt, dass es keine Klassen gibt; aber als ich von der ghanaischen Kleinbourgeoisie gestürzt wurde, habe ich entdeckt, dass es Klassen gibt. Wer »Class Struggles in

2 Anm. d. Ü.: Vgl. S. 48, FN 1.

Africa« von Nkrumah liest, findet dort im Kern diese Aussage. Auf seine Weise grenzt er die verschiedenen Klassen in Afrika ganz klar voneinander ab und räumt ein, dass die Kleinbourgeoisie als eine eigenständige Klasse agiert, mit Interessen, die der afrikanischen Arbeiterklasse und der Bauernschaft feindlich gesinnt sind. Daher konnte er vor seinem Tod noch zu einer anderen Auffassung von Ghana und von Afrika gelangen.

Nkrumah war natürlich einer der bedeutendsten Nationalisten, er stand an der Spitze des nationalistischen Kampfes. Aber er konnte zu keinem umfassenden Verständnis gelangen, weil er die Entwicklung der Klassen innerhalb Ghanas nicht erkennen konnte oder wollte – ich denke, es ist eine Kombination aus beidem.

Heute ist das offensichtliche Anwachsen einheimischer Klassen in ganz Asien, der Karibik, Lateinamerika und dem Rest der Dritten Welt ein klarer Hinweis auf die Notwendigkeit, eine Strategie zu entwickeln, die die Existenz des Klassenkampfes als treibende Kraft in der Geschichte anerkennt oder darauf aufbaut. Auch dadurch wird dem Marxismus vonseiten der Dritte-Welt-Wissenschaftler eine größere Aufmerksamkeit geschenkt. Natürlich besagt die Feststellung, dass der Marxismus von Bedeutung ist, nicht unbedingt, dass sich die Probleme der Dritten Welt mit dem vorhandenen marxistischen Gedankengut angemessen verstehen lassen.

Es handelt sich hier um zwei verschiedene Fragen mit unterschiedlicher Logik. Als eine operative Methodologie in der politischen Philosophie, als eine Ideologie, die aus der Arbeiterklasse in Europa hervorgegangen ist, hat sich der Marxismus auf eigene Art entwickelt. Der Umfang von Schriften, die von Marxistinnen produziert wurden, lässt sich physisch messen. Diese Literatur hat sich mit Westeuropa, mit Nordamerika und mit den entwickelten Ländern beschäftigt, weil die meisten Marxisten aus diesen Ländern kamen. Und zu Beginn beschäftigten sich auch die Marxistinnen der Dritten Welt mit den Gesellschaften der Metropolen.

Es gibt also einen Bestand an marxistischer Literatur, der den Bedürfnissen der Dritten Welt nicht gerecht wird, weil er sich größtenteils nicht mit den Problemen der Dritten Welt beschäftigt. Wenn wir also sagen, dass der Marxismus für die Dritte Welt relevant ist, bedeutet das, dass der marxistische Theoretiker – egal ob er aus der Dritten Welt stammt oder nicht – bei dem Versuch, mit dem Marxismus die Dritte Welt zu analysieren, äußerst innovativ und kreativ arbeiten muss. Er kann nicht einfach bekannte Wahrheiten aus einem anderen Teil der Welt auf die afrikanischen oder asiatischen Verhältnisse übertragen. Er steht vor der sehr schwierigen Aufgabe, ganz von vorne anzufangen und eine wirkliche Fülle marxistischer Untersuchungen und marxistischer Analyse der betreffenden Gesellschaften zu entwickeln. Und hier müssen wir immer wieder betonen, dass der Marxismus nur dann von Wert sein kann, wenn das, was er für das Universelle hält, auf das Partikulare angewandt wird. Und gerade an der Partikularität dieser Bemühungen wird sich zeigen, dass das Universelle tatsächlich universell ist und dass es anwendbar ist.

In den Vereinigten Staaten – und zweifellos hat dieselbe Diskussion auch auf Kanada übergegriffen – kam es zum Beispiel zu sehr langwierigen, manchmal sehr heftigen Diskussionen unter den Schwarzen Brüdern und Schwestern über die Bedeutung des Marxismus. Im Grunde geht es um die Frage, ob dieser Marxismus für Schwarze in ihrer besonderen Lage als ethnische Gruppe überhaupt Gültigkeit hat. Und die Argumente gegen seine Anwendbarkeit sind den Argumenten, die Menschen aus Afrika oder der Karibik vorbringen könnten, ziemlich ähnlich – die Art von Argumenten, die ich oben skizziert habe. Der Einwand würde also lauten: Im Marxismus geht es um Klasse und unser Problem ist ein rassiales oder ethnisches Problem. Der Marxismus hat seinen Ursprung in eben der westlichen Gesellschaft, die uns beherrscht, und wir müssen alle Formen weißer kultureller Vorherrschaft ablehnen, auch den Marxismus.

Seitens der Afroamerikanerinnen – der Schwarzen Bevölkerung in den Vereinigten Staaten – wächst jedoch weiterhin ein ernsthaftes Interesse am Marxismus. Und ihre Aufgabe besteht eindeutig darin, die Instrumente des Marxismus auf die spezifische Geschichte der Vereinigten Staaten anzuwenden. In dieser spezifischen Geschichte ist eine Reihe von Widersprüchen entstanden; und wenn der Widerspruch zwischen den »Rassen« ein grundlegender Widerspruch ist, dann ist das der Widerspruch, der ihre Aufmerksamkeit auf sich ziehen wird. Sie müssen Ansätze entwickeln, die auf die Besonderheiten ihrer eigenen sozialen Situation eingehen. Wenn sie das nicht tun, stärkt das die Argumente derjenigen, die behaupten, der Marxismus sei irrelevant. Denn wenn du dich mit einer bestimmten Situation beschäftigt, sei es eine Analyse Afroamerikas oder eine Analyse Pakistans, und nicht versuchst, dich in Bezug auf diese spezifischen Situationen weiterzuentwickeln, sondern lediglich einen Wissensbestand in einer festen statischen Form aus einem anderen Teil der Welt überträgst, dann wirst du beschuldigt werden, bedeutungslos zu sein. Dir wird kulturelle Hegemonie vorgeworfen werden und dass du versuchst, die Untersuchung der jeweiligen Situation in dein eigenes externes, imperialistisch orientiertes Modell zu pressen.

Die Bürde der Dritte-Welt-Marxisten

Daher denke ich, dass die Marxisten der Dritten Welt eine extrem schwere Verantwortung tragen. In Westeuropa, in Nordamerika ist es möglich, sich an ein bestehendes Gedankengut anzuschließen. In diesen Teilen der Welt kann jede Diskussion über den Marxismus sofort auf Quellen in der etablierten marxistischen Orthodoxie zurückgreifen, oder auf Quellen in dissidenten Strömungen. Die Diskutierenden können sich in der Tat zwischen allen möglichen rivalisierenden Versionen des Marxismus entscheiden, um sie auf ihre eigene Gesellschaft anzuwenden. Das bedeutet nicht, dass nicht auch die Marxistin im Westen vor der Aufgabe steht, die marxistische Vorstellung von ihrer eigenen Gesellschaft mit Leben zu füllen und zu überprüfen – aber sie hat etwas, das zu überprüfen ist. Der Theoretiker aus der Dritten Welt fängt meistens ganz von vorne an, er hat nichts, was er überprüfen kann. Er hat nichts anderes als manchmal unzureichende empirische Daten – empirische Daten, die aus bürgerlichen Quellen zusammengetragen und gesammelt werden müssen. Und weil sie aus einem bürgerlichen Kontext herausgelöst werden müssen, befindest du dich oft in einer sehr schwierigen Lage, weil es nicht immer möglich ist, die Daten von den Konzeptualisierungen zu trennen, die den Untersuchungen vielleicht zugrunde lagen und die daher die besondere Art von Daten, die gesammelt wurden, beeinflusst haben. Marxistinnen der Dritten Welt werden also bei null anfangen müssen. Aber diese Aufgabe muss erfüllt werden, weil wir andernfalls genau denjenigen in die Hände fallen, die eine Art kulturellen Exzeptionalismus wollen, die sagen werden, dass der Marxismus nichts für uns ist, weil er unserer eigenen Kultur und unserer eigenen Geschichte zuwiderläuft oder entgegensteht.

Die bisherige Bilanz besagt ganz klar, dass sich der Kapitalismus auf dem Rückzug befindet, dass der Marxismus-Leninismus zweifellos von Europa ausging, aber heute von 800 Millionen Chinesen aufgegriffen wird – was mich immer wieder fragen lässt, warum heute noch gesagt wird, der Marxismus sei eine weiße Ideologie. Wir sollten meinen, wenn eine Ideologie der Hautfarbe der Mehrheit ihrer Anhängerinnen entsprechend farblich benannt werden soll, dann müssten wir den Marxismus eine gelbe Ideologie nennen. Und wenn er eine gelbe Ideologie ist oder gelb sein kann, und wenn er im Falle einiger asiatischer Länder braun, im Falle von Cabrals Guinea oder von Mosambik unter der FRELIMO schwarz sein kann, dann wird sofort sichtbar, dass es sehr viele Brüche in dieser Mauer gibt, die um den Marxismus herum errichtet wurde oder die bestimmte Leute zu errichten versuchen, um ihn von den am wenigsten entwickelten Völkern der Welt fernzuhalten.

Mein eigener Beitrag besteht lediglich darin, Wissenschaftler der Dritten Welt – zumeist Studentinnen in der Dritten Welt – darauf aufmerksam zu machen. Denn in einer Institution wie dieser hier kommst du natürlich mit der marxistischen Ideologie in Berührung. Aber zwangsläufig wird die marxistische Ideologie nur von untergeordneter Bedeutung sein. Die vorherrschende Ideologie wird nach wie vor die Ideologie der herrschenden Klasse sein. Als mich vor vielen Jahren an der Universität von Daressalam jemand fragte, woher sie wissen sollten, welches eine bürgerliche Ideologie ist, welches Lehrbuch sie in die Hand nehmen sollten, welches eine bürgerliche und welches eine kapitalistische Sichtweise hat, musste ich meinen Studenten sagen, dass sie in der Bibliothek mit geschlossenen Augen die Hand ausstrecken könnten und gute Chancen hätten, ein bürgerliches Buch zu bekommen. In diesem Sinne müsst ihr nicht auswählen, ihr könnt einfach die Augen schließen, herumtasten, eine beliebige Anzahl von Büchern in die Hand nehmen und schon habt ihr es mit einer bürgerlichen Weltanschauung zu tun.

Heute gibt es aber gewisse Möglichkeiten. Wenn wir in den Metropolen leben, wissen wir diese Möglichkeiten vielleicht erst dann zu schätzen, wenn wir in die Länder der Dritten Welt zurückkehren, aus denen wir gekommen sind. Diese Möglichkeiten ergeben sich aus den Widersprüchen dieser Gesellschaft und aus der Tatsache, dass das marxistische Denken ungeachtet all dieser Dinge tatsächlich vorhanden ist, dass die Literatur vorhanden ist und Möglichkeiten zur Untersuchung bestehen. Wir sollten daher darauf bestehen, dass selbst im Bereich dieser Institutionen, die eine bestimmte ideologische Funktion erfüllen sollen, eine Art intellektueller Guerillakrieg geführt werden kann. Durch ihn können wir verhindern, dass wir nur Zugang zu dem Wissen bekommen, dass speziell für uns gedacht ist, und uns stattdessen in dialektischer Weise Erkenntnisse aneignen, die über dieses Wissen hinausführen.

Meiner Ansicht nach gibt es vieles, was sich Wissenschaftlerinnen der Dritten Welt aneignen können – trotz des ganz bewussten Versuchs aller unserer Institutionen, einschließlich derjenigen in der Dritten Welt, uns weiterhin als bürgerliche Denker zu formieren und zu programmieren.

Marxism as a Third World Ideology, Vortrag an der University of Ontario, Kanada, 1975.

Arbeit als konzeptioneller Rahmen für panafrikanische Studien

AUF DER GRUNDLEGENDSTEN EBENE muss sich der panafrikanische Historiker entweder mit dem afrikanischen Kontinent oder mit den afrikanischen Menschen im Ausland befassen. Es ist keineswegs notwendig, dass er sich mit den Verbindungen zwischen den beiden Themen befasst. Dennoch gibt es eine Reihe von Möglichkeiten, wie diese Verbindungen untersucht werden können und untersucht wurden. Die beiden bedeutendsten scheinen (a) die Wahl eines Themas zu sein, das an sich Afrika und Afrikanerinnen in der Neuen Welt umfasst wie der Sklavenhandel und die panafrikanische Bewegung und (b) die Suche nach den afrikanischen Wurzeln bestimmter kultureller Phänomene der Neuen Welt, insbesondere auf den Gebieten der Religion und der Musik. Die vorgeschlagene Verwendung von »Arbeit« als konzeptionellen Rahmen für panafrikanische Studien versteht sich als eine Ergänzung zu den bereits etablierten Ansätzen und soll sie nicht ersetzen.

Die Art und Weise, wie Menschen ihre Arbeit organisieren, und die Werkzeuge, mit denen sie arbeiten, bieten einen Zugang zur Erforschung der gesamten Geschichte seit der Zeit, als die ersten Menschen in Ostafrika in der Lage waren, einfache Geröllwerkzeuge *(pebble tools)* herzustellen. Darüber hinaus bildet die Arbeit die Grundlage für andere globale Ansätze zur Menschheitsgeschichte, die sich in der Darstellung ihrer Analysen auf Klassen und andere soziale Formationen beziehen. Diese Universalität bietet gewisse Vorteile, da die afrikanische Geschichte nicht als eigenständige und isolierte Einheit, sondern als Teil der menschlichen Entwicklung betrachtet werden muss. Hilfreiche konzeptionelle Ansätze sollten daher Vergleiche mit anderen Regionen der Welt möglich machen. Die Behauptung ist, dass es bestimmte Besonderheiten in der Art und Weise gab, wie Afrikaner gearbeitet haben oder zur Arbeit gezwungen wurden, und dass diese Arbeitsmuster in den letzten Jahrhunderten die Beziehungen zwischen Afrikanerinnen und Nicht-Afrikanern weitgehend bestimmt haben. In der gegenwärtigen Phase der Weltentwicklung findet sich die erste Rechtfertigung für die Annahme, dass der Begriff der Arbeit für die panafrikanische Geschichte von großem Nutzen sein kann. Denn kein Überblick über die Welt von heute kann die Gegensätze zwischen den reichen und den armen Nationen – zwischen den im Wesentlichen weißen und nicht-weißen Völkern unseres Planeten – ignorieren, und diesen Gegensätzen liegen Unterschiede in der Art der geleisteten Arbeit und in der Technologie der Arbeit zugrunde. Was im Volksmund als »Unterschied zwischen den ›Reichen‹ und den ›Habenichtsen‹« bezeichnet wird, ist praktisch identisch mit dem, was Ökonominnen als »internationale Arbeitsteilung« bezeichnen.

So wie bürgerliche Intellektuelle das Verhältnis zwischen Kapital und Arbeit als »gegeben« und nahezu »natürlich« betrachten, neigen sie dazu, die internationale Arbeitsteilung statisch zu behandeln und sie ihrer umfassenden historischen Dimension zu berauben. Daher wird gesagt, das internationale Handelsnetz (das für die unterentwickelten Länder so nachteilig ist) beruhe auf unterschiedlichen komparativen Kostenvorteilen in der Produktion. Es wird behauptet, die Unterschiede seien auf unterschiedliche Ressourcenausstattungen zurückzuführen und der Welthandel fördere die Spezialisierung der Produktion in allen beteiligten Ländern. Dieses Argument enthält einige offensichtliche Absurditäten. Welcher Kontinent ist reicher an natürlichen Ressourcen als Afrika? Und doch ist Afrika am wenigsten spezialisiert, außer in Produktionszweigen, die die geringsten Fähigkeiten erfordern, am wenigsten einträglich und im internationalen kapitalistischen System am anfälligsten sind. Afrikanische Menschen fallen überall, sowohl innerhalb des Kontinents als auch im Ausland, in die Kategorie der Armen, der Unterentwickelten und der Unterspezialisierten. Die Erklärung dafür muss in einer historischen Perspektive gesehen werden, und dazu gehört ein genauer Blick auf die Art und Weise, wie afrikanische Menschen vor und nach ihrer Einbindung in Europa und in die Amerikas gearbeitet haben.

Es liegen in der Tat viele verstreute Studien zu afrikanischer Arbeit vor, die aufschlussreich sind, auch wenn sie nicht unbedingt von einem Bewusstsein dafür geprägt sind, dass überall dort, wo Afrikaner arbeiteten, ähnliche Tendenzen herrschten und dass sie sich langsam zu einem internationalen Muster entwickelten. Die folgenden Ausführungen sind lediglich eine Skizze der Möglichkeiten, die sich eröffnen könnten, wenn wir den Blick auf die panafrikanische Vergangenheit richten und das Konzept der Arbeit bewusst und konsequent als Untersuchungsrahmen nutzen. Fünf grobe Unterteilungen bieten sich für die Periodisierung an:

1) Afrika vor dem weißen Mann
2) Afrikaner unter weißen Sklavenhaltern im Ausland
3) Afrika in der Epoche der Internationalisierung des Handels (15. bis Mitte des 19. Jahrhunderts)
4) Afrikanerinnen in den Amerikas nach der Sklaverei
5) Die ausländische Ausbeutung afrikanischer Arbeitskräfte innerhalb des Kontinents (Ende des 19. Jahrhunderts bis zur Gegenwart)

1 Afrika vor dem weißen Mann

In diesem Abschnitt sind zahlreiche Fragen zu behandeln. Viele von ihnen tauchen in der Debatte über einen »Feudalismus« in Afrika auf, die einst von den Historikern Afrikas heftig geführt wurde, aber heute, soweit es den englischsprachigen Raum betrifft, praktisch zum Erliegen gekommen ist. In frankofonen Kreisen gibt es jedoch nach wie vor eine anregende Diskussion darüber, ob es eine besondere afrikanische Produktionsweise gab. Dabei geht es um Vergleiche nicht nur mit Europa, sondern auch mit Asien. Da es Europa war, das später mit Afrika in Kontakt kam, müssen wir die Merkmale der afrikanischen und der europäischen Gesellschaft verstehen, die ihre jeweilige Rolle der Unterordnung und der Beherrschung bestimmten. Natürlich spiegelte die Art der afrikanischen Arbeit die Umwelt und die sozialen Interessen wider, und die afrikanischen Fähigkeiten entwickelten sich in andere Richtungen als die europäischen. So verfügte Westafrika im 15. Jahrhundert über Fertigkeiten im Messingguss und in der plastischen Kunst, über fortschrittliche Techniken im Kanubau und in der Flussschifffahrt sowie über Vorstellungen von der Landwirtschaft, die für tropische Wälder, Savannen und Sümpfe relevant waren. Europa hingegen war in gewissem Maße in der Waffentechnik und in überwältigendem Maße im Schiffbau, in der Navigation, der Verwaltung und der Buchhaltung überlegen.

Grob gesagt lässt sich feststellen, dass im 15. Jahrhundert die europäische Arbeit und Technologie weiter fortgeschritten war als die afrikanische und Europa daher in der Lage war, Afrika durch Handel auszubeuten. Es wäre jedoch eine umfassendere Analyse erforderlich, um die sozialen Unterschiede zwischen Afrika und Europa genauer herauszuarbeiten. Im Laufe der Zeit verwandelten sich die Unterschiede in Vor- und Nachteile. So fehlte in Afrika beispielsweise eine technologische Dynamik, die zur Massenproduktion führte. Als sich die Massenproduktion in Europa durchsetzte und zu einem entscheidenden Faktor im Welthandel wurde, erwies sich das afrikanische handwerkliche Können als Nachteil. Bemerkbar machte sich dies erst im 19. Jahrhundert, als Europa zu definieren begann, was entwickelt war und was nicht, und dafür die eigene Technologie und Lebensweise zum Maßstab für Exzellenz machte – denn »diejenigen, die definieren können, sind die Herrscher« und umgekehrt. Um den Panafrikanismus auf neue und unvoreingenommene Weise zu rekonstruieren, wäre es hilfreich zu verstehen, in welche Richtung sich die afrikanische Arbeit zu der Zeit entwickelt hat, als wir noch unsere eigenen Herren waren.

2 Afrikaner unter weißen Sklavenbesitzerinnen im Ausland

Ein interessanter Nebenaspekt des Sklavenhandels, der nie in den Blick genommen wurde, ist das Ausmaß, in dem viele landwirtschaftliche, bergbauliche und handwerkliche Fertigkeiten in die Neue Welt transportiert wurden. Der frühe Sklavenhandel mit den spanischen Gebieten in der Neuen Welt war auf der Suche nach Arbeitskräften für den Bergbau und die Viehzucht auf den Großen Antillen und in den spanischen Festlandterritorien. Einige der Menschen aus Senegambia, die dieser Phase des Sklavenhandels zum Opfer fielen, waren erfahrene Viehzüchter und mit dem Abbau von Gold und Eisenerz im Tagebau vertraut. Nutzpflanzen wie Baumwolle, Indigo und Reis wurden in den amerikanischen Kolonien und in der Karibik von Afrikanerinnen angebaut, die diese Pflanzen bereits in ihren eigenen Gesellschaften kultiviert hatten. Es kann kaum ein Zufall sein, dass der Reisanbau im brasilianischen Bundesstaat Maranhão in der Mitte des 18. Jahrhunderts genau zu dem Zeitpunkt erfolgreich eingeführt wurde, als afrikanische Arbeitskräfte aus dem traditionellen Reisanbau in Oberguinea herbeigeschafft worden waren.

Dennoch stand das Sklavenregime, wie mehrere Wissenschaftler behaupten, der Herausbildung neuer oder anspruchsvoller Fertigkeiten in der westlichen Tradition entgegen. Die versklavten Arbeitskräfte sollten so billig wie möglich und daher ungelernt sein, also nur die einfachsten Arbeiten mit den gröbsten Werkzeugen verrichten. Andernfalls wäre es zu einer Spezialisierung und Arbeitsteilung gekommen, die von den mit der Peitsche agierenden Aufsehern nicht mehr hätte kontrolliert werden können. Die Sklaverei hat sich nie über eine rückständige Landwirtschaft hinaus entwickelt, sodass eine Industrialisierung nicht infrage kam. Währenddessen war die Bourgeoisie in Europa gezwungen, ihre Produktionsmittel ständig zu erneuern und damit auch ihre eigenen weißen Arbeiter immer weiter zu qualifizieren. Die Anwesenheit von versklavten afrikanischen Menschen in den Amerikas, im Gebiet des Indischen Ozeans und in Europa war der erste deutliche Hinweis auf die Entwicklung eines weiträumigen Gefälles zwischen der weißen und der Schwarzen »Rasse« in Bezug auf Arbeitsleistung und Technologie.

3 Afrika in der Epoche der Internationalisierung des Handels

Beginnend mit dem Kongo zeigten sich die Europäer nicht bereit, auf afrikanische Bitten um den Import neuer Techniken aus Europa einzugehen, obwohl die Kongolesen um Maurer, Ärzte, Apotheker und Lehrer baten. Genauso weigerten sie sich, als Dahomey und Asante im 18. Jahrhundert ähnliche Anfragen stellten. Europa blockierte bewusst die Weitergabe von Technologie, die ein zentrales Merkmal für die Entstehung einer wissenschaftlicheren Produktionsweise sowohl in Europa als auch später in Japan ist. Afrikanerinnen erhielten billige Konsumgüter, während Europa sich Gold für die Ausweitung seiner monetären Ökonomie und Arbeitskräfte für die Schaffung von Werten und die Erschließung einer neuen Welt in den Amerikas sicherte.

Die Auswirkungen des Sklavenhandels auf die afrikanische arbeitende Bevölkerung sind natürlich ein Thema, das unbedingt untersucht werden muss, wenn wir uns für die historische Entwicklung der afrikanischen Arbeit interessieren. Wir begnügen uns hier mit einigen kritischen Bemerkungen zu einem neuen Trend in den Studien zur Bewertung des Sklavenhandels. Zunächst gehen diese Ansätze davon aus (und versuchen zu belegen), dass die Zahlen der exportierten Sklaven in der Vergangenheit stark übertrieben wurden. Daraus ergebe sich, dass der Sklavenhandel eine sehr viel geringere Rolle für die afrikanische Geschichte gespielt habe, als es früher dargestellt wurde. Aber hier handelt es sich um einen Trugschluss, weil die Auswirkungen an bestimmten Orten und zu bestimmten Zeiten gemessen werden müssen. Ende des 17. Jahrhunderts wurden in den Häfen des heutigen Dahomey[1] jährlich 30 000 Menschen versklavt und dies über Jahrzehnte hinweg. Das Hinterland der Bucht von Biafra war Ende des 18. Jahrhunderts an der Reihe, während in den Jahrzehnten vor 1850 ein starker Zustrom vom Njassa-See kam. Dies sind nur drei von vielen Beispielen, und um einen Vergleich in der europäischen Geschichte zu finden, müssten wir uns ansehen, was während des Dreißigjährigen Krieges in Deutschland und während der beiden Weltkriege in Europa geschah. Außerdem trugen solche Kriege in Europa zur Entwicklung eines bestimmten Gesellschaftstyps bei, sodass nach all den Verlusten und Unterbrechungen die Möglichkeit bestand, durch die Kombination von Kapital, Wissenschaft und qualifizierter Arbeit auf immer gewagtere Weise größere Dinge aufzubauen. Was hat der Sklavenhandel in Afrika geschaffen? Nichts anderes als einen Übergang zur nächsten Phase der Ausbeutung, in der sich die heutige internationale Arbeitsteilung entfaltete.

4 Afrikaner in den Amerikas nach der Sklaverei

Den Afrikanerinnen in der Neuen Welt erging es nach der Sklaverei kaum besser, was die Verwissenschaftlichung ihrer Arbeit und die Aneignung von Vorteilen für sich selbst betrifft. Auf den Westindischen Inseln und in den Vereinigten Staaten scheiterten viele ehemalige Sklaven bei ihren Versuchen, sich als selbstständige Bäuerinnen zu etablieren und wurden stattdessen zum ländlichen Proletariat oder zu Quasi-Leibeigenen, die als Teilpächter *(sharecropper)* bezeichnet wurden. Schwarze Arbeitskräfte konnten zwar auch im Handwerk und Kleinhandel tätig werden, aber dies änderte nichts an dem Grundmuster der amerikanischen Gesellschaften, in denen das Kapital von Weißen aus dem In- oder Ausland stammte und die vorherrschende Technologie in den Händen der Weißen lag. Die Lage der großen Mehrheit der Schwarzen in der Neuen Welt lässt sich angemessen mit Ausdrücken wie »industrielle Reservearmee«, »Arbeitskräfte-

1 1975 änderte Dahomey seinen Namen in Volksrepublik Benin.

reservoir« und »als Letzter geheuert, als Erster gefeuert« beschreiben. Die Bezeichnung der Schwarzen Gemeinschaft in den USA als interne Kolonie ist in vielerlei Hinsicht berechtigt, nicht zuletzt aufgrund der bemerkenswerten Tatsache, dass Schwarze Arbeitskräfte im industriellen Amerika in Bezug auf ihre Qualifikationen praktisch in demselben Verhältnis zu den Weißen stehen wie Arbeitskräfte in Afrika zu denen in Europa und dem weißen Amerika.

Seit der Emanzipation wurde die Notwendigkeit, moderne wissenschaftliche Arbeitsfähigkeiten zu erlangen, von Teilen der Schwarzen Bevölkerung in den Amerikas in unterschiedlicher Intensität stets hervorgehoben. Man war sich bewusst, dass eine wirkliche Gleichstellung mit den Weißen erst nach dem Erwerb einer den Unterdrückern ebenbürtigen Technik erfolgen würde, und dies erklärt den enormen Bildungsdrang der ersten Generation rechtlich freier Schwarzer. Da die Weißen die politische Macht behielten, gab es natürlich tausend Möglichkeiten, die Verwirklichung dieses Ziels zu vereiteln, und wer die Bildungsschranken überwinden konnte, leistete einfach einen Beitrag zur etablierten weißen Technologie. Die wenigen Ausnahmen von dieser Regel waren Einzelpersonen, die versuchten, die politische Befreiung der Schwarzen zu unterstützen und eine Tradition unabhängiger Schwarzer Aktivitäten auf beiden Seiten des Atlantiks herauszubilden.

5 Die ausländische Ausbeutung afrikanischer Arbeit innerhalb des Kontinents

Nachdem das internationale kapitalistische System, in dessen Mittelpunkt Westeuropa stand, die Ausbeutung der afrikanischen Arbeitskraft im Ausland in Form der Besitzsklaverei aufgegeben hatte, verlagerte es sein Interesse auf die afrikanische Arbeitskraft auf dem Kontinent und baute den politischen Apparat des Kolonialismus auf, während gleichzeitig europäische Wissenschaftlerinnen (auch Nicht-Marxisten) feststellten, welche enorme Rolle das Kapital bei der imperialistischen Expansion spielte. In der Industriegesellschaft erinnert uns der Begriff des Kapitals automatisch an den Begriff der Arbeit, aber es ist erwähnenswert, dass auf dem afrikanischen Kontinent in der kolonialen Ära Arbeit von den Kolonialisten mit verschiedenen Mitteln zusätzlich zur Bereitstellung von fixem Kapital und Löhnen mobilisiert wurde. Die Kolonialzeit ist der am besten dokumentierte Abschnitt in der afrikanischen Geschichte, sowohl was schriftliche Aufzeichnungen als auch verfügbare mündliche Überlieferungen betrifft. Die bisherigen Studien über Zwangsarbeit, Arbeitsmigration, bäuerliche Cash-Crop-Produktion, die Proletarisierung der Arbeitskräfte in Südafrika usw. sind äußerst umfangreich und lassen sich auf den gesamten Kontinent ausweiten. Diese historischen Zeiten liegen so nah an der Gegenwart, dass ihre Bedeutung für die Gestaltung der heutigen Verhältnisse in Afrika nahezu selbstverständlich ist. Umso wichtiger ist es, für das Feld der Zeitgeschichte einen ausgereiften sozialwissenschaftlichen Ansatz zu entwickeln, der sich mit der politischen Ökonomie in ihrer historischen Perspektive auseinandersetzt. Analytisch gesehen hat das Konzept der Arbeit den Vorteil, dass es in mehreren akademischen Disziplinen eine Rolle spielt und daher von zentraler Bedeutung sein kann, um einen Überblick über die »Lage der Nation« in Afrika und in bestimmten Teilen des Kontinents zu gewinnen.

Schlussfolgerung

Indem wir noch einmal betonen, dass es sich bei den obigen Ausführungen lediglich um die Skizzierung von Möglichkeiten handelt, können bestimmte Kritikpunkte in Bezug auf Auslassungen vermieden werden. Eine besondere Einschränkung könnte jedoch mit diesem Ansatz als solchem verbunden sein: nämlich dass er dazu neigt, die afrikanische Geschichte anhand externer und weitgehend europäischer Bezugsrahmen zu behandeln. »Afrika vor dem weißen Mann« könnte zum Beispiel suggerieren, die Ankunft der Weißen zu einem bestimmten Zeitpunkt habe eine völlig neue Phase in der Geschichte des Kontinents markiert. Es versteht sich von selbst, dass Gebiete von Afrika praktisch bis in die Gegenwart von einer eigenen Dynamik bestimmt wurden, und wir müssen sehr sorgfältig unterscheiden, wo die europäische Präsenz nur ein Faktor unter vielen und wo sie der einzige oder dominierende Faktor war. Darüber hinaus besteht bei jeder Interpretation, die auf der Isolierung einer Variablen beruht, die Gefahr, zu einseitigen Schlussfolgerungen zu gelangen, wenn den Wechselbeziehungen zwischen dieser Variablen und den zahlreichen anderen, die bei jeder historischen Rekonstruktion immer eine Rolle spielen, keine große Aufmerksamkeit geschenkt wird.

Gelegentlich leugnen einige Historikerinnen, dass Geschichtsschreibung eine Form der Politik in der Gegenwart ist. Doch viele von ihnen würden sich der mittlerweile abgedroschenen Redensart anschließen, dass »jede Generation ihre eigene Geschichte nach ihren eigenen Vorstellungen umschreibt«, womit auf andere Weise gesagt wird, dass auch der Historiker von der zeitgenössischen soziopolitischen Szene ausgeht. Auf jeden Fall haben die meisten panafrikanischen Historikerinnen für sich ganz ausdrücklich erklärt, dass die Geschichte und die Geschichtsschreibung als Mittel zur Befreiung unseres Volkes eingesetzt werden müssen. Das bedeutet nicht unbedingt, dass der Historiker als Historiker an vorderster Front des Kampfes steht oder dass er fertige Lösungen hat. Aber zumindest sollte er dazu aufgefordert sein, jene Fragen zu untersuchen, die für das Verständnis der heutigen Probleme der Schwarzen Menschen auf der ganzen Welt von Bedeutung sind. Sich mit unserer Geschichte der Arbeit zu beschäftigen, sollte einige weitere Einblicke in die Differenzierung von Qualifikationen und Technologien liefern, die heute so charakteristisch für die Beziehungen zwischen Schwarzen und Weißen ist. Darüber hinaus hat diese Geschichte den Vorteil, dass sie die Gemeinsamkeit der historischen Erfahrung von Menschen unterstreicht, die verstreut in verschiedenen Teilen der Welt leben.

Labour as a Conceptual Framework for Pan-African Studies, Manuskript aus der Zeit in Daressalam, ca. 1970.

Die angolanische Frage

ICH MÖCHTE NUN AUF DIE SITUATION in den Vereinigten Staaten zu sprechen kommen und die Art der Reaktionen sowie die meiner Meinung nach ziemlich schrecklichen Fehler betrachten, die von bestimmten Kräften in diesem Land, den Vereinigten Staaten, bei ihrer Herangehensweise an die angolanische Frage gemacht wurden.

Auch hier werde ich zumindest ein Element ausblenden. Wir müssen uns nicht mit denjenigen beschäftigen, die Schwarze Söldner für die FNLA (Frente Nacional de Libertação de Angola – Nationale Front zur Befreiung Angolas) und die UNITA (União Nacional para a Independência Total de Angola – Nationale Union für die völlige Unabhängigkeit Angolas) anwerben wollen. Wenn diese Person (Roy Innis, der 1968 den Congress of Racial Equality übernahm) vorgibt, Schwarze Söldner zu organisieren, um in Afrika zu kämpfen, und wenn wir wissen, dass Söldner etwas kosten, ob sie nun Schwarz oder weiß sind – und wir wissen, dass dieser spezielle Schwarze Funktionär es sich nicht leisten kann, irgendjemanden zu bezahlen –, dann wissen wir, dass diese Schwarzen Söldner vom Imperialismus bezahlt worden wären, um in Angola zu kämpfen.

Ich denke jedoch, wir können dies als ein abseitiges Phänomen außer Acht lassen – als Ausdruck einer besonders reaktionären und verbohrten Kraft innerhalb des Schwarzen amerikanischen politischen Umfelds. Wir sollten uns also auf die Elemente konzentrieren, die ernsthaft sind. Mit ernsthaften Menschen kann eine ernsthafte Debatte geführt werden. Und ich denke, es gab in der afroamerikanischen Gemeinschaft eine große Anzahl ernsthafter Menschen, die die UNITA unterstützten, obwohl sie zu diesem besonderen historischen Zeitpunkt kompromisslos die MPLA (Movimento Popular de Libertação de Angola – Volksbewegung zur Befreiung Angolas) hätten unterstützen sollen.

Es war sofort klar, dass es eine verblüffende Übereinstimmung – eine verblüffende Konvergenz – zwischen den Positionen bestimmter Personen gab, die sich selbst als fortschrittlich, als Revolutionärinnen bezeichnen und sich sogar für das Wesen der Revolution halten – doch ihre Positionen stimmten mit denen des US-Imperialismus überein. Und diese erstaunliche historische Konvergenz müssen wir verstehen.

Ich gehe davon aus, dass sich in der Zuhörerschaft einige befinden, die diese Position vertreten, und ich werde mich nicht dazu hinreißen lassen, sie zu beschimpfen. Ich werde einfach erklären, dass diese Position meines Erachtens historisch völlig falsch war. Ich werde aufzeigen, wie es meiner Meinung nach zu diesem Irrtum gekommen ist.

Der erste Punkt ist, dass die UNITA Ende der 1960er- und Anfang der 1970er-Jahre in diesem Land eine gewisse Popularität erlangte, insbesondere in der Zeit des Aufschwungs der afrikanischen Befreiungsbewegung und ähnlicher Entwicklungen. Ich habe diesen Prozess verfolgt und weiß daher, dass die UNITA in diesem Land immer stärker in Erscheinung trat und immer populärer wurde. Und dass sie bestimmte, sehr opportunistische politische Taktiken und Techniken anwandte. Sie appellierte einfach an das wachsende Schwarze Bewusstsein, indem sie erklärte: »In Angola stehen wir für die Erhebung des Schwarzen Menschen in eine Position der Würde und der Herrschaft, und die MPLA steht für die Erhebung der Weißen und Mulatten über das indigene afrikanische Volk.« Das war die Standardaussage Ende der 1960er- und Anfang der 1970er-Jahre.

Des Weiteren sagte sie: »Schaut euch die MPLA an. Sie hat so und so viele Weiße und Portugiesen in ihrer Führungsriege. Sie hat so viele Mulatten im Zentralkomitee, sie hat diesen und jenen, der mit einer weißen Frau verheiratet ist, Präsident Neto, usw. usf.«

Und im Kontext der USA sind das meiner Meinung nach sehr starke Punkte. Im Kontext des Kampfes der Schwarzen in diesem Land, als die Brüder und Schwestern diese schreckliche Zeit der Selbstidentifikation durchmachten und versuchten, sich von der dominanten weißen Kultur zu lösen, waren diese Punkte meiner Ansicht nach sehr wirkungsvoll. Vor allem, weil die MPLA nicht wirklich versuchte, die afroamerikanische Bevölkerung oder überhaupt einen Großteil der Bevölkerung in den USA zu beeinflussen.

Das ist also ein Grund, warum die UNITA an Popularität gewann. Und wenn wir das genau untersuchen, müssen wir natürlich zugeben, dass es sehr einfach ist, sich als Schwarz zu bezeichnen. Ich meine, dieselbe Person, die Schwarze Söldner mobilisierte, stand auch an vorderster Front, wenn es darum ging, ihr Schwarzsein hervorzuheben – und sie würde sich als Anhänger von Garvey bezeichnen usw. usf.

Sich zum Schwarzsein zu bekennen, gehört zu den leichteren Übungen – sobald du erkennst, welche Möglichkeiten sich aus dieser Situation ergeben.

Aber wir müssen sicherlich noch weitergehen. Erstens müssen wir prüfen, ob die Realität in Angola so war, wie sie von der UNITA dargestellt wurde. Weitergehend müssen wir uns fragen, ob sich die historischen Erfahrungen Angolas so einfach mit den historischen Erfahrungen der Schwarzen in den USA vergleichen lassen, dass Afroamerikanerinnen meinen, Angola beurteilen zu können, weil sie wissen, dass Soundso mit einer Weißen verheiratet oder ein Mulatte war.

Denn vor allem müssen wir verstehen, dass jede Situation auf ihre eigenen historischen Gegebenheiten hin untersucht werden muss. Was in den USA als »Rasse« bezeichnet wird, ist nicht dasselbe wie das, was in Angola als »Rasse« bezeichnet werden würde. Wenn diejenigen, die in diesem Land als Schwarze bezeichnet werden, oder früher »Negro« genannt wurden, nach Angola kämen, würden sie dort als »Mulatten« bezeichnet werden. Wenn wir Angola und den Komplex der Beziehungen zwischen sozialen Schichten und »Rassen« usw. verstehen wollen, müssen wir Angola verstehen. Wir können nicht in Washington oder in Detroit sitzen und denken, dass die uns umgebende Nachbarschaft die angolanische Gesellschaft ist.

Und dies scheint mir einer der Fehler zu sein, den die Brüder gemacht haben, als sie versuchten, ausgehend von einer stark vereinfachten Auffassung von den Beziehungen zwischen Schwarzen und Weißen darüber zu entscheiden, ob sie die MPLA oder die UNITA unterstützen würden.

Man fühlt sich hier an einiges erinnert, was Fanon in Bezug auf Afrika schrieb, als er von den »Missgeschicken des nationalen Bewusstseins« sprach. Er sprach von den Missgeschicken des afrikanischen nationalen Bewusstseins. Das können wir jetzt auf die Missgeschicke des Schwarzen nationalen Bewusstseins anwenden. Damit meinen wir, dass das nationale Bewusstsein eindeutig eine befreiende Kraft ist, aber an einem bestimmten Punkt zu einer Scheuklappe werden kann. Es kann zu einer Scheuklappe werden und ein weitergehendes Verständnis der realen Welt verhindern.

Der zweite und weiter verbreitete Faktor, der sich letztlich für viele Schwarze Progressive als entscheidend erwies, war die Vorstellung, die UNITA sei eine maoistische Bewegung. Und diese linken Kräfte, die sich der MPLA entgegenstellten, gingen von der Unterstützung des Marxismus-Leninismus, des Denkens von Mao Zedong aus.

Wie sie selbst sagen, gehen sie in ihrer Vorstellung und Analyse der heutigen Gesellschaft von dem Hauptwiderspruch zwischen den beiden Supermächten aus. Weiterhin behaupten sie, der sowjetische Sozialimperialismus sei die gefährlichere Kraft, weil er verdeckter und subtiler und aufgrund des im Niedergang befindlichen kapitalistischen Imperialismus letztendlich mächtiger sein werde. Und daher müssten wir uns in einer Situation, an der die Sowjetunion beteiligt ist, gegen sie stellen.

Warum stimme ich mit dieser Position nicht überein? Ich werde nicht auf alle meine Einwände eingehen, da ich mich nicht auf eine globale Konfrontation einlassen will. Ich halte nichts davon, alle Probleme der Welt auf einmal zu lösen. Daher will ich nicht versuchen, mich mit der These vom Hauptwiderspruch und ihren Implikationen auseinanderzusetzen.

Vielmehr will ich die Frage aufwerfen, wie sich diese These auf Angola mit seinen spezifischen Merkmalen bezieht. Wie kann es sein, dass jemand, der diese Überzeugung als einen aufrichtigen revolutionären Grundsatz vertritt, sich im Fall von Angola am Ende auf die Seite derjenigen schlägt, die das afrikanische Volk 500 Jahre lang unterdrückt haben?

Wie erklärt ein solcher Mensch seine Position den Angolanern, die seit 1960 einen bewaffneten Kampf gegen die Portugiesinnen und die NATO geführt haben und sich am Ende dieses Kampfes mit den Südafrikanern und einer Eskalation der US-Unterstützung für die sogenannte Befreiungsbewegung konfrontiert sahen, die die echten Freiheitskämpferinnen seit vielen Jahren bedrängt hat?

Aus einer dialektischen und wissenschaftlichen Perspektive kämpfen wir darum und arbeiten daran, die korrekte Linie zu finden. Nur aus einer theologischen Perspektive kennt man die richtige Linie aufgrund der geoffenbarten Wahrheit. Und mir scheint, dass die Grenzen dieser Position in der angolanischen Situation sehr deutlich zutage getreten sind. Ich kenne keine einzige Analyse von jenen Kräften, die meinen, die »korrekte« Linie zu haben, nämlich sich den Sowjets zu widersetzen – keine einzige Analyse dessen, was innerhalb Angolas vor sich ging. Ihre Aussagen bleiben rein äußerlich. Und ich glaube nicht, dass wir auf dieser Grundlage weitermachen können.

The Angolan Question, Auszug aus einem Vortrag an der Howard University, Washington D.C., am 22. April 1976, in: William Minter/Gail Hovey/Charles Cobb Jr. (Hrsg.): No Easy Victories. African Liberation and American Activists Over a Half Century, 1950–2000, Trenton/NJ 2008, S. 139–141.

II —— Entwicklung und Unterentwicklung

Die historischen Wurzeln der afrikanischen Unterentwicklung

TAMÁS SZENTES STELLT IN seiner Studie »Interpretations of Economic Development« fest, dass die marxistische Literatur im Gegensatz zu den bürgerlichen Theorien »das Phänomen der wirtschaftlichen Unterentwicklung, die Perspektiven zu ihrer Beseitigung und die konkreten Fragen der weiteren Entwicklung immer im Zusammenhang mit der *Geschichte*, im Rahmen der historischen Zusammenhänge, erklärt, indem sie sich auf die *Hauptantriebskräfte* der sozialen und wirtschaftlichen Entwicklung konzentriert und die Phänomene und ihre Ursachen als *dialektische* Wechselwirkungen analysiert«. Weiter macht er darauf aufmerksam, dass »es vor allem und *natürlich* die nationalen Theoretiker der unterentwickelten Länder selbst sind, die die internationalen Aspekte der wirtschaftlichen Unterentwicklung und deren Beziehungen zum Kolonialismus betonen, wenn auch ohne jedes Anzeichen marxistischer Mentalität«. Es ist kein Zufall, dass der Tansanier Justinian Rweyemamu die Ansicht vertritt, dass die Armut der »Entwicklungsländer« weitgehend auf die historischen Beziehungen zwischen den Metropolenländern und den ehemaligen Kolonialländern zurückzuführen sei. Und auch der Westindier Norman Girvan drängt in einer Studie über »Multinationale Konzerne und abhängige Unterentwicklung in Minerale exportierenden Ländern« darauf, die Ursprünge der institutionellen Abhängigkeit in der historischen Entwicklung der Volkswirtschaften in den vorhergehenden Jahrhunderten zu suchen. Beide sind Produkte und Wortführer der kolonisierten Teile der Welt und wenden sich gegen die metropolitane Voreingenommenheit der üblichen bürgerlichen Lösungsvorschläge für das Entwicklungsproblem.

Leider lassen Untersuchungen zur afrikanischen Ökonomie eine historische Dimension vermissen, weil die Erforschung der afrikanischen Vergangenheit durch Historikerinnen sich selten mit der Suche nach Erklärungen für die gegenwärtige internationale Arbeitsteilung und alles, was damit zusammenhängt, befasst. Meine Untersuchung erhebt keinen Anspruch auf Vollständigkeit, aber ich hoffe, dass sie etwas Licht auf die Entstehung der strukturellen Merkmale von Entwicklung und Unterentwicklung in den Volkswirtschaften Westeuropas und Afrikas werfen wird. Da die Wirtschaftsgeschichte Europas besser bekannt ist, wird der Schwerpunkt auf die afrikanische Unterentwicklung gelegt; und aus ähnlichen Gründen wird die Kolonialzeit gegenüber den Jahrhunderten, die gemeinhin als »vorkolonial« bezeichnet werden, vernachlässigt.

Das erste herausstechende Merkmal der Internationalisierung des Handels im 15. Jahrhundert bestand darin, dass die Europäer die Initiative ergriffen und sich in andere Teile der Welt begaben. Keine chinesische Dschunke erreichte Europa, und sollten afrikanische Kanus jemals die Amerikas erreicht haben (wie manchmal behauptet wird), so wurden keine wechselseitigen Verbindungen geschaffen. Was als internationaler Handel bezeichnet wurde, war also nichts anderes als die Ausweitung der europäischen Interessen nach Übersee. Soweit es eine Strategie für den internationalen Handel und die ihn unterstützende Produktion gab, lag diese Strategie fest in europäischer Hand, und zwar in den Händen der Seefahrernationen von der Nordsee bis zum Mittelmeer. Sie besaßen und steuerten die große Mehrheit der Hochseeschiffe der Welt und kontrollierten die Finanzierung des Handels zwischen vier Kontinenten. Die Afrikaner hatten kaum eine Ahnung von den trikontinentalen Verbindungen zwischen Afrika, Europa und den Amerikas, noch wussten die Bewohnerinnen der Molukken irgendetwas von den europäischen Märkten, auf die ihre Gewürze von europäischen Schiffen gebracht wurden. Europa hatte ein Monopol auf die wirtschaftliche Intelligenz des internationalen Austauschsystems als Ganzes, denn nur Westeuropa war in der Lage, das System als Ganzes zu betrachten.

Die Europäer nutzten die Überlegenheit ihrer Schiffe und Kanonen, um die Kontrolle über alle Wasserwege der Welt zu erlangen. Gewalt war zum Beispiel im Falle des chinesisch-japanischen Handels und gegenüber den Araberinnen in Ostafrika notwendig. Sobald Europa die Hegemonie erlangt hatte, verfügte es über die Macht, um jedem anderen Teil der Welt eine Rolle zuzuweisen, sodass die jeweiligen Güter den Interessen Westeuropas dienten. Selbst die Weißen auf dem amerikanischen Kontinent befanden sich drei Jahrhunderte lang an der Peripherie eines Systems, dessen Machtzentrum in Westeuropa lag. Ursprünglich hatten Portugal, Spanien und die Niederlande die am weitesten reichenden Interessen. Als die Iberer in der ersten Hälfte des 17. Jahrhunderts noch einen großen Teil des Welthandels beherrschten, kauften sie in Indien Baumwollkleidung, um sie in Afrika gegen Sklaven einzutauschen, die in Amerika Gold abbauen sollten. Ein Teil des in Amerika gewonnenen Goldes wurde dann für den Kauf von Gewürzen und Seide aus dem Fernen Osten verwendet. Das Konzept von Metropole und Kolonie erforderte keine europäische Besiedlung. In Afrika (und Asien) genügte es, die lokalen Volkswirtschaften in irgendeiner Weise in das Netz des internationalen Handels einzubinden.

Interessanterweise spiegelte auch das sogenannte Völkerrecht die frühe Aufteilung der Handelswelt in Metropolen und abhängige Gebiete wider. Das von verschiedenen Staaten anerkannte Recht, das die Hohe See regelte, war verständlicherweise europäisch und nicht indonesisch oder afrikanisch. Auf dem Atlantik und im Indischen Ozean waren afrikanische Menschen eher ein Objekt als ein Subjekt oder Herr des Gesetzes. Sklavenhändler auf einem holländischen Sklavenschiff waren rechtlich gegen Piraterie geschützt, da sie holländisches Eigentum waren. Das Recht der Metropolen wurde zum Recht der internationalen Beziehungen. Dies ist ein weiterer Ausdruck der kommerziellen Hegemonie, die Europa zu Beginn der Epoche des internationalen Handels aufgebaut hatte.

Afrika hatte wenig Mitspracherecht bei der Bestimmung der Güter, die im Handel mit Europa importiert oder exportiert wurden. Die europäischen Exporte waren eine Erweiterung der einheimischen Produktion und der Nachfrage nach einer breiten Palette von Artikeln wie holländischem Leinen, spanischem Eisen, englischem Zinn, portugiesischem Wein, französischem Branntwein, venezianischen Glasperlen, deutschen Musketen usw. Europa konnten auf dem afrikanischen Kontinent auch Waren abladen, die in Europa unverkäuflich geworden waren. So fanden Gegenstände wie alte Bettlaken, abgelegte Uniformen, technisch veraltete Schusswaffen und eine ganze Reihe von *Pacotille* [frachtfreies Gepäck der Seeleute, Anm. d. Ü.] einen sicheren Absatzmarkt in Afrika. Die Afrikanerinnen wurden sich allmählich der Möglichkeit bewusst, bessere Importwaren zu verlangen und zu erhalten, und es wurde Druck auf die Schiffskapitäne ausgeübt, aber das Zusammenspiel zwischen afrikanischen Käufern und europäischen Lieferantinnen war äußerst begrenzt. Die Europäer kümmerten sich vor allem um regionale Besonderheiten wie die Nachfrage nach Kupfer in Ostnigeria und nach Eisen an der Küste von Oberguinea. Ebenso berücksichtigten sie wechselnde Vorlieben innerhalb einer bestimmten Region, aber die Gesamtpalette der Handelsgüter, die Hamburg, Kopenhagen und Liverpool verließen, wurde fast ausschließlich durch die Produktions- und Verbrauchsmuster in Europa selbst bestimmt.

Wie wirksam Europa einseitig darüber entscheiden konnte, was in den internationalen Handel kam, lässt sich am besten daran ablesen, wie es die aus Afrika zu exportierenden Güter auswählte. Eine vollständige Liste der afrikanischen Exportgüter seit dem 15. Jahrhundert würde Dinge wie Zibetparfüm, Ambra, Indigo, Affen und Federn enthalten – aber das waren natürlich nur Kuriositäten. Wirtschaftlich bedeutsame Waren gab es nur wenige und sie wurden von den Europäern entsprechend den europäischen Bedürfnissen ausgewählt.

Auf den Schiffen der portugiesischen Entdecker hatte die Suche nach Gold oberste Priorität. Sie stützten sich zum Teil auf die allgemein bekannte Tatsache, dass westafrikanisches Gold durch die Sahara nach Europa gelangte, zum Teil auf reine Spekulationen. Es gelang den Portugiesen, in Teilen Westafrikas und im östlichen Zentralafrika Gold zu finden, und im 16. und 17. Jahrhundert zog die »Goldküste« die größte Aufmerksamkeit der Europäer auf sich. Davon zeugt die Zahl der dort errichteten Festungen, an deren Bau Skandinavien und das deutsche Fürstentum Brandenburg sowie andere Kolonialmächte wie Großbritannien, die Niederlande und Portugal beteiligt waren. Da aber Gold nach dem damaligen europäischen Kenntnisstand nur in sehr kleinen Gebieten Afrikas zu finden war, bestand das Hauptexportgut aus Menschen.

Andere Waren von gleicher oder größerer Bedeutung wurden nur zeitweilig aus sehr wenigen Gebieten exportiert – zum Beispiel Gummi aus dem Sengal, afrikanisches Sandelholz *(camwood)* aus Sierra Leone und Elfenbein aus Mosambik.

Warum Europa am Erwerb von Gold interessiert war, scheint keiner Erklärung zu bedürfen. Aber neben der universellen Faszination für das gelbe Metall müssen wir berücksichtigen, dass sich dieses Interesse aus einem akuten Bedürfnis in Europa ergab, nämlich dem Bedarf an Goldmünzen in der wachsenden kapitalistischen Geldwirtschaft. Auch afrikanisches Sandelholz wurde durch den expandierenden Kapitalismus zu einem westafrikanischen Exportgut. Es diente vor allem als roter Farbstoff, verlor aber im 19. Jahrhundert seinen Wert, als der technologische Fortschritt in Europa Ersatzstoffe schuf. Elfenbein aus Afrika wurde ab dem 16. Jahrhundert in Europa nicht nur im Kunsthandwerk, sondern auch in der Industrie verwendet, als mit Drehbänken Präzisionsschnitte durchgeführt werden konnten. Noch bis weit in die Kolonialzeit hinein wurde Elfenbein nach Europa exportiert, bevor es in wichtigen Sektoren wie der Herstellung von Billard- und Bowlingkugeln durch Kunststoffe ersetzt wurde. Die Entscheidungen darüber, was Afrika exportieren sollte und wann der Export bestimmter Güter begann und wann er endete, hat Europa stets im Lichte seiner eigenen Bedürfnisse und Technologien getroffen. Die wichtigste dieser Entscheidungen für den »vorkolonialen« Handel mit Afrika bestand darin, dass Europa Afrika die Rolle des Lieferanten menschlicher Gefangener zuwies, die als Sklavinnen in verschiedenen Teilen der Welt eingesetzt werden sollten.

Zu Recht lässt sich fragen, warum die Afrikaner diese Entscheidungen akzeptierten, insbesondere was den Verkauf von Menschen anbelangt. Eine früher weithin akzeptierte und unwidersprochen gebliebene Vermutung besagte, in der afrikanischen Gesellschaft habe es bereits zuvor Sklaven gegeben, die einfach an europäische Käufer übergeben worden seien. Die Institution der Sklaverei hat mit kommunalen, feudalen und kapitalistischen Gesellschaften koexistiert und war Teil dieser Gesellschaften. Am weitesten verbreitet war sie jedoch, als sich kommunale Gesellschaften weitgehend aufgelöst hatten, was im Afrika des 15. und 16. Jahrhunderts noch nicht der Fall war. Die wahrscheinlichste Erklärung ist, dass im Krieg Gefangene gemacht wurden und solche erst kürzlich in Gefangenschaft geratene Menschen (im Unterschied zu jenen, die bereits in die Gesellschaften und Familienstrukturen ihrer Entführer integriert worden waren) wahrscheinlich als leicht verfügbare Ware für europäische Käufer betrachtet wurden.

Ebenso ist zu berücksichtigen, welche Anziehungskraft von dem europäischen Warenangebot ausging. Paradoxerweise lässt sich der Einfluss europäischer Waren kaum auf ihre Qualität zurückführen. So waren etwa die billigen europäischen Stoffe den afrikanischen Produkten unterlegen, was von den Käuferinnen auch erkannt wurde. Aber sie wurden in großen Mengen nach Afrika gebracht, sodass die Verfügbarkeit der entscheidende Faktor war. Zweifellos führte auch die Neuartigkeit der europäischen Waren dazu, dass sie im Tausch gegen Gold oder Menschen akzeptiert wurden. Estaban Montejo, ein Afrikaner, der im 19. Jahrhundert von einer kubanischen Sklavenplantage floh, erinnerte sich, dass sein Volk durch die Farbe Rot in die Sklaverei gelockt wurde. So abwegig seine Erinnerung auch erscheinen mag, sie sollte nicht leichtfertig abgetan werden. Er berichtete:

> »Aber das Rot hat die Afrikaner vernichtet. Und die Könige und alle andern ergaben sich ganz leicht. Als die Könige sahen, wie die Weißen – ich glaube, die Portugiesen waren die ersten – knallrote Tücher herauszogen, wie zur Begrüßung, sagten sie zu den Schwarzen: ›Los, hol rotes Tuch, lauf.‹ Und die Schwarzen waren verrückt auf das Rot und rannten wie Lämmer zu den Schiffen, und da fingen sie sie ein. Der Afrikaner hat das Rot immer sehr gemocht. Diese Farbe war schuld, dass sie sie in Ketten legten und nach Kuba schickten.«[1]

Im Kongo stieß der Sklavenhandel auf große Zweifel und den Widerstand der Afrikaner, die mit den Europäern in Kontakt getreten waren. Der König des Staates Kongo brachte klar zum Ausdruck, was er von Europa erwarte – er bat um Maurer, Priester, Beamte, Ärzte und dergleichen. Stattdessen wurde er von den Sklavenschiffen seiner katholischen Brüder in Portugal bedrängt, und durch Ausnutzung der Widersprüche innerhalb des locker strukturierten Königreichs wurde der grausame Handel eröffnet. Es ließe sich einwenden, dass der König von Kongo, der sich gegen die Sklaverei wandte, zum Christentum konvertiert war und als

1 Anm. d. Ü.: Zitiert nach der deutschen Übersetzung: Miguel Barnet: Der Cimarrón. Die Lebensgeschichte eines entflohenen Negersklaven aus Cuba. Aus dem Spanischen von Hildegard Baumgart, Frankfurt a. M. 1999 [1966], S. 18. Übersetzung angepasst.

Katholik sprach. Aber der Katholizismus in Portugal und bei den Missionaren im Kongo gab kaum Anlass zur Hoffnung, dass die christliche Religion der Versklavung von afrikanischen Menschen in irgendeiner Weise im Wege stehen könnte. Da sich dies zu Beginn des 16. Jahrhunderts ereignete, gelten die Berichte darüber zu Recht als seltene überlieferte Zeugnisse eines wichtigen Aspekts der ersten Konfrontation zwischen Europäerinnen und Afrikanern zu Beginn der Internationalisierung des Handels und insbesondere des atlantischen Sklavenhandels. Ein afrikanischer Herrscher hatte sich Möglichkeiten eines für beide Seiten vorteilhaften Austauschs zwischen seinem Volk und einem europäischen Staat ausgemalt, doch Letzterer setzte durch, dass sich der Export auf menschliche Fracht spezialisierte.

Sobald Afrika und Europa zu dessen Bedingungen miteinander verflochten waren, konnten kein afrikanischer Staat und keine afrikanische Gesellschaft mehr den Status quo ändern, da die Europäer mit Gewalt und anderen Mitteln reagierten, um ihre Position zu behaupten. Ein Beispiel dafür ist Angola, wo die Portugiesen ungewöhnlich viele eigene Truppen einsetzten und versuchten, den Afrikanerinnen die politische Macht zu entreißen – mit einer Entschlossenheit, wie sie in der Zeit vor der Kolonialherrschaft nicht üblich war. Der angolanische Staat Matamba am Fluss Kwango wurde um 1630 als direkte Reaktion auf die Portugiesen gegründet. Mit Königin Nzinga an der Spitze versuchte Matamba, den Widerstand gegen Portugal in Angola zu koordinieren, insbesondere in den 1640er-Jahren, als die niederländische Offensive gegen Portugal einen europäischen Verbündeten bot. 1648 gewann Portugal die Oberhand, aber Matamba blieb feindlich gesinnt und beteiligte sich ein Vierteljahrhundert lang nur in geringem Umfang am Sklavenhandel. Da die Versklavung jedoch zu einem wichtigen Wirtschaftszweig in der Region geworden war, konnte Matamba nicht ewig abseits stehen. Solange es sich dem Handel mit Portugal widersetzte, wurde es von den benachbarten afrikanischen Staaten angefeindet, die sich mit Europa und dem Sklavenhandel arrangiert hatten. Als Königin Nzinga 1656 den Handel mit Portugal wieder aufnahm, war dies zweifellos ein großer Sieg für Portugal. Dass Nzinga ihren Namen in Dona Ana de Sousa änderte, war ein sehr geringfügiges Zugeständnis an das Christentum, aber es symbolisierte den von Portugal gewonnenen Einfluss auf die angolanische Ökonomie.

Ein kleineres, aber eindeutigeres Beispiel für den afrikanischen Widerstand gegen die von Europa betriebene Durchsetzung des Sklavenhandels ist das Volk der Baga im Gebiet der heutigen Republik Guinea. Die Baga lebten in Ministaaten und um 1720 versuchte einer ihrer Anführer, ein Bündnis zur Unterbindung des Sklavenhandels zu schließen. Er wurde offenbar von den ansässigen europäischen Händlerinnen, Mulatten und anderen sklavenhandelnden Afrikanern besiegt. Es ist nicht schwer zu verstehen, warum die Europäer sofort Maßnahmen ergriffen haben, um zu verhindern, dass Tomba und seine Baga-Anhängerinnen sich der ihnen von Europa zugewiesenen Rolle entziehen. Eine Parallele bietet die Art und Weise, in der sich die Europäer zusammentaten, um ihre »Opiumkriege« gegen China zu führen, mit denen der weitere chinesische Import der süchtig machenden Droge durchgesetzt werden sollte, der für das westliche Kapital so profitabel war.

Natürlich müssen die kapitalistischen Metropolen nur als letztes Mittel Waffengewalt einsetzen, um eine für sie günstige Politik in der Peripherie durchzusetzen. Normalerweise sind wirtschaftliche Waffen ausreichend. Als Dahomey[2] in den 1720er-Jahren mit den europäischen Sklavenhändlern in Konflikt geriet und sich dem Sklavenhandel widersetzte, wurde es durch den Entzug europäischer Importe zur Vernunft gebracht – denn von einigen dieser Güter war Dahomey damals schon abhängig geworden. Es lohnt sich, diese Episode genau unter die Lupe zu nehmen, denn in den herkömmlichen Interpretationen wird Dahomey nur als blutiger Sklavenhändlerstaat dargestellt, während der entschlossene Widerstand des größten Königs von Dahomey, Agadja Trudo, gegen den Sklavenhandel überhaupt nicht erwähnt wird.

Der Grundpfeiler des dahomeischen Staatsverständnisses war, dass alle Dahomeanerinnen unveräußerlich waren. Der König verlangte von seinen Untertanen völligen Gehorsam, und diese verlangten im Gegenzug uneingeschränkten Schutz. Agadja Trudo erkannte, dass die europäische Nachfrage nach Sklaven und die Ausübung der Sklaverei in und um Dahomey mit der Entwicklung Dahomeys unvereinbar waren. Zwischen 1724 und 1726 plünderte er europäische Festungen und Sklavenbaracken und brannte sie nieder. Er reduzierte den von der »Sklavenküste« abgehenden Handel auf ein Rinnsal, indem er die Wege zu den Versorgungsquellen im Landesinneren blockierte. Die europäischen Sklavenhändler waren äußerst verbittert und versuchten, einige afrikanische Kollaborateure gegen Agadja Trudo zu unterstützen. Es gelang ihnen nicht, ihn zu stürzen oder den dahomeanischen Staat zu zerschlagen, aber ebenso wenig konnte Agadja sie davon überzeugen, neue Wirtschaftszweige wie eine lokale Plantagenlandwirtschaft zu entwickeln. Und da er von den Europäerinnen Feuerwaffen und Kaurischnecken erwerben wollte, musste er die Wiederaufnahme des Sklavenhandels im Jahr 1730 dulden.

Zwar wurde die Sklaverei in Dahomey 1730 unter königliche Kontrolle gestellt und wesentlich stärker eingeschränkt als zuvor, aber das Scheitern der entschlossenen Bemühungen gegen den Sklavenhandel zeigt, dass sich ein einzelner afrikanischer Staat zu dieser Zeit nicht von der

2 Anm. d. Hrsg.: Das heutige Benin.

europäischen Hegemonie emanzipieren konnte. Die geringe Größe der staatlichen Gebilde und die zahlreichen politischen Spaltungen erleichterten es Europa, über die Rolle Afrikas in der Weltproduktion und im Welthandel zu entscheiden.

Da außerhalb Afrikas darüber bestimmt wurde, welche Güter der Kontinent exportieren sollte, wurde auch über solche Fragen wie das Volumen der Produktion und die Preise außerhalb Afrikas entschieden. Der Handel mit Sklaven reagierte immer wieder auf verschiedene äußere Anreize. Zunächst wurden Arbeitskräfte auf der Iberischen Halbinsel und auf den Atlantikinseln wie São Tomé, den Kapverden und den Kanarischen Inseln benötigt. Dann kam die Zeit, in der die Großen Antillen und die spanischen Gebiete auf dem amerikanischen Festland Ersatz für die dem Völkermord zum Opfer gefallenen Ureinwohner brauchten. Und schließlich musste der Bedarf der Plantagengesellschaften in der Karibik und auf dem Festland gedeckt werden. Die Aufzeichnungen zeigen eine direkte Korrelation zwischen dem Umfang der Ausfuhren aus Afrika und der europäischen Nachfrage nach Sklavenarbeit in diesem oder jenem Teil der amerikanischen Plantagenwirtschaft. Als die Niederländer 1634 Pernambuco eroberten, teilten die Direktoren der Niederländischen Westindien-Kompanie ihren Agenten an der »Goldküste« sofort mit, sie sollten die notwendigen Schritte unternehmen, um den Sklavenhandel auf die angrenzende Küste östlich des Voltas auszuweiten – auf diese Weise entstand die berüchtigte »Sklavenküste«. Als die britischen Inseln in der Karibik mit dem Anbau von Zuckerrohr begannen, war Gambia einer der ersten Orte, der darauf reagierte. Beispiele für diese Art der externen Kontrolle lassen sich bis zum Ende des Handels anführen, und dies gilt auch für Ostafrika, seit die europäischen Märkte auf den Inseln im Indischen Ozean im 18. und 19. Jahrhundert an Bedeutung gewannen und die amerikanische Nachfrage dazu führte, dass Menschen aus Mosambik um das Kap der Guten Hoffnung herum verschifft wurden.

Selbst kurz- und mittelfristige Schwankungen des afrikanischen Handelsvolumens spiegeln in der Regel die europäischen Bedingungen wider. Die unaufhörlichen europäischen Kriege der merkantilistischen Epoche waren in dieser Hinsicht besonders entscheidend. Während des Siebenjährigen Krieges (1748–1755) kam es zu einem drastischen Rückgang der französischen Schiffstransporte nach Afrika und während des Amerikanischen Unabhängigkeitskrieges und der darauffolgenden Jahre anglofranzösischer Auseinandersetzungen blieben sowohl die britischen als auch die französischen Transporte vom regulären Handel ausgeschlossen. Der afrikanische »Produzent« einer Ware wie versklavter Menschen stand diesen europäischen Praktiken ziemlich hilflos gegenüber. Während des Amerikanischen Unabhängigkeitskrieges waren Fouta Djallon und die umliegenden Gebiete in Sierra Leone überfüllt mit Gefangenen, die notgedrungen in ein lokales Produktionssystem integriert werden mussten, weil sich lange Zeit keine Schiffe blicken ließen.

Es könnte scheinen, als würden wir nur auf etwas Offensichtlichem herumreiten, wenn wir betonen, dass ein wesentliches Merkmal des jahrhundertelangen afro-europäischen Handels darin bestand, dass seine Dimensionen außerhalb von Afrika festgelegt wurden. Aber ebenso offensichtlich ist, dass die örtlichen Voraussetzungen in gewisser Weise die Produktion, die Preise und die europäische Auswahl von bestimmten Teilen des Kontinents zu bestimmten Zeiten beeinflussen mussten. So mussten sich die lokalen Umstände (zum Beispiel in der Bucht von Biafra oder am Njassa-See) unweigerlich darauf auswirken, wie viele Gefangene zu einer bestimmten Zeit gemacht werden konnten. Aber die globalen Bestimmungsgründe müssen hervorgehoben werden, um die Mechanismen des Handels innerhalb Afrikas in eine angemessene internationale Perspektive zu rücken. Dadurch wird sofort die frappierende Ähnlichkeit zwischen dem frühen Handel und den späteren kolonialen und neokolonialen Austauschbeziehungen erkennbar.

Die Vorteile, die Europa aus seiner Kontrolle des Welthandels zog, sind allgemein bekannt. Aber es ist merkwürdig, dass der große Beitrag Afrikas zur europäischen Entwicklung fast nur in den Schriften zu dieser speziellen Frage anerkannt wird, während die europäischen Studien über Europa die europäische Wirtschaft oft so behandeln, als sei sie völlig autonom. Die europäischen Ökonomen des 19. Jahrhunderts machten sich sicherlich keine Illusionen über die Verflechtungen zwischen ihren nationalen Volkswirtschaften und der Welt im Allgemeinen. J. S. Mill ging sogar so weit zu behaupten, dass für England »der Handel mit den Westindischen Inseln kaum als Außenhandel zu betrachten ist, sondern eher dem Verkehr zwischen Stadt und Land ähnelt«.

In demselben Zusammenhang kann Marx zitiert werden, nicht als Ketzer oder als letzte Autorität, sondern lediglich wegen der Offenheit seiner Bemerkungen: »Die Entdeckung der Gold- und Silberländer in Amerika, die Ausrottung, Versklavung und Vergrabung der eingeborenen Bevölkerung in die Bergwerke, [...] die Verwandlung von Afrika in ein Gehege zur Handelsjagd auf Schwarzhäute bezeichnen die Morgenröte der kapitalistischen Produktionsära.«

Mittel- und südamerikanisches Gold und Silber spielten eine entscheidende Rolle bei der Deckung des Münzbedarfs in der expandierenden kapitalistischen Geldwirtschaft, während afrikanisches Gold in dieser Hinsicht ebenfalls von Bedeutung war. Afrikanisches Gold half den Portugiesen, weitere Fahrten um das Kap der Guten Hoffnung nach Asien zu finanzieren. Es war die Hauptquelle für die holländische Münzprägung im 17. Jahrhundert (was dazu beitrug, Amsterdam seine Stellung als Finanzhauptstadt Europas in dieser Zeit zu sichern), und es ist kein

Zufall, dass die Engländer, als sie 1663 eine neue Goldmünze prägten, diese »Guinea« nannten.

Während des gesamten 17. und 18. Jahrhunderts und für den größten Teil des 19. Jahrhunderts war die Ausbeutung Afrikas und afrikanischer Arbeitskräfte eine ständige Quelle für die Akkumulation von Kapital, das in Westeuropa reinvestiert werden sollte. Der afrikanische Beitrag zum kapitalistischen Wachstum in Europa erstreckte sich auf so wichtige Sektoren wie den Handel, das Versicherungswesen, die Kapitalgesellschaften sowie die kapitalistische Landwirtschaft und Industrie. Manchmal handelte es sich nur um bescheidene und örtlich begrenzte Anstöße. So wurde die Fischverarbeitung von Saint-Malo und auch die Fischerei in Portugal durch die Öffnung der Märkte in den französischen Sklavenplantagen angekurbelt. Aber es kam auch zu spektakuläreren Entwicklungen wie dem Wachstum von Hafenstädten, die in den atlantischen Handel einbezogen waren – vor allem Bristol, Liverpool, Nantes, Bordeaux und Sevilla. Im Hinterland dieser Häfen entstanden häufig die Produktionszentren, die den Begriff der »industriellen Revolution« begründeten. Wie Mantoux es ausdrückt, »hing das Wachstum von Lancashire, das von allen englischen Gebieten am ehesten die Bezeichnung Wiege des Fabriksystems verdient, in erster Linie von der Entwicklung Liverpools und seines Handels ab«.

Die Verbindungen zwischen Kapitalismus und Sklaverei sind in Bezug auf England von Eric Williams hinreichend dokumentiert. Eine detaillierte Untersuchung des französischen Kapitalismus und der Sklaverei würde ein ähnliches Bild ergeben, wenn wir bedenken, dass die Westindischen Inseln im 18. Jahrhundert 20 Prozent des französischen Außenhandels ausmachten – weit mehr als ganz Afrika im heutigen Jahrhundert. Natürlich standen die Vorteile nicht immer in direktem Verhältnis zum Umfang der Beteiligung eines bestimmten europäischen Staates am Atlantikhandel – so flossen beispielsweise die enormen Gewinne der portugiesischen Wirtschaft in die Hände der entwickelteren westeuropäischen kapitalistischen Nationen, die Portugal mit Kapital, Schiffen und Handelswaren versorgten. Deutschland gehörte zu dieser Kategorie, ebenso wie England, die niederländischen Provinzen und Frankreich.

Der aus Afrika stammende Handel trug in hohem Maße zur Stärkung der transnationalen Verbindungen innerhalb der westeuropäischen Wirtschaft bei, wenn wir berücksichtigen, dass die aus den Amerikas stammenden Produkte das Ergebnis afrikanischer Arbeit waren. So exportierte beispielsweise Portugal aus Brasilien stammende Farbstoffe weiter in den Raum des Mittelmeers, der Nordsee und der Ostsee, sodass sie in die kontinentale Tuchindustrie des 17. Jahrhunderts gelangten. Zucker aus der Karibik wurde von England und Frankreich in andere Teile Europas exportiert, und zwar in einem solchen Ausmaß, dass Hamburg in der ersten Hälfte des 18. Jahrhunderts zum größten Standort der Zuckersiederei in Europa wurde. Deutschland belieferte Skandinavien, Holland, England, Frankreich und Portugal, die den Zucker weiter nach Afrika verkauften. England, Frankreich und Holland sahen sich (trotz ihrer merkantilistischen Konkurrenz) gezwungen, untereinander bestimmte Waren auszutauschen, um bessere Geschäfte in Afrika beim Kauf von Gold, Sklavinnen und Elfenbein zu machen. Die Finanziers und Kaufleute von Genua waren die treibende Kraft hinter den Märkten von Lissabon und Sevilla, während die holländischen Bankiers eine ähnliche Rolle in Bezug auf Skandinavien und England spielten.

Westeuropa war also mehr als nur eine willkürliche geografische Bezeichnung. Es war der Teil Europas, in dem bereits im 15. Jahrhundert embryonale kapitalistische Verhältnisse eine Herausforderung für den Feudalismus darstellten und eine weitere Abkehr von den naturwüchsigen und selbstgenügsamen autarken Volkswirtschaften der früheren Produktionsweisen bedeuteten. Als die westeuropäischen Nationen sich nach Übersee begaben, war dies das Ergebnis einer internen Dynamik, die nicht durch neue Handelsbeziehungen mit Afrika, Asien und den Amerikas gesteuert oder gar abgelenkt wurde. In England gingen die Einhegungen *(enclosures)* auf dem Land weiter und in ganz Westeuropa stieg allmählich die landwirtschaftliche Produktion, mit der eine größere Bevölkerung ernährt und insbesondere die Woll- und Leinenverarbeitung mit mehr Rohstoff versorgt werden konnte. Noch schneller entwickelten sich die Technologie und die sozioökonomische Organisation der Industrie. Nichts von dem wurde durch den Handel mit Afrika behindert. Im Gegenteil, er beschleunigte die Entwicklung in vielerlei Hinsicht, darunter – wie oben erwähnt – die Integration Westeuropas. Die Verbindung zu Afrika trug also nicht nur zum Wirtschaftswachstum bei (das sich nur auf quantitative Dimensionen bezieht), sondern auch zu einer wirklichen Entwicklung im strukturellen Sinne. Umgekehrt lässt sich nachweisen, dass die Kontakte mit Europa weder in einem organischen Zusammenhang zur früheren Entwicklung Afrikas standen, noch ermöglichten sie die Wiederherstellung von sinnvollen regionalen oder kontinentalen Verbindungen innerhalb von Afrika. Der Handel mit Europa bedeutete eine historische Zäsur und Desintegration, was sich als entscheidend für die Unterentwicklung Afrikas erweisen sollte.

Bis zum 15. Jahrhundert war der Außenhandel Afrikas sehr begrenzt geblieben. Abgesehen von Nordafrika (einschließlich des Horns von Afrika) unterhielt nur Ostafrika Außenhandelsbeziehungen. Die Portugiesen versuchten mit einigem Erfolg, die Araber als Händler zu ersetzen, die Ostafrika mit Indien und dem übrigen Asien verbanden. Portugiesen transportierten den größten Teil des Elfenbeins, das in Indien vermarktet wurde, während indische Kleidung und Perlen von Portugal und den Niederlanden in Ost- und Westafrika verkauft wurden. Das Gleiche gilt für Kaurimuscheln aus der Karibik. Die neue Handelsroute zwischen Afrika und den Amerikas war weder eine Erweiterung der einheimischen amerikanischen Wirtschaft noch der afrikanischen Wirtschaft. Sie diente allein Europa. Faktisch war es daher Europa, das die Verwandlung Afrikas, Asiens und der Amerikas in wirtschaftliche Satelliten einleitete. Gleich zu Beginn des internationalen Handels entstand dieses radikale Muster mit Europa im Zentrum und sehr wenigen unabhängigen Verbindungen zwischen den außereuropäischen Gebieten.

Auch in Afrika selbst war die Zeit des Handels, die der Errichtung der Kolonialherrschaft vorausging, durch den Umstand bestimmt, dass es zwar Verbindungen zwischen Kolonie und Metropole, aber keine zwischen Kolonie und Kolonie gab. Ich werde gleich zeigen, wie der Handel mit Europa die Entwicklung zahlreicher kleiner afrikanischer Volkswirtschaften behinderte. Der Mangel an wirtschaftlicher Integration in Afrika ist vor allem darauf zurückzuführen, dass es den gesellschaftlichen Formationen in den verschiedenen geografischen Gebieten nicht gestattet war, durch eine Ausweitung und Diversifizierung ihrer Produktion einen Handel untereinander zu entwickeln, der in seiner Bedeutung mit dem Handel zwischen dem jeweiligen Gebiet und Europa vergleichbar gewesen wäre. Es besteht kein Zweifel daran, dass das Potenzial für eine unabhängige wirtschaftliche Entwicklung auf der Grundlage lokaler Ressourcen und Fähigkeiten an sehr vielen Orten vorhanden war. Wenn sich diese lokalen Ökonomien vervielfacht hätten und zusammengewachsen wären, hätten sie regionale und kontinentale Märkte schaffen müssen – wie es in Europa und in Teilen von Asien der Fall war, die sich auf diesem Weg entwickeln konnten. Der Handel mit Europa blockierte nicht nur die Möglichkeiten einer weiteren Entwicklung, sondern setzte auch einen Prozess der aktiven Desintegration in Gang. Bestimmte auf dem Kontinent bestehende interterritoriale Verbindungen wurden durch den Handel mit Europa unterbrochen. Mehrere Beispiele dafür lassen sich an der westafrikanischen Küste bis hinunter nach Angola finden, denn dort hatte der Handel mit Europa das größte Volumen, und auch die überlieferten schriftlichen Aufzeichnungen sind zu diesen Gebieten umfangreicher.

Als die Portugiesen in den 1470er-Jahren in der Region des heutigen Ghana auftauchten, hatten sie den Einheimischen nur wenige Waren im Tausch gegen das begehrte Gold anzubieten. Allerdings konnten sie Baumwolltücher, Perlen und weibliche Sklavinnen aus Dahomey mit ihren Schiffen an die »Goldküste« verfrachten, um sie dort zu verkaufen. Alles deutet darauf hin, dass die Portugiesen auf eine vorhandene Nachfrage an der »Goldküste« reagierten, also bereits zuvor Handelsbeziehungen zwischen den beiden Regionen bestanden. Die Volksgruppen der

Akan produzierten Gold, während die Menschen in Benin handwerklich spezialisiert waren und mehr Stoffe und Perlen herstellten, als sie selbst benötigten. Als expansionistischer Staat verfügte Dahomey zudem über Kriegsgefangene, während die Akan anscheinend darauf bedacht waren, ihre eigene Bevölkerung und Arbeitskräfte zu vermehren, weshalb sie weibliche Gefangene aus Dahomey erwarben und sie rasch als Ehefrauen integrierten. Als sich die Portugiesen in diesen Austausch einmischten, wurde er den allgemeinen Interessen des europäischen Handels untergeordnet. Sobald Portugal und andere europäische Nationen über genügend Waren verfügten, um nicht mehr auf den Reexport bestimmter Güter aus Dahomey angewiesen zu sein, blieben nur noch die Verbindungen zwischen der »Goldküste« und Europa einerseits und zwischen Dahomey und Europa andererseits. Damit wurde das Potenzial für die Schaffung eines regionalen Marktes mit einer eigenen inneren Logik zunichtegemacht.

Die Produkte aus Dahomey waren wahrscheinlich durch die Gebiete des heutigen Benin und Togo an die »Goldküste« transportiert worden, wofür so weit wie möglich die Flussläufe hinter der Küste genutzt wurden. Daher wurde der Export einfacher, als die Europäer eine direkte Verbindung über das offene Meer etablierten. Die Überlegenheit Europas auf dem Meer und seine organisatorischen Fähigkeiten waren von größtem strategischem Wert. Dies zeigte sich an mehreren Orten, angefangen bei der Küste von Oberguinea und den Kapverdischen Inseln, wo die portugiesischen Siedlerinnen seit den 1460er-Jahren in das lokale Handelsgefüge eingriffen. Sie übernahmen den Transfer von Rohbaumwolle und Indigofarbstoff von einer afrikanischen Gemeinschaft zur anderen, und die kapverdischen Siedler gingen noch einen Schritt weiter, indem sie sehr erfolgreich selber Baumwolle anbauten und verarbeiteten. Sie nutzten dafür Arbeitskräfte und Techniken vom Festland und exportierten das fertige Produkt entlang der gesamten Küste bis nach Elmina.

Die Portugiesen übernahmen auch den Handel mit lokalen Kaurischnecken im Kongo, den Salzhandel entlang der angolanischen Küste und den Handel mit hochwertigem Palmtuch zwischen Loango und Südangola. In einigen Fällen erlangten sie die Vorherrschaft nicht nur durch ihre Schiffe und ihr Handelsgeschick, sondern auch durch den Einsatz von Gewalt – vorausgesetzt, sie operierten in der Nähe der Küste und konnten ihre Kanonen ins Spiel bringen. Auf diese Weise konnten sie auch den Handel zwischen der »Goldküste« und der »Elfenbeinküste« übernehmen. Zwischen diesen beiden Regionen herrschte ein reger Handel mithilfe von Kanus, die von Cape Lahou an Cape Three Points vorbei bis nach Accra fuhren, um dort Stoffe zu verkaufen. Die Portugiesen errichteten in Axim in der Nähe von Cape Three Points ein Fort, das dem Goldhandel mit dem Hinterland diente. Eine seiner Nebenfunktionen bestand darin, den afrikanischen Ost-West-Küstenhandel einzuschränken. Sie verboten den Bewohnern von Axim, nach Kap Lahou zu fahren, und hinderten die Kanus der »Elfenbeinküste« daran, über Axim hinaus nach Osten zu fahren. Das Ziel bestand offensichtlich darin, die beiden Gebiete zu getrennten Wirtschaftseinheiten zu machen, die ausschließlich an Europa gebunden waren.

Den Portugiesinnen gelang es nicht, diesen afrikanischen Handel zu unterbinden, und die Niederländer erbten das Problem, als sie 1673 Axim übernahmen. Die Angestellten der Niederländischen Westindien-Kompanie, die an der »Goldküste« tätig war, schwankten zwischen zwei Alternativen. Wenn möglich, wollten sie den afrikanischen Handel ganz unterbinden. Als das nicht gelang, versuchten sie, die Bewohnerinnen der »Elfenbeinküste« zu zwingen, zusätzlich zu den Produkten von der »Goldküste« eine bestimmte Menge an niederländischen Waren zu kaufen. Die Kompanie verfügte, dass jedes Kanu aus Axim, das nach Kap Lahou fuhr, holländische Waren im Wert von mindestens vier Unzen Gold mitzuführen habe. Damit wurde ein rein innerafrikanischer Austausch in einen europäisch-afrikanischen Handel umgewandelt.

In doppelter Weise wurden die afrikanischen Bemühungen um eine eigene wirtschaftliche Integration dadurch geschwächt, dass es den Europäern bei ihrer Einschaltung in die lokalen Handelsnetze vor allem darum ging, sich leichter Gefangene beschaffen zu können. Die gesamte Wirtschaft wurde damit dem Sklavenhandel untergeordnet. In Oberguinea trieben die Portugiesen und ihre Nachfahren aus Mischehen auf den Kapverdischen Inseln und an der Küste eine Vielzahl von Handelsgeschäften – unter anderem mit Baumwolle, Farbstoffen, Kolanüssen und europäischen Produkten. All dies diente dazu, die Laderäume der Sklavenschiffe zu füllen, die Gambia, Cacheu, Bissau, die Bucht von Sierra Leone usw. anliefen. In Kongo/Angola zeigt sich das gleiche Bild. Das Salz, die Nzimbu-Muscheln und das Palmtuch, die in die Hände der Portugiesen gelangten, kompensierten ihren Mangel an Handelsgütern und dienten zum Erwerb von Gefangenen an verschiedenen Küstenabschnitten und tief im Landesinneren. Dieses Element der Unterordnung und Abhängigkeit ist für das Verständnis der heutigen Unterentwicklung Afrikas von entscheidender Bedeutung und seine Wurzeln liegen weit zurück in der Ära des internationalen Handels. Erwähnenswert ist auch, dass eine Art von Pseudo-Integration durchaus mit Abhängigkeit vereinbar ist. Heute findet sie durch die Einrichtung von Freihandelszonen in der »Dritten Welt« statt, die dem Vordringen von multinationalen Konzernen dienen. Ab dem 15. Jahrhundert bestand diese Pseudo-Integration in einer von den Küsten ausgehenden weiträumigen Vernetzung afrikanischer Ökonomien, um den Transport von Menschen und Elfenbein von einem bestimmten Punkt im Landesinneren zu einem bestimmten Hafen am Atlantik oder am Indischen Ozean zu ermöglichen.

Der westafrikanische Goldhandel wurde zwar nicht zerstört, aber er geriet in die direkte Abhängigkeit von den europäischen Käufern, indem er von den nördlichen Routen durch die Sahara abgelenkt wurde. Im Savannengürtel des »Westsudan« hatte der trans-saharische Goldhandel seit dem 5. Jahrhundert eine der am höchsten entwickelten politischen Zonen in ganz Afrika genährt. Für Europa war es jedoch bequemer, sich das Gold an der Westküste zu beschaffen als über nordafrikanische Zwischenhändler, und wir können nur spekulieren, was aus dem »Westsudan« geworden wäre, wenn der Goldhandel im 17. und 18. Jahrhundert kontinuierlich zugenommen hätte. Trotzdem lässt sich einiges Positives über den afrikanischen Handel mit Europa mit diesem besonderen Rohstoff sagen: Die Produktion von Gold ist mit Bergbau und geordneten Vertriebsstrukturen innerhalb von Afrika verbunden. Das Land Akan und Teile von Simbabwe und Mosambik konnten bis ins 19. Jahrhundert hinein florierende soziopolitische Systeme aufrechterhalten, was vor allem auf die Goldproduktion zurückzuführen war. Erst der Sklavenhandel führte zur völligen Erschütterung der Lage in West-, Ost- und Zentralafrika. Denn die Beschaffung von Gefangenen beruhte auf Kriegen, Banditentum und sozialen Verwerfungen.

Zurzeit werden zahlreiche Studien zu den Folgen des atlantischen Sklavenhandels für Afrika vorgelegt, von denen viele nachweisen wollen, dass die früheren Auffassungen von den rein negativen Konsequenzen dieses Handels unbegründet seien. Einige dieser Autoren sind ganz besessen davon, die vielen positiven Auswirkungen des Sklavenhandels auf Afrika hervorzuheben. Dieser Trend zur Schönfärberei ist lediglich eine weitere Facette der Verzerrungen, die entstehen, wenn der Kapitalismus versucht, sich moralisch zu rechtfertigen. Die Apologetinnen stützen sich auf so fadenscheinige Argumente wie »die Afrikaner profitierten von den europäischen Waren« und »neue Nahrungspflanzen wurden eingeführt«– als hätte Europa erst versklavt werden müssen, bevor es in den Genuss der Kartoffel der amerikanischen Ureinwohner kam. Dieses wissenschaftliche Genre hebt die Tatsache hervor, dass einige afrikanische Königreiche während der Jahrhunderte der Versklavung stärker wurden, und sieht darin einen positiven Zusammenhang. Die Wahrheit ist, dass sich einige Gebiete *trotz* des Sklavenhandels *weiterentwickelt* haben, auch wenn alle daran Beteiligten mehr oder weniger entstellt wurden und alle in einen Zustand der Abhängigkeit gerieten.

Viele Fragen zum Sklavenhandel und seinen Folgen für Afrika sind noch offen, aber das Gesamtbild seines zerstörerischen Charakters ist klar. Und diese zerstörerischen Auswirkungen sind nachweislich die logische Folge der Beschaffung von Gefangenen in Afrika (im Unterschied zu ihrem Verkauf in den Küstenhäfen).

Eine der Unklarheiten betrifft die grundlegende Frage, wie viele Menschen aus Afrika exportiert wurden. Sie ist seit Langem Gegenstand von Spekulationen, wobei die Schätzungen von einigen Millionen bis zu 100 Millionen reichen. Eine Studie von Philip Curtin, »The Atlantic Slave Trade: A Census«, geht von etwa zehn Millionen Afrikanerinnen aus, die lebend in den Amerikas, auf den Atlantikinseln und in Europa angekommen sind. Trotz der gegenteiligen Behauptungen des Autors könnte diese Zahl zu niedrig sein, da viele Angaben zur Größe der Importe in die Amerikas von Einzelpersonen stammen, die durch die Nennung niedrigerer Zahlen Steuern hinterziehen wollten, und das Volumen »geschmuggelter« Importe lässt sich schwer feststellen. Aber selbst wenn wir diese niedrige Zahl als Grundlage für die Bewertung der Auswirkungen der Sklaverei auf Afrika insgesamt akzeptieren, würden die sich daraus ergebenden Schlussfolgerungen diejenigen widerlegen, die versuchen, diese Erfahrung zu verharmlosen. Curtin war sich bewusst, dass »die Kosten des Sklavenhandels in Form von Menschenleben ein Vielfaches der Zahl der in Amerika angelandeten Sklavinnen ausmachten. Für jeden Sklaven, der lebend an Land gebracht wurde, starben andere Menschen im Krieg, auf dem Weg zur Küste, während des Wartens auf ihre Verschiffung oder durch die Überfüllung und unhygienischen Bedingungen auf den Schiffen während der Mittelpassage.«

Wenn wir von der Zahl der lebend in den Amerikas angekommenen Afrikanerinnen ausgehen, müssen wir die Sterblichkeitsrate während des Transports berücksichtigen, die im Durchschnitt bei 15 bis 20 Prozent lag. Andere kamen zwischen dem Zeitpunkt ihrer Gefangennahme und ihrer Einschiffung ums Leben. Da die Kriegsführung das wichtigste Mittel zur Erlangung von Gefangenen war, müssen wir vor allem die Zahl der getöteten oder verstümmelten Menschen im Verhältnis zur Zahl der lebendig gefangen genommenen Menschen abschätzen. Die sich daraus ergebende Gesamtzahl (ein beträchtliches Vielfaches von 10 Millionen) würde die Zahl der Bevölkerung und der Arbeitskräfte darstellen, die Afrika durch die Einführung der auf Sklaverei beruhenden Produktion in den Amerikas durch die Europäer verloren ging. Zudem muss dieser Verlust im Lichte der Selektion nach Alter, Geschlecht und anderen Merkmalen bewertet werden. Die Sklavenhändler bevorzugten ihre Opfer im Alter zwischen 15 und 35 Jahren bei einem Verhältnis von zwei Männern zu einer Frau. Sie akzeptierten oft jüngere Kinder, aber selten ältere Personen. Soweit es möglich war, verschifften sie nur die gesündesten Personen und bemühten sich sogar, diejenigen auszuwählen, die bereits an Pocken erkrankt und dadurch immunisiert waren.

Das Fehlen von Daten über die Größe der afrikanischen Bevölkerung im 15. Jahrhundert macht es unmöglich, die Ergebnisse dieses Bevölkerungsverlusts wissenschaftlich zu bewerten. Nichts deutet jedoch darauf hin, dass die Bevölkerung des Kontinents während der Jahrhunderte der Sklaverei zunahm, obwohl dies in anderen Teilen der Welt der Fall war. Eine fehlende oder auch nur geringe Zunahme hätte ein »Defizit« in der zukünftigen Bevölkerungsentwicklung bedeutet, da durch den Verlust von Millionen von Menschen im gebärfähigen Alter weniger Kinder geboren würden, als es sonst der Fall gewesen wäre. Und schließlich ist bei dieser Frage zu beachten, dass der atlantische Sklavenhandel im Indischen Ozean so lange als »ostafrikanischer Sklavenhandel« und »arabischer Sklavenhandel« bezeichnet wurde, dass dadurch das Ausmaß des europäischen Sklavenhandels verschleiert wird. Als der Sklavenhandel aus Ostafrika Ende des 18. und Anfang des 19. Jahrhunderts seinen Höhepunkt erreichte, waren die Plantagengesellschaften von Mauritius, Reunion und den Seychellen sowie, über die Route um das Kap der Guten Hoffnung, die Neue Welt das Ziel der Gefangenen. Außerdem dienten die Afrikaner, die vom 16. bis zum 19. Jahrhundert als Sklavinnen in den Gebieten von Sansibar bis Persien arbeiteten, letztlich alle dem europäischen kapitalistischen System, das allgegenwärtig geworden war. Schließlich hat sich der Sultan von Sansibar nicht von Gewürznelken ernährt.

Für die Frage der sozioökonomischen Entwicklung ist der Bevölkerungsverlust als solcher von großer Bedeutung. In jüngster Zeit, seit die imperialen Agenturen der »Dritten Welt« eine malthusianische Politik empfehlen, wird vergessen, wie wichtig das Bevölkerungswachstum für die europäische Entwicklung war, indem es Arbeitskräfte und Märkte bereitstellte und durch seinen Druck zu weiteren Fortschritten führte. Ähnlich positive Auswirkungen hatte das Bevölkerungswachstum in Japan; und in anderen, noch vorkapitalistischen Teilen Asiens führte die Größe der Bevölkerung zu einer viel intensiveren Erschließung des Landes, als dies auf dem immer noch dünn besiedelten afrikanischen Kontinent jemals der Fall gewesen ist. Auch wenn es keine Statistiken gibt, scheint Westafrika schon immer ein dichter besiedelter Teil des Kontinents gewesen zu sein als Zentral- oder Ostafrika. Da dieser Teil die Hauptlast der Sklaverei zu tragen hatte, wurde die Entwicklung einiger der fortschrittlichsten Gebiete in ganz Afrika wie Yorubaland, Igboland und Akan-Land verhindert.

Die ökonomischen Tätigkeiten wurden in Afrika auf direkte Weise durch den Bevölkerungsverlust und indirekt durch andere Aspekte des Sklavenhandels beeinträchtigt – insbesondere durch die mit ihm verbundene Gewalt und Verunsicherung. Vor dem 18. Jahrhundert hatten die Portugiesen und die Niederländerinnen vom Sklavenhandel an der »Goldküste« abgeraten, weil sie ihn für unvereinbar mit dem Goldhandel hielten. Am Ende des 17. Jahrhunderts wurde jedoch in Brasilien Gold entdeckt und die Bedeutung der Goldlieferungen aus Afrika nahm ab. Im gesamten atlantischen Handelsgefüge wurden afrikanische Sklavinnen wichtiger als Gold und in Ouidah und Accra wurden afrikanische Gefangene mit brasilianischem Gold gekauft. Zu diesem Zeitpunkt begann die Sklaverei die Wirtschaft der »Goldküste« zu ruinieren und den Goldhandel stark zu beeinträchtigen. Der Raub und die Entführung von Menschen als Sklaven machten den Bergbau und das Reisen unsicher, und in jedem Fall erwies sich der Krieg um Gefangene als profitabler als der Goldabbau. Ein zeitgenössischer europäischer Beobachter bemerkte, dass »ein einziger glücklicher Raubzug einen Eingeborenen an einem Tag reich macht, weshalb sie sich eher in Krieg, Raub und Plünderung üben als ihrem alten Geschäft des Goldschürfens und -sammelns nachzugehen«.

Was sich an dem obigen Beispiel so deutlich zeigte, muss auch für alle anderen Wirtschaftszweige und insbesondere für die Landwirtschaft gegolten haben. Gelegentlich wurde an einigen Orten die Nahrungsmittelproduktion angekurbelt, um die Sklavenschiffe zu versorgen, aber insgesamt wirkte sich die Sklaverei negativ auf die landwirtschaftlichen Aktivitäten in West- und Zentralafrika aus. Die Europäer vor Ort haben sich nicht auf diese Bemühungen eingelassen, und obwohl solche Kommentare nicht verfügbar sind, ist die Schlussfolgerung dennoch unausweichlich. Arbeitskräfte wurden aus der Landwirtschaft abgezogen und für die verbliebenen waren die Bedingungen unbeständig. Dahomey, das im 16. Jahrhundert für den Export von Nahrungsmitteln in Teile des heutigen Togo bekannt war, litt im 19. Jahrhundert unter Hungersnöten. Eine aufschlussreiche Parallele ist die Art und Weise, wie im kolonialen Afrika die Wanderarbeit und Cash-Crop-Produktion die Ernährungswirtschaft beeinträchtigten und in einigen Gebieten zu endemischen Hungersnöten führten.

So wie der Sklavenhandel und der Überseehandel im Allgemeinen Multiplikatoreffekte auf die europäische Entwicklung hatten, so hatten sie auch Multiplikatoreffekte auf die afrikanische Unterentwicklung. Wo es in Europa eine Integration über nationale Grenzen hinweg gab, kam es in Afrika zu einer Desintegration. Die Schaffung von Wachstumszentren und Etablierung von wechselseitigen Verflechtungen, wie sie in der europäischen Wirtschaft stattgefunden hatten, waren in Afrika völlig ausgeschlossen, da der Außenhandel keine logische Fortsetzung der internen Produktion und des internen Austauschs war. Im Gegenteil, es wurde viel Zeit und Energie in Aktivitäten wie Sklaverei und Elefantenjagd investiert, die nicht dazu beitrugen, die Fähigkeit Afrikas zur Produktion von Nahrungsmitteln und anderen lebenswichtigen Gütern des menschlichen Bedarfs zu erweitern.

Dem Elfenbeinexport muss besondere Aufmerksamkeit gewidmet werden, weil er für die meisten ostafrikanischen Gesellschaften von größerer Bedeutung war als der Handel mit Gefangenen und weil zu klären ist, inwieweit der Elfenbeinhandel vergleichbare Folgen wie der Sklavenhandel hatte. Es gab definitiv einen qualitativen Unterschied zwischen den beiden. Der Elfenbeinhandel führte ebenso wie der Sklavenhandel zu einer Professionalisierung, aber Banden von Elefantenjägern (wie sie beispielsweise bei den Chokwe, Baganda, Nyamwezi und Bambara anzutreffen waren) stellten eine positive Ergänzung der Sozialstruktur dar, während Banden von professionellen Räubern und Menschenhändlern eine Bedrohung für die etablierte Gesellschaft waren. Andrew Roberts hat in seiner Studie zum Elfenbeinhandel der Nyamwezi gezeigt, dass dieser Fernhandel andere positive Entwicklungen auslöste, wie die Zunahme des Handels mit verschiedenen Gütern, Lebensmitteln und Salz. Andere afrikanische Exportgüter wie Gummi, Kautschuk, Rotholz und Wachs wirkten sich ebenfalls positiv auf die sozioökonomischen Strukturen aus, wenn sie gehandelt wurden, was deutlich zeigt, dass der Sklavenhandel eine Kategorie für sich war. Viele der anderen Waren gingen am Ende des 19. Jahrhunderts in den kolonialen Handel ein, der also darauf beruhte, afrikanische Arbeitskräfte innerhalb von Afrika auszubeuten – dieses Ziel musste natürlich in einen scharfen Konflikt mit dem Sklavenhandel geraten.

Andererseits war Elfenbein ein Gut, das in einer bestimmten Region schnell erschöpft war, und der Kampf um neue Lieferungen führte manchmal zu Gewalttätigkeiten, die sich kaum von denen unterscheiden lassen, die mit der Versklavung verbunden waren. Außerdem bestand die entscheidende Einschränkung des Handels mit Elfenbein darin, dass diese Ware nicht aus einer lokalen Produktion hervorging und Umstrukturierungen verursachte, die von einem überseeischen Markt abhängig waren. Schon lange bevor sich der Handel für den Export öffnete, hatten die Nyamwezi innerhalb von Afrika mit afrikanischen Produkten gehandelt. In gewisser Weise lieferte der regionale Handel das »Kapital« für den Fernhandel mit Elfenbein, aber mit seinem Beginn war jede Ausweitung der lokalen Produktion eher eine Begleiterscheinung als das Ziel der lokalen Wirtschaft. Diese war nun in das internationale Handelsnetz eingebunden und konnte kaum expandieren. Diese Art von Konzeptualisierung fehlt in der Rekonstruktion der afrikanischen Geschichte völlig. In einem umfangreichen Sammelband, der dem »Handel in Zentral- und Ostafrika vor 1900« gewidmet ist, kommt nirgends das Bewusstsein zum Ausdruck, dass die Professionalisierung des Handels an sich keine große Sache ist, aber im Falle der Beziehungen Afrikas zu Europa nicht Entwicklung, sondern die Unterordnung der lokalen Ökonomien bedeutete. Andrew Roberts beendet seine Studie über den Nyamwezi-Handel wie folgt:

> »Es scheint also, dass wir erneut zu dem Schluss kommen müssen, dass nur die Herrschaft von Vertretern einer überlegenen Technologie die Voraussetzungen für einen dauerhaften Aufstieg aus der Subsistenz-

> wirtschaft schaffen konnte. Dies lag in der Tat zum Teil an der Art und Weise, wie die Region bereits mit den Volkswirtschaften der industrialisierten Welt verbunden und in gewisser Weise von ihnen abhängig geworden war.«

Dem Verfasser dieser Zeilen ist zugutezuhalten, dass er den für das Verständnis von Unterentwicklung so zentralen Begriff der »Abhängigkeit« zumindest zögernd anerkennt. Im Übrigen ist die Aussage zaghaft und verworren.

Warum waren Vertreter einer überlegenen Technologie notwendig, um die Afrikaner aus der Subsistenzwirtschaft herauszuführen, während sie nicht notwendig waren, um ähnliche Funktionen für die Europäerinnen und die meisten Asiaten zu erfüllen? Es waren gerade die externen Verbindungen, die die Möglichkeit einer unabhängigen, sich selbst fördernden Anleitung ausschloss, und das galt für den Nyamwezi-Elfenbeinhandel ebenso wie für den Kazembe-Handel mit Gefangenen. Außerdem müssen wir uns immer das dialektische Gegenteil des Handels in Afrika vor Augen halten, nämlich die Produktion in Europa oder in den Amerikas unter europäischer Kontrolle. Die wenigen gesellschaftlich erwünschten Begleiterscheinungen der Elefantenjagd in Afrika waren nichts im Vergleich zu den Profiten, Technologien und Fähigkeiten, die in Europa mit diesem Produkt verbunden waren. Die Elfenbeinmärkte der Mincing Lane in London waren die Zentren, auf denen die wirklichen Profite aus dem Elfenbeinhandel erzielt wurden. Die Stoßzähne gewannen an Wert, wenn sie in London zu Billardkugeln und Klaviertasten verarbeitet wurden, nach Sheffield kamen, um aus ihnen Messergriffe anzufertigen, und nach Dieppe und Geislingen gelangten, wo Hunderte von verschiedenen Artefakten aus ihnen geschnitzt wurden. Durch diese und zahlreiche andere auf ausländischen Rohstoffen beruhende Industrien wurde Europa gestärkt, während in Afrika eine sich entwickelnde eigene kapitalistische Ökonomie blockiert und der Kontinent in die denkbar schlechteste Lage gebracht wurde.

Im 15. Jahrhundert war die europäische Technologie derjenigen in anderen Teilen der Welt nicht so überlegen, wie oft angenommen wird. Ihre derzeitige Überlegenheit ist eher eine Folge als die Ursache der Hegemonie Europas über den Rest der Welt. Im 15. Jahrhundert hatte Europa lediglich einen Vorsprung gegenüber der übrigen Menschheit in Bezug auf das wissenschaftliche Verständnis des Universums, die Herstellung von Werkzeugen und die rationale Organisation der Arbeit. Woran es den Europäern im 15. und 16. Jahrhundert vor allem mangelte, waren handelsfähige Waren, wie bereits dargelegt wurde. Sie waren gezwungen, auf asiatische und (in geringerem Maße) afrikanische Konsumgüter zurückzugreifen, die oft von besserer Qualität waren. Doch wie bereits in früheren Abschnitten dieser Analyse angedeutet, erwies sich die europäische Überlegenheit in bestimmten Bereichen als entscheidend. Afrikanische und polynesische Kanus hatten einen hohen Standard, aber der relevante Einsatzbereich war der Ozean, wo europäische Schiffe das Kommando übernehmen konnten. In vielen Teilen Nigerias hatten Westafrikanerinnen den Metallguss zu künstlerischer Perfektion entwickelt, aber wenn es um die Begegnung mit Europa ging, waren schöne Bronzen weit weniger wichtig als die rohesten Kanonen. Afrikanisches Holzgeschirr war mitunter ein Werk von großem Feingefühl, aber Europa produzierte Töpfe und Pfannen, die viele funktionale Vorteile hatten. Alphabetisierung, Rechenfertigkeit, organisatorische Erfahrung und die Fähigkeit, in immer größerem Umfang zu produzieren (sogar im Rahmen des einheimischen Systems), waren ebenfalls sehr bedeutende Vorteile auf der europäischen Seite der Skala.

Nachdem Afrika in die Umlaufbahn Westeuropas gezogen worden war, beschleunigte sich dessen technologische Entwicklung, wie bereits bei mehreren anderen Aspekten seiner Wirtschaft festgestellt wurde. So war beispielsweise die Entwicklung des europäischen Schiffbaus vom 16. bis zum 19. Jahrhundert eine logische Folge des Monopols des Seehandels nach dem 15. Jahrhundert. Während desselben Zeitraums waren die Nordafrikaner im Mittelmeerraum eingeschlossen, und obwohl Europa ihnen viele nautische Instrumente verdankte, machten sie keine weiteren nennenswerten Fortschritte. Wenn die anfänglichen Vorteile der Europäer nicht ausreichten, um die Vorherrschaft zu übernehmen, untergruben sie absichtlich die Bemühungen von anderen. Die indische Marine zum Beispiel litt unter der rigiden Durchsetzung der englischen Navigationsgesetze. Die Kosten für den Bau neuer und besserer europäischer Schiffe wurden jedoch durch die Gewinne aus dem Überseehandel, etwa mit Indien und Afrika, gedeckt. Die Niederländer leisteten Pionierarbeit bei der Verbesserung der Karavellen, mit denen die Spanierinnen und Portugiesen den Atlantik überquerten, und die verschiedenen niederländischen Handelsgesellschaften, die in Asien, Afrika und Amerika tätig waren, erprobten sie. Ab dem 18. Jahrhundert nutzten die Briten das niederländische Know-how als Grundlage, um die Niederländer selbst zu übertreffen, und der Atlantik war ihr Labor. Früher hieß es, der Sklavenhandel sei ein Übungsplatz für britische Seeleute gewesen. Wahrscheinlich ist es wichtiger festzuhalten, dass der Atlantikhandel die ständigen Fortschritte in der Marinetechnik förderte.

Wir wissen ziemlich viel über die Entwicklung der Wissenschaft in Europa vor der Expansion nach Übersee und wir können den katalytischen Beitrag der außereuropäischen Welt in der Epoche des Merkantilismus abschätzen. Die technologische Revolution des 18. und 19. Jahrhunderts in Europa entstand aus dem Zusammenspiel zahlreicher Variablen, die ausschließlich in der europäischen Erfahrung wurzeln, aber sie alle müssen in den Kontext der kapitalistischen Entwicklung eingebettet werden. Es ist kein bloßer Zufall, dass die entscheidenden technischen Erfindungen am Ende des 18. Jahrhunderts gemacht wurden, nachdem sich der westeuropäische Kapitalismus die Gewinne aus dem Außenhandel einverleibt hatte. Viel weniger wissen wir über die Entwicklung der afrikanischen Technologie, aber der Handel mit Europa dürfte sich in diesem Bereich nicht positiv ausgewirkt haben.

Vor allem die handwerklichen Fähigkeiten müssen in den direkt betroffenen Gebieten unter der Versklavung gelitten haben. Der zerstörerische Aspekt des Eindringens der Ngoni in den Norden Ostafrikas wurde bereits mehrfach hervorgehoben. Im Korridor zwischen dem Njassa-See und dem Tanganjika-See haben Kriege und Raubzüge die Tuch- und Hackenherstellung praktisch ausgelöscht. Das Einfangen von Sklavinnen bedeutete Kriegsführung und Plünderung im großen Stil und muss für die riesigen betroffenen Gebiete ähnliche Auswirkungen gehabt haben. Von größerer Bedeutung waren jedoch die indirekten Folgen des Handels als solchem, einschließlich der Auswirkungen von Importen und der europäischen Zersetzung des lokalen Handels.

Angesichts der strategischen Rolle, die Textilien für die wirtschaftliche Entwicklung Westeuropas, Japans und der USA gespielt haben, ist die Bedeutung der afrikanischen Technologie für die Herstellung von Tuch besonders wichtig. Vom 15. bis zum 19. Jahrhundert stieg die Nachfrage nach Stoffen in Afrika ständig an. In allen Gebieten vollzog sich ein Wechsel von der Nacktheit über die Bekleidung mit Tierhäuten und Rindenstoffen zur Baumwolle. Indische und europäische Textilien trugen dazu bei, diese wachsende Nachfrage zu befriedigen, und Gebiete wie Senegambia, die Elfenbeinküste, Benin, das Yorubaland und Loango exportierten in andere Teile Afrikas (zumeist über europäische Zwischenhändlerinnen). Aber das Volumen der europäischen Produktion nahm zusammen mit den Fertigkeiten in einem solchen Umfang ständig zu, dass niederländische und englische Hersteller im 18. Jahrhundert modische indische und afrikanische Muster kopierten. Da sie den lokalen Vertrieb im Griff hatten, mussten die von ihnen eingeführten Produkte akzeptiert werden, auch wenn sie den Originalen unterlegen waren. Gegen Ende des 19. Jahrhunderts wurden europäische Textilien in ausreichenden Mengen importiert, um die lokale Produktion zu verdrängen und Regionen wie Senegambia zu Exporteuren von Rohbaumwolle und Importeuren von fertiger Baumwollkleidung zu machen. Dort, wo Reste der Industrie überlebten, erfolgte die Produktion in der gleichen technologischen Form mit einfachen Webstühlen wie in früheren Jahrhunderten, da es an der Nachfrage fehlte, die eine Weiterentwicklung erzwungen hätte.

Solange es eine ausreichende Nachfrage gab, betrachteten die Afrikanerinnen die europäischen Importe von Textilien und auch von Eisen vermutlich als eine Ergänzung zu ihrer eigenen Produktion. Aber sobald die ausländische Ware zu einer Bedrohung für die lokale Produktion wird, sollten wir erwarten, dass sich die betroffenen Afrikaner zur Wehr setzen würden. Ein Beispiel hierfür war die Salzindustrie in Sierra Leone, die durch ein lokales afrikanisches Edikt geschützt wurde, das die Einfuhr von Salz im 18. Jahrhundert ausschloss. Dies geschah aus gutem Grund, denn zu Beginn des 19. Jahrhunderts brachten britische Schiffe, die nach Nigeria fuhren, billiges Salz mit – zum Nachteil der örtlichen Produktion.

Doch die Industrien und Fähigkeiten, die tatsächlich existierten und zerstört wurden, waren wahrscheinlich von geringerer Bedeutung als der Verlust der *Entwicklungsmöglichkeit.* Dieser Verlust kann nicht berechnet werden, er darf aber nicht ignoriert werden.

Die Herausgeber des oben erwähnten Bandes über den ost- und zentralafrikanischen Handel veranschaulichen die Zerstörung von Industrien und Fertigkeiten in Kongo/Angola am Beispiel der Intervention der Portugiesen und ihrer Mulatten und Schwarzen Bediensteten *(pombeiros)* in den afrikanischen Handel. Sie erkennen an, dass die Anforderungen des Atlantikhandels »am Ende die gesamte Handelsstruktur mit den dazugehörigen lokalen Industrien untergraben haben«, aber im gleichen Atemzug behaupten sie, dass »die Öffnung des überseeischen Marktes die Rolle, die der Handel in der Wirtschaft des Gebiets spielte, nicht radikal verändert zu haben scheint«. Auch hier besteht der grundlegende Schwachpunkt darin, nicht zwischen einer unabhängigen Wirtschaft, die sich in der Entwicklung befindet, und einer Wirtschaft, die in einen Satelliten verwandelt wird, zu unterscheiden. Im ersteren Fall ist die Handelstätigkeit ausschließlich eine Folge des Entwicklungsstands der Produktivkräfte, während sie im letzteren Fall vor allem eine Folge externer Bedürfnisse ist. Für Regionen, die wie Kongo/Angola im 16. und 17. Jahrhundert der Sklaverei dienten, bedeutete dies, dass die kommerzielle Aktivität nicht mehr einfach im Vertrieb lokaler Produkte bestand und auch nicht im Export dieser Produkte aus heimischer Produktion. Dadurch wurde *die Möglichkeit der Fortsetzung einer bereits begonnenen Entwicklung ausgeschlossen*, auch wenn die schlimmsten Auswirkungen für einen beträchtlichen Zeitraum aufgeschoben wurden, bis Europa selbst mächtig genug war, um die vollständige Kontrolle zu übernehmen, zum Beispiel durch den Versand von Waren, die die zuvor vor Ort hergestellten Produkte ersetzen sollten.

Jeder Handel in Afrika, der eine Erweiterung der europäischen Produktion darstellte, war für den technologischen Fortschritt in Afrika weitgehend irrelevant. Als Großbritannien die führende Wirtschaftsmacht der Welt war, wurde es als eine Nation von Krämern bezeichnet. Die meisten Waren auf ihren Schiffen stellten sie selbst her. Afrikanerinnen vom Senegal bis zum Kunene und vom Limpopo bis zum Tana waren damit beschäftigt, Güter zu verkaufen, die sie nicht selbst hergestellt hatten. Sie waren Agenten für den Vertrieb europäischer Importe und für die Organisation des Exports einiger Grundnahrungsmittel, die auf dem Kontinent nicht gefragt waren. Die afro-portugiesischen Zwischenhändler in Oberguinea, die Akan-Marktfrauen, die Aro-Händler in der Bucht von Biafra, die Pombeiros in Angola, die Yao-Händler in Mosambik, die Swahili und Nyamwezi in Ostafrika waren lediglich mit Aufgaben beschäftigt, wie sie im Wesentlichen heute von den Mitgliedern des unverhältnismäßig großen Dienstleistungssektors erfüllt werden. Ihr Beitrag zur technologischen Entwicklung war gleich null, weil sie am Rande der Produktion standen.

Der Handel mit Europa begünstigte weder eigenständige technologische Erfindungen auf afrikanischer Seite noch schuf er eine beständige Nachfrage nach dem Import europäischer Technologie, mit Ausnahme von Feuerwaffen. Die Europäer reagierten darauf mit den billigsten Musketen. Sie ignorierten bewusst die konkreten Forderungen der Afrikanerinnen an Europa, ihnen ganz bestimmte Fähigkeiten und Techniken zur Verfügung zu stellen. Wir haben im Fall des Kongos bereits darauf hingewiesen. Als Agadja Trudo versuchte, den Sklavenhandel zu stoppen, richtete er auch einen Appell an europäische Handwerker und schickte zu diesem Zweck einen Botschafter nach London. Ein Europäer, der sich Ende der 1720er-Jahre am Hof von Dahomey aufhielt, teilte seinen Landsleuten mit, dass »jeder Schneider, Schreiner, Schmied oder jede andere Art von weißem Mann, der freiwillig hierherkommen möchte, in sehr guter Weise unterstützt werden wird«.

Etwa zur gleichen Zeit, als Agadja Trudo in Europa nach neuen Fertigkeiten suchte, dachte auch der Asantehene[3] Opoku Ware (1720–1750) in diese Richtung. Er bat die Europäer, Fabriken und Brennereien im Land der Aschanti zu errichten, und erhielt keine Antwort. Diese Anfragen kamen aus den Gebieten Afrikas, die so weit entwickelt waren, dass sie die neuen Produktionstechniken ohne größere Probleme hätten übernehmen können. Dies galt auch für Äthiopien. 1520 kam eine portugiesische Gesandtschaft an den äthiopischen Hof. Nachdem portugiesische Schwerter, Musketen, Kleidung, Bücher und andere Gegenstände begutachtet worden waren, hielt es der Kaiser Lebna Dengel für nötig, europäisches technisches Wissen in Äthiopien einzuführen. Es existieren Briefwechsel zwischen dem Kaiser und europäischen Würdenträgern wie Diego de Albuquerque (portugiesischer Vizekönig in Indien), den Königen Manuel I. und Johann III. von Portugal sowie Papst Leo X., in denen

3 Anm. d. Ü.: Titel des Königs von Aschanti.

um europäische Unterstützung für die äthiopische Industrie gebeten wird. Bis zum Ende des 19. Jahrhunderts wurden entsprechende Bitten aus Äthiopien immer wieder mit geringem Erfolg vorgebracht.

Einer der gravierendsten Aspekte der kulturellen Arroganz der europäischen Kolonialisten in Afrika war ihre Prahlerei mit technologischen Errungenschaften und ihre herablassende Haltung gegenüber dem, was sie als afrikanische Rückschrittlichkeit auf diesem Gebiet betrachteten. »Sie (die Afrikaner) hatten keinen Pflug, kein Rad und kein anderes Transportmittel als menschliche Kopfträger und Einbäume auf Flüssen und Seen. Diese Menschen hatten nichts, aber auch gar nichts aus dauerhafterem Material als Lehm, Pfählen und Strohhütten gebaut!« Diese Worte eines britischen Kolonialgouverneurs sind relativ milde Beispiele für das Syndrom der technischen Überlegenheit. Solche Aussagen entsprangen der rassistischen Annahme, dass die Afrikanerinnen nicht in der Lage seien, wissenschaftliche Gesetze zu entdecken und anzuwenden, und verstärkten sie noch. Die historischen Befunde deuten jedoch darauf hin, dass der Kontakt zu Afrika die technologische Reifung Europas begünstigte, während er für die Technologie in Afrika zu einer Periode der Stagnation und sogar des Rückschritts führte. Außerdem spielt die Erfindungsgabe eine geringere Rolle als die Verbreitung von Techniken. Die Europäer haben das Rad nicht erfunden – es hat sich von China aus verbreitet. Aufgrund der Struktur des internationalen Handels *und* aufgrund der bewussten Entscheidungen der europäischen Staaten wurde Afrika der Möglichkeit beraubt, am wissenschaftlichen Erbe der Menschheit teilzuhaben.

In den Jahrhunderten vor der Kolonialherrschaft erweiterten sich die wissenschaftlichen und technischen Kapazitäten Europas schrittweise, während Afrika nahezu statisch zu sein schien. Was 1444 noch ein geringer Vorsprung war, als die Portugiesen Kap Bojador umrundeten, hatte sich zu einer riesigen Kluft entwickelt, als sich 440 Jahre später die europäischen Raubritter in Berlin zusammensetzten.[4]

Die wachsende technologische Kluft zwischen Westeuropa und Afrika entsprach der Tendenz des Kapitalismus zu einer Polarisierung von Reichtum und Macht auf der einen und Armut und Abhängigkeit auf der anderen Seite. In der gegenwärtigen imperialistischen Epoche haben die Superprofite aus den Beziehungen der Abhängigkeit den Lebensstandard der Arbeiterinnen in den Metropolen in gewissem Maße verbessert, aber in der früheren Periode förderte die interne Ausbeutung die externe Ausbeutung und umgekehrt. Auf die ungleichzeitige Entwicklung der Nationen innerhalb Westeuropas sind wir bereits eingegangen. Besonders

4 Anm. d. Ü.: Vom 15.11.1884 bis zum 26.2.1885 fand auf Einladung des deutschen Reichskanzlers Otto von Bismarck in Berlin die sogenannte Kongokonferenz statt, auf der die Aufteilung Afrikas unter den Großmächten eingeleitet wurde.

deutlich zeigte sich diese im 19. Jahrhundert, als Gebiete wie Portugal, Spanien und Irland in eine koloniale Rolle gegenüber Großbritannien, Frankreich und Deutschland gerieten. Innerhalb der nationalen Ökonomien vollzog sich die Polarisierung auch durch die Verdrängung von Kleinproduzenten und den Aufstieg von Monopolen. Die Monopole standen somit an der Spitze eines Systems, das nichts anderes als Profit und Herrschaft als Leitprinzipien kannte. Die Monopole gaben den Ton an für die internationale politische Ökonomie am Ende des 19. Jahrhunderts. In Mittel- und Osteuropa intervenierten sie auf direkte Weise durch massive Investitionen und in etwas geringerem Umfang suchten die westeuropäischen Monopole nach finanziellen und wirtschaftlichen Möglichkeiten in Asien und Lateinamerika. Zu dieser imperialistischen Aufteilung der Welt gesellte sich das nordamerikanische Kapital – die USA hatten sich von einem Außenposten Europas zu einer der Kommandozentralen des Kapitalismus entwickelt.

Afrika befand sich zu diesem Zeitpunkt in einer Art Flaute, was Europa betraf. Seine große Zeit der Akkumulation von Primärkapital für die europäische Entwicklung war vorbei. Nichtsdestotrotz hatte Europa immer noch einen Platz für Afrika innerhalb der neuen imperialistischen Ordnung. Einige Gebiete des Kontinents wurden für europäische Investitionen entscheidend: Algerien, Ägypten, Südafrika und der Kongo. Andernorts durften kleinere europäische Unternehmerinnen tätig werden, obwohl auch sie letztlich an die großen Bank- und Industriekonzerne gebunden waren, die die westeuropäische Wirtschaft kontrollierten, und sie standen unter dem Dach von Nationalstaaten, die bewusst oder unbewusst als Vertreter des Monopolkapitals handelten. So waren der Konflikt zwischen britischen und französischen finanziellen Interessen in Ägypten und das Investitionspotenzial im Kongo entscheidend für den beginnenden »Wettlauf um Afrika«, also der Verwandlung des Kontinents in politische Kolonien zum Schutz wirtschaftlicher Einflusssphären.

Abgesehen vom Suezkanal und den südafrikanischen und kongolesischen Minen dienten die Investitionen auf dem afrikanischen Kontinent am Ende des 19. Jahrhunderts und in der Folgezeit in erster Linie der Produktion von landwirtschaftlichen Gütern für die neuen Industrien in Europa. Die Steigerung der Seifenherstellung, das Entstehen eines größeren Marktes für Speisefette und der Bedarf an Schmiermitteln für den Eisenbahn- und Maschinenbau führten zur Ausbeutung der Palmölvorkommen in Westafrika, während die deutsche Maschinenindustrie Anlagen zur Zerkleinerung von Palmkernen als Viehfutter für die kapitalistische Landwirtschaft herstellen konnte. Die Ausweitung der Nachfrage nach Speiseölen und -fetten betraf auch Erdnüsse, was sich Finanziers und Industrielle in Marseille zunutze machten. Die Baumwollindustrie in Lancashire war nach ihrer langen Partnerschaft mit den Sklavenplantagen in den amerikanischen Südstaaten bestrebt, den Baumwollanbau in Ägypten und im Sudan sowie in Ost- und Westafrika zu fördern. Die Erfindung der Rohrpost, das Aufkommen des Automobils und die Zunahme gummibereifter Transportmittel aller Art waren auf die Kapazitäten zur Produktion von Kautschuk in Niederländisch-Ostindien, Malaya, Brasilien und Afrika angewiesen. Diese Beispiele ließen sich beliebig fortsetzen. Sie alle zeigen, dass die Bedürfnisse Europas am Ende des 19. Jahrhunderts selbst ein Produkt der immensen Beschleunigung des Wirtschaftslebens in den vorangegangenen vier Jahrhunderten waren, und einer der Faktoren dieser Beschleunigung war die ungleiche Verbindung mit Afrika.

Ebenso bedeutsam ist die Tatsache, dass Europa die Macht erlangte, Afrika auf neue Weise auszubeuten. Der Handel mit Sklaven, Elfenbein und Gold wurde von den Küsten aus betrieben. Dort konnten europäische Schiffe die Szene beherrschen und, wenn nötig, Festungen gebaut werden. Vor dem 19. Jahrhundert war Europa nicht in der Lage gewesen, ins Innere des afrikanischen Kontinents vorzudringen, da es nicht über ausreichende Machtmittel verfügte. Aber dieselben technologischen Veränderungen, die das *Bedürfnis* zur Durchdringung Afrikas hervorriefen, schufen auch die *Macht*, um Afrika erobern zu können. Die Feuerwaffen der imperialistischen Epoche bedeuteten einen qualitativen Sprung nach vorn. Hinterlader und Maschinengewehre waren den Vorderladern mit glattem Lauf und Steinschlössern der vorangegangenen Epoche weit überlegen. Kein Wunder, dass die Europäer nicht zögerten, den Afrikanern antediluvianische Modelle von Feuerwaffen zu verkaufen. Hilaire Belloc sprach im Namen seiner europäischen Landsleute, als er sagte, dass es »darauf ankommt, dass wir das Maxim [Maschinengewehr] haben und sie nicht«.

Merkwürdigerweise leiteten die Europäer die *moralische Rechtfertigung* für Imperialismus und Kolonialismus häufig aus Merkmalen des internationalen Handels ab, wie er bis zum Vorabend der Kolonialherrschaft in Afrika betrieben wurde. Die Briten waren die Hauptvertreter der Ansicht, dass der Wunsch zu kolonisieren weitgehend auf ihren guten Absichten beruhe, dem Sklavenhandel ein Ende zu setzen. Zu diesem Zeitpunkt waren sie tatsächlich genauso gegen den Sklavenhandel, wie sie ihn einst befürwortet hatten. Der technologische Wandel hatte auf dialektische Weise die Notwendigkeit des Sklavenhandels im 17. Jahrhundert in die Notwendigkeit des 19. Jahrhunderts verwandelt, die Überreste des Sklavenhandels in Afrika zu beseitigen, um dafür die lokale Ausbeutung von Land und Arbeitskräften zu organisieren. Auch Leopold[5] nutzte

5 Anm. d. Ü.: Leopold II., belgischer König von 1865 bis 1909, hatte sich auf der Berliner Kongokonferenz den Kongo als faktisches Privateigentum anerkennen lassen. Mit seinem Namen sind die »Kongogräuel« verbunden, die in der extrem grausamen Ausbeutung der dortigen Menschen für die Gewinnung von Kautschuk bestanden.

den Vorwand, die Versklavung zu unterbinden, um im Kongo selbst Zwangsarbeit und »sklavereiähnliche Praktiken« einzuführen. Und auf einer tiefer liegenden Ebene hatten alle Europäerinnen zwischen dem 15. und dem 19. Jahrhundert Vorstellungen von rassialer und kultureller Überlegenheit entwickelt, sodass sogar die Portugiesen annahmen, sie seien historisch dazu bestimmt, die »Eingeborenen zu zivilisieren«.

Die Afrikanerinnen wehrten sich gegen die politische Fremdherrschaft und mussten durch überlegene Gewalt unterworfen werden. Aber eine beträchtliche Minderheit bestand nicht darauf, die Handelsbeziehungen mit Europa abzubrechen, woran sich zeigte, in welchem Maße sie bereits von Europa abhängig geworden waren. Das dramatischste Beispiel für diese Abhängigkeit war die Hartnäckigkeit, mit der einige Afrikaner sich der Beendigung des Sklavenhandels widersetzten. Für die meisten europäischen kapitalistischen Staaten hatte die Versklavung von Afrikanern Mitte des 19. Jahrhunderts ihren Zweck erfüllt, aber für die Afrikanerinnen, die mit Gefangenen handelten, war die abrupte Beendigung des Handels zu einem bestimmten Zeitpunkt eine Krise größten Ausmaßes. In vielen Gegenden hatten große soziale Veränderungen stattgefunden, um die Region in den Dienst des Sklavenhandels zu stellen – eine der bedeutendsten war das Aufkommen der »Haussklaverei« und verschiedener Formen der Klassen- und Kastenherrschaft. Afrikanische Herrscher und Händlerinnen, die ihre soziale Existenz durch die ersten gesetzlichen Erlasse wie das britische Gesetz zur Abschaffung des Sklavenhandels von 1807 bedroht sahen, fanden Wege, um mit Europäern in Kontakt zu treten, die weiterhin Sklaven wollten. Sofern andere Waren ins Spiel kamen, wurden diese Alternativen mit enormen Anstrengungen ausgebaut: Elfenbein, Kautschuk, Palmöl, Erdnüsse, Baumwolle usw.

Der Übergang zu Produktionsformen, bei denen afrikanische Arbeitskräfte innerhalb Afrikas eingesetzt wurden, führte zur Entstehung wirtschaftlicher und sozialer Institutionen, die die Teilhabe einer großen Zahl von Afrikanern an der Geldwirtschaft sicherstellten und auch dafür sorgten, dass der geschaffene Wert ins kapitalistische Europa abfließen konnte. Dies führte zu den besonderen Formen der strukturellen Abhängigkeit, die wir heute kennen – sichtbar in den Bankfilialen, den Import-/Exportagenturen, den Produktionsniederlassungen, den Bergbauunternehmen, dem Aufbau der Straßen- und Eisenbahnnetze usw. Es versteht sich von selbst, dass die intensive Beschäftigung mit der Kolonialzeit die meisten Fragen zur Unterentwicklung, wie wir sie heute kennen, beantworten wird, aber das Ausmaß, in dem diese Situation bereits Jahrhunderte zuvor geschaffen wurde, wird oft unterschätzt. Diesbezüglich waren die Anthropologen die schlimmsten Übeltäter mit ihrer ahistorischen Vorliebe, alles, was sie im kolonialen Afrika vorfanden, als »traditionell« zu bezeichnen. Aber auch Historikerinnen machen sich schuldig, indem sie zwischen dem kolonialen und dem »vorkolonialen« Afrika unterscheiden und so die Tatsache verschleiern, dass es eine Kontinuität von einer Phase zur anderen gab.

Die Auffassung, dass die ersten vier Jahrhunderte des afro-europäischen Handels die *Wurzeln* der afrikanischen Unterentwicklung darstellen, ist in zweifacher Hinsicht überzeugend, weil einige der Mechanismen, die die beiden Sphären von Metropole und abhängigen Gebieten miteinander verbunden hatten, tatsächlich übernommen wurden. Auf der Seite der Metropole gab es die Versicherungs- und Schifffahrtsgesellschaften, während in Afrika selbst bestimmte soziale Formationen entstanden waren, die in den kolonialen Enklavenwirtschaften ab den 1880er-Jahren bereits zur Verfügung standen. Das sind die bereits erwähnten afrikanischen Händler als Vorläufer des modernen Dienstleistungssektors. Einige von ihnen hatten in der afrikanischen Gesellschaft hohes Ansehen genossen, viele waren Emporkömmlinge und viele andere waren als Kinder von Europäern und Araberinnen buchstäblich das Produkt des ausländischen Handels. In Westafrika spielten Mulatten eine große Rolle und blieben auch in der frühen Kolonialzeit und noch lange danach präsent. Im sogenannten französischen Sudan, um ein konkretes Beispiel zu nennen, entwickelte sich die gesamte Wirtschaftstätigkeit im Landesinneren ausgehend von den vier Gemeinden an der senegalesischen Küste, die von Schwarzen und Mulatten bewohnt wurden, die seit Langem mit dem Atlantikhandel verbunden waren. Solange ein koloniales System nicht auf Siedlern beruht, ist es auf Kompradoren angewiesen. In den meisten Teilen Afrikas standen solche Kompradorinnen zu Beginn der Kolonialzeit zur Verfügung, weil sie deren Funktionen bereits in der abhängigen Handelswirtschaft ausgeübt hatten.

Außerdem wurden die Afrikanerinnen, die im Auftrag der Europäer Handel trieben, unweigerlich von europäischem Denken und europäischen Werten beeinflusst. Das Streben nach europäischer Bildung begann nicht erst im kolonialen Afrika. Es begann, als die Herrscher und Händler an der Küste die Notwendigkeit erkannten, tiefer in die Lebensweise der Weißen, die von jenseits des Meeres kamen, einzudringen. Die mulattischen Söhne weißer Händler und die Söhne afrikanischer Herrscher waren diejenigen, die am weitesten in diese Richtung gingen. Auf der einen Ebene war dieses Streben rein funktional. Im 18. Jahrhundert erklärte der Häuptling von Sierra Leone, er wolle »lernen, ein so guter Schurke wie ein Weißer zu sein«. Auf einer anderen Ebene bedeutete es, sich jene Werte anzueignen, die zu einer weiteren Unterwerfung der Afrikanerinnen führten. Pfarrer Thomas Thompson war der erste europäische Erzieher an der »Goldküste« und schrieb 1772 eine Broschüre mit dem Titel »The African Trade for Negro Slaves Shown to be Consistent with the Principles of Humanity and the Laws of Revealed Religion« (Der

Nachweis, dass der afrikanische Handel mit schwarzen Sklaven im Einklang mit den Grundsätzen der Humanität und den Gesetzen der Offenbarungsreligion steht). Die zurückgekehrten Afrikaner, die in Sierra Leone und in ganz Westafrika in der Zeit der Errichtung der Kolonialherrschaft eine so entscheidende Rolle spielten, waren in unterschiedlichem Maße auch Produkte westlicher Kultur und Bildung – und verkörperten in verblüffender Weise sowohl das Potenzial der Aufklärung als auch die geistige Irritation, die aus der kulturellen Entfremdung resultierte. Leider waren diese Tendenzen zu Beginn der Kolonialherrschaft nicht mehr wirksam und sie wurden zu bewussten und naiven Agenten der Fremdherrschaft. Der kulturelle Nexus liefert daher einen weiteren Grund, die Wurzeln der afrikanischen Unterentwicklung und Abhängigkeit in den ersten Jahrhunderten des afro-europäischen Handels zu suchen.

The Historical Roots of African Underdevelopment, Universities of East Africa Social Science Conference, University of Dar-es-Salaam, Dezember 1970.

Probleme der Entwicklung der Dritten Welt

WENN ICH ÜBER DAS PROBLEM der Entwicklung der Dritten Welt nachdenke, erinnere ich mich an einen Vorfall vor vielen Monaten, als die Republik Guinea von Portugal überfallen wurde. Als China von der Invasion erfuhr, veröffentlichte die Nachrichtenagentur Xinhua sofort einen Bericht, in dem der amerikanische Imperialismus angeprangert wurde. Der Name Amerikas war von Guinea noch gar nicht genannt worden, aber die Chinesen kamen aufgrund einer objektiven Analyse zu dem Schluss, dass die portugiesische Invasion in Guinea etwas mit dem amerikanischen Imperialismus zu tun hatte. In diesem Sinne würde ich auch behaupten, dass im Hinblick auf die Entwicklungsprobleme der Dritten Welt die Vereinigten Staaten von Amerika das Hauptproblem darstellen, denn sie krönen die gesamte Struktur des Weltimperialismus. Ich belasse es bei dieser Behauptung, denn eine Begründung würde zu viel Zeit in Anspruch nehmen. Ich möchte jedoch an einigen Punkten die Zusammenhänge zwischen Imperialismus und Unterentwicklung verdeutlichen.

In den Vereinten Nationen ist ein gewisser Euphemismus in Gebrauch. Sie sprechen von den »entwickelten« und den »sich entwickelnden« Marktwirtschaften. Zusammen bilden beide die imperialistische Welt: Entwickelte Marktwirtschaften sind die Vereinigten Staaten, die westeuropäischen Länder und Japan; und die merkwürdige Kategorie der sich entwickelnden Marktwirtschaften umfasst die übrigen Länder, die wir gemeinhin als Dritte Welt bezeichnen und deren Volkswirtschaften von den metropolitanen Strukturen in Nordamerika, Westeuropa und Japan abhängig sind. Einige der Mechanismen zur Ausbeutung der sogenannten Entwicklungsländer sind seit Langem bekannt. So ist beispielsweise der ungleiche Tausch ein häufig diskutiertes Thema, das in jüngster Zeit genauer analysiert wurde, sodass wir heute mehr als früher darüber wissen, wie genau die Handelskapitäne zur Ausbeutung der unterentwickelten Welt beitragen. Diese Position wird nicht nur von Marxistinnen oder radikalen Nationalisten vertreten; selbst von der Konferenz der Vereinten Nationen für Handel und Entwicklung (UNCTAD) wird sie im Allgemeinen bekräftigt.

Ein zweiter bekannter Mechanismus der Ausbeutung innerhalb der Struktur des Imperialismus ist der Transfer von Profiten aus unterentwickelten Gebieten in die Metropolen. Dazu möchte ich nur anmerken, dass das, was als »Profite« bezeichnet wird, in Wirklichkeit »Kapital« ist. Zu lange haben die meisten von uns, auch diejenigen, die sich als Linke bezeichnen würden, vom »Kapitalexport« in die Kolonien und Halbkolonien gesprochen. Eben diese Redewendung verschleiert einen Teil der Realität, vielleicht sogar die ganze Realität. Meiner Auffassung nach lässt sich nur in einem begrenzten Sinne von einem Kapitalexport aus den Metropolen in den unterentwickelten Teil der Welt sprechen. Historisch gesehen hat sich die Kapitalbewegung per saldo immer von den externen oder peripheren Sektoren der imperialistischen Wirtschaft zu ihren Epizentren vollzogen. Dies begann mit dem Sklavenhandel und nahm später die Form eines äußerst ungleichen Handels zwischen Europa und dem Rest der Welt an. In Bezug auf den europäischen Kapitalexport lässt sich höchstens sagen, dass Europa das Zentrum für die Umverteilung und Neuverteilung des in der ganzen Welt produzierten Kapitals war. Das beispielsweise in der Karibik oder in Nordamerika in der Epoche der Sklaverei produzierte Kapital wurde nach Europa verlagert und – zu einem späteren Zeitpunkt – von Westeuropa nach Osteuropa umverteilt; oder Kapital, das dadurch gewonnen wurde, dass die Chinesen zum Opiumrauchen gezwungen wurden, wurde in die indischen Gebiete der britischen imperialistischen Wirtschaft umverteilt; usw. usf. Aber streng genommen hat es nie einen Export von Kapital nach Übersee gegeben, das seinen Ursprung in der metropolitanen Produktion hat. Mit meiner Anmerkung zum »Profit« will ich also klarstellen, dass bei genauer Betrachtung der Mechanismen immer nur ein Mittel ist, um das mithilfe der materiellen und menschlichen Ressourcen der Dritten Welt produzierte Kapital in die Wirtschaft der Metropolen zu transferieren.

Ungleicher Handel und Kapitalflüsse aus den unterentwickelten Ländern sind zwei der wichtigsten Mechanismen des Imperialismus. Es gibt noch andere, die sich auf ihre eigene Weise als bedeutsam erweisen, aber in der Literatur eher vernachlässigt werden. Sie sind jedoch äußerst wichtig, wenn es darum geht, den Status quo zu verändern. Einer davon ist zum Beispiel die Blockade von Technologien. Sie kann verschiedene Formen annehmen: Es kann sich um die gezielte Verzögerung oder Aufhaltung technologischer Entwicklungen in den unterentwickelten Ländern handeln oder einfach um die Blockade des Technologietransfers von der metropolitanen zur kolonialen Ökonomie. Die besten Beispiele für die tatsächliche Zerstörung und Verlangsamung technologischer Entwicklung stammen aus Asien – vor allem aus China und Indien – und in geringerem Maße aus Afrika. Beispiele für die Verhinderung des Transfers von irgendwelchen in Europa entwickelten Technologien in die Dritte Welt finden sich beliebig viele. Vor allem in der jüngeren Vergangenheit kam es in Afrika zu markanten Fällen, in denen sich die kapitalistischen/imperialistischen Metropolen weigerten, in bestimmten kritischen Bereichen den Transfer von Technologien zuzulassen, weil er ihre eigene Ausbeutung und Herrschaft bedroht hätte. Eines der größten und bekanntesten Projekte in Afrika ist heute die tansanisch-sambische Eisenbahn. Die ganze Geschichte dieser Eisenbahn ist davon bestimmt, wie die Länder der Metropolen versucht haben, den Transfer der dafür benötigten Technologie in einen Teil der Dritten Welt zu behindern. Sie sind gescheitert, weil in diesem Fall die Volksrepublik China als alternative Bezugsquelle zur Verfügung stand. Durch die Blockade der Weitergabe von Fähigkeiten und Technologie hat die internationale Arbeitsteilung im Imperialismus immer dafür gesorgt, dass sich die weltweit führenden Technologien in bestimmten Sektoren entwickelt haben, nämlich in der Metropole und in jüngerer Zeit auch in einigen anderen Metropolen, wodurch die Vereinigten Staaten in den meisten Bereichen hegemonial werden konnten. Dies ist ein wichtiges Phänomen für die Untersuchung der gegenwärtigen Entwicklung des Imperialismus, denn die technologischen Veränderungen im letzten Jahrzehnt haben es den imperialistischen Ländern ermöglicht, radikal neue Strategien in Bezug auf die internationale Arbeitsteilung und die Art der politischen Kontrolle, die sie über die Dritte Welt ausüben, zu verfolgen.

Ein weiteres allgemeines Merkmal, auf das aufmerksam gemacht werden sollte, ist die Art und Weise, in der der Imperialismus die Weltwirtschaft umstrukturiert hat, sodass es innerhalb der Dritten Welt keinen Zusammenhalt in Bezug auf Produktion und Austausch gibt. Wenn wir uns von einer Kolonie oder Halbkolonie zu einer anderen Kolonie oder Halbkolonie begeben, fällt uns der Abbruch der früheren Verbindungen zwischen ihnen auf. Die Handelsbeziehungen, die ihre produktiven Ressourcen integrierten, sind verschwunden. Innerhalb jeder Kolonie finden wir dieselbe Trennung, dieselbe Aufspaltung der zusammenhängenden Teile einer kolonisierten Wirtschaft. Stattdessen gibt es nur noch Verbindungen mit der metropolitanen Wirtschaft und die werden ausschließlich von dieser in ihrem eigenen Interesse bestimmt – ein Interesse, das sich als unvereinbar mit der Unabhängigkeit und jeder wirklichen Entwicklung der Dritten Welt erweist.

Nach den wirtschaftlichen Aspekten möchte ich nun die politische Seite des Imperialismus beleuchten. Einige Autoren, die sich mit Lateinamerika und in geringerem Maße mit Afrika befassen, haben der Entstehung bestimmter Schichten oder Klassen in der Dritten Welt große Aufmerksamkeit geschenkt, die die Interessen der Metropolen widerspiegeln und die erforderlichen Formen der Durchdringung und Ausbeutung ermöglichen. Diese politische Kontrolle nimmt verschiedene Formen an: Es gibt die klassische koloniale Form, es gibt die Benutzung weißer Siedler, und vor allem in jüngster Zeit hat sich in Afrika und Asien eine einheimische Schicht herausgebildet, die vor Ort die Aufgaben übernimmt, die zur Unterstützung der internationalen Wirtschaft erforderlich sind. Es handelt sich um Menschen, die – in Fanons Worten – die Funktion von »Transmissionsriemen« für das internationale Monopolkapital erfüllen.

Soweit ist dies eine sehr kurze Darstellung der Mechanismen des Imperialismus. Ich werde nicht versuchen, irgendeine ernsthafte theoretische Begründung dafür zu liefern, warum der Imperialismus das große Problem der Entwicklung der Dritten Welt ist, denn das sollte uns – hoffentlich – klar sein. Stattdessen können wir uns vielleicht etwas genauer mit der heutigen Geschichte der Dritten Welt befassen, um die Probleme der Unterentwicklung und ihre mögliche Überwindung besser zu verstehen. Im letzten Jahrzehnt haben wir uns in gewisser Weise in einer konterrevolutionären Epoche befunden, trotz der vielen Feierlichkeiten zur Erlangung der sogenannten Unabhängigkeit in verschiedenen Teilen Afrikas und Asiens und trotz bestimmter Brennpunkte der Befreiung. Wir können sagen, dass die allgemeine historische Entwicklung der Dritten Welt allem zuwiderläuft, was als Unabhängigkeit bezeichnet werden könnte. Ich will dies anhand einiger Kriterien verdeutlichen. Zunächst einmal lassen sich die westlichen bürgerlichen Maßstäbe für Wirtschaftswachstum heranziehen, auch wenn diese sehr begrenzt und verzerrt sind. Ausgehend von ihnen müssen wir feststellen, dass das Wirtschaftswachstum der Dritten Welt nicht den Vorgaben entspricht, die von Gruppen wie der Pearson-Kommission aufgestellt worden sind. Die meisten Länder der Dritten Welt erreichen keine Wachstumsraten, die nach bürgerlichen wirtschaftlichen Maßstäben eine Weiterentwicklung darstellen würden. Nur sehr, sehr wenige können die Raten – sechs oder acht Prozent – vorweisen, die von den bürgerlichen Ökonomen als Voraussetzung für Entwicklung festgelegt werden. Zweitens, und das ist noch wichtiger, kommt es selbst beim Erreichen dieser Kriterien zu nichts, was die Menschen im Lande als Entwicklung bezeichnen würden. Daher ist es in den Schriften zu Westafrika schon üblich geworden, von »Wachstum ohne Entwicklung« zu sprechen.

Es hat sich gezeigt, dass gemessen an den Kriterien des Bruttosozialprodukts (BSP) und des Pro-Kopf-Einkommens zweifelsohne ein gewisses Wachstum festgestellt werden kann, was sich aber bei genauerer Betrachtung als völlig irreführend erweist. Solange die lokale Wirtschaft Teil der imperialistischen Weltwirtschaft bleibt, kommt es immer noch zum Export von Überschüssen – also eigentlich zum Export von Kapital – und die Umverteilung des Reichtums innerhalb dieser sogenannten Entwicklungsländer der Dritten Welt führt dazu, dass der Lebensstandard der großen Mehrheit der Menschen in Wirklichkeit sinken kann und tatsächlich sinkt, während das BSP und das Pro-Kopf-Einkommen angeblich steigen. Einige Wirtschaftswissenschaftlerinnen, die sich mit den Problemen der wirtschaftlichen Entwicklung befassen, haben daher begonnen, ganz einfache Kriterien wie die Versorgung mit Wohnungen, Nahrung und Kleidung heranzuziehen – also die wichtigsten Elemente der menschlichen Existenz und die Dinge, nach denen die Menschen seit den Anfängen ihrer Versuche, sich mit der materiellen Umwelt auseinanderzusetzen, gestrebt haben. In Jamaika wurde beispielsweise festgestellt, dass für die große Mehrheit der Menschen weniger Wohnraum zur Verfügung steht, mehr Menschen an Eiweißmangel leiden und mehr Menschen ohne Schuhe oder angemessene Kleidung unterwegs sind als in früheren Zeiten. Und das alles, obwohl das BIP (Bruttoinlandsprodukt) erheblich gestiegen ist. In Afrika lassen sich diesbezüglich problemlos die Elfenbeinküste und Kenia anführen, denn das für diesen Teil Afrikas statistisch ausgewiesene Wachstum geht nicht mit einer Steigerung des Wohlstands der Masse der Bevölkerung einher.

Der gefährlichste Faktor, der die Bemühungen um Unabhängigkeit und Entwicklung in der Dritten Welt untergräbt, ist das Aufkommen neuer Formen der Ausbeutung und Beherrschung innerhalb der globalen kapitalistischen Wirtschaft. Eine davon ist der Tourismus. Er hat in der Karibik, insbesondere in Kuba, eine scheußliche Geschichte, aber in jüngster Zeit hat er sich stark ausgebreitet. Im Jahr 1969 war der Tourismus ausgerechnet in Tansania einer der größten Wirtschaftsfaktoren. Jemand hat mal gesagt, der internationale Imperialismus drohe Kenia, Uganda und Tansania in »Wildtierrepubliken« zu verwandeln, so wie in Lateinamerika früher »Bananenrepubliken« geschaffen wurden. Es wurde alles getan, um Touristen anzulocken, damit sie sich die Tiere ansehen, und die Tiere hatten einen höheren Stellenwert als die Menschen. Es stimmt übrigens überhaupt nicht, dass die einheimische Bevölkerung für den Rückgang der Wildtierpopulation in den letzten Jahren verantwortlich ist, denn Gruppen wie die Massai haben schon immer mit Löwen und Wildtieren koexistiert. Und in jüngster Zeit ist das Problem der Wildtiererhaltung von weitaus geringerem Ausmaß als das der menschlichen Entwicklung und des Überlebens und der Kreativität der Menschen in dieser Region. Auf jeden Fall stellt der Tourismus in all seinen Aspekten einen neuen expandierenden Bereich der imperialistischen Wirtschaft dar. Er ist ein neues Mittel, um die Volkswirtschaften der Dritten Welt zu unterwerfen und abhängig zu machen, was in seiner ärgsten und scheußlichsten Form in der Karibik zu beobachten ist. Mehrere Inseln in der Karibik sind von der Weltwirtschaft aufgegeben worden, weil sie ihre frühere Bedeutung in der Zeit, als Zucker noch König war, verloren haben. Nun ist nichts einfacher, als sie in Kloaken zu verwandeln, und das ist es, worum es in der Tourismuswirtschaft geht.

Ein bedeutenderer Aspekt des neuen Trends zur Beherrschung ist das, was Ökonomen als »Filialwirtschaft« *(branch-plant economy)* bezeichnen. Sie hat sich zuerst in Lateinamerika und dann in Asien bemerkbar gemacht und beginnt nun langsam auch den afrikanischen Kontinent zu erfassen. Es handelt sich dabei um eine sehr subtile Entwicklung, deren negative Auswirkungen lange Zeit nicht wahrgenommen wurden, weil viele Menschen nur die *alten Formen* der internationalen Arbeitsteilung beachtet haben, die den unterentwickelten Ländern die Rolle von landwirtschaftlichen Produzenten oder Lieferantinnen von mineralischen Rohstoffen zuwiesen. Führungspersönlichkeiten wie Nkrumah, der in Ghana an die Macht gekommen war, hielten es daher für erforderlich, eine eigene Industrie in Afrika aufzubauen. Die Dichotomie lautete einfach Industrie versus Landwirtschaft oder Verarbeitung versus Export von unverarbeiteten Rohstoffen. Heute kann sich der Imperialismus der Kritik entziehen, er würde die Dritte Welt auf die Rolle eines bloßen Rohstofflieferanten reduzieren. Der internationalen Bourgeoisie und ihren Agentinnen ist es gelungen, eine gewisse Art von »Industrialisierung« in den Ländern der Dritten Welt in Gang zu setzen. Wenn wir uns die Entwicklungspläne irgendeines afrikanischen Landes anschauen, so findet sich an erster oder zweiter Stelle der Liste mit Sicherheit der Bau einer Bierfabrik.

Der Bau einer Bierfabrik wird als erster Schritt zur Industrialisierung angesehen. Abgesehen davon, dass mir nicht bekannt ist, dass sich irgendeine Nation durch Bier entwickelt hätte, muss uns klar sein, auf welchem Trugschluss diese Behauptungen beruhen. Der zugrunde liegende Gedanke ist, dass Industrialisierung als solche die Antwort auf Unterentwicklung ist. Die Logik dieses Arguments lautet daher: Wenn ein Land aufhört, Bier zu importieren, und stattdessen Bier vor Ort herstellt und damit Importe substituiert, dann ist ein Schritt in Richtung Entwicklung getan worden. Dieser Rückgriff auf Importsubstitution kennzeichnet viele Entwicklungspläne der Dritten Welt außerhalb der wirklich fortschrittlichen Sektoren. Daran zeigt sich, dass die kapitalistischen Strukturen in den Metropolen ein Stadium erreicht haben, in dem der Export von Konsumgütern nicht mehr wirklich entscheidend ist, sondern dem Export von bestimmten Investitionsgütern die viel wichtigere Rolle zukommt. Der Kapitalgütersektor ist in der Zeit der kolonialen Ausbeutung und der halbkolonialen Ausbeutung enorm angewachsen und nun besteht für die Metropolen die objektive Notwendigkeit, diese Kapitalgüter zu exportieren, nämlich die Fabriken, die Bier, Zigaretten oder auch Textilien herstellen. Natürlich versuchen die Metropolen, ihre Produktionsbetriebe in die Gesamtstruktur des Monopolkapitals einzugliedern, woraus die Form des multinationalen Konzerns entstanden ist. Der multinationale Konzern erkennt den Vorteil, den die Ausweitung seiner Tätigkeit auf verschiedene andere Teile der Welt für ihn hat. Heute wird es nicht mehr als opportun angesehen, nur in den Vereinigten Staaten und Deutschland zu produzieren und im Ausland zu verkaufen. Mehr Märkte können erschlossen werden, indem »Zweigwerke« in Brasilien, Singapur, der Elfenbeinküste usw. errichtet werden.

Die politische Entwicklung der Dritten Welt bewegt sich heute in Afrika und Asien in die Richtung einer enormen Verschlechterung. Lateinamerika ist nur deshalb eine Ausnahme, weil hier schon zu Beginn des 19. Jahrhunderts die formale Unabhängigkeit erreicht wurde. Es hat bereits jenes Trauma durchgemacht, das Afrika und Teile Asiens erst jetzt zu erleben beginnen. Die Diktatoren und Putschisten in Lateinamerika waren selbst in der kolonialen Welt die Zielscheibe von Witzen. In Westindien pflegten wir zu sagen, dass sie es im Radio als wichtiges Ereignis verkünden würden, falls mal an einem Tag kein Putsch in Lateinamerika stattfindet – »Heute kein Putsch irgendwo in Lateinamerika«. In Lateinamerika haben sich die Länder vielleicht an ein Muster mehr oder weniger stabiler Diktaturen gewöhnt, aber mit Sicherheit haben sie in den meisten Fällen noch nicht damit begonnen, das Problem der politischen Stabilität im Hinblick auf die Entwicklung der eigenen Bevölkerung anzugehen. Auf jeden Fall bezieht sich das, was ich zu sagen habe, eher auf Asien und Afrika und ich werde vor allem auf Beispiele aus Afrika und der Karibik eingehen. Diese Länder haben erst im letzten Jahrzehnt ihre verfassungsmäßige Unabhängigkeit erlangt. In der Folgezeit haben sich die politische Abhängigkeit und die wirtschaftliche Abhängigkeit in viel schärferen Formen verwirklicht, und natürlich lassen sich beide nicht voneinander trennen. Es ist eine Illusion, von politischer Unabhängigkeit ohne wirtschaftliche Unabhängigkeit zu sprechen, denn in der Politik geht es darum, Entscheidungen zu treffen, und niemand wird sagen können: »Wir haben keine Kontrolle über unsere Wirtschaft, aber wir können politische Entscheidungen treffen.«

Was nach der *konstitutionellen* Unabhängigkeit geschah, war natürlich das Aufkommen neuer Formen der *politischen* Manipulation seitens des Imperialismus. Die Aushöhlung dieser Unabhängigkeit ist auf eine Reihe von Faktoren zurückzuführen. Erstens herrscht in den Ländern der Dritten Welt unter der Kontrolle des Imperialismus auf nationaler Ebene eine Art politisches Vakuum, das sich daraus ergibt, dass die Macht nicht auf lokaler Ebene angesiedelt ist. Die nationale Regierung des Kleinbürgertums hat kaum Kontrolle über die Produktion und ist mit einer sehr schwachen politischen Basis ausgestattet. Sie verfügt natürlich über Polizei- und Militärkräfte, die als Zwangsmittel gegen die Bevölkerung dienen sollen, aber sonst nichts. Die Anerkennung dieser Tatsachen ist für das Verständnis der Tendenzen zum Militarismus von grundlegender Bedeutung, denn wenn ein politisches Regime so bankrott ist, dass es vollständig vom Militär abhängig ist, wenn es auf Autoritarismus zurückgreifen muss, wer ist dann autoritärer als die Armee? Daher beschließt die Armee häufig, die Rolle des Regierens zu übernehmen, anstatt nur die Polizei für die Zivilisten an der Macht zu sein. Außerdem können wir feststellen, dass das Kleinbürgertum in den Ländern der Dritten Welt nicht so geübt darin ist wie das Bürgertum in den Metropolen, eine bestimmte Art von politischem Spiel zu spielen. Es schafft es nicht, der eigenen Bevölkerung die Teilhabe an der bürgerlichen Demokratie zu gewähren, weil die koloniale Situation jeder Form von Demokratie – auch der bürgerlichen – zuwiderläuft. Die Bourgeoisie der USA ist zum Beispiel mächtig genug, um einzusehen, dass sie sich bestimmte Formen der bürgerlichen Demokratie leisten kann, es sei denn, das System ist so weit ausgehöhlt, dass sie zu faschistischen Alternativen greifen muss. Aber normalerweise wird die Bourgeoisie die große Mittelschicht und einen großen Teil der arbeitenden Bevölkerung zwangsläufig in den Parlamentarismus, die freie Meinungsäußerung und dergleichen einbinden. In der Dritten Welt ist dies nur selten möglich. Das Kleinbürgertum, das in Accra, Kingston und Singapur wohnt, kann sich keine formale Ausübung der Demokratie leisten. Es hat nicht die Macht. Ihm fehlt die wirtschaftliche Basis. Von zwei Dingen ist es völlig abhängig: erstens von Unterstützung von außen und zweitens von den lokalen Polizeikräften, die sie aufmarschieren lassen können. Die politische Situation in diesen Ländern der Dritten Welt nimmt immer offener autoritäre Züge an. Ein eindrucksvolles Beispiel ist das Regime von Forbes Burnham in Guyana. Er begann vor einigen Jahren mit dem Versuch, einen Teil des Volks davon zu überzeugen, dass es ihm um Nationalismus und sogar um Sozialismus gehe. Diese Mystifikation ist ihm weitgehend gelungen, aber schon nach wenigen Jahren ließ er die Maske fallen. Heute wird deutlich, dass sich Guyana auf dem Weg zu einer haitianischen Situation befindet, angesichts der Tendenz zur Schaffung einer *Tonton Macoute*,[1] die politische Einschüchterung betreibt und Attentate verüben soll. Diese und andere Anzeichen in den meisten Ländern Afrikas und Asiens deuten darauf hin, dass der Neokolonialismus nicht nur ein Zustand ist, sondern – wie alle historischen Formen – eine ihm eigene Form der Veränderung, und zwar eine, die sowohl politisch als auch wirtschaftlich in eine negative Richtung weist.

Ich möchte versuchen, einige der Schwierigkeiten zu erkunden, mit denen politisch fortschrittliche Gruppen in den Gebieten der Dritten Welt konfrontiert sind – Gruppen, die sich mit den Problemen der Entwicklung befassen und sich die klassische Frage stellen: »Was tun?« Wie

1 Anm. d. Ü.: Bezeichnung für eine 1959 gegründete haitianische Miliz unter der Kontrolle des Diktators François Duvalier und dessen Amtsnachfolger Jean-Claude Duvalier, die für ihre besondere Brutalität bekannt und gefürchtet war.

arbeiten sie oder wie haben sie gearbeitet und was lässt sich für die nahe und ferne Zukunft voraussagen? Ausgehend von einer groben Unterscheidung zwischen den politischen und den wirtschaftlichen Aspekten des Problems würde ich sagen, dass das eigentliche Problem derzeit – und auf absehbare Zeit – kein wirtschaftliches, sondern ein politisches ist.

Es wurde bereits festgestellt, dass das grundlegende Problem der Entwicklung in der Dritten Welt in den Beziehungen zu den Volkswirtschaften der Metropolen und in der Art der Abhängigkeit, der mangelnden internen Integration, der fehlenden Technologie usw. besteht – alles im Wesentlichen oder hauptsächlich ökonomische Phänomene. Dennoch sollten wir zwischen dem unterscheiden, was vielleicht grundlegend ist – meiner Ansicht nach die ökonomischen Probleme – und dem, was Priorität hat. Letzteres bezieht sich auf die Frage des Zeitpunkts und hier hat die Politik Vorrang. Wir müssen kurz auf einige der wirtschaftlichen Probleme eingehen, aber der Schwerpunkt wird hier auf den politischen liegen.

Die in den Ländern der Dritten Welt ansässigen Progressiven stellen das Problem der wirtschaftlichen Entwicklung fast ausnahmslos als eine Frage der »Abkopplung« dar. Wie können wir mit dem herrschenden imperialistischen System brechen? Diese Frage stellt eine Abkehr von vielen Überlegungen dar, wie sie noch vor einem Jahrzehnt oder vor fünf Jahren angestellt wurden. Zumindest einer Minderheit ist klar geworden, dass einige der vorgeschlagenen Lösungen überhaupt keine Lösungen sind, sondern eher eine Verschärfung des Problems darstellen. Das heißt, Lösungen wie die Entwicklungshilfe, die weitere Verflechtungen mit dem Ausland oder die sogenannte kapitalistische Entwicklung vor Ort sind keine wirklichen Lösungen. Das Bewusstsein für ihren heimtückischen Charakter ergibt sich aus einer korrekten historischen Bewertung der Form der Verflechtung zwischen Afrika, Asien und Lateinamerika einerseits und der europäischen und nordamerikanischen Wirtschaft sowie Japan andererseits. Historisch gesehen war diese Verflechtung der bestimmende Faktor für die Länder der Dritten Welt und daher ist es seltsam zu behaupten, dass eine weitere Verflechtung, eine Intensivierung der Verflechtung, eine Lösung darstellen würde. Die Lösung liegt darin, sich von den historischen Bindungen abzukoppeln. Wenn also die Antwort nicht in einer weiteren Verflechtung bestehen kann, nicht in der Entwicklungshilfe, nicht in der Steigerung der traditionellen Exporte und nicht nur in der Importsubstitution, dann muss die Lösung der Wiederaufbau der eigenen Wirtschaft sein, sodass sie zu einem logisch integrierten Ganzen wird. Es müssen Verbindungen zwischen den Volkswirtschaften der Dritten Welt aufgebaut werden, ausgehend von einer kontinentalen Basis innerhalb von Lateinamerika und innerhalb von Afrika. Es geht darum, die technologische Entwicklung der Dritten Welt, die auf die eine oder andere Weise gestoppt oder unterbrochen wurde, wieder in Gang zu bringen, zu erneuern oder, falls erforderlich, neu zu beginnen. Dies sind zweifelsohne gewaltige Aufgaben. Bestimmte Lösungsansätze zeichnen sich bereits ab, aber das Wichtigste ist, die Richtung zu bestimmen, in der geforscht werden muss. Solange sich viel zu viele armselige Wirtschaftswissenschaftler auf Theorien der Entwicklungshilfe konzentrieren oder auf das Herumspielen mit der Abwertung oder Aufwertung von Währungen und andere Methoden, die alle nur darauf abzielen, die Verbindungen mit der imperialistischen Wirtschaft aufrechtzuerhalten, solange haben wir uns nicht mit den wirklichen Problemen befasst und keine brauchbaren Lösungen gefunden.

Bevor sich jedoch ein fortschrittlicher Mensch in der Dritten Welt mit den wirtschaftlichen Details befassen kann, muss er sich mit den politischen Problemen auseinandersetzen. Die Tendenz fortschrittlicher Gruppen in den Ländern der Dritten Welt, der Frage nach den politischen Voraussetzungen für die wirtschaftliche Entwicklung auszuweichen, ist in der Tat selbst ein Problem der Unterentwicklung. Zu meiner Zeit als Student an der University of the West Indies haben sich einige von uns zusammengesetzt und versucht, ein Schema für eine neue politische Ökonomie zu entwerfen. Es mangelte nicht an Gesprächen darüber, wie die Gesellschaft aussehen sollte. Viele Sozialistinnen in Afrika, Asien und Lateinamerika befassen sich seit Langem mit dieser Frage, aber nur eine winzige Minderheit hat versucht, durch eine Untersuchung der tatsächlichen historischen Abläufe herauszufinden, welche Aktionen erforderlich waren, um politischen Einfluss zu gewinnen. Anders gesagt, der Frage der Macht wurde ausgewichen, und ohne diese sprechen wir nur über Entwürfe, was eigentlich eine Beschäftigung für gelangweilte bürgerliche Philosophen ist.

Um das Problem der Macht in Angriff zu nehmen, bedarf es einer genaueren gesellschaftlichen Analyse, als nur zu sagen, dass wir auf der einen Seite den Feind haben, nämlich die Kapitalisten der Metropole, und auf der anderen Seite die ausgebeutete Dritte Welt. Wir müssen die Gesellschaftsformen, die sich in der Dritten Welt herausgebildet haben, genauer analysieren, um herauszufinden, welche Möglichkeiten es für einen Kampf zur Veränderung der Situation gibt. Nationalistische Bewegungen neigten fast per definitionem dazu, die in ihren Gesellschaften bestehenden inneren Widersprüche auszublenden und herunterzuspielen. Wenn sie dann ihre verfassungsmäßige Unabhängigkeit erlangt hatten, mussten sie sehr oft schockiert feststellen, dass die inneren Widersprüche eine viel entscheidendere und einflussreichere Rolle spielten, als ihnen zuvor eingeräumt worden war. Nur eine kleine Anzahl von Progressiven in der Dritten Welt ist in dieser Hinsicht eine Ausnahme. Die Mehrheit hat es versäumt, eine klare Analyse der Gesellschaft vorzunehmen, mit der sie die Kräfte der Veränderung und die Kräfte der Reaktion in ihrer eigenen Gesellschaft hätten ausmachen können. Vermutlich liegt dies daran, dass die sozialen Schichten in den Ländern der Dritten Welt eine Vielfalt von Formen aufweisen, die nicht unbedingt in den Metropolen zu finden sind. Die Intellektuellen der Dritten Welt, die vielleicht eine fortschrittliche, marxistisch geprägte Orientierung hatten, konnten ihre eigene Gesellschaft nicht verstehen, weil sie nicht zwischen den im Ausland erworbenen Werkzeugen und den von dort mitgebrachten Schlussfolgerungen unterscheiden konnten. Dies ist ein weitverbreitetes Missverständnis. Wenn der Marxismus oder der wissenschaftliche Sozialismus als ein Konzept der Analyse übernommen wird, dann lässt er sich kreativ auf das eigene Umfeld anwenden – oder auch nicht. Außerdem sind die Intellektuellen der Dritten Welt äußerst fasziniert von Modellen, die in der Vergangenheit auf Gesellschaften außerhalb ihrer eigenen anwendbar waren. Das wichtigste Modell war einst Russland, später wurde es China. Es gibt nur sehr wenige, die den Mut hatten – denn es braucht dafür viel Mut und viel Energie –, sich mit der eigenen Situation auseinanderzusetzen und ihr entsprechende Antworten zu finden.

Eine der sozialen Gruppen in der Dritten Welt, die leicht als solche identifiziert werden kann, ist das Kleinbürgertum mit seinen Eigenheiten. In Indien und Brasilien und in Teilen Lateinamerikas gibt es eine nationale Bourgeoisie, aber sie ist kein allgemeines Phänomen in der Dritten Welt. Im Großen und Ganzen hält sich das Personal, das an den Hebeln der Macht sitzt, zweifellos an die Normen und Werte der Bourgeoisie in den Metropolen. Aber sie kontrollieren kein Kapital. Bestenfalls besitzen sie zwei oder drei Häuser, einen Mercedes-Benz und einen Volkswagen usw. Aber damit sind sie keine Kapitalisten. Wir benötigen eine Auffassung, die uns die Abhängigkeit dieser Klasse erkennen lässt, ihre Wurzeln in der internationalen Bourgeoisie und die Besonderheiten, die sich daraus ergeben. Ich selbst halte es für sinnvoll, sie als eine Schicht innerhalb der internationalen Kapitalistenklasse darzustellen, eine Schicht, die dieser internationalen Kapitalistenklasse dient. Aber auf jeden Fall müssen ihre besonderen Merkmale untersucht werden, einschließlich ihrer Verhaltensmuster. In Afrika und Westindien weist das Kleinbürgertum Merkmale wie Selbsthass auf, weil es sich in der Regel um Schwarze handelt, die eine gewisse weiße Orientierung haben. Es ist von dem gekennzeichnet, was sich zutreffend als Nachahmungstrieb und mangelnde Kreativität bezeichnen lässt, Eigenschaften, die für das europäische Bürgertum in seiner Blütezeit nicht charakteristisch waren. Die europäische Bourgeoisie war eine Unternehmerbourgeoisie. In der Karibik oder in Afrika sind die einzigen unternehmerischen Aktivitäten, zu denen das Kleinbürgertum fähig ist, der Kauf eines Lastwagens oder Investitionen in Immobilien. Sie verfügen weder über das Kapital noch über die Aggressivität, die für kapitalistische Unternehmungen erforderlich sind. Der springende Punkt ist, dass die fortschrittlichen Kräfte in den Ländern der Dritten Welt die Probleme der Entwicklung fast ausschließlich im Zusammenhang mit den lokalen Besonderheiten angehen müssen. Welche Kräfte sind in der Gesellschaft vorhanden und wie können wir mit der Organisierung beginnen, um denjenigen entgegenzutreten, die wir als unsere Feinde ausgemacht haben? Wie erreichen wir die Massen, die überwiegend bäuerlich sind und nur in einer sehr kleinen Minderheit aus Arbeiterinnen im traditionellen (industriellen) Sinne des Wortes bestehen? Ich möchte diesen Fragen kurz am Beispiel eines Teils von Ostafrika nachgehen, über den ich zum Glück Informationen aus erster oder sehr zuverlässiger zweiter Hand habe: Uganda.

Uganda ist ein interessanter Fall. Unter Milton Obote gab es in dem Land fortschrittliche Gruppen, die sich entscheiden mussten, wie sie an der Entwicklung Ugandas mitwirken wollten. In ihrer nationalen Gesellschaft stießen sie auf ein Phänomen, das in der Dritten Welt immer offenkundiger wird: Nämlich eine Regierung, die weder Fisch noch Fleisch war – eine Regierung, die rhetorische Floskeln über den Sozialismus und einen »Linksruck« verbreitete, die sich im Kontext der afrikanischen Befreiung gegen die Apartheid, gegen das Smith-Regime und in ihrer Rhetorik gegen den Imperialismus positionierte. Daher ließ sich diese Regierung nicht in die gleiche antikommunistische und prowestliche Schublade stecken wie die Regierungen von Hastings Banda in Malawi oder die von Félix Houphouët-Boigny in der Elfenbeinküste. Und doch wussten diese ugandischen Progressiven, wenn sie sich die ugandische Gesellschaft ansahen, dass sie sich nicht von der Gesellschaft in der Elfenbeinküste und auch nicht von der Gesellschaft in Malawi unterschied. Immer noch wurde die bäuerliche Bevölkerung auf dem Lande ausgebeutet und eine kleine Elite bereicherte sich zunehmend – in Form von Konsumgütern und Grundbesitz. Es handelte sich um eine Elite, die bis zu einem gewissen Grad in den »traditionellen«, quasi-feudalen Strukturen verankert war, zusammen mit einer neuen Elite von Intellektuellen, Regierungsbeamten, neuen Parteifunktionären usw. Die ugandischen Aktivistinnen erkannten, dass der Neokolonialismus in der ugandischen Gesellschaft um sich griff. Jegliche Ambivalenz ihrerseits rührte von der Zweideutigkeit her, die dadurch entstand, dass Obote ihnen mit einer gewissen sozialistischen Terminologie zuvorkam, was es den Sozialisten erschwerte, ihn offen und vollständig zu verurteilen. So begannen die Sozialistinnen in Uganda, eine Strategie für ihre besondere Situation auszuarbeiten.

Es war eine Strategie für sofortiges politisches Handeln und sie war gleichbedeutend mit einer Strategie der Entwicklung. Sie erkannten, dass sie zunächst eine eigene Organisation aufbauen mussten. Das ist ein echtes Problem in Ländern der Dritten Welt, vor allem dort, wo die Regierung Spielchen spielt. Wie lässt sich eine eigene Organisation aufbauen? Anscheinend gab es in Uganda Gruppen, die sich auf die Lösung dieses Problems konzentrierten. Zugleich sahen sie sich gezwungen, sich bis zu einem gewissen Grad an der Politik Ugandas und an der Politik der Regierungspartei, Obotes Uganda People's Congress (UPC), zu beteiligen. Einige waren sogar bereit, bei den von Obote angesetzten Wahlen zu kandidieren – er hatte eine ziemlich ungewöhnliche Wahl angesetzt, bei der ein einziger Kandidat in etwa vier Wahlkreisen gleichzeitig antreten sollte. Wegen des Staatsstreichs fanden die Wahlen dann nicht statt. Aber einige waren bereit gewesen, an diesen Wahlen teilzunehmen. Der Putsch hatte dies natürlich verhindert, und die ugandischen Progressiven sahen sich mit der Situation konfrontiert, dass eine eindeutig rechtsgerichtete Regierung, eine eindeutig neokolonialistische Regierung, an die Macht gekommen war.

Einige ugandische Aktivistinnen hatten den Militärputsch vorausgesagt – ein Beweis für ihren Einblick in die eigene Gesellschaft – und dennoch war ihre Reaktion auf die neue Clique alles andere als kompromisslos. Einige von ihnen entwickelten Rechtfertigungen dafür, mit einem Regime zusammenzuarbeiten, das den Interessen der »kleinen Leute« in Uganda noch unverhohlener entgegenstand als das von Obote. Der zum Außenminister ernannte Kobode war früher eines der Aushängeschilder der ugandischen Linken gewesen und hegte offenbar immer noch sozialistische Ambitionen. Nur eine winzige Minderheit prangerte den Putsch an und begann, Schritte zu unternehmen, die sich als revolutionär bezeichnen lassen und die das Ziel der Volksmacht im Auge behielten. Warum kam es zu dieser Unbeholfenheit, Zersplitterung und Kollaboration von Gruppen, die behaupteten, die wesentlichen Lösungsansätze für ihre eigenen Entwicklungsprobleme zu kennen? Es scheint ein ernsthafter analytischer Ansatz gefehlt zu haben, auch wenn viele der Beteiligten behaupteten, Marxisten zu sein. Daneben spielten aber auch mangelndes Selbstvertrauen und ein gewisser Opportunismus eine Rolle. Die neue Situation nach der Machtübernahme durch Idi Amin[2] hätte den Mut erfordert, mit dem Staatsapparat völlig zu brechen und außerhalb der Grenzen der kleinbürgerlichen Politik zu agieren. Stattdessen kamen einige der Progressiven mit der dürftigen Alternative, »innerhalb des Systems zu arbeiten«, und vertrösteten viele revolutionäre ugandische Jugendliche damit, dass Amin für die Ratschläge der »Linken« empfänglich sei.

Das Paradoxon, dass Progressive reaktionären Regierungen Ratschläge erteilen, ist nicht neu. In Lateinamerika kennen wir es schon seit

2 Anm. d. Hrsg.: Obote wurde 1971 durch einen Militärputsch unter der Führung von Idi Amin als Präsident gestürzt.

Langem, denn dort haben viele fortschrittliche Ökonomen und andere Sozialwissenschaftlerinnen viel Zeit damit verbracht, die merkwürdigsten Regierungen zu beraten, wie sie in diesem Teil der Welt entstanden sind. An diesem Paradoxon wird klar, dass für die mit dem Problem der Entwicklung in der Dritten Welt beschäftigten Gruppen das eigentliche Problem ein politisches ist. Es ist untrennbar mit der Frage der politischen Macht verbunden.

Unter Obote scheint dies den Menschen in Uganda klargewesen zu sein, aber nach dem Staatsstreich haben sie sich ihrer diesbezüglichen Verantwortung entzogen. Trotzdem müssen wir nicht pessimistisch sein, was die weitere Entwicklung betrifft. Die Widersprüche werden in Uganda und in anderen Ländern von Tag zu Tag größer. Schon die Schaffung eines auf das Militär oder die Polizei gestützten Staates polarisiert die Kräfte und veranlasst die Menschen, sich gegen das Regime zu wenden, und sei es nur um des Überlebens willen. Wenn das Regime andererseits mit antiimperialistischen und sozialistischen Ideen kokettiert, ohne sich zu engagieren, dann dauert es nur wenige Jahre, bis die Rhetorik erschöpft ist und die Zeit der Abrechnung beginnt. Hinter der Fassade pseudo-fortschrittlicher Beteuerungen nimmt unweigerlich die Korruption zu und auch die Polizeibrutalität. Ich bin keineswegs pessimistisch, was die langfristigen Aussichten auf Befreiung und Entwicklung in der Dritten Welt angeht. Die Stützung solcher Regime durch den Imperialismus ist eine kurzfristige Lösung. Die objektiven Bedingungen in der Dritten Welt verschlechtern sich, wie ich bereits angedeutet habe. Die Lebensbedingungen der großen Mehrheit der Menschen verschlechtern sich. Das ist es, was die Initiative zur Veränderung aufrechterhalten und die Dritte Welt aus der konterrevolutionären Phase herausführen wird, die nach der formalen Unabhängigkeit einsetzte. Außerdem gibt es den Faktor des Rassismus, der in der gesamten Dritten Welt allgegenwärtig ist, besonders dort, wo Schwarze in Afrika und der Karibik leben. Er ist ein verbindender Faktor. Der Imperialismus hat den Rassismus in seinem eigenen Interesse eingesetzt, aber er erweist sich als zweischneidige Klinge. Gerade die Einheit, die unter den Schwarzen entsteht – die Einheit der gemeinsamen Bedingungen und der gemeinsamen Ausbeutung und Unterdrückung – wird zu einer Waffe gegen den Imperialismus.

Abschließend möchte ich sagen, dass der vielleicht wichtigste Grund für Zuversicht und revolutionären Optimismus – sowohl in Bezug auf das unmittelbare politische Problem als auch auf das langfristige wirtschaftliche Problem – darin besteht, dass die Menschen der Dritten Welt trotz allem nicht entmenschlicht wurden: trotz der Sklaverei, trotz des Kolonialismus. Die Geschichte wird zeigen, dass es die Menschen der Metropolen sind, die am meisten entmenschlicht worden sind. Das ist nun einmal so. Die Sklaverei hat die Sklavenhalter mehr entmenschlicht als die Sklavinnen. Der Kolonialismus hat die Kolonialisten mehr entmenschlicht als die Kolonialbevölkerung. Die Arbeiterklasse in den Metropolen ist verwirrter, entfremdeter und hat weniger Kontrolle über ihr eigenes Schicksal als die Bäuerinnen auf dem afrikanischen Land und die Arbeiter auf den Plantagen in den Ländern der Dritten Welt. Letztere haben keine Brosamen oder Früchte, die ihnen hingeworfen wurden, um ihre Verwirrung zu vergrößern. Sie haben auch nicht in einer Gesellschaft gelebt, die sie von allen Seiten mit einer Vielzahl von Mythen konfrontiert, die die Ausbeutung unter dem Banner von Gott und Vaterland usw. verschleiern. Letztendlich, so scheint mir, wird die Freiheit von jenen kommen, die am meisten unterdrückt werden. Sklaven und nicht Sklavenhalterinnen sind die Träger der Freiheit. Die Befreiung wird von denen kommen, die noch nicht befreit sind, und die Menschenwürde wird von denen wiederhergestellt werden, die noch nicht entmenschlicht sind.

Fragen & Antworten

Frage: *Wären für Sie die wichtigeren Probleme des Imperialismus diejenigen, die durch den Neokolonialismus erzeugt werden, oder jene, die mit der alten kapitalistischen Erfahrung des Imperialismus verbunden sind?*

Antwort: Der alte Imperialismus bricht auseinander, wir müssen genauer auf die neuen Entwicklungen achten. Es gibt noch sehr mächtige Gebiete des alten Imperialismus wie in Südafrika, aber dort sind die Probleme klar definiert. Wie stark die weißen Minderheitsregime oder der von der NATO und dem ausländischen Monopolkapital unterstützte portugiesische Kolonialismus auch sein mögen, die Bühne ist bereitet und die bewaffneten Kämpfe sind in diesen Gebieten bereits entfesselt. Ich denke, wo der Kolonialismus in der alten Form offen und unverhohlen auftritt, lässt es sich leichter politisch mobilisieren.

Der neue Kolonialismus ist manchmal so schwer zu entschlüsseln, dass du vielleicht meinst, du würdest dich progressiv verhalten, während du in Wirklichkeit vom System vereinnahmt wirst. Nehmen wir als Beispiel die Verstaatlichungen. Anfang der 1950er-Jahre galten die Befürworter von Verstaatlichungen automatisch als fortschrittliche Nationalisten und Sozialistinnen, und der Imperialismus ging gegen sie vor, um sie sofort zu unterdrücken. Heute jedoch ist die Verstaatlichung zu einer Technik geworden, die vom Feind ebenso gut eingesetzt werden kann wie von fortschrittlichen Menschen in Afrika, Asien oder Lateinamerika. Die Verstaatlichung einer Fabrik im Rahmen der internationalen Arbeitsteilung und der internationalen Verteilung der Ressourcen kann durchaus bedeuten, dass die Produktion nicht unabhängiger ist, als wenn sie in den Händen ausländischer Unternehmen geblieben wäre. Wenn die Regierung bei einem Joint Venture 51 Prozent der Anteile übernimmt, scheint sie oberflächlich betrachtet die Kontrolle zu haben. Aber in der Praxis muss sie sich für die 51 Prozent mit den Problemen des Personalmanagements herumschlagen, während die Anteilseigner der 49 Prozent die Profite abschöpfen. Es gibt alle möglichen neuen Techniken, die vom internationalen Kapital entwickelt werden. Auch die Moskitos haben es heute geschafft, mit dem Insektizid DDT fertig zu werden. In gleicher Weise verfügt der Imperialismus über eine gewisse Flexibilität. Ich denke, die neuen Formen und Anpassungen sind vielleicht schwieriger zu bekämpfen, weil sie subtil sind, und erst nach einer gewissen Zeit wird begriffen, dass der Imperialismus auch einen Rückzug in einen Erfolg verwandeln kann.

Frage: *Können Sie etwas zur Situation in Tansania sagen?*
Antwort: Meiner Ansicht nach gehört Tansania zu den wenigen Ländern, in denen bei der Erlangung der Unabhängigkeit eine nationalistische Regierung an die Macht gekommen ist, unter der es möglich ist, einen Kampf zu führen. Zweierlei muss uns klar sein: Erstens, dass diese nationalistische Regierung einen gesetzlichen Rahmen für die weitere Entwicklung bietet, und zweitens, dass dennoch ein Kampf notwendig ist. Dann muss bestimmt werden, worin der Kampf genau besteht. Wer kämpft gegen wen? Wie sieht die Zusammensetzung der gesellschaftlichen Kräfte aus? Ein junger Tansanier hat eine sehr hilfreiche Analyse vorgelegt: »Tanzania – The Silent Class Struggle«.[3] Es ist ein stiller Klassenkampf, weil er nicht die Form des bewaffneten Kampfes annimmt. Vielmehr handelt es sich um das ständige Manövrieren innerhalb der Strukturen zwischen der Bürokratie und den reaktionären Elementen des Kleinbürgertums auf der einen Seite und einer viel kleineren Gruppe, die sich dem Sozialismus verschrieben hat, auf der anderen Seite, die sehr langsam und mit großen Schwierigkeiten versucht, Verbindungen zur großen Mehrheit des Volkes herzustellen. In der Zwischenzeit müssen die Arbeiterinnen selbst Mittel und Wege finden, um der Kleinbourgeoisie entgegenzutreten. Innerhalb dieser Strukturen, innerhalb des Redens über Sozialismus findet ständig ein Kampf statt. Viele Menschen, die sich zu Recht über die Entwicklung in Tansania freuen, romantisieren manchmal die Situation, weil sie nicht wissen, wie schwierig der Kampf ist, und weil sie nicht sehen, dass dieser Kampf den arbeitenden Menschen nicht nur Verbesserungen gebracht hat, sondern jeder Tag auch immer wieder mit Rückschlägen verbunden ist.

Frage: *Welche Rolle spielen der verstaatlichte Sektor und die Gewerkschaften in Tansania?*

3 Issa G. Shivji: Tanzania: The Silent Class Struggle, Daressalam 1970 und Lund (Schweden) 1971.

Antwort: Die Verstaatlichungen sind ein Schritt in die richtige Richtung. Dann stellt sich aber die Frage, auf welche Art und Weise diese Unternehmen geführt werden. Die verstaatlichte Industrie ist ein relativ kleiner Sektor, da Tansania kein Industrieland ist, aber was in diesem Sektor vor sich geht, ist abgesehen von den wirtschaftlichen Auswirkungen auch in ideologischer und politischer Hinsicht von Bedeutung. Es hat sich eine Bürokratie entwickelt. Das ist kein Einzelfall; das geschah in der Sowjetunion, es geschah in China, es geschah in Kuba. Die Bürokratie hat sich als eine soziale Formation herausgebildet, die für die sozialistische Entwicklung – oder das Fehlen einer solchen – entscheidend ist, selbst dort, wo das Privateigentum als Basis einer Ausbeuterklasse liquidiert worden ist. Das ist also ein sehr reales Problem im verstaatlichten Sektor. Wie lässt sich damit umgehen?

In Tansania wurde über Arbeiterkontrolle in den Fabriken gesprochen. In der Praxis ist es nie so weit gekommen, dass die Arbeiterinnen die Kontrolle übernommen hätten, aber im Verlauf des letzten Jahres haben sich die Arbeiter in äußerst kräftiger Weise selbst behauptet. Die Gewerkschaften waren daran nicht beteiligt, sie existieren praktisch nicht mehr. In ihren jeweiligen Fabriken meldeten sich die Arbeiterinnen in Tansania zu Wort, insbesondere seit der Verkündung der neuen Parteirichtlinien der TANU [Tanganyika African National Union, Regierungspartei von Julius Nyerere], die in Tansania als *Mwongozo* bezeichnet werden. Es kam zu einer Flut von Arbeiterkundgebungen, die sich diese Leitlinien zu ihrem Credo machten. Denn ihnen zufolge soll das Land die Arbeit neu gestalten und neue Beziehungen zwischen der Partei, der Regierung, den Beamten und Bürokratinnen und den Arbeitern und Bäuerinnen schaffen. Das geht an die Wurzel des Problems des Aufstiegs einer neuen Bürokratie und ihres politischen und sozialen Verhältnisses zum Rest der Bevölkerung. Die Arbeiter in ihren Fabriken, die *Mwongozo* als eine Art Glaubensbekenntnis benutzen, haben die Bürokratie angegriffen, haben die Manager und die Beamten angegriffen, die über sie gestellt worden waren. Streiks und Arbeitsniederlegungen spiegeln daher oft in bescheidener Weise den ständigen Kampf zwischen den Menschen, die direkt am Fließband stehen, und denen, die angeblich die Politik in der Gesellschaft machen, wider. Das ist eine Facette dieses stillen Klassenkampfes.

Problems of Third World Development, in: Ufahamu. A Journal of African Studies 2/1972, S. 27–47 (Abschrift eines Vortrags mit anschließender Diskussion am African Studies Center der University of California, Los Angeles, am 30. Mai 1972).

Sklaverei und Unterentwicklung

BEI DER AUSEINANDERSETZUNG mit den beiden miteinander verbundenen Begriffen der Sklaverei und der Unterentwicklung muss das Hauptaugenmerk notwendigerweise auf dem der Unterentwicklung liegen. Die Bedeutung der Sklaverei – als Institution, als Epoche, als Produktionsweise – ergibt sich in dieser Abhandlung aus dem Wissen darum, wie sie sich auf die Ungleichheit und Abhängigkeit in der modernen Welt ausgewirkt hat. Wenn wir nicht die vielfältigen Erscheinungsformen der Unterentwicklung als ein zeitgenössisches Phänomen begreifen, vernebeln wir unweigerlich die historischen Fragen. Multinationale Konzerne, Managementverträge, Blockaden des Technologietransfers und das Entstehen neuer abhängiger Klassenstrukturen in der sogenannten Dritten Welt bilden den logischen Ausgangspunkt für eine historische Untersuchung. Zweifellos ist dies der Grund dafür, dass im Bereich der Afrikastudien die wirksamsten Analysen des Entwicklungsprozesses von Ökonominnen, Kulturanthropologen und Politikwissenschaftlerinnen verfasst wurden, während die Historiker in Zeitkapseln gefangen blieben. Vor dem Hintergrund der beträchtlichen Fortschritte in der theoretischen und wissenschaftlichen Arbeit zur Unterentwicklung lässt sich die bereits seit Langem geführte Debatte über die Rolle der Sklaverei auf eine neue Weise wieder aufnehmen.

Der Begriff der Unterentwicklung ist aus einer Reihe von Debatten hervorgegangen. Die empirischen Beobachtungen variieren von Gebiet zu Gebiet, und den einzelnen Momente der Unterentwicklung wird unterschiedliches Gewicht eingeräumt.[1] Aber alle Forschungen zu dem historischen Prozess der Unterentwicklung stellen fest, dass er tendenziell zu Ungleichheit, Rückständigkeit und Abhängigkeit führt. Diese Tendenzen sind zu den meisten Zeiten wirksam, auch wenn sie letztendlich überwunden werden können. Es ist beispielsweise zu beobachten, dass Ungleichheit und Abhängigkeit sich gegenseitig verstärken; eine ent-

1 Hilfreiche Bibliografien finden sich in den folgenden Sammelbänden: Frank Bonilla/Robert Girling (Hrsg.): Structures of Dependency, Stanford 1973; Norman Girvan (Hrsg.): Dependence and Underdevelopment in the New World and the Old, Social and Economic Studies, 1/1973; Peter C. W. Gutkind/Immanuel Wallerstein (Hrsg.): The Political Economy of Contemporary Africa, New York 1976.

scheidende und offensichtliche Ausnahme bildet jedoch der Übergang von einer peripheren Rolle im kolonialen Nordamerika zur hegemonialen Position der USA innerhalb der kapitalistischen/imperialistischen Welt. Die Diskussion über solche Möglichkeiten geht heute weiter – mit dem Schwerpunkt auf Brasilien, Indien und anderen »halbindustrialisierten« oder »intermediären« Volkswirtschaften. Im Hinblick auf das moderne Monopolkapital sollten wir uns aber eher mit den Formen der Realisierung und Akkumulation von Überschüssen beschäftigen, als gleich von der Möglichkeit auszugehen, dass die »Unterentwicklung« in bestimmten Sektoren der Peripherie von einer »abhängigen Entwicklung« abgelöst werden könnte. Diese Modifikationen am Begriff der Unterentwicklung sind für die Zeit der Sklaverei bedeutungslos, da sie dem Monopolkapitalismus vorausgeht. In diesem Kapitel wird davon ausgegangen, dass Unterentwicklung ein integraler Bestandteil der Entwicklung des Kapitalismus im Weltmaßstab ist.[2] Das ist nicht unbedingt selbstverständlich, aber die entsprechenden Argumente sind an anderer Stelle derart ausführlich dargelegt worden, dass sie in diesem Zusammenhang vorausgesetzt werden können.

Die erweiterte Reproduktion des Kapitals und die Schaffung eines Weltsystems erforderten die Realisierung von Mehrwert und seine Extraktion aus allen Regionen im Einflussbereich des Kapitals. Dies bedeutete nicht nur die Ausdehnung der Wirtschaftstätigkeit von einem Kontinent auf einen anderen, sondern auch das Nebeneinander mehrerer unterschiedlicher Gesellschaftsformationen und Produktionsweisen, die so gegliedert und miteinander verzahnt *(articulated)*[3] waren, dass die Dominanz der kapitalistischen Verhältnisse und der Transfer von Wert an die Kapitalistenklasse in den Kerngebieten gewährleistet waren.[4] Die Suche nach einer genaueren Bestimmung des Zeitpunkts, zu dem der Kapitalismus in Europa zur vorherrschenden Wirtschaftsweise wurde, sprengt den Rahmen dieser Arbeit ebenso wie eine Einschätzung der Auswirkungen der Sklaverei in der Neuen Welt auf die Entstehung des Kapitalismus in Europa. Diese Fragen sind jedoch für die Unterscheidung zwischen »kommerziellem Kapital« und »industriellem Kapital« sowie

2 Samir Amin: Accumulation on a World Scale. A Critique of the Theory of Underdevelopment, 2. Bd., New York 1974, siehe S. 19, 29: »Die unterentwickelte Wirtschaft ist ein Teil einer einzigen Maschine, der kapitalistischen Weltwirtschaft. Sie nimmt einen bestimmten Platz in diesem weltweiten System ein und erfüllt darin bestimmte Funktionen […]. Die Theorie der Unterentwicklung und der Entwicklung kann nur die Theorie der Akkumulation des Kapitals im Weltmaßstab sein.«

3 Anm. d. Ü.: Rodney bezieht sich hier implizit durch die Wortwahl auf eine marxistische Debatte in den 1970er-Jahren zur Gleichzeitigkeit und gegliederten *(articulated)* Verbindung von verschiedenen Produktionsweisen in Ländern der Dritten Welt. Vgl. Harold Wolpe: The Articulation of Modes of Production. Essays from Economy and Society, Milton 1980.

4 Immanuel Wallerstein: Das moderne Weltsystem. Kapitalistische Landwirtschaft und die Entstehung der europäischen Weltwirtschaft im 16. Jahrhundert. Aus dem Amerikanischen von Angelika Schweikhart, Frankfurt a. M. 1986 [1974], siehe insbesondere S. 117–119.

für die Unterscheidung zwischen Warenproduktion durch Lohnarbeit und Warenproduktion durch andere Mittel als Lohnarbeit von Bedeutung. Die letztgenannten Fragen sind von unmittelbarer Bedeutung für die Rolle der Sklaverei in der Geschichte der Unterentwicklung in Afrika und den Amerikas.

Die zwischen dem 16. und dem 19. Jahrhundert in den Amerikas praktizierte Sklaverei koexistierte mit anderen Produktionsweisen in Europa, Afrika und Amerika. Diese wurden so miteinander verbunden *(articulated)*, dass sie ein System bildeten, das weiter materiell expandieren konnte und unter anderem Folgendes erreichte:

1) die Akkumulation von Kapital;
2) neue Formen der Kombination und Organisation von Kapital;
3) Qualitätssprünge in der Produktion von Technologie;
4) die Entwicklung der Bourgeoisie und des Proletariats; und
5) eine Stärkung des Staates und anderer grundlegender sozialer Institutionen.

Bei jeder Untersuchung der Zusammenhänge zwischen Sklaverei und Unterentwicklung gilt es herauszufinden, was die Sklaverei zur ungleichen Entwicklung in Bezug auf diese Punkte beigetragen hat. Mehr noch, es muss deutlich gemacht werden, dass der Beitrag der Sklaverei an entscheidenden Wendepunkten wesentlich und einzigartig war.

Die enorme Bedeutung der europäischen Überseeexpansion und insbesondere des Atlantikhandels wird von keinem Wissenschaftler in Zweifel gezogen. Schwierig wird es, wenn jenseits dieser harmlosen Phrasen bestimmt werden soll, welche Bedeutung die Sklaverei und der Sklavenhandel für diese Entwicklung hatte.

In den herkömmlichen Schriften zum Atlantikhandel kommt Afrika immer noch zu kurz.[5] Doch aus allen Untersuchungen zu dieser Frage geht hervor, dass Afrika für die führenden Klassen in Europa historisch unverzichtbar war. Die feudalen Grundbesitzerklassen hätten sich ohne ihre Beteiligung an der Expansion nach Übersee nicht selbst erneuern können (in Form von quasi feudalen Plantagen auf staatlich zugeteilten Ländereien) und die aufstrebende Kapitalistenklasse brauchte die Neue Welt, um das soziale Gleichgewicht in der Alten Welt aufrechtzuerhalten. Dies geschah durch die Einbindung der Amerikas in ein Netz von Finanz- und Marktbeziehungen, das in den Metropolen von ihnen selbst beherrscht wurde. Afrika trug auch dazu bei, den Markt für billige europäische Produkte zu erweitern und die Methoden der Absicherung von Kapital und Krediten weiterzuentwickeln. Aber die wichtigste Rolle spielte Afrika natürlich als Lieferant von Arbeitskräften, zu dem es damals keine Alternativen gab.

5 Vgl. zum Beispiel Ralph Davis: The Rise of the Atlantic Economies, London 1973.

Strukturell war Afrika für das entstehende Weltsystem des 16. und 17. Jahrhunderts marginal. Streng genommen lässt sich nicht davon sprechen, dass die afrikanischen Gesellschaften in die Weltwirtschaft integriert wurden. Wallerstein argumentiert überzeugend wie folgt:

> »Warum aber waren Afrikaner die neuen Sklaven? Weil [...] Europa eine Quelle für Arbeitskräfte brauchte, die in einer einigermaßen dicht bevölkerten Region lag, die leicht zu erreichen und dem Verwendungsort relativ nahe war. Aber die Region musste auch außerhalb seiner Weltwirtschaft liegen, sodass Europa sich von den wirtschaftlichen Konsequenzen nicht betroffen fühlen musste, die der massenweise Abtransport von Arbeitskräften als Sklaven für die Aufzuchtregion hatte.«[6]

Nur in seltenen Fällen lieferte Afrika Werte und Arbeitskräfte direkt nach Europa, meistens liefen die Verbindungen über den amerikanischen Kontinent. Wie Samir Amin treffend formulierte, fungierte Afrika als Peripherie der amerikanischen Peripherie.[7] Als Peripherie einer Peripherie wurde Afrika eher geplündert als kultiviert. Die politisch-kommerzielle Verflechtung war äußerst brüchig. Europäische Festungen gerieten abwechselnd in den Besitz verschiedener Nationalstaaten und fielen manchmal unter die Herrschaft von lokalen afrikanischen Herrschern. Die weniger geschützten Baracken für die Sklavinnen *(barracoons)* wurden von den afrikanischen Autoritäten faktisch geduldet, und sowohl die europäischen als auch die afrikanischen Handelsvertreter an der Küste mussten auf der Grundlage reinen Vertrauens mit erheblichen Handelskrediten ausgestattet werden. Das Paradoxon der strukturellen Marginalität und der immensen historischen Bedeutung galt aber auch für die Auswirkungen des Sklavenhandels auf Afrika selbst. Große Teile des Kontinents lieferten Arbeitskräfte und zahlten dafür einen Preis, der sich an den Verlusten in der Produktion und der menschlichen und gesellschaftlichen Reproduktion ablesen lässt.

Leider sind keine nennenswerten neuen Daten zur Klärung der Frage zusammengetragen worden, wie sich der Sklavenhandel innerhalb der afrikanischen Gesellschaften auswirkte. Die verfügbaren statistischen Informationen wurden von Philip Curtin in Form einer »Volkszählung des Sklavenhandels« zusammengestellt und tabellarisch aufgelistet. In einigen Kreisen wurden seine Zahlen als Hinweis darauf begrüßt, dass frühere Schätzungen stark übertrieben gewesen seien und die Vorstellungen von einer zerstörerischen Wirkung der Versklavung auf die afrikanische Gesellschaft daher erheblich zurückgeschraubt werden müssten.

6 Wallerstein: Das moderne Weltsystem, S. 120.

7 Samir Amin: Underdevelopment and Dependence in Black Africa – Origins and Contemporary Forms, in: The Journal of Modern African Studies, 4/1972, S. 503–524.

Allerdings bezogen sich die Zahlen von Curtin auf den amerikanischen Kontinent und er wies selbst darauf hin, dass sie nicht viel über die Verhältnisse in Afrika aussagen können.[8] Wie zuverlässig sie auch sein mögen, die Zahlen zu den lebend in den Amerikas angekommenen Afrikanern oder sogar die zu den auf die Sklavenschiffe verfrachteten Menschen bieten nicht mehr als einen Rahmen für weitere Hochrechnungen, um die Zahl der für die afrikanischen Gesellschaften verlorenen Menschen abschätzen und die Quantität mit der Qualität in Beziehung setzen zu können. Dazu wären weitere regionale und allgemeine Studien erforderlich gewesen, um die Mechanismen der Sklavenbeschaffung und die indirekten Folgen im demografischen, sozialen, wirtschaftlichen und politischen Bereich zu untersuchen. Wir sind also weiterhin auf Spekulationen angewiesen, weil es zum einen an Studien fehlt und zum anderen bestimmte Unterlagen vielleicht endgültig verloren gegangen sind.

Vermutungen oder Theorien über die Beziehung zwischen der Sklaverei und der Entwicklung Afrikas können plausibel sein, wenn sie von allgemeinen Grundsätzen ausgehen, oder abwegig, wenn sie sich hinter dem angeblichen Mangel an Beweisen verstecken. So behauptet Inikori, der aus Projektionen abgeleitete Bevölkerungsverlust müsse viel höher gewesen sein, wenn wir den Verlust von Afrikanerinnen im fortpflanzungsfähigen Alter berücksichtigen. Ferner schreibt er, dass sich aus dem Verzicht auf die Nutzung eines grundlegenden Produktionsfaktors (Arbeit) selbst mit einem neoklassischen Theorieansatz logischerweise ableiten ließe, dass der Sklavenhandel das Wachstum und die Entwicklung Afrikas gebremst hat.[9] John Fage hingegen betont, es gebe keine Beweise dafür, dass die Versklavung zu ausgeprägten Verwüstungen und Verlusten an Menschenleben geführt hat, und stellt in Bezug auf den Faktor Arbeit die folgende Hypothese auf:

> »Es ist sogar denkbar, dass es für einige Teile dieses Gebiets [Westafrikas] profitabler war, das Äquivalent des natürlichen Bevölkerungswachstums zu exportieren als es zu Hause zu behalten.«[10]

Der Autor dieser Zeilen gibt keinerlei Hinweis auf die Beziehung zwischen Arbeit und Entwicklung oder zwischen Bevölkerungsdichte und sozialer und natürlicher Umwelt.

Ich selbst habe mich an anderer Stelle ausführlich mit der Bedeutung des Sklavenhandels für die Unterentwicklung auseinandergesetzt.[11]

8 Philip D. Curtin: The Atlantic Slave Trade: A Census, Madison 1969, S. 271.

9 Joseph Inikori: Working Paper on the Slave Trade, UNESCO seminar, Haiti, 1978 (Mimeo).

10 John D. Fage: A History of West Africa. An Introductory Survey, London 1969, S. 84–89.

11 Walter Rodney: West Africa and the Atlantic Slave Trade, Nairobi 1967; ders.: A History of the Upper Guinea Coast, 1540–1900, Oxford 1970; ders.: Wie Europa Afrika unterentwickelte. Aus dem Englischen von Andreas Brandl, Berlin 2023 [1972].

Natürlich war letztlich die Sklaverei in den Amerikas dafür verantwortlich, welche Folgen auch immer der atlantische Sklavenhandel für Afrika hatte. Es muss aber klar sein, dass der Sklavenexport aus Afrika kein Produktionssystem war, das sich mit der Sklaverei in der Neuen Welt oder irgendwo anders in früheren Epochen vergleichen ließe. In Afrika drehten sich die entscheidenden Aktivitäten um die Mechanismen, mit denen Menschen zu Gefangenen in Privatbesitz erniedrigt wurden. Diese Mechanismen verringerten oder zerstörten die Produktion, wie die Auswirkungen der Sklavenbeschaffung auf den Goldbergbau an der Goldküste im 18. Jahrhundert anschaulich verdeutlicht haben.[12] Wir begegnen häufig afrikanischen Redensarten, wonach Menschen, Untertanen oder Hände die Stärke ausmachen. Bei einer relativ geringen Bevölkerungsdichte und wenig arbeitssparender Technologie war folglich eher die Arbeitskraft als Grundbesitz der knappe Produktionsfaktor, der abgezogen wurde – um die neoklassische Formulierung zu verwenden. Aus marxistischer Sicht bedeutete der Abtransport von menschlichen Wesen die Wegnahme der wichtigsten Produktivkräfte.

In Teilen der aktuellen wissenschaftlichen Literatur wird nach wie vor behauptet, dass es sich bei dem, was in Afrika stattfand, um »Geschäfte« gehandelt habe und diese Handelstätigkeit *ipso facto* ein Entwicklungspotenzial enthalten habe.[13] John Fage argumentiert, dass »die europäischen Sklavenhändler in erster Linie Händler waren, die ihre Sklaven von afrikanischen Händlern an der Küste kauften«.[14] In jüngerer Zeit hat A. G. Hopkins dieses Thema weiter ausgeführt.[15] Durch die beharrliche Behauptung, der an der Küste stattfindende Tausch von menschlichen Wesen gegen Waren sei eine Handelstätigkeit gewesen, lenkt diese Analyse die Aufmerksamkeit davon ab, auf welche Weise Gefangene gemacht wurden.[16] Damit wird auch der Annahme der Weg geebnet, dass der Handel immer für beide Seiten von Vorteil gewesen sei – die Theorie der komparativen Kostenvorteile wird also unhinterfragt übernommen. Alle neueren Arbeiten zur weltweiten Entwicklung bestätigen jedoch (aus unterschiedlichen ideologischen Perspektiven), dass der »ungleiche Handel« in den Beziehungen zwischen entwickel-

12 Walter Rodney: Gold and Slaves on the Gold Coast, in: Transactions of the Historical Society of Ghana, 10/1969, S. 13–28.

13 Diese Auffassung ist in akademischen Kreisen häufig anzutreffen. Vgl. zum Beispiel Daniel Neumark: Foreign Trade and Economic Development in Africa. A Historical Perspective, Stanford 1964, und Andrew M. Kamarck: The Economics of African Development, New York/London 1967.

14 Fage: A History of West Africa, S. 89 (Hervorhebung im Original).

15 A. G. Hopkins: An Economic History of West Africa, London 1973.

16 Marx hat diesem Punkt eine gewisse Aufmerksamkeit geschenkt: »Der Sklavenmarkt selbst erhält beständig Zufuhr seiner Arbeitskraft-Ware durch Krieg, Seeraub etc., und dieser Raub ist seinerseits nicht durch einen Zirkulationsprozess vermittelt, sondern Naturalaneignung fremder Arbeitskraft durch direkten physischen Zwang.« (Karl Marx: Das Kapital. Zweiter Band, in: Karl Marx/Friedrich Engels: Werke [MEW], Berlin 1956ff., Bd. 24, S. 475)

ten und unterentwickelten Ländern fest verankert ist; daher der nahezu universelle Ruf nach einer Neuen Weltwirtschaftsordnung. Was die Sklaverei betrifft, so werden Handels- und Markttheorien, die nicht in der Lage sind, die Gegenwart zu erklären, zur Erklärung der Vergangenheit herangezogen.

Die Suche nach komparativen Kostenvorteilen, die Afrika aus dem Sklavenhandel gewonnen hätte, führt zu Argumentationen, die trivial und konstruiert sind. So legt Hopkins beispielsweise großen Wert auf die afrikanische Produktion von Nahrungsmitteln, mit denen die Sklavenschiffe versorgt wurden – als ob dadurch die produzierte Menge größer oder der Prozess dynamischer gewesen wären, als wenn mit diesen Nahrungsmitteln dieselben Afrikanerinnen für die Dauer ihres Lebens *in Afrika* ernährt worden wären. Unter der Kolonialherrschaft hielten die unterentwickelnden Tendenzen so lange an, wie die afrikanische Produktion in erster Linie für einen externen Markt bestimmt war, während der Abzug von Arbeitskräften durch die Wanderarbeit Rückständigkeit und Abhängigkeit verstärkten, wie hinreichend dargestellt wurde.[17] Einer der Hauptunterschiede zwischen Sklavenhandel und Kolonialismus besteht darin, dass Letzterer die Hegemonie des Kapitals *innerhalb* der afrikanischen Gesellschaften etablierte. Mit der Sklaverei wurde die Zerstörung der Kohärenz afrikanischer Gesellschaftsformationen eingeleitet, ohne Alternativen anzubieten. Der Kolonialismus hat diese Zerstörung aktiv vorangetrieben und gleichzeitig eine neue Kohärenz kapitalistischer Strukturen geschaffen, in denen sämtliche soziale Formationen und Produktionsweisen umgestaltet wurden, um kapitalistische Marktbeziehungen und letztlich die Lohnarbeit zu befestigen. Mit der Sklaverei hatte die Eingliederung Afrikas in die Peripherie des Weltsystems begonnen, ohne dass es schon zu einem nennenswerten Eindringen kapitalistischer Formen in Afrika selbst gekommen war.

Die Begriffe »Peripherie« und »Kern« sind nur eine grobe Annäherung, um Teile der Weltwirtschaft zu einer bestimmten Zeit zu beschreiben. Es versteht sich, dass es immer Abstufungen von Zentralität und Bedeutung gab, sodass die amerikanische Peripherie während der Zeit der Sklaverei in eine andere Kategorie fällt als die afrikanische Peripherie. In den Amerikas stellte die Sklaverei zweifellos eine der Aneignungsformen dar, die zum kapitalistischen System gehörten, und daher sollte sich die Diskussion über Sklaverei und Unterentwicklung auf die Amerikas konzentrieren. Dafür scheint es sinnvoll, mit einem Hinweis auf die wesentlichen und immer wiederkehrenden Merkmale der (kapitalistischen) Unterentwicklung zu beginnen, die sich als Bewegungsgesetze der betreffenden Gesellschaften geltend machen. Unverzichtbar sind hier

17 Ein neuerer Beitrag ist J. Kombo Moyana: The Political Economy of the Migrant Labour System, in: African Development, 1/1976, S. 34–41.

die Erkenntnisse von Clive Thomas, der die grundlegenden Momente von Unterentwicklung und Abhängigkeit wie folgt beschreibt:

1. das Fehlen einer organischen Verbindung zwischen inländischen Ressourcen und inländischer Nachfrage und
2. die Divergenz zwischen der Binnennachfrage und den Bedürfnissen der großen Mehrheit der Bevölkerung.[18]

An dieser Stelle möchte ich mich auf das Beispiel Guyanas konzentrieren, um auf einige Besonderheiten im Rahmen der allgemeineren Untersuchung der transatlantischen Sklaverei einzugehen. In der verfügbaren Literatur über die westindischen Sklavenplantagen bereitet es in der Regel kaum Schwierigkeiten, die wichtigsten allgemeinen Aussagen über diese Region auch auf Guyana anzuwenden. Wie auch anderswo schien in Guyana die Produktion von Zucker unweigerlich mit der Sklaverei einherzugehen. Praktisch gesehen schien der Küstenstreifen, auf dem sich die Sklavenplantagen Guyanas im 18. Jahrhundert befanden, nur eine weitere der kleinen Inseln zu sein, auf denen fast ausschließlich die Beziehung zwischen Herr und Sklave existierte. Die Produktion in Guyana unterlag denselben kolonialen und marktwirtschaftlichen Zwängen wie auf den Westindischen Inseln.

Guyana hatte jedoch seine Eigenheiten. Es war keine kleine Insel, auf der die kultivierbaren Böden durch den ständigen Anbau von Zuckerrohr vor oder kurz nach dem Ende der Sklaverei erschöpft waren, und ebenso wenig war es am Ende des 19. Jahrhunderts hoch verschuldet und mit zahlreichen Hypotheken belastet. Im Gegenteil, die Böden waren nicht leicht zu erschöpfen und die wirtschaftliche Lebensfähigkeit der sklavenbasierten Zuckerindustrie stand am Vorabend der Emanzipation außer Frage. Die relativ großen Plantageneinheiten waren gut kapitalisiert, und mithilfe von Ausgleichszahlungen überstand die Industrie die erste große Marktkrise nach der Angleichung der britischen Zuckerzölle im Jahr 1846. Vor allem aber verfügte Guyana über ein bedeutendes Hinterland, was es von den Westindischen Inseln abhob. Es gibt allen Grund, der Frage nachzugehen, warum ein großes kontinentales Gebiet während und nach der Sklaverei eine koloniale Enklave blieb.

Guyana verfügte über große Lebensräume, die nicht für Sklavenplantagen genutzt wurden. In diesen dünn besiedelten Gebieten blieben die früheren gemeinschaftlichen Lebensweisen der Indigenen erhalten – wenn auch deformiert unter dem Druck der europäischen Eroberung und Kolonisierung. Die Sklavenplantagen wurden in den Küstengebieten angelegt, aus denen die indigene Bevölkerung vertrieben worden war. Aber die Grenze war statisch und es kam zu keiner Ausdehnung der kapitalistischen Verhältnisse oder Zuwanderung von Menschen ins

18 Clive Y. Thomas: Dependence and Transformation. The Economics of the Transition to Socialism, New York 1974, S. 59.

Hinterland. Zu den Merkmalen der *heutigen* Unterentwicklung Guyanas gehören die unvollständige Erkundung und Erschließung der Ressourcen des Hinterlandes und das weitgehende Fehlen von neuen Ansiedlungen. Diese Merkmale haben sich während der Blütezeit der Sklaverei ausgeprägt und sind auf die politische Ökonomie der Sklaverei zurückzuführen.

Die Sklaverei erforderte sichere Bedingungen für die Reproduktion der Sklavenarbeit, nachdem sie eingeführt worden war. Das Problem der Ausreißer war unterschiedlich stark ausgeprägt und hing vor allem von der jeweiligen Umgebung ab. Die bewaldeten Gebiete Guyanas boten geflohenen Sklavinnen ähnlich günstige Bedingungen wie in Surinam und Brasilien. In der Zeit der niederländischen Herrschaft entwickelten sich aus dem Zusammenleben von Indigenen und Menschen aus Afrika die gemischten Gemeinschaften der »Boviander«,[19] die sehr rebellisch waren und einen Anziehungspunkt für Weggelaufene darstellten. Diese Erfahrungen prägten das 17. Jahrhundert, als kleine Sklavenplantagen am Mittel- und Oberlauf der Flüsse Guyanas angelegt wurden. Nachdem sich die Niederländer Mitte des 18. Jahrhunderts dafür entschieden hatten, die Landwirtschaft an die Küste zu verlegen, wandte sich die Wirtschaft Guyanas vom Hinterland ab. Selbst notwendige Tätigkeiten der Sklavinnen im Umland, wie das Schneiden von Palmblättern für Stroh, wurden als gefährlich angesehen, da sie die Flucht erleichterten.[20] Die Versklavung entfernter indigener Ethnien und der Import von Afrikanern in großem Umfang waren mit der Aufrechterhaltung freundschaftlicher Beziehungen zwischen europäischen Sklavenhaltern und den benachbarten indianischen Gemeinschaften durchaus vereinbar. Letztere wurden sogar dazu angehalten, bestimmte polizeiliche Aufgaben zu übernehmen wie das Einfangen und die Zurückbringung entlaufener Sklavinnen. Die Wahl der Küstengebiete für die Errichtung von Sklavenplantagen beruhte auf ökologischen Faktoren, wurde aber durch das Sicherheitsbedürfnis der Sklavenhalter noch verstärkt – zum Nachteil der Entwicklung des Landesinneren.

An der Küste Guyanas wurde die Sklaverei in vollem Umfang eingeführt und zog sowohl holländisches als auch englisches Kapital und Siedler an, die sich bereits in der Karibik befanden. Es stand außer Frage, dass die unabhängigen Kleinerzeugerinnen durch Sklaven ersetzt werden würden, und sobald die Sklavenplantagen die Macht übernommen hatten, war eine Zunahme solcher kleinbäuerlichen Betriebe undenkbar. Das

19 Anm. d. Ü.: »Boviander« ist vermutlich zusammengezogen aus »above yonder«, ganz oben oder ganz weit weg von den Plantagen an der Küste. Als besonders bemerkenswert galt an diesen Gemeinschaften, dass es sich oft um die Nachfahren gemischter Beziehungen von Indigenen und Menschen aus Afrika, Asien oder Westeuropa handelte. Vgl. James Rodway: The Forest People of British Guiana, in: Bulletin of the American Geographical Society, 3/1902, S. 211–216.

20 Zum Problem der Ausreißer vgl. Alvin O. Thompson: Some Problems Concerning Slave Desertion in Guyana, c. 1750–1814, Mimeo, University of the West Indies 1976.

Plantagensystem strebte ständig danach, das Monopol über Land und Arbeitskräfte zu erlangen, was erst nach dem Ende der Sklaverei deutlich wurde. Die Geschichte Guyanas ist zwar nur unzureichend erforscht, aber zwei neuere wissenschaftliche Arbeiten befassen sich mit den Plantagen nach der Sklaverei. Beide stellen fest, dass die Plantagenbesitzer eine schädliche Rolle spielten, indem sie das gesamte kultivierbare Land in ihrem Besitz zu halten versuchten und alternative wirtschaftliche Unternehmungen verhinderten, die ihre Vorherrschaft auf dem Arbeitsmarkt gefährdet hätten.[21] Selbst ein oberflächlicher Blick auf die Zeit der Sklaverei zeigt, dass diese Tendenzen stark ausgeprägt waren und die Sklavenplantagen das Haupthindernis für die Entwicklung des Hinterlandes und für eine ausgewogene Entwicklung der Wirtschaft darstellten.

Der abhängigen Sklavenwirtschaft gelang es nicht, die im Land selbst leicht verfügbaren Ressourcen zu nutzen. Sie war stattdessen auf den Import von Waren angewiesen, die unter Nutzung eben dieser Ressourcen hätten produziert werden können. Die Gebäude an der Küste wurden aus Holz gebaut, das aber zum größten Teil nicht aus den Wäldern Guyanas stammte. Das Gleiche gilt für die Möbel in den Häusern. Erst in den 1850er-Jahren wurde mit dem Export von Grünherzholz *(greenheart)* begonnen und es vergingen noch mehrere Jahrzehnte, bis sich eine lokale Holzindustrie entwickelte, die den lokalen Bedarf zu decken versuchte. Noch im Jahr 1902 war die Verwaltung nicht in der Lage, eine Anfrage des Kolonialamtes nach dem Vorhandensein bestimmter Hölzer zu beantworten. Bei dieser Gelegenheit bemerkte der Gouverneur, es sei »eindeutig unbefriedigend, dass wir keine vollständigen und geeigneten Muster aller Hölzer dieser Kolonie haben«.[22]

Zu sehen, dass in eine bewaldete Kolonie Kiefernholz aus Nordamerika importiert wurde, war schon erschreckend genug, aber die Politik gegenüber der Goldförderung ist noch auffälliger. Trotz der El-Dorado-Legende und der enormen Anreize, die von der Goldsuche in den Amerikas ausgingen, wurde die Goldförderung in Guyana mit einem bemerkenswerten Mangel an Elan betrieben. Mitte des 18. Jahrhunderts hatten afrikanische Sklavinnen und Boviander unter der Leitung der Niederländer Gold abgebaut. Nach der Verlagerung der Plantagen an die Küste fürchteten die holländischen Pflanzer offenbar so sehr eine Konkurrenz für ihre Nachfrage nach Arbeitskraft, dass sie den Goldabbau ganz einstellten. Erst 1864 wurde die Exploration wieder aufgenommen, um später in den 1880er-Jahren festzustellen, dass es in dem Gebiet Schwemmgold gab. Zu diesem Zeitpunkt weigerte sich die Klasse der Pflanzerinnen,

21 Alan H. Adamson: Sugar Without Slaves. The Political Economy of British Guiana, 1838–1904, New Haven 1972, und Jay R. Mandle: The Plantation Economy. Population and Economic Change in Guyana, 1838–1960, Philadelphia 1973.

22 Public Record Office, CO111/535, Governor's Despatch, 12. August 1902.

öffentliche Gelder für die Förderung des Goldabbaus bereitzustellen. Ihr Einfluss auf die öffentliche Politik und die Staatskasse war während der Zeit der Sklaverei unangefochten. Die Sklaverei hatte tiefgreifende Auswirkungen auf die Situation in Guyana, weil sie eine produktive Nutzung der vorhandenen Ressourcen verhinderte.

Unterentwicklung ist eine Form von Entwicklung – abhängig und asymmetrisch, aber dennoch eine Entwicklung im sozio-historischen Zusammenhang des kapitalistischen Weltsystems. Die Sklavenplantagen in Guyana verwandelten das Küstenland von dünn besiedeltem Sumpfland in produktive Plantagengebiete. Damit wurden Ressourcen erschlossen, die bis dahin von den spärlichen Siedlungen der gemeinschaftlich organisierten Indigenen, die Ackerbau, Fischfang und Jagd betrieben, nur *unterentwickelt* genutzt worden waren. Die Sklavenplantagen trugen zwar zum Wachstum von kapitalistischen Kernen bei, behinderten jedoch die Ausbreitung von kapitalistischen Verhältnissen in ganz Guyana. Die Diskussion über die genaue Beziehung zwischen Sklaverei und Kapitalismus bleibt heute nicht mehr bei dem polarisierenden Streit darüber stehen, ob die Sklaverei kapitalistisch oder nichtkapitalistisch sei. Es liegt auf der Hand, dass die Sklaverei der Kommodifizierung der Arbeit im Wege stand, und dennoch wurde die interne hierarchische Struktur der Sklavenplantage maßgeblich von den kapitalistischen Formen in Europa beeinflusst. Zu allen Zeiten blieb die Sklaverei abhängig von den Märkten, der finanziellen Infrastruktur und der Technologie der kapitalistischen Weltzentren.

Hindess und Hirst versuchen, das Wesen der Sklaverei in den Amerikas wie folgt zusammenzufassen:

> »Sie ist eine der kapitalistischen Produktionsweise untergeordnete Produktionsweise innerhalb der internationalen Arbeitsteilung und des vom Kapitalismus geschaffenen Weltmarkts. Die Reproduktionsbedingungen der Produktionsweise der Sklaverei hängen unter diesen Umständen vom kapitalistischen System ab; von der weltweiten Nachfrage nach den von ihr produzierten Waren, konkurrierenden Regionen und Produktionsmethoden, alternativen Investitionsquellen usw.«[23]

Paula Beiguelman definiert die moderne Sklaverei (in der Neuen Welt) schlicht und ergreifend als »kapitalistische Sklaverei«,[24] während Clive Thomas eine weitere entscheidende Dimension hervorhebt: Er bezeich-

23 Barry Hindess/Paul Hirst: Pre-Capitalist Modes of Production, London 1975, S. 161 (Anm. d. Ü.: In der stark gekürzten deutschen Übersetzung fehlt diese Stelle: Vorkapitalistische Produktionsweisen. Aus dem Englischen von Dietrich Margraf, Frankfurt a. M. 1981).

24 Paula Beiguelman: The Destruction of Modern Slavery: A Theorectical Issue, in: Review (Fernand Braudel Center), 1/1978, S. 71–80.

net sie als »koloniale Produktionsweise der Sklaverei«, weil der Kolonialismus »zur vermittelnden Struktur wurde, durch die sich die Einflüsse des aufstrebenden Kapitalismus in Europa geltend machten«.[25] Es besteht weitgehend Einigkeit darüber, dass die Sklaverei ein wesentliches Moment des peripheren Kapitalismus war und dass sie als solche keine ausreichende Eigendynamik entwickeln konnte, die zu einer Nutzung der Überschüsse für die Entwicklung des Kapitalismus in einem Gebiet wie Guyana hätte führen können.

Für Zucker gab es nur einen Markt, der sich meistens in einem einzigen metropolitanen Zentrum befand. Die Art, wie die Überschüsse realisiert wurden, zwang der Klasse der Pflanzer eine unerbittliche Abhängigkeit von den Metropolen auf. Abhängigkeit ist ein koloniales Merkmal, aber es muss darauf hingewiesen werden, dass die Sklaverei in den Kolonien zwangsläufig eine besonders starke Abhängigkeit erzeugte, weil die Ökonomie der Sklaverei keine Möglichkeit zur Herausbildung eines inneren Marktes bot. Auch Kapital und Kredite mussten über den externen Markt beschafft werden, da keinerlei unabhängige kommerzielle und finanzielle Institutionen in Guyana existierten. Ebenso wurde die Technologie aus dem Ausland bezogen und es gab wenig Raum für Innovationen oder selbst nur Anpassungen, die als eine Form von Entwicklung bezeichnet werden könnten. Verbesserungen in der Fabriktechnologie gelangten nur sehr allmählich nach Guyana, während die Feldbewirtschaftung weiterhin auf den Einsatz von billigen Arbeitskräften angewiesen war. In seiner herausragenden Studie über die kubanische Zuckertechnologie macht Manuel Moreno Fraginals deutlich, dass die Hauptantriebskraft für das Wachstum im Kuba des 18. Jahrhunderts die Zunahme von Arbeitskräften im System der Sklaverei war, dem – im Gegensatz zum Kapitalismus der Metropolen – die Dynamik der ständigen Revolutionierung der Produktionsmethoden fehlte.[26]

Das Gleiche lässt sich von Guyana sagen. Auf den dortigen Sklavenplantagen verfügten Sklavinnen über eine Vielzahl von handwerklichen Fertigkeiten und einige beherrschten das Zuckersieden, aber natürlich waren sie nicht mit wissenschaftlichen Prinzipien oder dem Experimentieren vertraut. Außerdem handelte es sich in der Zuckerproduktion um eine branchenspezifische Technologie, deren Entwicklung die monokulturelle Ausrichtung der Ökonomie festigte. Die Sklavenhalter verfolgten eine Politik, die es anderen Wirtschaftszweigen unmöglich machte, sich zu etablieren, und es gelang ihnen, die Anlage von Kapital in der Landwirtschaft, der Industrie und dem Handel zu verhindern.

25 Clive Thomas: From Foreign Plantations to State Farming. A Study of Change in the Dominant Crop of a Backward Agrarian System, Genf 1979.

26 Manuel Morenal Fraginals: The Sugarmill. The Socio-economic Complex of Sugar in Cuba, New York 1976, vgl. insbesondere S. 18.

Sowohl das rechtliche Wesen der Sklaverei – Eigentum und legaler Zwang – als auch ihr politischer Ausdruck in einem einseitig von den Plantagenbesitzern kontrollierten Staat trugen dazu bei, die Entwicklung Guyanas zu behindern. Die lokalen staatlichen Institutionen unter der Leitung der Pflanzer waren in ihrer Beziehung zur Außenwelt schwach, aber sie waren mächtige Instrumente in den Händen der Herren, die sie gegen die Sklavinnen einsetzen konnten. Die Plantokratie hatte freie Hand in ihrer Innenpolitik. Ohne einen inneren Markt und Formen der kleinen Warenproduktion waren die Zwischenschichten äußerst schwach und eng an die Klasse der Pflanzer gebunden. Offensichtlich stand die Sklaverei dem Entstehen eines lohnabhängigen Proletariats im Wege, aber sie hemmte auch das Wachstum anderer Klassen und Schichten, wie es mit der Reifung des Kapitalismus in den Metropolen verbunden war.

Einleitend war auf die Notwendigkeit verwiesen worden, die Rolle der Sklaverei ausgehend von der heutigen Unterentwicklung zu bewerten. Ebenso wichtig ist es jedoch, die Jahrzehnte im 19. Jahrhundert nach dem Ende der Sklaverei in die historische Untersuchung einzubeziehen, weil die Kontinuitäten und Veränderung in dieser Zeit den früheren Trends ihre Bedeutung verliehen.

Fast 100 Jahre lang leisteten die Zuckerpflanzer erbitterten Widerstand gegen die Schaffung eines freien Arbeitsmarktes, der mit der Emanzipation hätte entstehen sollen. Es gelang ihnen (mit Unterstützung der Metropolen), Arbeitskräfte in Schuldknechtschaft *(indentured labour)* aus verschiedenen Regionen zu importieren und dafür erhebliche Subventionen aus staatlichen Mitteln zu erhalten. Kurzzeitig im Jahr 1848 und dann systematisch ab 1854 organisierten die Pflanzer eine groß angelegte staatlich geförderte Einwanderung aus Indien. Bis zur Ankunft des letzten Schiffs mit Indenturarbeiterinnen im Jahr 1921 behielten die Pflanzer die Kontrolle über einen strategischen Teil der Arbeitskräfte, die sie zu festgesetzten Löhnen und mit Verträgen außerhalb des Arbeitsmarktes beschäftigten. Ihre Bemühungen richteten sich gegen die Entstehung eines Proletariats, das ökonomische und soziale Forderungen an die Kapitaleigner stellen könnte. Die Initiativen des freien Teils der Arbeiterschaft wurden zwangsläufig durch die immense Kontrolle der Pflanzer über die Indenturarbeiter vereitelt, die leicht dafür eingesetzt werden konnten, die Einheit von Klassenkämpfen zu brechen. Interessanterweise wurde der Widerstand der Pflanzer gegen die Kommodifizierung der Arbeit am Ende des 19. Jahrhunderts von eben jenen Plantagengesellschaften angeführt, die zu einem integralen Bestandteil der neuen Monopolformen der imperialistischen Ära werden sollten.

Ebenso entschlossen versuchten die Plantagenbesitzer in der Zeit nach der Sklaverei, ihr Monopol über Grund und Boden zu behalten und insbesondere landwirtschaftliche Flächen vom Markt fernzuhalten. Die Besitzverhältnisse im »Frontland« des Küstenstreifens waren so gestaltet, dass jedes Landgut automatisch eine Option auf das »Backland« für eine mögliche Polderbewirtschaftung hatte. Solange diese Optionen nicht wahrgenommen wurden, gehörte das Land der Krone, ebenso wie die Wälder und Savannen im Landesinneren. Den Plantagenbesitzern gelang es schnell, den Preis, zu dem Land der Krone verkauft werden konnte, auf ein unerschwingliches Niveau anzuheben und die Bedingungen, zu denen es verpachtet werden konnte, zu beschränken. Diese Maßnahmen blockierten die kapitalistische Erschließung des Landes durch Nicht-Plantagenbesitzer und richteten sich deutlich gegen die Entstehung einer Bauernschaft.

Ebenso wichtig ist aber auch, dass das Monopol der Pflanzer über Land und Arbeit im 19. Jahrhundert brüchig wurde. Das Wachstum und die Entwicklung in der Zeit nach der Sklaverei waren auf eben jene kleinen Veränderungen zurückzuführen, die dieses Monopol erfolgreich infrage gestellt hatten. Die ehemaligen Sklaven übernahmen sofort die Rolle eines modernen Proletariats, indem sie ihre Forderungen zu Löhnen und Arbeitsbedingungen stellten. Angesichts der staatlich geförderten Einwanderung von Indenturarbeiterinnen konnten sie nicht viel erreichen, aber ihr Lohnniveau war in der Regel etwas höher als das der Arbeiter in Schuldknechtschaft, deren Tagessatz von 1838 bis 1921 unverändert bei einem Schilling blieb. Die afrikanischen Ex-Sklavinnen übten in den Dörfern und Städten und in gewissem Umfang auch im Hinterland eine Vielzahl von Berufen aus. Ihr erstes Ziel war es nicht, der Beschäftigung auf den Plantagen zu entkommen, aber zumindest ergänzten sie ihren Lohn durch die zeitweilige Tätigkeit als Handwerker oder kleine selbstständige Warenproduzentinnen in der einen oder anderen Form. Ex-Indenturarbeiter aus Indien, China oder Madeira verhielten sich ähnlich. Aus all dem lässt sich die außerordentliche Bedeutung des legalen Zwangs in der Epoche der Sklaverei ermessen.

Neuere Forschungen sind zu dem Schluss gekommen, dass die Struktur der Plantage ausschlaggebend für die Unterentwicklung Guyanas war.[27] Diese Auffassung müsste modifiziert und der Schwerpunkt auf die – koloniale und kapitalistische – Produktionsweise der Sklaverei verschoben werden, mit der die Plantage zuerst in Verbindung gebracht wurde. Die Plantage blieb ein Faktor, der Rückständigkeit verursachte, vor allem in dem Maße, in dem nach dem Ende der Sklaverei weiterhin eine legale gewaltsame Abpressung von Mehrwert praktiziert werden konnte. Aber diese Anwendung von Gewalt war nicht mehr so allumfassend wie unter der Sklaverei und wurde allmählich von der Lohnarbeit abgelöst.

Ehemalige Sklavinnen und ehemalige Indenturarbeiter waren in der Lage, eigene Forderungen nach Gütern und Dienstleistungen zu stellen.

27 Vgl. Adamson: Sugar Without Slaves, und Mandle.

Ihre Nachfrage schuf einen inneren Markt für Land und Häuser sowie für Lebensmittel, Kleidung und andere Konsumgüter. Das Handeln der afrikanischen Menschen in Guyana in der Zeit unmittelbar nach der Sklaverei ist seit Langem Gegenstand wissenschaftlicher Untersuchungen, aber immer noch überwiegen falsche Vorstellungen. Im Allgemeinen wird das erste Jahrzehnt nach der Emanzipation als eine Zeit dargestellt, in der die ehemaligen Sklaven von den Plantagen flohen und sich als Bauern in Dörfern niederließen.[28] Dies ist eine Vereinfachung und stellt die Realität praktisch auf den Kopf. In erster Linie blieben die afrikanischen Menschen weiterhin Zuckerrohrarbeiter, wohnten jedoch nicht mehr auf den Plantagen und stellten lautstark Forderungen, mit denen sie ihre Vorstellung von einem erträglichen Leben zum Ausdruck brachten – Forderungen nach höheren Löhnen, nach Bildung und nach Zugang zu kultivierbarem Land für diejenigen, die als Vollzeit- oder Teilzeitlandwirte für den lokalen Verbrauch produzieren wollten. Der Handel und andere Dienstleistungssektoren expandierten aufgrund dieser Trends nach der Sklaverei und es entwickelten sich Zwischenschichten.

So langsam die Entwicklung des Hinterlandes im 19. Jahrhundert auch verlaufen sein mag, so war sie doch nur aufgrund der durch die Emanzipation freigesetzten Energien möglich geworden. Als Lohnabhängige und als Kleinunternehmer verhalfen die ehemaligen Plantagenarbeiterinnen der Holzindustrie und dem Bergbau zu ihrem Wachstum. Mit dem Gewinn einer kleinen wirtschaftlichen Basis außerhalb der direkten Kontrolle der Plantagen begannen die Mittelschichten, auch die politische Hegemonie herauszufordern, die ihr weiteres Anwachsen behinderte. Die neue Verfassung von 1891 war das Resultat einer langwierigen »populistischen« Kampagne, an der sich alle Schichten außer der Klasse der Pflanzer beteiligten. Der Kreis der Wahlberechtigten bei den Wahlen zur gesetzgebenden Versammlung wurde dadurch etwas erweitert und die Gesetzgeber konnten dazu gebracht werden, einige der Hindernisse für den Erwerb von staatlichem Land, für den Aufbau einer bäuerlichen Reiswirtschaft und für die Entwicklung einer Gold- und Diamantenindustrie zu beseitigen. Die Rolle des Staates unterstreicht einmal mehr die historische Bedeutung der politischen Exklusivität, die mit der Sklaverei in Guyana und überall dort, wo die Sklaverei nicht nur eine Institution, sondern die Grundlage des peripheren Kapitalismus in einem bestimmten Gebiet war, notwendigerweise einherging.

Da die Sklaverei in der Neuen Welt ein koloniales Phänomen war, ist es manchmal schwierig, die spezifischen Folgen der Sklaverei von denen zu trennen, die sich aus dem Kolonialismus ergaben. Die Erkenntnisse

28 Die grundlegende Arbeit zu dieser Auffassung ist Rawle Farley: The Rise of the Peasantry in British Guiana, in: Social and Economic Studies, 4/1954, S. 87–103, und seine Dissertation: Aspects of Economic History of British Guiana, 1781–1852, PhD, University of London, 1956.

über Guyana scheinen die Schlussfolgerung zu stützen, dass die Tendenzen zur Unterentwicklung eindeutig auf die Sklaverei zurückgeführt werden können. Erstens, insofern diese Tendenzen mit dem für die Sklaverei zentralen Umstand verbunden sind, dass die Arbeitskraft keine Ware war und auch keine Anstrengungen unternommen wurden, sie zu einer solchen zu machen – im Gegensatz zur ursprünglichen Akkumulation bei der Kolonisierung indigener vorkapitalistischer Gesellschaften in Afrika und Asien. Und zweitens, insofern diese Tendenzen auf das Monopol über Land und Arbeit in den Händen der Sklavenhalter zurückzuführen sind, die die Entwicklung anderer Formen des Privateigentums einschränkten. Auch hier handelt es sich nicht um ein gemeinsames Merkmal des Kolonialismus als solchem. In der Geschichte des Kapitalismus unterstützte der koloniale Staat die Sklaverei oder die Wanderarbeit oder die bäuerliche Produktion, je nachdem, welche Form der Aneignung von Arbeit sich entwickelte. Aber der koloniale Sklavenstaat war monolithischer als andere Formen, weil es keine konkurrierenden Klasseninteressen gab, die auf der Ebene des Staates unter einen Hut gebracht werden mussten, und weil ein kompromisslos autoritäres Regime notwendig war, um das Verhältnis von Herr und Sklave zu reproduzieren.

Slavery and Underdevelopment, in: Michael Craton (Hrsg.): In Roots and Branches. Current Directions in Slave Studies, London/New York 1979, S. 275–286.

III —— Ihre Pädagogik und unsere

Die britische kolonialistische Schule der afrikanischen Geschichtsschreibung und die Frage der afrikanischen Unabhängigkeit

DIE ANSICHTEN ÜBER DIE afrikanische Unabhängigkeit lassen sich in drei große Kategorien einteilen:

1. Die Kolonialherren gewährten *aus gutem Willen* die Unabhängigkeit, nachdem die Menschen in Afrika zuvor die notwendige *Ausbildung* erhalten hatten.

2. Das afrikanische Volk hat den Kolonialherrinnen die politische Unabhängigkeit durch *nationalistische Massenparteien* im *Kampf* abgerungen.

3. Die Kolonialmächte selbst förderten in *böswilliger Absicht* und mit einer geheimen Strategie die Übergabe der Insignien der Souveränität. Es handelte sich also nur um eine *vorgetäuschte Dekolonisierung*.

Die zweite und dritte Kategorie sind sehr viel wichtiger als die erste, weil sie mehr über die historischen Prozesse verraten, die sie zu erklären versuchen, und weil sie mehr zum Verständnis »der Gegenwart als Geschichte« beitragen. Wir lassen uns auf die Kritik an der Schule des kolonialen erzieherischen Wohlwollens vor allem deshalb ein, weil diese Auffassung weit verbreitet und in bestimmten Kreisen immer noch auf dem Vormarsch ist. Außerdem war sie chronologisch gesehen die früheste Ansicht und die anderen können nicht vollständig verstanden werden, ohne ihre Beziehung zur kolonialistischen Position zu berücksichtigen.

Stellvertretend für die britische Kolonialliteratur zu diesem Thema seien hier zwei Hauptvertreterinnen genannt: Sir Alan Burns und Lady Margery Perham. Im ersten Satz seines Buches »Colonial Civil Servant« (Kolonialbeamter) verkündet Sir Alan Burns: »Ich wurde praktisch in den kolonialen Staatsdienst hineingeboren. Mein Großvater und mein Vater waren beide Mitglieder dieses Dienstes.« Als ehemaliger Gouverneur der Goldküste und Nigerias und als hochrangiger Beamter im Kolonialamt selbst ist Sir Alan Burns zweifelsfrei ein Sprecher des britischen Kolonialismus.

Lady Margery Perham ist als gute Freundin des Kolonialamtes bekannt. Viele Jahre lang war sie die aktivste »Afrikanistin« in Oxford, bot Kurse für Beamte des Kolonialamts an und bildete die heutige Generation der kolonialistisch gesinnten Stipendiatinnen in Oxford aus, die über afrikanische Geschichte schreiben.

Unabhängigkeit und Nationalismus seien als europäische Importe nach Afrika gekommen, so sagen sie uns. Den Völkern in Afrika habe es zuvor an sämtlichen allgemeinen Elementen des Nationalismus gefehlt, mit Ausnahme eines gemeinsamen Territoriums, und erst durch die Präsenz der Kolonialmächte seien sie mit dessen erforderlichen Zutaten vertraut gemacht worden. Margery Perham zufolge verdanken es die afrikanischen Völker Europa, dass sie nun in der Form von Nationalstaaten existieren. Sie behauptet, die Ideen von Freiheit und Demokratie sowie das Konzept des Nationalstaates seien durch die formellen wie informellen Bildungsmaßnahmen der Briten nach Afrika gebracht worden. Über die Schulen in den britischen Kolonien schreibt sie: »Die Afrikaner lernten die Entwicklung der Freiheit kennen, die sich in England angefangen von der Magna Charta bis hin zur Reformakte von 1832 und darüber hinaus vollzogen hatte.«[1]

Nationalismus ist das Gefühl einer gemeinsamen Identität, das aus dem Versuch von Menschengruppen entsteht, den grundlegenden Widerspruch zwischen Mensch und Natur zu lösen. Er ist eine Definition der eigenen Gruppe gegenüber allen Konkurrenten im Kampf um knappe Ressourcen. Nationalstaaten sind in Europa, Asien und Afrika entstanden. Was war Äthiopien anderes als ein Nationalstaat? Und was war mit Ägypten lange vor der Kolonialherrschaft? Mehrere afrikanische Staaten, die durch den Kolonialismus zerstört wurden, waren so groß wie die späteren, von den Europäern willkürlich definierten Territorien und oft sogar größer als diese. Selbst wenn wir der Argumentation halber einräumen würden, dass Staaten wie die Zulu, die Baganda, die Asante und die Mandinka unter Samori Touré keine Nationen waren, ließe sich doch nicht leugnen, dass es sich bei ihnen um »Nationalitäten« handelte, die sich in einem fortgeschrittenen Entwicklungsstadium auf dem Weg zu einer nationalen Identität befanden. Zumindest waren sie vergleichbar mit Irland und der Ukraine im 19. Jahrhundert und umfassten mehr Menschen mit einer gemeinsamen Kultur als viele der heutigen Kleinststaaten in Europa, Afrika und Lateinamerika.

Der europäische Kolonialismus hatte in Afrika lediglich einen neuen Kontext für den Nationalismus geschaffen, nachdem er den alten zerstört hatte. Die in Berlin gezogenen Grenzen wurden in den meisten Fällen zu den Grenzen der neuen afrikanischen Nationen unserer Zeit, weil die *Form* des afrikanischen Nationalismus zwangsläufig vom Widerstand gegen die Kolonialverwaltungen geprägt wurde.

1 Anm. d. Hrsg.: Magery Perham: The Colonial Reckoning. The End of Imperial Rule in Africa in the Light of British Experience, New York 1962, S. 40 (dt.: Bilanz des Kolonialismus. Aus dem Englischen von Wolfgang J. Mommsen, Stuttgart 1963, S. 34).

Eine weitere bizarre Behauptung der Schule des kolonialen erzieherischen Wohlwollens besagt, den Afrikanerinnen seien »Freiheit« oder (bescheidener) »die demokratischen Freiheiten« beigebracht worden. Sir Alan Burns stellt kategorisch fest, dass »der Sudan, der unter anglo-ägyptischem Kondominium steht, alles – einschließlich der Unabhängigkeit – der britischen Vormundschaft verdankt«.[2] Haben die Konzepte von Freiheit und Unabhängigkeit wirklich etwas mit Unterricht und Lernen zu tun? Es wurde treffend darauf hingewiesen, dass sich in der gesamten Geschichte keine Hinweise auf Einzelpersonen oder Gruppen finden lassen, die gegen die Idee der Freiheit gewesen wären, auch wenn es unzählige gibt, die gegen die Freiheit anderer waren. Als Mwalimu Julius Nyerere 1956 vor den Vereinten Nationen im Namen des Volkes von Tanganjika Freiheit forderte, sprach er von Freiheit als »einem natürlichen Ruf, einem Ruf des Geistes, der in den Herzen aller Menschen aller Zeiten, ob gebildet oder ungebildet, erklingt, um sich gegen Fremdherrschaft aufzulehnen«. Er bezog sich dabei auf die großen Maji-Maji-Kriege der Menschen in Südtanganjika gegen die Deutschen. Seine These lässt sich zu Genüge durch den weitverbreiteten afrikanischen Widerstand gegen die Durchsetzung der Kolonialherrschaft in den letzten beiden Jahrzehnten des 19. und im ersten Jahrzehnt des 20. Jahrhunderts belegen.

Was die »demokratischen Freiheiten« betrifft, so lässt sich sagen, dass diese sehr viel eingeschränkter sind als die Gewährung von »Freiheit«. Die liberalen oder bürgerlich-demokratischen Freiheiten sind ein spezifisches Bündel von Bürgerrechten, das sich in einer bestimmten Periode der Geschichte des kapitalistischen Europas herausgebildet hat. Abgesehen von der Frage, inwieweit diese Rechte in Europa selbst in die Praxis umgesetzt wurden, ist es sicherlich zutreffend, dass afrikanische Führer afrikanische Forderungen nach Freiheit in der Terminologie der bürgerlichen Demokratie formulierten. Auch hier geht es nur um die Form der Forderungen. Aber selbst auf dieser oberflächlichen Ebene dürfen wir nicht auf die Taschenspielertricks hereinfallen, mit denen das dialektische Gegenteil einer bestimmten Position als bewusste Politik dargestellt wird. Die neu auftretenden nationalistischen Anführerinnen wurden von den Briten ausgebildet, damit sie die Länder leichter ausbeuten konnten – nicht, um die Sache der afrikanischen Freiheit voranzutreiben. Der britische Kolonialismus in Afrika brachte Nkrumah, Kaunda und sogar Kamuzu Banda (den berühmten Gegner der Föderation) hervor, und zwar trotz und nicht wegen der britischen kolonialistischen Absichten.

An einer Stelle in ihrer Analyse des afrikanischen und indischen Nationalismus schreibt Margery Perham zu den Ideen der nationalistischen Führer Folgendes: »Wie andere Waffen, die sich gegen den Westen

2 Anm. d. Hrsg.: Alan Burns: Colonial Civil Servant, London 1949.

richten, wurden sie vom Westen entwendet. Und das Ideal der demokratischen Freiheit und das schwer zu definierende Gefühl einer moralischen Verpflichtung den Schwächeren gegenüber haben sie zu einem beträchtlichen Teil erst von Großbritannien gelernt.«[3]

Diese Aussage ist durchdrungen von bürgerlichen und kolonialistischen Annahmen, Konfusion und Irreführung. Zuerst wird der bürgerliche Begriff des Privateigentums auf politische und moralische Standards und das Ideal der Demokratie angewendet. Diese Aspekte des universellen Strebens der Menschheit hätten sich die Briten patentieren lassen und die Afrikanerinnen hätten sie sich nur durch Diebstahl aneignen können – sie haben sie »entwendet«. Aber schon im nächsten Atemzug sagt die Dame, die Ideen seien »gelernt« worden, womit sie die Dualität von Lehren und Lernen wieder einführt und unterstellt, dass es sich um eine bewusste Weitergabe vonseiten Großbritanniens gehandelt habe.

Das Thema der indirekten Herrschaft ist bei britischen Kolonialhistorikerinnen sehr beliebt.

Sir Alan Burns bezeichnet die indirekte Herrschaft als »lokale Regierung« und behauptet, dass »die indirekte Herrschaft eine ausgezeichnete Schule ist, in der die schwierige Kunst der Selbstverwaltung erlernt werden kann«. Was auch immer die indirekte Herrschaft war, sie war *keine* Schule der Selbstverwaltung, denn Macht und Verantwortung lagen immer in den Händen der Kolonisatoren. In der Tat bedeutete sie die Abtretung der politischen Machtausübung durch das afrikanische Volk oder durch Schichten der afrikanischen Bevölkerung an andere. In ihrer nordnigerianischen Form und in anderen Varianten war die indirekte Herrschaft ein bequemes Instrument, um Afrika kostengünstig und mit einem Minimum an Aufwand zu verwalten. Es ist ziemlich hanebüchen, sie als eines der Geschenke Großbritanniens an das rückständige Afrika zu deuten und sie als ein Ausbildungsprogramm zu betrachten, das zur Unabhängigkeit führen sollte.

Als etwas plausibler könnte die Behauptung erscheinen, die in den Kolonien eingerichteten Legislativen seien ein Training für die Unabhängigkeit gewesen. Den gesetzgebenden Versammlungen gehörten einige nominierte und später auch gewählte Afrikaner an. Zweifellos lernten die wenigen etwas über das Verfahren von Westminster und darüber, wann Gesetzesentwürfe in den Ausschuss kamen, wann sie ihre zweite Lesung hatten und so weiter. Aber das reicht kaum aus, um daraus zu schließen, die gesetzgebenden Versammlungen seien der »erzieherische Prototyp einer zentralisierten parlamentarischen Regierung« gewesen, um es mit den Worten von Margery Perham zu sagen. Solange keine verfassungsmäßige Selbstregierung möglich war, blieben alle anderen Gesetzge-

3 Anm. d. Ü.: Perham: Bilanz des Kolonialismus, S. 19 (Übersetzung angepasst).

bungsexperimente nur Varianten der durch den Gouverneur der Kolonie ausgeübten Herrschaft der Metropole. Die grundlegende Frage ist, ob die Afrikanerinnen an der Ausübung von Macht und Verantwortung beteiligt waren, und die Antwort lautet »Nein«.

Alle kolonialen Verfassungen betonten den »Vorbehalt«, den »Vorrang« oder das »Vorrecht« der Befugnisse des Gouverneurs und garantierten damit, dass die afrikanischen Mitglieder in den wenigen Fällen, in denen ehrliche und mutige afrikanische Nationalisten beteiligt wurden, enttäuscht werden mussten.

In ihrer extremen Form läuft die These vom kolonialen erzieherischen Wohlwollen auf die Behauptung hinaus, der Kolonialismus habe von Anfang an bewusst an seiner eigenen Liquidierung gearbeitet. Sir Alan Burns deutet dies an, wenn er feststellt, dass Großbritannien gerade durch die Kolonisierung Afrikas »rückständige Völker unter seinen Schutz stellte und sie zur Zivilisation führte«. In Bezug auf Nigeria schrieb er: »Wir sind in Nigeria lediglich als Treuhänder für das Volk tätig, und es ist unsere Aufgabe, es so schnell wie möglich zur Selbstverwaltung zu erziehen.«

Ein Autor, der behauptet, die britische Erziehung in den Kolonien sei eine Erziehung zur Freiheit und die indirekte Herrschaft sei eine Einübung in die Kunst der Selbstverwaltung, sollte auch behaupten, dass Großbritannien praktisch von Anfang an die Dekolonisierung plante. In dieser Hinsicht bleibt Burns konsequent, wenn auch um den Preis, dass er die lächerliche Ansicht vertritt, die Briten hätten nur erobert, um die Dekolonisierung zu planen. Margery Perham ist vorsichtiger und weniger konsequent. Bei der Bestimmung des Zeitpunkts, an dem das imperiale Großbritannien die Gewährung der Selbstverwaltung als eine Möglichkeit ins Auge fasste, rückt sie sehr viel näher an das Ende der Kolonialzeit heran.

Wenn die Zulassung von Afrikanern zu den gesetzgebenden Verwaltungen der Vorbereitung auf die Selbstverwaltung und auf die Unabhängigkeit gedient hätte, dann sollte das britische Programm des erzieherischen Wohlwollens spätestens in den 1920er-Jahren begonnen worden sein. Perham räumt jedoch ein, dass die Kolonialverwaltung frühestens in den 1930er-Jahren in diesem Sinne wirklich aktiv wurde und Großbritannien erst nach dem Zweiten Weltkrieg mit der zeitlichen Planung der Entlassung in die Unabhängigkeit begann. »Erst der Krieg und seine Auswirkungen [...] haben eine tiefe Wandlung in der britischen Einstellung bewirkt, sowenig dies auch den kolonialen Regierungen zum Bewusstsein gekommen sein mag, solange sie nicht vor konkrete Entscheidungen gestellt wurden«, schreibt sie.[4] Damit wissen wir also, dass es nach 1944

4 Anm. d. Ü.: Ebd., S. 57.

zu einer *Veränderung* kam, es also vorher keine *Politik* gegeben haben kann, die die Unabhängigkeit in Betracht zog, und dass diese Veränderung auch nach 1944 erst dann wirksam wurde, als die Kolonialbehörden vor »die Entscheidung« gestellt wurden: nämlich, was mit dem großen afrikanischen und asiatischen Teil der Menschheit geschehen solle, die der kolonialen Oberherrschaft gesagt hatten: »Es reicht!«

In Teilen ihres Werkes gibt Perham vorbehaltlos zu, dass »der Antikolonialismus und Antiimperialismus die jüngste Phase der Reaktion der übrigen Welt gegen die lange Vorherrschaft des Westens darstellt«. Sie räumt den grundsätzlichen Wunsch aller Völker nach Freiheit ein und verwendet sogar den Ausdruck »Wiedererlangung der Unabhängigkeit« in Bezug auf die Bewegung für afrikanische Souveränität am Ende der 1950er-Jahre. Bei der Lektüre mehrerer Texte dieser britisch-kolonialen historiografischen Schule stoßen wir auf dieselbe Ambivalenz und Widersprüchlichkeit. Auf der einen Seite finden sich vage und weitreichende Behauptungen, dass die Britinnen die Afrikaner schon sehr früh auf die Unabhängigkeit oder Selbstverwaltung vorbereitet hätten. Andererseits wird bei konkreteren Aussagen nie ein früheres Datum als die Nachkriegsepoche als der Zeitpunkt genannt, an dem eine bewusste Politik ins Leben gerufen wurde; und (etwas versteckter) wird zugegeben, dass die Initiative für den Wandel von den kolonisierten Völkern ausging.

Sir Arthur Creech-Jones gab 1948 als Staatssekretär für die Kolonien die erste öffentliche politische Erklärung ab, wonach das zentrale Ziel der britischen Kolonialpolitik darin bestehe, die Kolonialgebiete zu einer verantwortungsvollen Selbstverwaltung innerhalb des Commonwealth zu führen. Von der hier besprochenen britischen kolonialistischen Schule der Geschichtsschreibung wird diese Erklärung häufig zitiert und Perham legt großen Wert auf die Rolle der Labour Party in dieser Hinsicht. Angesichts der Erfahrungen mit Indien, Ceylon und Burma hätten die britischen Entscheidungsträger offenbar das Ziel einer späteren afrikanischen Selbstverwaltung innerhalb des Commonwealth und die rasche und vollständige verfassungsmäßige Unabhängigkeit in Erwägung gezogen, die Afrika tatsächlich erlangen sollte. Es soll hier gezeigt werden, dass sich die Vorstellungen einiger britischer Politiker im Jahr 1948 von der Art und dem Ausmaß der Unabhängigkeit und dem Zeitpunkt ihrer Erlangung erheblich von dem unterschieden, was in den folgenden Jahren tatsächlich geschah.

Die drastischsten Belege dafür, dass der Ablauf der konstitutionellen Veränderungen in den 1960er-Jahren im Wesentlichen von den Afrikanerinnen und nicht von den Briten bestimmt wurde, finden wir in den Äußerungen von Kolonialbeamten bis zum Vorabend dieser Veränderungen – Äußerungen einer gesegneten Unwissenheit vom drohenden Ende des Kolonialismus. 1947 sprach Burns in seiner Eigenschaft als Gouverneur der Goldküste vor einem Seminar von Kolonialbeamten in Oxford. Er begann wie folgt:

> »Man hat mich gebeten, heute Morgen zu Ihnen über die Zukunft des Kolonialdienstes zu sprechen, wie er sich meiner Meinung nach entwickeln muss, wenn er den wachsenden Anforderungen gerecht werden soll, die in den nächsten 20 oder 30 Jahren an ihn gestellt werden [...]. Es ist sogar vermutet worden, unser Empire könne sich dem Ende zuneigen, unsere Kolonien seien nun bestrebt und bereit, auf eigenen Füßen zu stehen, und es werde bald keinen Bedarf mehr für einen kolonialen öffentlichen Dienst geben. Ich glaube das nicht.«

Praktisch sämtliche dieser Aussagen, dass Großbritannien ab Ende der 1940er-Jahre die Gewährung einer afrikanischen Selbstverwaltung ernsthaft in Erwägung gezogen habe, wurden im Nachhinein angesichts der Realität eines unabhängigen Ghanas und anderer vergleichbarer Entwicklungen getroffen. So erklärte Sir Charles Jeffries im Jahr 1960, an der Goldküste sei »das Menetekel an der Wand« schon 1947 erschienen, und gestand, dass er es nicht gesehen habe. Seinen Mangel an Wahrnehmung rechtfertigte er damit, dass es sich um ein allgemeines Phänomen gehandelt habe. So habe auch Martin Wight, ein »Experte« für koloniale Verfassungen, noch 1947 geschrieben, die Verfassung der Goldküste von 1946 würde Jahrzehnte überdauern! Während Wight, Jeffries, Burns und Creech-Jones also über eine Selbstverwaltung vielleicht am Ende dieses Jahrhunderts nachdachten, gingen die Menschen an der Goldküste 1948 auf die Straße und machten diese Pläne zunichte. Das gleiche Bild ergibt sich für andere Kolonialgebiete, die später eine sehr dynamische Rolle im Unabhängigkeitskampf spielten. Zu Nigeria schrieb Sir Hugh Foot: »1945 dachten viele, Nigeria könne höchstens auf eine Fortsetzung der väterlichen Verwaltung hoffen, auf ein paar Jahrzehnte des Abwartens, höchstens auf eine langsame und stetige Weiterentwicklung der Politik der indirekten Herrschaft.«

Britische Kolonialhistoriker würden fast ausnahmslos Perham zustimmen, dass sich die nationalistischen Bewegungen mit »unerwarteter Geschwindigkeit und Kraft« entwickelten. Von der Schule des kolonialen erzieherischen Wohlwollens wird diese Tatsache damit wegerklärt, dass sie nicht im Widerspruch zur Substanz der britischen Pläne stehe, sondern »lediglich eine Frage des Timings« sei. Das ist jedoch eine sehr schwache Rationalisierung, denn das Tempo des Wandels wurde durch die Bemühungen der Kolonisierten so drastisch beeinflusst, dass der Führer in Wirklichkeit geführt wurde. Es wäre naiv und antihistorisch, die Rolle der Kolonisierten in den letzten Jahren des Kolonialismus zu übersehen.

Gouverneure wie Arden-Clarke, Renison, Turnbull und Hugh Foot leiteten die Auflösung des britischen Empire mit unbestreitbarem Geschick, aber es bleibt äußerst fraglich, ob sie die Entwicklung zur Unabhängigkeit anführten und anleiteten oder ob sie sich nicht vielmehr mit einer Realität zu arrangieren versuchten, die sie nicht hatten kommen sehen.

Von besonderer Bedeutung ist hier in der Regel das Beispiel der Entstehung Ghanas aus der Goldküstenkolonie. Dort lassen sich die frühesten Pläne und Reaktionen des britischen Kolonialismus gegenüber dem afrikanischen Nationalismus erkennen. Die Ereignisse in Ghana bis 1957 lassen sich nicht einfach mit den Ereignissen vergleichen, die 1966 zur Unabhängigkeit von Lesotho oder sogar schon 1962 zu der von Uganda oder 1961 zu der von Sierra Leone führten. Denn in den späteren Phasen der Dekolonisierung blieb den Kolonialherren viel mehr Zeit, sich neu zu orientieren und wieder die Initiative zu ergreifen. Die detaillierte Geschichte der Goldküste von 1947 bis 1957 ist eine Geschichte des britischen Zauderns in der Frage der verfassungsmäßigen Unabhängigkeit. Erst die Unruhen von Arbeiterseite führten zu Einrichtung der Coussey-Kommission; die Forderung nach »Selbstverwaltung jetzt« bedeutete sehr viel mehr als eine Selbstverwaltung in ferner Zukunft; und der Sprung von der Selbstverwaltung zur Unabhängigkeit war ebenfalls, aus britischer Sicht, ein großes Zugeständnis. Die Abfolge der Ereignisse ist unvereinbar mit der Vorstellung, in diesem Prozess sei das zentrale Ziel der britischen Kolonialpolitik zum Ausdruck gekommen.

Britische Kolonialhistoriker führen durchweg die uneigennützigsten Motive für den britischen Kolonialismus in Afrika an. In ihren Interpretationen der britischen Dekolonisierung betonen sie ausschließlich den Faktor des guten Willens und ziehen niemals die Möglichkeit eines Eigeninteresses in Betracht. So schreibt Margery Perham,

##»dass Großbritannien nirgends, mit Ausnahme der Gebiete mit weißer Besiedlung, auch nur versucht hat, das Verlangen nach Unabhängigkeit zurückzuweisen, sobald die Regierung davon überzeugt war, dass dahinter wirklich politische Kräfte von Gewicht standen. Das Problem bestand ausschließlich darin, den rechten Zeitpunkt zu finden. Die englischen Regierungen wünschten im Bewusstsein ihrer Verpflichtung gegenüber den Minoritäten, dass sich die Übertragung der Macht in stufenweiser Abfolge und in geordneten Formen vollziehe.«[5]

Eine Überprüfung der vermeintlich philanthropischen Gründe für die Kolonisierung Afrikas würde die Glaubwürdigkeit dieser Argumentation sofort infrage stellen, und was dann noch von ihr übrig bliebe, würde von den *britischen Manövern* in der Zeit, in der die Afrikanerinnen auf ihre Unabhängigkeit drängten, widerlegt werden. Warum wurden so viele

5 Anm. d. Ü.: Ebd., S. 75.

Anführer des afrikanischen Nationalismus ins Gefängnis geworfen? Was ist mit den Versuchen, den Charakter der Regime, die die unabhängigen afrikanischen Staaten regieren sollten, zu beeinflussen? Ohne ins Detail zu gehen, lässt sich Sansibar als eklatantes Beispiel dafür anführen, wie die Briten versuchten, die Gewährung der Unabhängigkeit zu manipulieren, um den Willen der afrikanischen Mehrheit zu vereiteln und die lokale Macht in den Händen der zuverlässigen arabischen Elite zu belassen. Die britischen Kolonialisten zogen sich nur zurück, wenn sie herausgefordert wurden. Sie zogen sich aus strategischen Gründen zurück, um ihre eigenen Interessen zu wahren und so viel wie möglich zu erhalten. Das war ganz natürlich und ist in einer solchen politischen Situation auch zu erwarten. Es muss hier nur deshalb klargestellt werden, weil einige Hohepriesterinnen etwas anderes behauptet haben.

Britische kolonialistische Autoren, die sich mit der Zeit der Dekolonisierung in Afrika befassen, bemühen ständig die Begriffe »Mandat«, »Treuhandschaft«, »Wohlfahrt« und »Entwicklung«, um die wesentlichen Ziele der Kolonialherrschaft zu beschreiben. Einige der Akteure im Kolonisierungsdrama hatten von Anfang an solche Ansprüche erhoben – insbesondere Livingston mit seiner Betonung von Christentum und Handel und Lord Lugard in seiner These vom *Dual Mandate* (Doppelmandat). Doch erst nach dem letzten Krieg wurde in den politischen Erklärungen das Wohlergehen der Menschen in Afrika durchgängig als eine der Motivationen der Kolonialherrschaft genannt, was mit der Einrichtung des Colonial Development and Welfare Fonds (C. D. & W.) zusammenfiel. Sir Alan Burns fügt diese Sorge der Briten um die wirtschaftliche Unabhängigkeit Afrikas der Liste von anderen edlen Motiven hinzu. Im Jahr 1957 behauptete er:

##»Wie schon seit vielen Jahrzehnten besteht die britische Politik heute ausdrücklich darin, alle abhängigen Gebiete zur Selbstverwaltung zu führen und in der Zwischenzeit den Völkern der betreffenden Länder die schwierige Kunst der Selbstverwaltung beizubringen und die wirtschaftliche Lage eines jeden Gebiets zu verbessern, damit es in der Lage ist, die Zukunft aus eigener Kraft zu meistern.«

Der C. D. & W.-Fonds wird von den Autorinnen dieser Schule im Allgemeinen als der Beitrag Großbritanniens zum sozioökonomischen Wohlergehen der Kolonien und zu ihrer wirtschaftlichen Selbstversorgung dargestellt. Die Darlehen des C. D. & W. Fonds waren jedoch nicht dazu gedacht, die Kolonien unabhängiger zu machen, und sie haben dieses Ziel auch nicht zufällig erreicht. Die Kredite waren dazu gedacht, bestimmte soziale Dienste und Infrastrukturen in den Kolonien zu entwickeln, um ihr Potenzial im Rahmen des Imperiums zu maximieren. Die Franzosen taten dasselbe mit ihrem Fonds, und so folgten beide Operationen den Überlegungen, die am überzeugendsten 1914 von Kolonialminister

Albert Sarraut formuliert worden waren – einer Politik der *mise en valeur* (Inwertsetzung) oder der wirtschaftlichen Maximierung des Potenzials der Kolonien im Interesse der Metropolen. Großbritannien und Frankreich machten keinen Hehl daraus, dass sie die Kolonien brauchten, um die Metropolen aus der verzweifelten wirtschaftlichen Lage der Nachkriegszeit zu befreien. Zu einem beträchtlichen Teil erfüllten die Kolonien auch diesen Zweck. Aufmerksame Afrikaner hielten das gesamte C. D. & W.-Programm für einen Betrug, der nichts mit der Entwicklung Afrikas und sehr viel mit dem Wohlergehen Europas zu tun hatte. Aber auf jeden Fall hat keiner der britischen Planer jemals behauptet, es gehe um mehr als die Entwicklung der Kolonien und Großbritanniens im Rahmen ihrer *fortbestehenden Verbindung*. Wirtschaftliche Entwicklung als Voraussetzung für politische Unabhängigkeit war nie ein Thema.

Zweifellos hat bisher keine nationalistische Bewegung in Afrika die verfassungsmäßige und rechtliche Unabhängigkeit ausschließlich durch den bewaffneten Kampf erreicht – nicht einmal Algerien. Abgesehen von Algerien und vielleicht Kenia lässt sich noch nicht einmal sagen, dass Gewalt in irgendeiner Kolonie eine besonders große Rolle spielte. Trotzdem wäre es irreführend, die Unabhängigkeitsbewegungen als gewaltlos zu bezeichnen. Die Betonung der Gewaltlosigkeit übersieht die Tatsache, dass der Begriff der Gewalt in jedem operativen Sinne auch die Androhung von Gewalt und das Beispiel von Gewalt einschließt. Und innerhalb des kolonialistischen Lagers wird absichtlich zusätzliche Verwirrung gestiftet, um die Tatsache zu verschleiern, dass der Kolonialismus selbst eine kaum weniger verhüllte Form von Gewalt war als die Sklaverei.

Mit Gewalt wurde der Kolonialismus Afrika aufgezwungen und mit Gewalt wurde er aufrechterhalten. Landraub war Gewalt, Zwangsarbeit war Gewalt, Steuereintreibungen waren Gewalt. Gewisse juristische Fiktionen, die von der kolonisierenden Macht verbreitet wurden, deckten die Nacktheit der gewaltsamen kolonialen Unterdrückung nur mit einem knappen Mäntelchen zu. Wenn die Kolonisierten der juristischen Fiktionen von »Recht und Ordnung« unterworfen wurden, bekamen sie es mit dem Riot Act und der Kolonialpolizei zu tun. Sollten die einheimischen Kräfte nicht ausreichen, wurde ein Kanonenboot mit Truppen an Bord eingesetzt. Trotz alledem kam es in den Kolonien immer wieder zu Gewalttätigkeiten im Zusammenhang mit Aktionen von Arbeitern und Bäuerinnen wie Streiks und Boykotts. Von ihnen gab es in den Jahren zwischen den Kriegen und in der Nachkriegszeit genug, um die Kolonialisten äußerst besorgt zu machen.

Es versteht sich, dass die nationalistischen und antikolonialistischen Kräfte innerhalb und außerhalb des afrikanischen Kontinents auf diese Beweise für den afrikanischen Widerstand gegen die europäische Ausbeutung aufmerksam machten, der die Form von Streiks und gewaltätigen Demonstrationen annahm. Aber auch kolonialistische Historiker, insbesondere solche mit eigenen Erfahrungen in der Verwaltung, waren sich dieses Phänomens durchaus bewusst. Burns widmete in seinem Buch »Colonial Civil Servant« ein Kapitel den »Kriegen und Unruhen«. Er wies auf die Bedrohlichkeit der Egba-Rebellion im Westen Nigerias im Jahr 1918 und der Aba-Frauenaufstände im Osten Nigerias im Jahr 1929 hin. Er räumte ein, dass »die Goldküste einen schlechten Ruf wegen der Kriege und Unruhen hat, von denen sich einige gegen die ausländische Regierung richteten«. 1942 war er amtierender Gouverneur von Nigeria, als die Gewerkschaften gegen die Regierung mobilmachten, und rief im Radio in einer dieser typischen Gouverneursansprachen zu »Vernunft« und »Loyalität« auf, um gleichzeitig zu versprechen, dass er seine »Pflicht« tun müsse, falls jemand es wagen sollte zu streiken. Die zunehmende Intensität solcher Streiks und Auseinandersetzungen nach dem Krieg muss zwangsläufig in das britische Kalkül eingeflossen sein, wie lange der unverhüllte Kolonialismus noch Bestand haben könnte.

Die Erlangung der verfassungsmäßigen Unabhängigkeit in irgendeinem afrikanischen Territorium muss mit der Erlangung der Unabhängigkeit in anderen Teilen des Kontinents und in Asien in Beziehung gesetzt werden. Nur so lässt sich feststellen, inwieweit die sogenannte friedliche Machtübergabe wirklich friedlich und dem Wohlwollen der Kolonialherren geschuldet war und in welchem Maße es sich um eine ihnen durch drohende Gewaltausbrüche aufgezwungene Option handelte – seien es Fälle von Gewalt in anderen Kolonien oder die Gefahr von gewalttätigen Aktionen, wie sie in jeder nationalistischen Bewegung schlummert, die das Volk zu einer einzigen entschlossenen Kraft geformt hat. So ist zum Beispiel offensichtlich, dass Frankreich aus den Niederlagen in Vietnam gelernt hatte, besser ganz Indochina »friedlich« aufzugeben, als an weiteren Dien Bien Phus zugrunde zu gehen. In Afrika wiederholten die Franzosen ihr rücksichtsloses Vorgehen und mussten feststellen, dass der nationale Befreiungskrieg den französischen 100-Franc-Schein auf ein Stück wertloses Papier zu reduzieren drohte und die Nationalversammlung in Paris bereits mit einer Serie von Springteufel-Premierministern beglückt hatte. Es bestand eindeutig ein Zusammenhang zwischen den erfolglosen französischen Unterdrückungskriegen in Algerien und den hastigen Bemühungen, akzeptable afrikanische Regierungen in Westafrika zu etablieren.

Was die Briten anbelangt, so wurden sie in Asien von Malaya heimgesucht und in Afrika bekamen sie vom Beispiel Kenias Durchfall. Sicherlich, sie konnten die *Land and Freedom Army* im Mau-Mau-Krieg besiegen, aber zu welchem Preis! Imperialismus ist kein Imperialismus, wenn die Unterdrückung der Ausgebeuteten mehr kostet, als die Imperialisten aus der Kolonie herausschlagen können. Die Briten hielten es daher für vernünftig, die afrikanische Unabhängigkeit auf den Weg zu bringen, statt noch mehr Mau-Mau-Aufstände zu riskieren. Selbst im weit entfernten Britisch-Guayana konnte die Volksbewegung der 1950er-Jahre einen gewissen Druck auf die Briten ausüben, indem sie ihnen mit Mau Mau drohte.

Indien wird oft als klassisches Beispiel für die gewaltlose Übertragung der Macht von der imperialen Macht auf die einheimischen nationalistischen Kräfte angeführt. Es sollte jedoch nicht vergessen werden, dass es in Indien eine starke Strömung meuternder Soldaten und andere politische Traditionen gab, die sich der Gewaltlosigkeit Gandhis widersetzten. Die Briten zogen sich sowohl vor der Bedrohung durch Millionen von Indern zurück, die friedlich auf den Straßen und Schienen lagen, als auch vor der Möglichkeit, dass sie aufstehen und zurückschlagen könnten, angesichts des Beispiels jener Nationalisten, die vor und während des Zweiten Weltkriegs britisches Leben und Eigentum angegriffen hatten. Einen Einblick in diese Situation und ihre Bedeutung für Afrika gibt W. R. Crocker in seinem Buch »Self-Government for the Colonies« (Selbstregierung für die Kolonien) aus dem Jahr 1949.

Crocker war ein Kolonialbeamter in Afrika und teilte viele der allgemeinen Annahmen seiner Berufsgruppe. Allerdings setzte er deutlich andere Schwerpunkte als Burns, unter dem Crocker eine Zeit lang gearbeitet hatte. Mit seinem Buch versuchte er, seinen Landsleuten die Kraft des Nationalismus zu erklären, wie er sie in den Kolonien sah. Er konfrontierte sie mit der Frage »Unterdrücken oder Zugeständnisse machen?« und der zweifelhaften Erfolgsaussicht von Unterdrückung:

> »Aus Indien haben wir gelernt, dass eine ausufernde nationalistische Mobilisierung bis zum Zusammenbruch einer Regierung führen kann – oder so nahe an einen Zusammenbruch, dass sich Recht und Ordnung und wesentliche soziale Maßnahmen nicht mehr durchsetzen lassen.«

Crocker verwies auch auf die Kosten und Schwierigkeiten bei der Niederschlagung der frühen bewaffneten afrikanischen Unabhängigkeitsbewegungen in Algerien in den 1920er-Jahren und auf Madagaskar 1946 sowie auf den Volkskrieg in Indochina. Außerdem habe sich die internationale Lage verändert, und er warnte davor, dass Westeuropa nicht mehr die Macht und den Willen zur Unterdrückung habe. Daher sei es unerlässlich, »Zugeständnisse zu machen«, und er erklärte:

> »Mit ›Zugeständnissen‹ meine ich, die Existenz und die Realität der nationalistischen Bewegung ernst zu nehmen und uns darum zu bemühen, sie zu kontrollieren, zu lenken und mit ihr zu konkurrieren,

> und zwar bis zu dem Zeitpunkt, an dem die Macht mit der begründeten Aussicht übertragen werden kann, dass der unterwürfigen Mehrheit kein ungebührliches Leid zugefügt wird, oder bis zu dem Zeitpunkt, an dem der Machterhalt nicht mehr praktikabel ist.«

Abgesehen von der großzügigen Besorgtheit um das Wohlergehen der »unterwürfigen« Kolonisierten kommt die obige Aussage wirklich zur Sache. Crocker geht noch weiter ins Detail und warnt, dass die Unterdrückung der Aufwieglerinnen diese nur noch populärer machen würde und es gefährlich sei, die afrikanischen Forderungen nach Unabhängigkeit zu lange zu ignorieren. Crocker war zwar ein Liberaler unter den Reaktionären, aber er war nicht progressiver als sie – er sprach nur offen aus, was die Kolonialisten taten, während andere versuchten, die Hyäne als harmlose Ziege darzustellen. Was Margery Perham mit der Formel von der »Machtübergabe« zu verbergen versucht, stellt er mit seiner Definition von »Zugeständnissen« bloß. Er war sich bewusst, dass die konstitutionelle Unabhängigkeit Indiens und Birmas die Bindungen zwischen diesen Gebieten und Großbritannien nicht geschwächt hatte. Das Problem war nur, wie und wann man abtreten sollte, um das Beste aus der Situation zu machen:

> »Die schwierige Frage, wann und wie in einem bestimmten Gebiet die Autorität abgegeben werden sollte, wird die höchsten politischen Qualitäten erfordern [...] Aber die englische Geschichte ist in vielerlei Hinsicht eine Geschichte des politischen Genies [...] Wenn die Briten ihrem Genie treu bleiben, kann das britische Kolonialproblem gelöst werden.«

Die Beschränkungen dieser britischen kolonialistischen Schule von Historikerinnen sind vielfältig. Die meisten von ihnen ergeben sich logisch aus der bürgerlichen Weltanschauung. In keinen ihrer Schriften fehlt es an Hinweisen auf die Sowjetunion und den Kommunismus. Explizit und implizit wird anerkannt, dass ihre Interpretation der Geschehnisse in Afrika Teil des Kampfes ist, der darüber entscheidet, ob der Kapitalismus oder der Sozialismus triumphieren wird. Ein interessanter Nebenschauplatz, zu dem viele dieser Autoren abschweifen, ist die Diskussion der »kolonialen« und »nationalen« Frage in Bezug auf die Sowjetunion. Sie wollen zeigen, dass es innerhalb der Sowjetunion zur Ausbeutung nichtrussischer Völker durch Russland kam, um damit Afrika vor dem sowjetischen Wolf zu warnen.

Es versteht sich von selbst, dass die britische kolonialistische Schule von den rassistischen Vorurteilen der Metropolen geprägt ist. Am deutlichsten zeigen sie sich in ihrer Beschäftigung mit dem vorkolonialen

Afrika, aber auch in ihrer Analyse der Dekolonisierung sind sie durch die bevormundende Art der Darstellung vorhanden. In vielen der bereits zitierten Aussagen sind diese Vorurteile implizit enthalten und im Allgemeinen sind sie bekannt genug, um hier nicht weiter auf sie eingehen zu müssen.

Bei der Hervorhebung der wesentlichen Merkmale dieser Art von Forschung sollte berücksichtigt werden, dass sie von der politisch herrschenden britischen Elite betrieben wird, die bürgerlich, aber mehr als nur bürgerlich ist. In der gesamten britischen Geschichte sind Klassen und Klassenwerte auf der Ebene der politischen Elite in einer ganz besonderen Weise interpretiert worden. Das englische Bürgertum hat den Feudaladel teilweise verdrängt, teilweise aber auch absorbiert und dessen Verhaltensweisen und Normen übernommen. Die Autoren, die der Schule des kolonialen erzieherischen Wohlwollens zuzurechnen sind, waren fast alle irgendwann einmal Kolonialbeamte und gehörten auf jeden Fall zur politisch herrschenden Klasse. Eines der Kennzeichen dieser Wissenschaft ist die Verwendung des königlichen »Wir« – womit wohl kaum das britische Volk als Ganzes gemeint ist, sondern die politischen Entscheidungsträgerinnen. Sie machen sich kaum die Mühe, die wirtschaftliche Ausbeutung der Kolonien zu erwähnen, die durch die Herrschaft der Metropole gesichert werden sollte, und es steht zu vermuten, dass sie die wirtschaftliche Realität des Kolonialismus oft nicht kannten oder ihr gleichgültig gegenüberstanden. Wie dem auch sei, dieser Interpretationsschule geht es vor allem darum, sich als zuverlässige herrschende Klasse zu rechtfertigen – sowohl im praktischen als auch im moralischen Sinne.

Letztlich ist der Wert der hier besprochenen Schriften praktisch gleich null. Aufgrund ihrer engen Fokussierung auf die konstitutionelle Dekolonisierung lassen sie andere Formen der Integration zwischen den Kolonien und der Metropole im wirtschaftlichen Bereich völlig außer Acht. Indem sie sich auf die britischen Aktivitäten konzentrieren, können sie uns nichts über die afrikanische Beteiligung und die Rolle der Afrikanerinnen sagen. Es gibt einige Hinweise darauf, dass sie die Klassenspaltungen innerhalb der nationalistischen Bewegungen wahrgenommen haben, und ganz unabhängig von ihrer eigenen Klassenperspektive wäre es interessant zu erfahren, wie die britischen Machthaber darüber gedacht haben. Solche Fragen werden jedoch einfach ausgeklammert.

Zu der spezifischen Frage der konstitutionellen Dekolonisierung, die als britische Aktivität projiziert wird, erzählt uns die Schule des kolonialen erzieherischen Wohlwollens nichts von dem Gezerre und Drängeln in den kritischen Jahren, als die Frage der afrikanischen Unabhängigkeit tatsächlich ein politisches Spiel war. Britische kolonialistische Autorinnen können nichts Sinnvolles über den Prozess sagen, weil sie sich von vornherein zu der Behauptung verschworen haben, es habe sich um nichts anderes als die gnädige Vernünftigkeit von Großbritannien gehandelt. Mit dieser Herangehensweise landen wir bei einer »Wissenschaft«, die nicht einmal die »Fakten« retten können, die von der bürgerlichen Empirie zutage gefördert werden. Sie verrät uns gar nichts. Auf Schritt und Tritt ist die Rede von Treuhandschaft, Mandat, Führung, Partnerschaft, Übertragung – wie beruhigende Musik für Milchkühe.

Wie eingangs festgestellt ergibt sich die Verpflichtung, sich kritisch mit der Schule der britischen kolonialistischen Historiker auseinanderzusetzen, aus der großen Popularität, die sie genießt. Unter den europäischen Gelehrten in der Metropole bildet sie wahrscheinlich immer noch die Mehrheit und eine einflussreiche neokolonialistische Schule arbeitet daran, die alten Interpretationen auszubessern und aufzupolieren, nachdem einige der anstößigsten und unverkäuflichsten Punkte über Bord geworfen wurden. Außerdem ist eine historische Sichtweise nicht das Eigentum von Historikerinnen. Sie ist der Ausdruck von klassenspezifischen, nationalen, rassialen und anderen Vorannahmen und verstärkt diese wiederum. Die große Mehrheit der Engländer wird sich nie mit afrikanischer Geschichte befassen, aber wann immer sie meinen, etwas zu Afrika oder den Afrikanerinnen sagen zu müssen, werden sie in ihren Bewertungen von der kolonialistischen Geschichtsinterpretation beeinflusst sein.

Angeblich im neuen Geist der Unabhängigkeit haben afrikanische Historiker begonnen, Texte für Schulen zu verfassen, manchmal in Zusammenarbeit mit Weißen, die sehr stark an die alten kolonialen Strukturen gebunden sind. So tat sich Joseph Anane aus Nigeria mit Godfrey Brown zusammen, um »West Africa in the Nineteenth and Twentieth Centuries« (Westafrika im 19. und 20. Jahrhundert) herauszugeben, und beauftragten W. E. F. Ward, einen ehemaligen Bildungsbeauftragten des britischen Kolonialamtes, mit einem Kapitel über die »Kolonialherrschaft in Westafrika«. Verständlicherweise sprach Ward im Namen seines eigenen Landes und seiner Klasse und ließ den Mythos des Kolonialen-erzieherischen wieder aufleben:

> »Als ich 1924 in den britischen Kolonialdienst eintrat, lautete der modische Slogan ›Treuhandschaft‹: Mir wurde gesagt, Westafrika sei noch nicht reif für die Selbstverwaltung, werde es aber eines Tages sein. In der Zwischenzeit befände sich Großbritannien in der Position eines Treuhänders und ich solle meine Arbeit als einen Beitrag begreifen, der Afrika dabei hilft, die Regierung in die eigenen Hände zu nehmen [...] Wir sollten uns durch unsere Arbeit selbst überflüssig machen, auch wenn nicht behauptet werden kann, dass alle von uns sich dessen bewusst waren oder dass alle, die sich dessen nicht bewusst waren, diese Idee guthießen.«

Der letzte Satz ist ein typisches Stück Doppelzüngigkeit. Das »Wir« bedeutet einfach, dass der Unterdrücker weiterhin die Geschichte für die Unterdrückten schreibt.

In Ostafrika ist das von Gideon Were und Derek Wilson verfasste Buch »East Africa Through a Thousand Years« (Ostafrika im Laufe von tausend Jahren) in gewisser Weise das Gegenstück zum Band von Anane und Brown – Were ist Kenianer und Wilson ein englischer Geschichtslehrer an einer für weiße Siedler eingerichteten Schule in Nairobi. In diesem Fall besteht das Problem jedoch nicht darin, dass irgendein britischer Kolonialist beteiligt wird, sondern dass eine kohärente kolonialistische Sicht auf die Dekolonisierung vorgetragen wird, was noch gefährlicher wird, weil sie sich unter dem Namen eines afrikanischen Historikers einschleicht.

»East Africa Through a Thousand Years« übernimmt vollständig den Bezugsrahmen der britischen kolonialistischen Historikerinnen, in dem Verfassungsfragen im Mittelpunkt des Dekolonisierungsprozesses standen. Afrikanischen Schulabgängern wird die Vorstellung vermittelt, »der Weg zur Unabhängigkeit« habe in Tanganjika 1945 begonnen, als zwei afrikanische Mitglieder in den Legislativrat aufgenommen wurden. Were und Wilson übernehmen die Auffassungen von Burns und Perham, wenn sie schreiben:

> »Das Hauptanliegen der britischen Regierung bestand darin, dass jeder neue Staat für die Unabhängigkeit *bereit* sein sollte, das heißt, dass es sich um eine stabile, von der Bevölkerung akzeptierte Regierung unter einer klugen und fähigen Führung handeln sollte.«

Muss eine weitere Generation afrikanischer Jugendlicher aufgefordert werden, solche europäischen Märchen zu schreiben und an sie zu glauben?

The British Colonialist School of African Historiography and the Question of African Independence, Seminar, Oktober 1971.

Bildung im kolonialen Afrika

DIE ABSCHOTTUNG ZWISCHEN den Fachgebieten hat sich in den Strukturen der bürgerlichen Universitäten dermaßen verfestigt, dass Geistes- und Sozialwissenschaftlerinnen höchstens Lippenbekenntnisse zum Konzept der interdisziplinären Ansätze abgeben können. Es hat den Anschein, dass die Pädagogik als Fach oder Fakultät in ganz besondere Weise von anderen Disziplinen entfremdet und abgeschnitten ist. Jedenfalls bezieht das wenige, was zur Frage der Entwicklung geschrieben wurde, den Aspekt der Bildung kaum mit ein. Und umgekehrt sind Erziehungswissenschaftler, die über Bildung in »Entwicklungsländern« schreiben, nicht willens oder nicht in der Lage, diese mit der Veränderung der Gesellschaft als Ganzes zu verbinden. Die Aufnahme des Themas in diese Seminarreihe zeugt von seiner grundlegenden Bedeutung für die politischen, wirtschaftlichen und kulturellen Veränderungen, die in Afrika in den letzten acht oder neun Jahrzehnten stattgefunden haben.

In den Versuchen, eine »Bilanz« der Kolonialzeit in Afrika zu ziehen, wird ausnahmslos sofort der Bau von Schulen als ausschlaggebendes Argument angeführt, das für den fürsorglichen Charakter des Kolonialismus spricht. Es wird nicht versucht zu erklären, wie dies Afrika und den Afrikanerinnen zugutekam oder sie entwickelte, aber das Argument wirkt sehr überzeugend, weil allgemein davon ausgegangen wird, dass die westliche Bildung per se etwas Gutes sei. Die Afrikaner haben das geglaubt und die große Mehrheit glaubt es noch immer. Schließlich ist jemand, der auf diesem Kontinent eine Schulbildung genossen hat, deutlich besser dran als jemand, der nicht auf eine von Europäern eingerichtete Schule gegangen ist. Ebenso offensichtlich ist, dass die Führung der politischen Parteien, die die Unabhängigkeit anstrebten, hauptsächlich aus der Bildungselite stammte. In diesem Sinne scheint die europäische Bildung der Kolonisierten ein entscheidender Faktor für die politische Entwicklung gewesen zu sein. Dennoch gibt es vielleicht keine Sache, über die sich bewusste Afrikanerinnen so sehr aufregen können wie die koloniale Bildung. Der Weg zu einem politischen Bewusstsein führt in Afrika in den meisten Fällen zu einer Anprangerung von Missionaren, Kolonialschulen, Shakespeare und Kulturimperialismus. Wenn du sie darauf ansprichst, wird jede Afrikanerin, die unter dem kolonialen System erzogen wurde, aus eigener Erfahrung auf zahlreiche Unstimmigkeiten mit den Lehrplänen, dem Lehrkörper und den Verfahren an den Schulen hinweisen, die sie oder er besucht hat. Tatsächlich gibt es bei denselben Personen oft die Ambivalenz von Stolz auf die schulischen Leistungen einerseits und Selbstgeißelung andererseits, weil sie sich dem rassistischen kolonialistischen Bildungsprogramm unterworfen hatten.

Erst in den 1920er-Jahren wurde die Bildung in Afrika von den Kolonialmächten systematisch angegangen.[1] Zu diesem Zeitpunkt waren auf dem gesamten Kontinent Kolonialverwaltungen eingerichtet und eine Reihe von wirtschaftlichen Aktivitäten in Gang gesetzt worden, die darauf abzielten, Überschüsse für die Metropolen zu erzielen.

Ein kleiner Teil dieser Überschüsse wurde in die Bildung gesteckt, damit Afrikanerinnen für bestimmte Arbeiten auf den untersten Ebenen der Wirtschaft und der Verwaltung zur Verfügung standen. Für diese Positionen als Boten, Sekretärinnen, Polizisten usw. war lediglich eine Grundschulausbildung erforderlich, aber es mussten auch afrikanische Lehrerinnen und eine Handvoll Afrikaner ausgebildet werden, die ausreichend in die europäische Lebensweise eingeweiht waren, um die Erfahrungen an ihre Brüder und Schwestern weiterzugeben und in Kirche, Staat und privaten Unternehmen als Vermittler zwischen der europäischen Hierarchie und den afrikanischen Massen zu fungieren. So entstand ein bescheidenes Maß an Sekundarschulbildung, Lehrerausbildung und in wenigen Fällen sogar einer Universitätsausbildung.

Die koloniale Bildung diente der Entwicklung des »modernen« Sektors in Afrika – Bergbau, Landwirtschaft und Handel mit Europa. In der Praxis bedeutete dies die Entwicklung Europas und die Unterentwicklung der afrikanischen Wirtschaft. Wir sollten nicht vergessen, dass Afrika vor dem europäischen Einfluss über ein eigenes indigenes Bildungssystem verfügte.[2] Dieses System verschwand nicht einfach, sondern erlitt die gleiche Schrumpfung und den gleichen Verlust an Vitalität wie die »traditionelle« Wirtschaft. Das Verschwinden der handwerklichen Fertigkeiten bedeutete nichts anderes als das Verschwinden der Bildung, die diese Fertigkeiten zuvor zum Blühen gebracht hatte. Die einheimische afrikanische Bildung verlor ihre führende Rolle in der Gesellschaft in gleicher Weise, wie die traditionelle Wirtschaft von der Geldwirtschaft verdrängt wurde. Diejenigen, die sich an der Geldwirtschaft beteiligten, sahen in der europäischen Bildung die Möglichkeit, gesellschaftlich aufsteigen zu

1 Mitte der 1920er-Jahre nahm die Phelps-Stokes-Kommission ihre Arbeit auf und von Großbritannien und Frankreich wurden Untersuchungen durchgeführt, um zielgerichteter Maßnahmen zu entwickeln, die bis dahin nur aus gelegentlichen Bemühungen von Missionaren ohne nennenswerte staatliche Beteiligung bestanden hatten.

2 Eine der besten Erörterungen über die einheimischen afrikanischen Bildungssysteme findet sich in Abdou Moumouni: Education in Africa, New York 1968.

können. So wurde der Sohn eines Landwirts nicht mehr bei ihm auf dem Land in die Lehre geschickt, sondern (wo immer möglich) auf eine Schule, die ihn für eine Rolle in der Geldwirtschaft qualifizierte – vorzugsweise in der Verwaltung, wo das Prestige am höchsten war.

Selbst in den revolutionärsten Perioden hebt die Bildung die Kontinuität derjenigen Aspekte der Gesellschaft hervor, die von den Massen oder der herrschenden Klasse geschätzt werden. Bildung zielt im besten Fall darauf ab, das Potenzial des Einzelnen herauszuarbeiten, damit er seiner eigenen Gesellschaft dienen und seine Umwelt meistern kann. Die koloniale Bildung unterbrach die Bildungsmuster, die diese Funktionen erfüllten, und ersetzte sie durch ein Lernen, das mit dem Fortschritt einer fremden Gesellschaft verbunden war und in der Regel wenig damit zu tun hatte, den Afrikanerinnen die Beherrschung ihrer eigenen Umwelt zu erleichtern. In den letzten zehn Jahren stand die Entwicklung von Lehrplänen in Afrika überall vor dem Problem, dass die Bildungsinhalte des kolonialen Schulsystems bedeutungslos waren. Die Beispiele, die im Schulalltag auftauchten, waren für das afrikanische Kind fremd und irrelevant. Statt auf dem Vorhandenen aufzubauen, hatte die koloniale Schulbildung das Vorhandene zerstört und damit für Jahrzehnte die Lüge etabliert, es habe vorher keine Bildung gegeben. Es geht hier um das grundlegende Bewusstsein eines Afrikaners für seine Umwelt. Vor den Europäern oder in Gegenden, die frei von europäischer Bildung waren, beobachtete ein viehhaltendes Volk seine Tiere mit einer solchen Aufmerksamkeit, dass es in den europäischen Sprachen keine Worte gibt, um die 70 oder 80 Rinderarten zu beschreiben, die beispielsweise eine Zulu oder ein Fulani für notwendig erachtete, um sie zu unterscheiden.[3] Ebenso wurde festgestellt, dass afrikanische Kinder in den Wäldern normalerweise schon früh die Namen von Dutzenden von Bäumen kannten und den europäischen Besucher verwirrten, der ein Blatt nicht von einem anderen unterscheiden konnte.[4] Der Punkt ist, dass ein europäisch gebildeter Afrikaner genauso ein Fremder und Ignorant in seinem eigenen Land war.[5] Diesen Bruch in der Kontinuität der historischen Entwicklung in Afrika bezeichne ich daher als aktive »Unterentwicklung«, die wirtschaftliche, politische und kulturelle Bereiche betrifft.

Wäre die afrikanische Bildung durch etwas ersetzt worden, das für die Menschen in Afrika von größerem Wert gewesen wäre, dann ließe

3 Die Wahrnehmung basierte auf Farben, Mustern und der Form der Hörner. Siehe z. B. Alfred T. Bryant: Olden Times in Zululand and Natal, London 1929, S. 573, 574. Und für einen breiteren und moderneren Überblick zu dieser Frage siehe William Allan: The African Husbandman, Edinburgh 1967.

4 Zu diesem Wissen bei den Bemba vgl. z. B. Audrey I. Richards: Land, Labour and Diet in Northern Rhodesia. Economic Study of the Bemba Tribe, London 1939.

5 Dr. Kofi Busia berichtet, wie seine höhere Schulbildung an der Mfantsipim-Schule in Cape Coast ihn zu einem Fremden gemacht hatte, als er nach einigen Jahren nach Asante zurückkehrte. Vgl. K. A. Busia: Purposeful Education for Africa, Den Haag 1964.

sich vielleicht noch sagen, es sei Afrika zugutegekommen und habe seine Entwicklung gefördert. Es könnte sogar behauptet werden, Afrika habe sprunghaft eine höhere Stufe erreicht, wofür es sehr viel länger gebraucht hätte, wenn der evolutionäre Entwicklungsprozess ohne Unterbrechung angedauert hätte. Das neue Bildungswesen war jedoch in vielerlei Hinsicht mit erheblichen Mängeln behaftet. Zunächst einmal handelte es sich um Bildung für eine winzige Minderheit, die an die Stelle eines zuvor bestehenden Bildungssystems für alle trat. Die quantitativen Beschränkungen der kolonialen Bildung müssen hervorgehoben werden, um die Behauptung der Kolonialisten zu korrigieren, sie hätten Afrika die Bildung gebracht, aber auch um zu verstehen, dass die gegenwärtige Situation in Afrika zutiefst von der Tatsache beeinflusst wird, dass das vom Kolonialismus geerbte Schulsystem unmöglich der Mehrheit der Bevölkerung gerecht werden kann.[6] Es ließen sich massenhaft Zahlen anführen, um zu zeigen, wie wenige Afrikanerinnen von den Kolonialmächten eine Schulbildung erhalten haben. Ein großer Teil der wenigen hatten die Grundschule abgebrochen und nur eine unbedeutende Minderheit hatte eine weiterführende Schule besucht. Es muss hier daran erinnert werden, dass Afrika auch heute noch erschreckende Zahlen von Analphabetismus und unzureichender Schulbildung aufweist, obwohl die unabhängigen Regierungen in zehn Jahren oft mehr getan haben als die Kolonialherren in 75. Eine wirklich afrikanische Bildungspolitik muss daher nicht nur das koloniale Schulsystem erweitern, sondern auch mit seinem bisher geltenden Grundgedanken brechen: die Ausbildung einer Minderheit zur Mithilfe bei der Verwaltungsarbeit.

Die Ausbildung von Afrikanern zur Unterstützung der kolonialen Verwaltung war natürlich nicht nur eine Frage der funktionalen Fähigkeiten, sondern auch der Ideologie. Lernen findet immer innerhalb eines bestimmten ideologischen Rahmens statt. Die Europäer konnten nicht anders, als die Afrikaner innerhalb des aus Europa mitgebrachten bürgerlichen Rahmens zu unterrichten. Die Gewinnung der Afrikanerinnen wurde jedoch nicht dem Zufall überlassen. Die kolonialen Bildungspolitiker arbeiteten bewusst und sorgfältig die Programme aus, die den »loyalen« afrikanischen Diener schaffen sollten. Die Franzosen bezeichneten sie als »Kader« und betonten, dass sie nicht nur als Angestellte, Übersetzerinnen und dergleichen dienen sollten, sondern als aktive Vertreter des französischen Kulturimperialismus unter den afrikanischen Massen.[7]

6 Dieser Punkt wird hervorragend herausgestellt in Julius K. Nyerere: Education for Self-Reliance, Daressalam 1967, unter: www.juliusnyerere.org/resources/view/education_for_self_reliance (dt.: Erziehung zur Selbständigkeit, in: Afrikanischer Sozialismus. Aus den Reden und Schriften von Julius K. Nyerere, Stuttgart 1976, S. 19–39).

7 Vgl. Jerry B. Bolibaugh: French Educational Strategies for Sub-Saharan Africa, Dissertation, Stanford 1964. Insgesamt bestand die Aufgabe der Bildungspolitik also darin, sowohl die Qualifikationen als auch Loyalität zu sichern. In einer kolonialen Verwaltungsverordnung von 1899 für Madagaskar wurde dies ausdrücklich festgehalten: »Die jungen Madagassen zu treuen und

Vielleicht dachte ein weitsichtiger Kolonialist auch an die Ausbildung von Afrikanerinnen, die den Kontinent weiter im Sinne von Europa führen könnten, wenn es einmal die direkte politische Kontrolle abgeben würde. Aber in der Regel wurde davon ausgegangen, dass die gebildete Elite ihren weißen Herren dauerhaft zur Verfügung stehen würde, da kaum ein Kolonialist das Ende der europäischen Herrschaft in Afrika innerhalb dieses Jahrhunderts in Betracht zog.

Ein äußerst interessantes Beispiel für die Art und Weise, wie die Kolonialmächte Bildung als ideologische und praktische Stütze der kolonialen Herrschaft betrachteten, ist die Behandlung der afrikanischen Herrscher und ihrer Söhne. Als Europa seine Herrschaft durchsetze, waren die afrikanischen Herrscher entmachtet worden, behielten aber in den Augen ihrer eigenen Bevölkerung ein unterschiedliches Maß an Autorität; und alle Kolonialmächte nutzten sogenannte Häuptlinge als Repräsentanten innerhalb ihrer Verwaltungssysteme. Für Frankreich war dies so wichtig, dass sie den Häuptlingen vorschrieben, ihre Söhne zur Schule zu schicken, damit diese Schicht innerhalb der afrikanischen Gesellschaft die gleichen Perspektiven entwickeln konnte wie gebildete Afrikaner aus anderen Schichten. Logischerweise erwartete Frankreich von allen, die bei der Verwaltung des afrikanischen Territoriums im Namen Frankreichs halfen, dass sie eine von den Franzosen selbst festgelegte ideologische Sichtweise haben sollten. Auch die Engländer hielten die Ausbildung ihrer »indirekt regierenden« Häuptlinge für vorrangig und eröffneten Schulen für afrikanische Herrscher in Bo in Sierra Leone und Tabora in Tanganjika. Auch wenn das Experiment mit diesen besonderen Schulen nicht sehr weit ging, führte es doch dazu, dass die Söhne der mit den Briten verbündeten »traditionellen« Herrscher die Spitze der Bildungsleiter erklommen. In der Kolonie Goldküste und in Nigeria waren Auseinandersetzungen zwischen der gebildeten Elite und den »ungebildeten« Häuptlingen in den 1930er-Jahren an der Tagesordnung, doch verschwanden sie in der Nachkriegsepoche, als Bildung und andere Faktoren die Privilegierten zu einer Klasse zusammenschweißte, deren Interessen sich leichter mit denen der Kolonialisten vereinbaren ließen als mit denen der afrikanischen Massen.[8]

Als die herrschenden Klassen in Deutschland und England im 19. Jahrhundert beschlossen, ihren Arbeitern mehr Bildung zukommen zu lassen, taten sie dies aus der Erkenntnis heraus, dass sie damit den Wert der Arbeit steigern würden. In ähnlicher Weise sahen die europäischen

gehorsamen Untertanen Frankreichs zu machen und ihnen eine Ausbildung zu bieten, deren Charakter industriell, landwirtschaftlich und kommerziell ist, um sicherzustellen, dass die Siedler und die verschiedenen öffentlichen Dienste der Kolonie ihren Personalbedarf decken können.« Zitiert in Helen Kitchen (Hrsg.): The Educated African. A Country-by-Country Survey of Educational Development in Africa, compiled by Ruth Sloan Associates, New York 1962, S. 252.

8 Vgl. z. B. F. M. Bourret: Ghana – The Road to Independence, 1919–1957, London 1960.

Entscheidungsträger für die afrikanischen Kolonien in der Bildung einen Aspekt der Maximierung der Ressourcen des Kontinents – die Politik der *mise en valeur* (Inwertsetzung), wie es der französische Kolonialminister Albert Sarraut ausdrückte. In einem solchen Fall versucht die Unterdrückerin zwangsläufig, die Unterdrückten so zu gestalten, wie es für die Aufrechterhaltung des Verhältnisses von Herrschaft und Unterordnung am besten geeignet ist. Im Falle der Afrikaner war das Bildungssystem doppelt gefährlich, weil es auch den weißen Rassismus förderte und das afrikanische Identitätsgefühl bis hin zum Selbsthass zerstörte. Die Studien über die Auswirkungen der weißen Erziehung auf die Schwarzen in den USA und die Schlussfolgerungen, die Fanon in Bezug auf die »weißen Masken« der Schwarzen Westinderinnen gezogen hat, sind für die Bildungssituation im kolonialen Afrika von großer Bedeutung. Das System brachte Individuen wie den Senegalesen Blaise Diagne hervor, der mit Nachdruck verkündete, er sei der »französischste« und würde immer Franzose bleiben. Diejenigen, die am qualifiziertesten waren, waren verständlicherweise am meisten entfremdet. Die gut ausgebildeten Schwarzen Anwälte Westafrikas spielten die Rolle der Schwarzen Engländer so gewissenhaft, dass sie die Vorbilder, die sie imitierten, übertrafen. Das Bild, das sie abgeben, ist ebenso skurril wie tragisch. Die koloniale Erziehung war in dieser Hinsicht eine Tragikomödie.

Einige Kolonisten erkannten, wie verzerrt und zerstörerisch die Bilder waren, die die koloniale Erziehung in Afrika produzierte. Ein hochrangiger französischer Beamter war beunruhigt, als er hörte, dass Schwarzafrikaner rezitieren mussten, dass »die Gallier, unsere Vorfahren, blaue Augen hatten«.[9] Andere äußerten ihre Unzufriedenheit mit den Bildungsstandards im herkömmlichen Sinne, denn die koloniale Bildung, die den Afrikanern zuteilwurde, war nach den Kriterien des zeitgenössischen Europas hoffnungslos minderwertig und wurde im Laufe der Kolonialzeit immer rückständiger. Die wachsende Kluft zwischen dem afrikanischen und dem europäischen Teil der imperialistischen Weltwirtschaft ging einher mit einer wachsenden Kluft zwischen den Standards und Leistungen der in beiden Teilen verfügbaren Bildung europäischer Art.

Während sich die Lehrmethoden in Europa weiterentwickelten, blieben sie in Afrika einer viktorianischen Form verhaftet. Während die Atmosphäre eines europäischen Klassenzimmers etwas freier gestaltet wurde, verstärkte der autoritäre Charakter des Kolonialismus die autoritären Züge der rückständigen Pädagogik. Der Rassismus tat ein Übriges, sodass sogar ein afrikanischer Schulleiter Gefahr lief, in seiner Schule von einer weißen Schulinspektorin öffentlich gemaßregelt zu werden.

9 Bolibaugh: French Educational Strategies.

Die Europäer waren sich durchaus bewusst, dass sie den Afrikanerinnen eine nach europäischen Maßstäben minderwertige Bildung angedeihen ließen, ganz abgesehen von den Widersprüchen, die sich daraus ergaben, dass sie afrikanischen Kindern eine europäisch orientierte Schulbildung anboten. Überall dort, wo es weiße Siedler gab, besuchten deren Kinder Schulen, deren Lehrpläne und Standards mehr oder weniger den besten Schulen in den Metropolen jener Zeit entsprachen, damit diese weißen Kinder zurückkehren und sich in ihre Heimatgesellschaft einfügen konnten, wenn sie es wollten. Diese Diskriminierung war dort am stärksten ausgeprägt, wo Siedlergesellschaften entstanden waren, insbesondere in Algerien, Kenia, Südafrika und Rhodesien.[10] Aber überall auf dem Kontinent war die den Afrikanerinnen angebotene Bildung quantitativ und qualitativ so minderwertig, wie sie nur sein konnte, und blieb auf das europäische Ziel ausgerichtet, Afrikaner zu effektiven Hilfskräften für die Arbeit der Kolonialisierung auszubilden.

Der vielleicht auffälligste Aspekt der Rückständigkeit des kolonialen Bildungswesens in Afrika war sein Festhalten an einem sogenannten literarischen Modell, das höchstens Bürokräfte hervorbringen sollte. Obwohl der Unterricht in den Metropolen wieder stärker auf die Naturwissenschaften ausgerichtet wurde, blieb dieses Modell in den Kolonien bestehen. Aber wenn uns klar ist, dass Afrika nur ungelernte Arbeitskräfte für das internationale kapitalistische System bereitstellen sollte, überrascht es nicht, dass die naturwissenschaftliche und technische Bildung nie ein ausgeprägtes Merkmal der kolonialen Bildung war. Eine solche Entwicklung hätte den eigentlichen Zielen der Kolonialherrschaft widersprochen. Nur an einem Ort wie dem Kongo erforderte die industrielle Produktion eine etwas stärker technologisch ausgerichtete Bildung, um dem Arbeitsmarkt angelernte Kräfte zur Verfügung zu stellen. Das gleiche Potenzial war im gesamten südlichen Afrika vorhanden, aber die erklärtermaßen rassistische Politik sollte Afrikaner davon abhalten, in die angelernten und gelernten Berufsgruppen im Bergbau aufzusteigen.

Sowohl Afrikanerinnen als auch Europäer verlangten die Reformierung und radikale Erneuerung des kolonialen Bildungssystems. Gefordert wurden mehr Schulplätze für Mädchen, mehr technische Fachschulen und Lehrpläne, die generell eine größere Bedeutung für die Umwelt und die Menschen in Afrika hätten. Keine dieser Forderungen konnte viel erreichen, weil die Parameter des Bildungssystems durch das Phänomen des Kolonialismus als solchem vorgegeben waren. In Europa hatte der Kapitalismus kaum etwas zur Befreiung der Frau beigetragen und im kolonialen Kontext schwächte er sogar die Position der afrikanischen

10 Eine Studie, die die eklatant schlechtere Bildung in Siedlergebieten dokumentiert, ist Leslie A. L. James: Racialism and Education. Aspects of Development in former British Central Africa, London 1965.

Frau. Wer mehr Bildung für Mädchen empfahl, übersah die Tatsache, dass die eingeschränkte Geldwirtschaft keine Beschäftigungsmöglichkeiten für Frauen bot. Auf die Forderung nach mehr technischen Fachschulen wurde in der Regel geantwortet, dass es in den Kassen der Kolonialverwaltung nicht genug Geld gebe. Natürlich gab es einen gewaltigen Unterschied zwischen den Überschüssen, die nach Europa exportiert wurden, und dem durch die Besteuerung der Afrikanerinnen eingetriebenen Geld, mit dem die täglichen Ausgaben für die Unterwerfung eben dieser Afrikaner finanziert werden sollten. Die Kolonialistinnen waren natürlich nicht bereit, auf einen Teil des Überschusses zu verzichten, es sei denn, das Geld würde in die Infrastruktur für künftige Gewinne und die Aufrechterhaltung des bestehenden Systems fließen. Eine technische Ausbildung war ausgeschlossen, weil sie der internationalen Arbeitsteilung, die Teil des Kolonialismus war, zuwiderlief. Das Gleiche galt für eine landwirtschaftliche Ausbildung auf hohem Niveau. Wir sollten nicht meinen, dass die Rolle von Afrika in der Landwirtschaft bestand und die von Europa in der Industrie. Die wissenschaftliche Landwirtschaft wurde ebenfalls von Europa monopolisiert. Die oberflächlich betrachtet attraktive Idee einer landwirtschaftlichen Ausbildung für Afrikanerinnen wurde von den Kolonialisten daher in einer degenerierten rassistischen Form umgesetzt, mit der die Afrikaner dazu erzogen werden sollten, sich mit ihrem »nationalen« Platz als einfache Handarbeiter auf dem Land abzufinden.

Eine vollständige Aufzählung der Übel des kolonialen Bildungswesens in Afrika wäre in der Tat lang. Für die Unterentwicklung Afrikas war es nicht weniger entscheidend als der wirtschaftliche Faktor. Bei der Untersuchung des Begriffs der Abhängigkeit als einem entscheidenden Aspekt der Unterentwicklung kann es einem nicht verborgen bleiben, wie sehr das Bildungssystem dazu beigetragen hat, Individuen mit allen Syndromen psychologischer Abhängigkeit und mit den Lebensstilen, die sich aus dem Dienst als europäische Marionetten in Afrika ergeben, hervorzubringen. Ebenso wichtig ist es jedoch, die Widersprüche zu erkennen, die durch das koloniale Schulsystem ausgelöst wurden. Diese Widersprüche entstanden trotz der Absichten der Kolonialherren und sie tragen bereits dazu bei, die Fremdherrschaft über Afrika zu untergraben.

Bei vielen Afrikanerinnen stieß die Bildung auf eine sehr positive Resonanz. Während sehr viel Gewalt in der einen oder anderen Form ausgeübt wurde, um die Geldwirtschaft in Gang zu bringen, war Bildung einer der wenigen positiven Anreize, die Menschen dazu motivierten, sich an der Geldwirtschaft zu beteiligen oder zum Beispiel ihre landwirtschaftliche Produktion für den Markt auszuweiten. Die kolonisierten Afrikaner übten nicht nur Druck auf die Kolonialregierungen aus, mehr Schulen zu bauen, sondern unternahmen auch selbst enorme Anstrengungen, wie etwa 30 Meilen lange Fußmärsche zur Schule, die Finanzierung von Schulen und Lehrerinnen vor Ort und Programme der Gemeinden für die Ausbildung von Schülern in Afrika und sogar im Ausland.

In gewissem Maße unterstützten diese Bemühungen das koloniale Unternehmen. Mehr Afrikaner erhielten dadurch Zugang zu einer Bildung nach europäischem Vorbild, ohne dass die Kolonialherrinnen so viel von ihren Gewinnen abgeben mussten, wie sie es sonst vielleicht hätten tun müssen. Das afrikanische Streben nach mehr Bildung unterlief jedoch die Ziele der Kolonialherren in mehrfacher Hinsicht. Die wichtigste Folge war, dass es vor allem in den britischen Kolonien mehr Afrikaner mit Grundschulbildung gab, als die Kolonialistinnen für ihre eigenen Aufgaben wirklich brauchten. Diesen Menschen konnten die Kolonialregime weder eine weiterführende Schulbildung anbieten noch sie mit Arbeitsplätzen versorgen, die den durch die Schulzeit geweckten Erwartungen entsprachen. Es liegt auf der Hand, dass die Krise der Grundschulabsolventen in vielen Kolonien ein ernst zu nehmender Faktor war, der die Dynamik der afrikanischen Unabhängigkeitsbewegung verstärkte.[11]

Die afrikanische Suche nach einer »modernen« Bildung trug auch erheblich zur Mobilisierung und Organisierung bei. Sich zusammenzuschließen, um eine Schule zu finanzieren, war ein politischer Akt. Die Förderung eines an den Palmöl- oder Baumwollanbau gebundenen Stipendienprogramms war ebenfalls eine politische Reaktion der Unterdrückten. Wohlfahrtsorganisationen, die in den 1930er- und 1940er-Jahren Bildungsziele verfolgten, wurden später von den politischen Massenparteien übernommen. In dem Maße, wie die Afrikanerinnen die Grenzen der kolonialen Bildungsmöglichkeiten überschritten, entstand sowohl individueller als auch kollektiver Widerstand gegen die Kolonialherrschaft. Auf der individuellen Ebene war erkennbar, welch bedeutende Rolle in den Unabhängigkeitskämpfen Westafrikaner spielten, die in den Vereinigten Staaten ausgebildet worden waren. Wie viele andere waren diese Menschen auf der Suche nach westlicher Bildung, wo immer sie zu finden war. Wenn sie aus Ländern wie Nigeria kamen, konnten sie normalerweise nur in Großbritannien eine beschränkte höhere Bildung erhalten, aber wenn ihnen dieser Zugang verbaut war, suchten sie in den Vereinigten Staaten nach neuen Möglichkeiten.[12] Afrikanerinnen, die nie eine höhere oder überhaupt eine Bildung erhalten hatten, beteiligten sich an Bewegungen gegen bestimmte schlimme rassistische Züge des kolonialen Bildungssystems in der Hoffnung, dass es ihren Kindern besser gehen werde. In Französisch-Westafrika richtete sich der Protest der Bevölkerung vor allem gegen den Versuch der Kolonialmacht, soge-

11 Für den Fall von Ghana wird dies behandelt von Dennis Austin: The Politics of Ghana, 1946–1960, London 1964.

12 Vgl. z. B. James S. Coleman: Nigeria. Background to Nationalism, Berkeley/Los Angeles 1958.

nannte Busch-Schulen einzurichten, die angeblich besser auf die Bedürfnisse der Afrikaner zugeschnitten seien, im Grunde aber darauf abzielten, ein minderwertiges Bildungsumfeld für »die Eingeborenen« zu schaffen. Der Kampf gegen diese Schulen war erfolgreich und wurde in der Nachkriegszeit zu einem Teil der nationalen Unabhängigkeitskämpfe in Französisch-Westafrika und Französisch-Äquatorialafrika. Das Gleiche gilt für die afrikanische Bewegung gegen die landwirtschaftliche Ausbildung in Britisch-Ost- und Zentralafrika.

Die mächtige Bewegung der unabhängigen afrikanischen Kirchen hatte ein etwas weniger mächtiges Gegenstück in den unabhängigen Schulen, die auf afrikanische Initiative hin entstanden. In Kenia hatten sie einen christlichen Hintergrund, in Nordafrika einen muslimischen, während anderswo, wie im Sudan, keine besondere religiöse Präferenz zum Ausdruck kam. In all diesen Fällen ging der Geist der Unabhängigkeit jedoch weit über die Klassenzimmer hinaus und auch die Kolonialmächte erkannten schon bald das in der Regel »subversive« Potenzial einer derartigen Kontrolle der Bildung durch die Afrikanerinnen. Auf jeden Fall entstanden Widersprüche in eben jenen Institutionen, die in den Augen der Kolonialherren die Vorreiter bei der Vermittlung von europäischen Werten sein sollten. Bis auf wenige Ausnahmen waren die Führer der afrikanischen Unabhängigkeitsbewegungen Produkte eines Bildungsprogramms, das darauf abzielte, ihren Status als koloniale Untertanen zu festigen. Die Opposition gegen die koloniale intellektuelle Formung fand auf zwei Ebenen statt. Einige wenige Personen lehnten tatsächlich das gesamte Wertesystem von Kapitalismus, Individualismus, Rassismus und Ausbeutung ab. Das waren die wenigen, die auch nach der Erlangung der verfassungsmäßigen Unabhängigkeit kompromisslos gegen den Imperialismus vorgingen. Die zweite Ebene des Protests ergab sich aus dem Widerspruch zwischen dem Wertesystem und den persönlichen Bestrebungen der gebildeten Afrikaner. Ihnen waren Freiheit, Ungebundenheit und eine den Talenten offenstehende Karriere gelehrt worden, doch die Kolonialherrschaft bot der gebildeten Elite nichts von alledem. Zusammen mit all den anderen Einschränkungen der kolonialen Gesellschaft trug der Antagonismus zwischen den Kolonisatoren und der afrikanischen Bildungselite wesentlich zur Entstehung nationaler politischer Parteien bei und schließlich zur Erlangung der verfassungsmäßigen Unabhängigkeit als einem Schritt auf dem Weg Afrikas zur Rückeroberung der politischen Macht, die durch die europäische Kolonialherrschaft verlorenen gegangen war.

Überall auf dem afrikanischen Kontinent diente die von den Kolonialherren eingeführte Bildung der geistigen und körperlichen Versklavung. Zu einem großen Teil hat sie diese Funktion auch erfüllt. Aber jeder Aspekt der Unterwerfung Afrikas enthielt auch die Saat der Revolution, da der Kapitalismus in seiner kolonialen Gestalt nicht einmal die geringsten Erwartungen der afrikanischen Bevölkerung befriedigen konnte. Je mehr Landwirtschaft für den Export betrieben wurde, desto wahrscheinlicher wurden Bauernrevolten. Je größer der Sektor der Lohnempfängerinnen war, desto wahrscheinlicher wurde eine Revolte der organisierten Arbeiterschaft. Die Unzufriedenheit mit der Bildung und den Bildungsmöglichkeiten stand an der Spitze der Kränkungen durch den Kolonialismus und trug dazu bei, die große Mehrheit der Bevölkerung in Bezug auf den wichtigsten Widerspruch zusammenzuschweißen – dem Widerspruch zwischen sich als den Kolonisierten und den Europäern als den Kolonisatoren. Keine andere Facette der afrikanischen Erfahrung veranschaulicht so deutlich die Dialektik von Unterdrückung und Widerstand. Die historische Unterentwicklung ist ein Schlüsselaspekt dieser Geschichte, die Wiedergeburt der Freiheit der andere.

Education in Colonial Africa , mimeograph, ohne Datum.

Bildung in Afrika und Tansania heute

I Bildung in Afrika

Bei der Erörterung des Bildungswesens in Afrika sollten wir zunächst das unabhängige Bildungssystem, wie es vor der Ankunft der Europäer bestand, dem kolonialen Bildungssystem gegenüberstellen, das nach dem üblicherweise auf das Jahr 1885 datierten Beginn der afrikanischen Kolonisierung eingerichtet wurde. Die Unterschiede zwischen diesen beiden Systemen sind entscheidend für eine wirkliche Bewertung des heutigen Bildungswesens in Afrika.

Kommunale und universelle versus partikulare und elitäre Gesellschaften

Das Bildungswesen im unabhängigen vorkolonialen Afrika war universell. Jede und jeder erhielt entweder eine formelle oder informelle Bildung, die ihm oder ihr eine Rolle innerhalb der Gesellschaft zuweisen sollte. Mütter gaben ihren Kindern Werte weiter und die Älteren dienten der Jugend als Verhaltensvorbilder. Das war die informelle Erziehung. Sie fand zu allen Zeiten statt und konnte nicht beendet werden.

Die formelle Bildung im unabhängigen Afrika bestand darin, Lehrlingen die eigenen Fähigkeiten zu vermitteln. Wenn ein Mann zum Beispiel Jäger, Bergmann oder Tuchmacher war, bildete er seine Kinder oder andere Familienmitglieder oder andere Personen in der Gesellschaft aus, um sein spezielles Handwerk zu erhalten. Zusätzlich zu den beruflichen Fertigkeiten wurden den Jugendlichen in der Pubertät bei den Initiationsriten auch soziale Werte vermittelt. Viele Gesellschaften verfügten zudem über formale Ausbildungsschulen für diejenigen, die sich auf so etwas wie ein Priesteramt vorbereiteten. Das war also, in aller Kürze, das afrikanische Bildungssystem. Es bot Bildung für alle. Es wies allen eine Rolle zu.[1]

Die koloniale Bildung, oder die europäische Bildung im kolonialen Afrika, stand dazu im Gegensatz. Sie wurde nur einer Minderheit zuteil.

1 Unter der Rubrik »Afrikanische Bildung« wird im Schrifttum fast ausnahmslos das westliche Bildungswesen im kolonialen Afrika behandelt, ohne auf die afrikanischen Vorläufer einzugehen. Eine bemerkenswerte Ausnahme ist die Studie von Abdou Moumouni: Education in Africa, New York 1968.

Die koloniale Bildung war elitär, weil sie auf elitären philosophischen und ideologischen Annahmen beruhte, die sich aus der europäischen Klassengesellschaft ergaben. Die afrikanischen Gesellschaften waren jedoch gemeinschaftlich und ohne eine ausgeprägte Schichtung. In einem geschichteten soziologischen System dient die Bildung den Interessen der dominierenden Klasse, Kaste, »Rasse« oder geografischen Einheit, unabhängig von den Bedürfnissen des Landes. Eine solche Bildung ist für einige wenige, seien es die Kinder der herrschenden Klasse oder diejenigen Kinder der ausgebeuteten und unterdrückten Klassen, die für die Dienste dieses Systems gewonnen werden sollen.

Mit der Einführung des europäischen Bildungssystems in Afrika wurde es sogar noch eingeschränkter und elitärer, denn die Kolonisatoren wollten nur sehr wenige afrikanische Menschen für die Mitarbeit an der Kolonialisierung auswählen. Die Kolonisatoren sagten sehr deutlich: »Warum wollen wir die Schwarzen ausbilden? Weil wir das Land leiten, aber wir können nicht alles allein machen. Wir brauchen einige afrikanische Boten und Übersetzerinnen. Wir brauchen afrikanische Angestellte bei den Eisenbahnen, im öffentlichen Dienst und in den Handelsgesellschaften. Wir brauchen Lehrer, die diese Botinnen und Angestellten ausbilden.« Deshalb war es für die Kolonialisten notwendig, eine Art von Schulbildung in Afrika einzuführen.

Die afrikanische versus die europäische Persönlichkeit

Es besteht noch eine weitere Reihe von Unterschieden zwischen der einheimischen afrikanischen Bildung und der kolonialen Bildung. Die afrikanische Bildung sollte das entwickeln, was ich die »afrikanische Persönlichkeit« nenne – ein Begriff, der von Kwame Nkrumah, Sekou Touré und einer Reihe anderer prominenter afrikanischer Wortführer verwendet wurde. Er klingt oft etwas vage und mystisch, aber ich verstehe darunter einfach, dass eine Gesellschaft bewusst oder unbewusst Individuen entwickelt, die ihre Gebräuche und Werte aufrechterhalten. In der noch nicht unterworfenen afrikanischen Gesellschaft gehörten die Menschen in Afrika zur erweiterten Familie. Sie entwickelten ein Bewusstsein für ihre Beziehung zu ihren Verwandten, zu ihrem Land und zu ihren Vorfahren. All diese Faktoren machten die »afrikanische Persönlichkeit« aus.

Solange es unabhängig ist, erzieht jedes Bildungssystem Menschen für die Zwecke, die eine Gesellschaft in ihrem Inneren unabhängig für sich selbst gewählt hat, auch wenn bestimmte gesellschaftliche Bereiche einen größeren Einfluss als andere auf diese Auswahl haben mögen.[2] Im

2 »Geheimgesellschaften« und ähnliche Bruderschaften im vorkolonialen Afrika legten ganz bewusst Ziele für die Gesellschaft als Ganzes fest und unterrichteten sie zu diesem Zweck. Die Ekine-Tanzgesellschaft der Kalabari-Männer im Nigerdelta ist ein Beispiel dafür. Ihre Aufgabe bestand darin, Neuankömmlinge in das Volk der Kalabari zu integrieren, indem sie sie dazu anregte, sich die lokale Sprache (Ijo), ihre Bräuche und ihre Weltanschauung anzueignen.

kolonialen System waren es nicht die Menschen selbst, nicht die Kolonisierten, die die Bedingungen und Ziele ihrer Bildung festlegten. Das tat die Kolonisatorin. Wenn sie einige Afrikaner ausbildete, tat sie dies nicht, um sie in ihrem afrikanischen Kontext als Afrikaner zu erziehen, sondern um sie von der Gesellschaft, aus der sie stammten, zu entfremden. Ihr Ziel war es, sie nach seinem eigenen Bild zu erschaffen oder neu zu erschaffen, das Gespür für ihre afrikanische Identität zu verstümmeln und umzuwandeln.

Ein drastisches Beispiel dafür findet sich in Französisch-Westafrika, wo afrikanischen Schulkindern beigebracht wurde, zu rezitieren: »Die Gallier, unsere Vorfahren, hatten blaue Augen.« Wenn ein französisches Schulkind dies sagt, ist es ein Mittel, sich mit seiner Vergangenheit zu identifizieren, und das ist in jedem Bildungssystem normal. Aber wenn einem kolonisierten Kind aus dem Senegal oder Dahomey gesagt wird, dass die Gallier, seine Vorfahren, blaue Augen hatten, und es weiß, dass es schwarze Augen und eine schwarze Haut hat, erfährt es ein gewaltiges Gefühl der Entfremdung.[3] Sein Gefühl, wer es ist, sein Gefühl, eine Afrikanerin zu sein, droht zu zerbrechen. Stattdessen wird es zu einem Schwarzen Europäer, was in der Tat das Ziel der französischen sowie der britischen, belgischen und portugiesischen Kolonialerziehung war. Sie diente dazu, die wenigen, die sie erhielten, von der Masse der Bevölkerung zu entfremden, und nicht dazu, die Verbindung zwischen den im formalen System Gebildeten und der übrigen Bevölkerung zu stärken.

Interdependenz versus Individualismus

Eine dritte Reihe von Gegensätzen steht im Zusammenhang mit dem gemeinschaftlichen Charakter der afrikanischen Bildung, der die gegenseitige Abhängigkeit der Individuen innerhalb der Gesellschaft betonte. Um sinnvoll zu sein, sollten Arbeit und soziale Anstrengungen kollektiv sein. Diese Betonung der Kollektivität ergab sich aus der Struktur der Gesellschaft, die nicht stratifiziert oder relativ undifferenziert war. Die vorhandenen Klassenwidersprüche waren im Großen und Ganzen nichtantagonistische Klassenwidersprüche, außer in einigen wenigen Gebieten, in denen feudale oder quasi-feudale Gesellschaftsformen entstanden waren.

Obwohl das Volk der Kalabari in seiner ethnischen Zusammensetzung heterogen war, hatte seine Bevölkerung eine gemeinsame kulturelle Identität. Vgl. E. J. Algoa: The Niger Delta states and their neighbours, 1600–1800, in: J. F. A. Ajayi/Michael Crowder (Hrsg.): History of West Africa. Volume One, London 1971, S. 269–303; und Robin Horton: From Fishing Village to City-State. A Social History of New Calabar, in: Mary Douglas/Phyllis M. Kaberry (Hrsg.): Man in Africa, London 1969, S. 37–58.

3 Jerry Bevoly Bolibaugh: French Educational Strategies for Sub-Saharan Africa: Their Intent, Derivation, and Development, Stanford University, Ph. D. 1964, online unter: erepository.uonbi.ac.ke, S. 125. Bolibaughs Studie ist eine der besten Darstellungen der kolonialen Bildungspolitik, zumal die Franzosen dazu neigten, ihre Ziele ausführlicher zu erklären als die Briten.

Ein antagonistischer Widerspruch dringt bis zu den grundlegenden Produktionsmitteln vor. Wenn die Existenz der Mitglieder einer Klasse von der Ausbeutung der Mitglieder einer anderen Klasse, »Rasse« oder Nation abhängt, dann sind ihre Interessen antagonistisch. In afrikanischen Gesellschaften gab es nicht-antagonistische Widersprüche, die auf der Arbeitsteilung beruhten – zum Beispiel zwischen Viehzüchtern und Ackerbäuerinnen, die zugleich aber auch in hohem Maße voneinander abhängig waren. Eine andere Form der Arbeitsteilung bestand darin, dass einige Personen zu Priestern wurden, während andere die politische Autorität ausübten. Wenn die Aufteilung des Sozialprodukts relativ egalitär ist, entsteht kein großer Widerspruch zwischen Priesterinnen und Herrschern einerseits und den übrigen Untertanen andererseits.[4]

In der afrikanischen Situation war es möglich zu lehren, dass Arbeit eine kollektive Tätigkeit ist, da dies der sozialen Realität entsprach. Die auf bürgerlichen Werten beruhende koloniale Erziehung stellt hingegen die Arbeit und sogar die soziale Existenz als konkurrenzorientiert dar. Diese Vorstellung wurde nicht nur im Klassenzimmer gepriesen, auch im realen Leben wurde ein persönliches Vorankommen in den Grenzen der kolonialen Gesellschaft von den Leistungen der Einzelnen abhängig gemacht. Dadurch wurden die Individuen weiter von der Masse ihrer Mitmenschen getrennt.

In den Metropolen war das Bildungssystem auf Konkurrenz ausgerichtet, was sich aber im kolonialen Afrika noch verstärkte, weil nur eine winzige Handvoll – weit weniger als in Europa oder Nordamerika – zu den Auserwählten gehörte. Nur sehr wenige gingen zur Schule und ihnen wurde eingetrichtert: »Hier ist deine Chance! Das ist dein Weg zum Vorankommen. Um erfolgreich zu sein, musst du dich mit anderen messen. Und wenn du es innerhalb des Systems geschafft hast, wirst du dich als überlegenes Individuum etablieren, nicht als irgendein kleiner Teil eines Kollektivs.« Die ideologischen Werte wurden durch materielle Veränderungen untermauert, die zu einer weiteren Differenzierung der afrikanischen Gesellschaft führten.

So wurde zum Beispiel Land, das früher Eigentum der gesamten Gemeinschaft war, kommerzialisiert. Unter dem Kolonialismus wurde in Afrika Grund und Boden gekauft und verkauft, ein Konzept, das zuvor fast unbekannt war. Sobald das Land gekauft und verkauft war, erhielten es einige wenige Personen. Die anderen mussten auf es verzichten. Sie wurden zu Verkäuferinnen ihrer Arbeitskraft an diejenigen, die Land besaßen. Der individualistische Ansatz zerstörte den traditionellen Land-

4 Dieser beiläufige Hinweis auf die Natur vorkolonialer afrikanischer Gesellschaften soll nicht den Eindruck einer statischen Situation vermitteln. Nicht-antagonistische Widersprüche konnten sich in antagonistische verwandeln und taten dies auch. Der Übergang vollzog sich jedoch langsam und wurde nur an wenigen Orten deutlich.

besitz an seinen Wurzeln und das Bildungssystem verstärkte diesen Individualismus, wie es umgekehrt aus ihm seine Logik ableitete.

Orientierung an der »Lebenswelt« oder weg von ihr

Eine letzte Reihe von Gegensätzen bezieht sich darauf, dass die ursprüngliche afrikanische Bildung etwas beibehielt, was wir als das Prinzip der Praxis bezeichnen könnten – die Einheit von Theorie und Praxis. Du lerntest etwas über das Leben. Der Einzelne wurde über das Leben der Gemeinschaft unterrichtet, um seine eigene Rolle innerhalb der Gemeinschaft zu erfüllen und gleichzeitig die Rollen der anderen zu verstehen und zu ergänzen. Die afrikanische Bildung war speziell auf die Praxis des täglichen Lebens ausgerichtet. Es muss noch einmal betont werden, dass Bildungssysteme sowohl formell als auch informell sind. Wir sollten nicht an der Vorstellung festhalten, dass Bildung nur dann stattfindet, wenn es ein Klassenzimmer gibt – und nur dann, wenn die Menschen monatelang oder jahrelang außerhalb des Produktionsprozesses bleiben. Das ist die enge westliche Vorstellung von Bildung, die sich in feudalistischen und kapitalistischen Zeiten herausgebildet hat. Aber die Afrikanerinnen wurden anders erzogen.

Nehmen wir als Beispiel die afrikanischen Viehzüchter. Wenn Massai-Jugendliche im Alter von fünf oder sechs Jahren mit dem Vieh umgehen, sind sie in der Schule. Wenn sie zehn Jahre alt sind, können sie Dutzende von Rinderarten unterscheiden – ihre Form, die Farbe ihrer Felle, ihre besondere Zeichnung, die Form ihrer Hörner usw. Die Massai können sogar die verschiedenen Zeckenarten unterscheiden, die ihre Rinder befallen. Sie sind mit ihren Rindern in die Schule gegangen, weil es für ihr Überleben und das ihrer Gemeinschaft unerlässlich ist, dass sie etwas über Rinder wissen, denn damit verdient die Gemeinschaft ihren Lebensunterhalt. Unabhängig davon, ob sie diese Bildung auf formellem oder informellem Wege erhalten, ist sie in jedem Fall mit der Frage der Praxis, des Handelns, verbunden, im Gegensatz zu einem rein abstrakten Wissen.

Die koloniale Bildung in Afrika stand dem Prinzip der Praxis feindlich gegenüber, was zum Teil auf unbewusste und unüberlegte europäische Prämissen in Bezug auf Bildung zurückzuführen ist. Nehmen wir ein so grundlegendes Fach wie Geografie. Ein europäischer Lehrer würde in einem tropischen Schulzimmer in Afrika oder auf den Westindischen Inseln über Frühling, Sommer, Herbst und Winter unterrichten, die nur relativ wenige Afrikanerinnen oder Westinder je erlebt haben.

Die aus Europa stammenden Pädagoginnen lehrten allzu oft dieselben Dinge, die sie auch in Europa gelehrt hätten. Mehr noch, sie bestanden darauf, dass die Bildung in Afrika im Wesentlichen eine »weiße« Bildung sein sollte. Sie förderten das, was sie für die Werte des Christentums hielten, und die Werte, die mit der Ausübung bestimmter bürokratischer

Tätigkeiten auf niedriger Ebene verbunden waren. Es handelte sich um eine unspezifische, nicht-technische Bildung, die nichts mit der tatsächlichen physischen Umgebung Afrikas zu tun hatte.

In Europa wurde die Bildung gegen Ende des 19. Jahrhunderts und mehr noch im 20. Jahrhundert wissenschaftlich-technisch ausgerichtet, weil dies für die Entwicklung der kapitalistischen Gesellschaft in Europa notwendig war. Da Afrika jedoch die Rolle eines Rohstoffproduzenten im Rahmen der imperialistischen internationalen Arbeitsteilung zugewiesen wurde, war es nicht nur unnötig, sondern sogar unerwünscht und den Interessen des Kapitalismus zuwider, der afrikanischen Bildung eine wissenschaftliche und technologische Ausrichtung zu geben. Die Kolonialherren wollten nicht, dass Afrikaner mehr tun, als Arbeitskraft in ihren billigsten und gröbsten Formen zu liefern. Wenn es beispielsweise Afrikanerinnen auf dem Lande in Südafrika gelang, eine qualifizierte oder angelernte Arbeit zu finden, setzte sich die gesamte rassistische Gesellschaft dafür ein, die afrikanische Entwicklung zu bremsen, denn eine Afrikanerin wurde als noch größere Bedrohung angesehen, wenn sie eine Ausbildung und eine Qualifikation besaß. Sie erhielt dann entweder keine Arbeit oder sie wurde ihr zu einem Lohn gegeben, der zehnmal niedriger war als der eines Europäers.

Wenn ein afrikanisches Kind eine koloniale Ausbildung erhielt, wurde es sehr oft in einem räumlich entfernten Grund- oder Sekundarschulinternat untergebracht. Viele Afrikaner, die diese Art von Bildung erfuhren, mussten feststellten, dass sie den Bezug zu ihren eigenen Heimatgemeinden verloren hatten oder sich nur noch schwer in ihnen zurechtfanden.[5]

Auch die Kirche war für altmodische Formen der afrikanischen Bildung verantwortlich. Während des 19. Jahrhunderts hatten die Kirchen in Europa ihre hegemoniale Rolle im Bildungswesen eingebüßt, die sie in früheren Jahrhunderten innehatten. Die Europäer waren zu der Einsicht gelangt, dass die Kirche vom Staat und von der zivilen Bildung getrennt werden sollte, da der metaphysische Ansatz des Christentums der vollen Entfaltung des europäischen Wissens, insbesondere der Wissenschaft, entgegenstand. Im Großen und Ganzen trennten die Europäer in aller Ruhe die Kirche von ihrem Schulsystem.

Aber zur gleichen Zeit, als die Europäer die Kirche von *ihrem* Bildungssystem trennten, brachten sie die Kirche nach Afrika. Sie fanden es vermutlich nützlich, irrelevante und mystifizierende Zugänge zum Wissen zu schaffen, denn alles, was die Afrikanerinnen lernen sollten, war die

5 Vgl. z. B. K. A. Busia: Purposeful Education in Africa, New York 1964, S. 7: »Am Ende meines ersten Schuljahres [...] fuhr ich in den Weihnachtsferien nach Hause. Ich war seit vier Jahren nicht mehr zu Hause gewesen und bei diesem Besuch wurde mir meine Isolation schmerzlich bewusst. Ich verstand unsere Gemeinschaft weit weniger als Jungen meines Alters, die nie zur Schule gegangen waren.«

Gottesfurcht. Die Missionare sagten dies sehr deutlich: »Wir wollen sie Gottesfurcht lehren.«

II Bildung in Tansania

Qualitative Fortschritte

Vor dem Hintergrund der kolonialen und vorkolonialen Bildung in Afrika mag es hilfreich sein, das kleine Beispiel des heutigen Tansanias heranzuziehen, um einige der Errungenschaften, die Tansania im Bildungsbereich erreicht hat, und einige der Dinge, die es versucht hat zu erreichen, aufzuzeigen.

Das Erbe der Kolonialherrschaft war eine extrem hohe Analphabetenrate auf dem gesamten Kontinent. Die Zahl der Kinder, die eine Schule besuchten, lag nur selten über einem von zehn, in einigen Fällen sogar darunter.[6] In den Vereinigten Staaten wird über das Problem der Highschool- und College-Abbrecherinnen gesprochen, in Afrika jedoch über das Problem der *Grundschulabbrecher.* 50 Prozent der Kinder in Afrika waren mit einem enormen quantitativen Problem im Bereich der Bildung konfrontiert. Bis dahin war die koloniale Bildung nur einem sehr kleinen Prozentsatz der afrikanischen Bevölkerung zugänglich gemacht worden. Die staatlichen Planer der neuen afrikanischen Bildungssysteme hatten jedoch die Aufgabe, eine *formale* Schulbildung für alle zu ermöglichen. Auf Drängen der Arbeiterklasse mussten sie beginnen, über eine Universalisierung der Bildung nachzudenken.

Meiner Meinung nach haben die meisten afrikanischen Länder, die ihre Unabhängigkeit mit einigen wenigen weiterführenden Schulen und mit fast nicht vorhandenen Einrichtungen für die technische und universitäre Ausbildung erlangt haben, in den zehn Jahren ihrer Unabhängigkeit mehr getan als die Kolonialisten in 75 Jahren Kolonialherrschaft, was den Ausbau und die Einrichtung von Schulgebäuden betrifft. Ich habe viele Vorbehalte gegenüber einigen unabhängigen afrikanischen Regierungen, aber diese Errungenschaft zeigt einfach, wie schäbig die Kolonialregime waren – in 75 Jahren haben sie es nicht geschafft, Afrika auch nur den Umfang an Grundschulbildung zu geben, den die Regierungen in Ghana, Nigeria, Uganda, Kenia, Tansania und anderswo ihren Menschen heute bereitstellen. Sehr selten erreicht das neue Bildungswesen jedoch auch nur annähernd eine allgemeine Schulbildung. Nicht einmal in Tansania.

Die tansanische Regierung hat das Jahr 1980 als den Zeitpunkt festgelegt, an dem sie hofft, eine allgemeine Grundschulbildung zu erreichen. Diese Wartezeit wird von den politischen Entscheidungsträgern mit fehlenden finanziellen Mitteln begründet. Bildung ist eine enorme finanzielle Investition, die sich nicht sofort auszahlt. Es handelt sich um

6 Eine Vielzahl quantitativer Daten findet sich in Helen Kitchen (Hrsg.): The Educated African, New York 1962.

eine langfristige Investition. Viele Regierungen geben 25, vielleicht sogar 30 Prozent ihres Haushalts für Bildung aus, und natürlich ist dies keine so produktive Investition wie ein Bauernhof oder eine Fabrik, die sich vielleicht in ein bis fünf Jahren rentiert.

Trotzdem sind viele junge Tansanier seit einigen Jahren nicht mehr zufrieden damit, eine unvollständige Grundschulbildung hinzunehmen. Ihre Fantasie wurde durch das Experiment in Kuba beflügelt, das dem kubanischen Volk die allgemeine Alphabetisierung ermöglichte. Tansania kommt zwar nicht an die kubanische Strategie des »Jahres der Bildung« heran, hat aber sein Programm für die Erwachsenenbildung intensiviert. Präsident Julius Nyerere vertrat die Ansicht, dass Alphabetisierungskampagnen für Erwachsene höchste Priorität haben sollten, da so vielen aus der heutigen erwachsenen Bevölkerung während der Kolonialzeit die Möglichkeit der Bildung verwehrt worden war. Insgesamt kann nicht geleugnet werden, dass zehn Jahre Unabhängigkeit rein quantitativ gesehen eine enorme Entwicklung gebracht haben – sowohl hinsichtlich der Zahl der Kinder, die zur Schule gehen, wie der Anzahl von Menschen in der Gesellschaft, die eine formale Ausbildung in Klassenzimmern erhalten haben, wie sie unter der Kolonialherrschaft eingerichtet worden war. Das ist die erste Errungenschaft.[7]

Die Abschaffung des Rassismus

Eine weitere frühe Errungenschaft im postkolonialen Tansania war die Abschaffung der rassistischen Struktur des kolonialen Bildungswesens, in der sich der Rassismus der kolonialen und kapitalistischen Welt widerspiegelte. Es gab weiße Siedler in Tansania, obwohl ihre kenianischen Gegenstücke zahlreicher und bekannter waren. Diese weißen Siedlerinnen erhielten bei Weitem den größten Teil des Bildungsbudgets. Araber und Asiatinnen erhielten den nächstgrößeren Anteil, und schließlich erhielt die Mehrheit, das Volk des Landes, die Afrikaner selbst, den letzten Rest. Diese rassistische Schulstruktur wurde umgehend angegriffen und zerstört.

Die Ausbildung von Lehrerinnen

Die Idee der Lehrerausbildung musste ernsthaft überdacht werden, denn die Entfremdung von Afrika ergab sich zum Teil aus der physischen Präsenz weißer Lehrer in afrikanischen Schulen. Ob sie nun bewusst sämtliche Ziele der Kolonialherrschaft verfolgten oder nicht, sie drückten die Vorurteile und den Individualismus der Metropolen und den Rassismus der gesamten kapitalistischen Welt aus.

7 Als Tansania im Dezember 1971 das zehnjährige Bestehen seiner Unabhängigkeit feierte, rühmte man sich stolz, in diesen Jahren weit mehr erreicht zu haben als die britischen und deutschen Kolonialherren zuvor. Mehrere ehemalige Beamte des britischen Kolonialregimes wurden eingeladen, um die Gültigkeit dieser Behauptung zu überprüfen. Einige Daten zur Schulbildung finden sich in J. Cameron/W. A. Dodd: Society, Schools and Progress in Tanzania, New York 1970.

Da Tansania eine der »rückständigeren« Kolonien war, wurden zum Zeitpunkt der Unabhängigkeit nur wenige Afrikaner zu Lehrern ausgebildet. Die tansanische Führung wollte das Schulsystem ausbauen, aber die bereits tätigen Lehrerinnen waren hauptsächlich weiße Auswandererinnen und Asiatinnen, von denen nicht alle im Land bleiben wollten. Die Universität eröffnete 1965 ihr erstes College für Geistes-, Sozial- und Naturwissenschaften, das praktisch als Lehrerausbildungsstätte genutzt wurde. Es wurde ein Programm entwickelt, nach dem ein Student am Ende seines Studiums Lehrer in zwei Fächern werden konnte. Im britischen System folgt normalerweise auf den Bachelor-Abschluss ein ein- oder zweijähriges Studium, mit dem die Lehrbefähigung an Sekundarschulen erworben wird. Tansania musste mit dieser Praxis brechen und die Lehrerausbildung in das Undergraduate-Programm integrieren. Etwa 80 Prozent aller Absolventen mit einem ersten Abschluss gingen direkt von der Universität in die Sekundarschulen, um der Priorität der »Tansanisierung« gerecht zu werden.

Ein kleines Beispiel für die Folgen der »Tansanisierung« ist die Rückkehr zum traditionellen Tanz *(Ngoma)* im Schulsystem sowohl in der Primar- als auch in der Sekundarstufe. Musik und Tanz sind seit jeher dominierende afrikanische Kunstformen und waren für die Kultur in einer Weise relevant, die weit über die bloße Unterhaltung hinausging. *Ngomo* wurde in den Schulen nicht nur wiederbelebt, sondern die traditionellen Formen erhielten einen neuen Inhalt, eine neue Stoßrichtung. Die Worte, die die Schüler singen, und die Szenen, die sie in *Ngoma* spielen, könnten sich heute zum Beispiel auf *Ujamaa,* das Kollektiv, beziehen. Oder sie befassen sich sogar mit der Frage der Verteidigung gegen die Portugiesen. Es gibt also eine Verschmelzung von neuen politischen Inhalten mit alten afrikanischen Formen.

Das Programm des Nationalen Dienstes

Neben den quantitativen Veränderungen und den offensichtlichen Umgestaltungen der Schulstruktur steht das Land vor sehr viel komplizierteren Problemen. Tansania musste darum kämpfen, seine Bildung von einem kolonialen auf einen eindeutig afrikanischen Weg zurückzubringen. Gleichzeitig mussten diese afrikanischen Werte in den zukunftsorientierten Kontext des sozialistischen Wiederaufbaus gestellt werden. Ein Hauptproblem besteht darin, dass der Kolonialismus (wie jedes andere soziale System) über Mittel zur Selbsterhaltung verfügt. Die »Afrikanisierung« an sich konnte die Kontinuität der kolonialen Erziehung nicht durchbrechen, da die afrikanischen Lehrerinnen von Europäern in einem europäischen Werterahmen unterrichtet worden waren. In der Tat war der afrikanische Lehrer oft ein »programmierter« Europäer, was Fanons Formulierung »Schwarze Haut, weiße Masken« noch treffender macht, als es auf den ersten Blick scheint, da die Maske in der indigenen afrikanischen Praxis einen vollständigen Identitätswechsel des Trägers symbolisierte. Höhere Bildungseinrichtungen in Afrika neigten besonders dazu, die koloniale Kontinuität zu betonen, oft unter dem Deckmantel der Aufrechterhaltung »internationaler Standards«. Jeder afrikanische Lehrer, der vor oder nach der Unabhängigkeit Zugang zu höherer Bildung hatte, war wahrscheinlich genauso elitär wie die Europäerin, die ihm vorausgegangen war – entfremdet von seinen afrikanischen Wurzeln und so individualistisch, als wäre er in Großbritannien oder den USA sozialisiert worden.

Mit dem Nationalen Dienst sollte in Tansania ein praktischer und normativer Wandel herbeigeführt werden. Er wurde als Mittel eingeführt, um eine Reihe von Jugendlichen zu einer aktiveren Teilnahme am Leben ihrer Gemeinschaft zu bewegen. Einer seiner Hauptaspekte war die Vermittlung einer rudimentären militärischen Ausbildung für die Selbstverteidigung. Der Kolonialismus hatte die afrikanischen Menschen entwaffnet, mit Ausnahme derer, die den Herren in der Kolonialarmee dienten. Eines der ersten Dinge, die der Nationale Dienst bewirkte, war die Wiederbelebung der üblichen Praxis, wonach die Jugend mit der physischen Verteidigung der Gesellschaft betraut wird. Gleichzeitig erneuerte der Nationale Dienst den Grundsatz, dass die Bildung echte Fähigkeiten, praktische Fähigkeiten, vermitteln sollte, im Gegensatz zu einer Ausbildung zu Bürotätigkeiten. So vermittelte der Nationale Dienst landwirtschaftliche und handwerkliche Fähigkeiten, die als relevant für die wirtschaftliche Entwicklung angesehen wurden. Seine ersten Rekruten waren Jugendliche mit Grundschul- und Sekundarschulabschluss.

Der Nationale Dienst beruhte auch auf der Prämisse, dass junge Menschen dazu erzogen werden sollten, den Bauern und Arbeiterinnen zu helfen, statt sie zu kommandieren. Universitätsabsolventen bildeten die Spitze der alten Elite. Sie mussten lernen, sich wieder in den Rest der Bevölkerung zu integrieren. Daher wurde 1966 das Gesetz über den Nationalen Dienst auf Schülerinnen der Sekundarschulen und Studenten ausgeweitet, die zuvor von den Bestimmungen ausgenommen waren. Tansanische Universitätsstudenten, die in jenem Jahr ihre Ausbildung abschlossen, wurden zum Nationalen Dienst verpflichtet. Wie alle anderen mussten sie sechs Monate lang in einem Nationaldienstlager leben und wurden von Ausbildern unterrichtet, die oft nur über eine Grundschulausbildung verfügten. Im Lager erhielten die Dienstleistenden einen geringen Lohn. In den folgenden 18 Monaten sollten sie einen Beitrag von 60 Prozent ihres Gehalts an den Staatshaushalt abführen. Sofort demonstrierten die Studenten gegen diese neuen Bedingungen. Es handelte sich um eine Konfrontation zwischen dem Volk und der Elite, und da diese Elite über keine Macht verfügte, wurden die Studentinnen gezwungen, ihren Nationalen Dienst abzuleisten, um ihre Ausbildung abschließen zu können. Heute müssen die Absolventen der Sekundarstufe zuerst für einige Monate in einem Nationaldienstlager arbeiten, bevor sie die Universität besuchen dürfen.

Das Nationaldienstprogramm war nur in begrenztem Umfang erfolgreich. Nachdem es sich auf die schwierige Aufgabe eingelassen hat, die Werte der Menschen neu zu gestalten, hat es – wenig überraschend – zu einem gewissen Formalismus geführt. Mit anderen Worten: Die Schüler gehen zum Nationalen Dienst und tun, was man ihnen sagt. Aber sie werden nicht unbedingt die Idee akzeptieren, dass sie dort sind, um dem Volk zu dienen und mit der Gemeinschaft der Produzenten zu verschmelzen. Niemand in Tansania würde so naiv sein zu behaupten, dass der Nationale Dienst perfekt funktioniert, oder zu glauben, dass die monatelange Arbeit an Projekten zum Aufbau der Nation ein neues Identitätsgefühl bei den Dienstleistenden schaffen wird. Eines der qualvollen Probleme besteht darin, dass der Nationale Dienst von Hierarchisierung und Befehlsdenken durchzogen ist, was seinem eigenen Ziel einer maximalen Beteiligung auf sozialistischer und demokratischer Grundlage zuwiderläuft. Obwohl er eine hochpolitische Aufgabe zu erfüllen hat, ist seine Leitung auf verschiedenen Ebenen offenkundig »unpolitisch«, also letztlich kleinbürgerlich. Eine Abteilung für politische Bildung wurde schon früh in den Nationalen Dienst eingegliedert, aber sie scheint eher überschwemmt worden zu sein, als dass sie sich in einer Weise entwickelt hätte, die es erlauben würde, die Institution als kaderbildend zu betrachten. Das Positivste, was sich im Moment über den Nationalen Dienst sagen lässt, ist, dass Strukturen geschaffen und sinnvolle Ziele definiert wurden, die weit über die Strukturen und Ziele des kolonialen Bildungssystems hinausgehen.[8]

Eine Landessprache

Tansania hat das Glück, eines der wenigen afrikanischen Länder zu sein, das eine echte Landessprache hat. In Tansania werden Dutzende von Sprachen gesprochen, aber bis auf wenige Ausnahmen können sich alle auf Suaheli verständigen. Die meisten Beobachterinnen haben dieses Phänomen als Beweis für die nationale und territoriale Integrität Tansanias gewertet. Darüber hinaus wirkte sich die Existenz von Suaheli als Lingua franca darauf aus, wie schichtspezifische und auf das Ausland gerichtete Orientierungen überwunden werden konnten. Das Englische, das in den kolonialen Sekundarschulen unterrichtet wurde, war einer der Mechanismen der Entfremdung. Die fortgesetzte Verwendung des Eng-

8 In der nationalen Presse sind einige Zuschriften erschienen, die die Einrichtung sowohl kritisch als auch unterstützend bewerten. Eine offizielle Studie über den Nationalen Dienst wurde nicht veröffentlicht.

lischen und Französischen im postkolonialen Afrika trägt dazu bei, dass das afrikanische Kleinbürgertum an seine Herren gebunden bleibt. Mit der Einführung von Suaheli als Landessprache bot sich den Schülerinnen der weiterführenden Schulen die Möglichkeit, ihre Vorstellungen von der Welt in einer Sprache zu formulieren, die aus ihrem eigenen Umfeld stammt. Außerdem ergab sich damit die Möglichkeit, ein Idiom zu verwenden, das die Bauernschaft und die Oberschicht miteinander verbinden konnte, im Gegensatz zur europäischen Sprache, deren Gebrauch sie zuvor getrennt hatte.

An der Universität und in den höheren Klassen der Sekundarschulen ist Englisch noch immer die Unterrichtssprache, da die Umstellung auf Suaheli Zeit braucht. Es müssen Lehrbücher entwickelt und neue Konzepte in die Sprache aufgenommen werden. Bei der praktischen Umsetzung der nationalen Sprachenpolitik ist ein gewisser Rückstand zu verzeichnen. Dies ist wahrscheinlich zum Teil auf das mangelnde Selbstvertrauen in weiten Kreisen des Kleinbürgertums zurückzuführen und seinen Wunsch, sich durch den Gebrauch der englischen Sprache weiterhin mit der Metropole identifizieren zu können. Vor Ort haben jedoch die Debatten zu einem Konsens darüber geführt, dass Suaheli auf allen Kommunikationsebenen – auch an der Universität – Vorrang haben kann und muss.

Erziehung zur Selbstständigkeit

Im Anschluss an die berühmte Arusha-Erklärung von 1967 veröffentlichte *Mwalimu*[9] Nyerere ein wichtiges bildungspolitisches Dokument mit dem Titel »Education for Self-Reliance« (Erziehung zur Selbstständigkeit).[10] Der Untertitel der Arusha-Erklärung lautete »TANU's Policy of Socialism and Self-Reliance« (TANU-Politik des Sozialismus und der Selbstständigkeit).[11] Die Betonung der Selbstständigkeit wurde danach zur wichtigsten theoretischen Prämisse für den Wiederaufbau des Bildungswesens. *Erziehung zur Selbstständigkeit* beginnt mit dem Bewusstsein, dass die Kolonisierten dazu erzogen wurden, von den Kolonisatoren abhängig zu sein: eine Erziehung zur Abhängigkeit. Im Gegensatz dazu sei es das Ziel für die Tansanierinnen im sozialistischen, selbstständigen Tansania, dass sie von ihren eigenen Anstrengungen, ihren eigenen Fähigkeiten und ihrer eigenen Kreativität abhängig sein sollten. Unter dem Kolonialismus war die Bildung hauptsächlich eine Sache des Staates oder der Kirchen. Das heißt, die Afrikaner zahlten Steuern und erwirtschafteten Überschüsse, aus denen die Kolonialverwaltung oder die Kirche Mittel für die Bildung

9 *Mwalimu* bedeutet »Lehrmeister«.

10 Julius K. Nyerere: Education for Self-Reliance, Daressalam 1967, unter: www.juliusnyerere.org/resources/view/education_for_self_reliance (dt.: Erziehung zur Selbständigkeit, in: Afrikanischer Sozialismus. Aus den Reden und Schriften von Julius K. Nyerere, Stuttgart 1976, S. 19–39).

11 TANU sind die Initialen der von Präsident Julius Nyerere geleiteten politischen Partei – der Tanzanian African National Union.

bereitstellten. Diejenigen, die das formale Bildungssystem durchliefen, wurden aus der Produktion herausgenommen und für die Dauer ihrer Sekundarschulbildung als besonders privilegierte Personen behandelt. Solche Muster wurden in *Erziehung zur Selbstständigkeit* infrage gestellt.

Das koloniale Bildungssystem war eine Pyramide, die mit einer schmalen Basis in der Primarstufe begann, in der Sekundarstufe extrem schmal wurde und sich an der Spitze der höheren Bildung stark verjüngte. *Erziehung zur Selbstständigkeit* pochte darauf, dass ein nationales Bildungssystem nicht das Wohlergehen einiger weniger an der Spitze zum Ziel haben konnte. Eine Änderung der Prioritäten sei notwendig, um das gesamte Gefüge des Bildungssystems so umzubauen, dass es der Mehrheit der Bevölkerung zugutekommen würde. Unter dem kolonialen System war die Grundschule kein Selbstzweck, denn es bedeutete nichts, nach sechs Jahren die Grundschule zu verlassen. In den Grundschulabsolventen sahen die Kolonialisten lediglich einen potenziell besseren Arbeiter oder bessere Landwirtin. Aber der Afrikaner, der in der Verwaltung helfen sollte, musste noch weiter ausgebildet werden. Angesichts der »Angestellten«-Orientierung der kolonialen Gesellschaft akzeptierten die Afrikanerinnen auch, dass der Zweck der Bildung nur durch den Aufstieg in der Pyramide erreicht werden konnte.

Der neue Ansatz in Tansania basierte auf der Behauptung, dass es absurd sei, Millionen von Schilling für ein Bildungssystem auszugeben, dessen Endprodukt eine Handvoll ausgebildeter Menschen ist – vor allem, wenn sie nur in der Verwaltung des Landes tätig sein können, anstatt die Produktion weiterzuentwickeln. Wenn im unabhängigen Tansania weiterhin nur eine Handvoll Menschen die Spitze der Bildungspyramide erreichen würde, wäre damit nicht viel gewonnen. Das Hauptaugenmerk sollte auf der Grundschulbildung liegen, denn nur in diesem Bereich konnten sich die politischen Entscheidungsträger vorstellen, in naher Zukunft allen eine Ausbildung zu ermöglichen. Alle Grundschulabsolventinnen sollten für den Dienst in der Gesellschaft gerüstet sein und nicht – wie im kolonialen Afrika und auch im neokolonialen Afrika – als Außenseiterinnen ohne sinnvolle Beschäftigung dastehen.

Das Ziel einer Erziehung zur Selbstständigkeit führte zu einer Neubewertung des Einschulungsalters der Kinder. In der Regel werden die Kinder mit sechs Jahren eingeschult und sind mit zwölf Jahren mit der Grundschule fertig. Die Logik hinter der TANU-Entscheidung für eine spätere Einschulung bestand darin, dass ein Grundschulabsolvent, der zwölf Jahre oder jünger ist, weder körperlich noch geistig in der Lage ist, die Rolle eines Produzenten in der Gesellschaft zu übernehmen. Daher wurde 1963 das Einschulungsalter auf sieben Jahre und das Schulabschlussalter auf 14 Jahre angehoben. Interessanterweise wurde in der vorkolonialen afrikanischen Gesellschaft ein Kind zum Zeitpunkt der Pubertät erwachsen. Mit den Initiationsriten wurde ein Mädchen zu einer Frau und ein Junge zu einem Mann. Die europäische Vorstellung von einem Teenager, der vier oder fünf Jahre lang unproduktiv ist, war völlig unbekannt.

Die Politik der Erziehung zur Selbstständigkeit legte großen Wert auf die landwirtschaftliche Arbeit, da die überwiegende Mehrheit der Menschen im Lande ihren Lebensunterhalt durch Subsistenzarbeit verdient. Der koloniale Bildungsansatz war darauf ausgerichtet, manuelle Arbeit, insbesondere in der Landwirtschaft, abzuwerten und zu degradieren. Aus diesem Grund verachtete die gebildete afrikanische Elite die Bauern (und verachtet sie immer noch). Wenn die Kolonialistinnen eine landwirtschaftliche Ausbildung einführten, was in verschiedenen Gebieten geschah, ließen sie keine Improvisation oder Innovation zu. Es handelte sich um eine landwirtschaftliche Ausbildung der gröbsten Art, die auf der Prämisse beruhte, dass das Hacken des Bodens durch den Einsatz schierer körperlicher Energie das natürliche Los der Afrikaner sei. Erziehung zur Selbstständigkeit hingegen bekräftigt die Würde der afrikanischen Arbeit und zielt darauf ab, die Verbindung zwischen Theorie und Praxis zu stärken, damit die Schulkinder sich kreativ mit ihrer Umwelt auseinandersetzen können. Die Arbeit auf dem Feld sollte nicht wie in der Kolonialzeit eine Strafe sein, sondern eine Übung in der wissenschaftlichen Nutzung der natürlichen Ressourcen.

In diesem Rahmen sind Schulbauernhöfe für die Entwicklung der Bewegung »Erziehung zur Selbstständigkeit« in Tansania sehr wichtig geworden. Diese Farmen sind auch insofern nützlich, als sie der Schule Einnahmen verschaffen können. Aber das ist meiner Meinung nach ein zweitrangiges Ziel. Viel wichtiger sind die Einstellungen, die mit der landwirtschaftlichen Arbeit verbunden sind, die Möglichkeiten der Innovation und die Erfahrung von Studium und Arbeit. In einem selbstbestimmten Bildungsumfeld agiert die gesamte Schulgemeinschaft aus Lehrerinnen und Schülern als demokratische Einheit. Die Schülerinnen und ihre Lehrer sollen Prioritäten setzen – sie bestimmen, was angebaut werden soll und was nicht, wie es gemacht wird, wie es vermarktet werden soll und wofür die Mittel verwendet werden. Die Schule soll wie eine *Ujamaa*-Gemeinschaft eine Übung in Selbstverwaltung sein, während der Kolonialismus die Negation dieser Selbstverwaltung war.

Einige Beobachterinnen haben die Bedeutung der auf Selbstständigkeit ausgerichteten Erziehung heruntergespielt, indem sie darauf hinwiesen, dass diese und viele andere Ideen keineswegs neu und bereits während der Kolonialzeit erörtert und erprobt worden seien.[12] Dabei

12 Cameron und Dodd (Society, Schools and Progress in Tanzania) gehören zu denjenigen, die in diesem Punkt konfus und verwirrend sind. Vgl. auch A. R. Thompson: Ideas Underlying British Colonial Education in Tanganyika, in: I. Resnick (Hrsg.): Tanzania: Revolution by Education, New York 1970, S. 15–32.

übersehen sie den einschränkenden und prägenden Einfluss der kolonialen politischen Ökonomie und die Tatsache, dass dieselbe Politik in einer neuen Gesellschaftsordnung eine radikal andere Bedeutung bekommen kann. Es wäre geradezu kindisch, ernsthaft zu erwarten, dass selbst die redlichsten kolonialen landwirtschaftlichen Bildungsprogramme die Afrikaner von den Vorzügen der Landwirtschaft hätten überzeugen können, solange die sich aus der Produktionsweise ergebende koloniale Wertestruktur jenen den Erfolg versprach, die ihre direkte Beteiligung an der Landwirtschaft aufgaben und sich stattdessen mit »zivilisierteren« Tätigkeiten beschäftigten. Diese Beobachter versäumen es, sich mit grundlegenden Fragen zu befassen, wie etwa der Frage, wer die Macht ausübt und in wessen Interesse. Die Politik der Erziehung zur Selbstständigkeit eröffnet revolutionäre Möglichkeiten, weil die Menschen sich im Sinne ihrer eigenen Interessen entscheiden können. Die Behauptung, die Kolonialisten hätten dieselbe Vorstellung vom Wohlergehen der Menschen in Afrika gehabt, ist eine Übung in Apologetik – und noch nicht mal eine subtile.

Andere Kommentatoren haben sich für oder gegen die *Erziehung zur Selbstständigkeit* ausgesprochen, je nachdem, wie sie deren Klasseninhalt und Bedeutung für den Sozialismus einschätzen. So schwärmt der panafrikanistische Marxist *Mzee*[13] C. L. R. James begeistert von dem Dokument. Er versichert, dass »sich hinter der Einfachheit, mit der Dr. Nyerere erklärt, was seine Regierung zu tun beabsichtigt, die Tatsache verbirgt, dass sich weder bei Platon noch bei Aristoteles, Rousseau oder Karl Marx eine so radikale, so revolutionäre Abkehr von der etablierten Erziehungsordnung finden lässt«.[14] *Mzee* C. L. R. James ist ebenso von den Inhalten des Dokuments beeindruckt wie von dem Aufbau des *Ujamaa*-Sozialismus, den er als eine revolutionäre Antwort auf die objektiven Bedingungen Tansanias und Afrikas versteht. Der US-amerikanische Erziehungswissenschaftler Philip Foster hingegen gibt eine negative Einschätzung ab, die von bürgerlichen Annahmen geprägt ist. Er bekennt sich klar zur Klassengesellschaft in Afrika und begründet dies mit dem »Zielkonflikt von Gleichheit und Effizienz«. Er ist davon überzeugt, dass für den künftigen Fortschritt in Tansania und Afrika eine weitere Klassenschichtung erforderlich ist. Sein eigentliches Problem mit der *Erziehung zur Selbstständigkeit* besteht darin, dass sie nicht nur auf den traditionellen afrikanischen Kommunalismus zurückgreift, sondern auch auf einen neuen Sozialismus ausgerichtet ist, der zuerst auf dem Land entwickelt werden soll.[15]

13 Anm. d. Hrsg.: *Mzee* ist eine Respektbezeugung gegenüber einer älteren Person.

14 C. L. R. James: A History of Pan-African Revolt, Washington 1969, S. 133.

15 Philip Foster: Education for Self-Reliance. A Critical Evaluation, in: Richard Jolly (Hrsg.): Education in Africa. Research and Action, Nairobi 1969, S. 210–236.

Natürlich ist es fünf Jahre nach der Verkündung dieser Politik lohnender, sie nicht als Theorie zu betrachten, sondern sich mit ihrer bisherigen Umsetzung zu befassen. Der brasilianische Erziehungswissenschaftler Paulo Freiere antwortete auf die Frage nach der Erziehung zur Selbstständigkeit in Tansania, dass sie auf dem Papier zwar befreiend wirke, die Antwort aber nur in der Praxis zu finden sei, denn »die Frage ist nicht, ob sie es ist, sondern ob sie es *tut*«.[16] Studien über die praktische Bedeutung von Erziehungsprogrammen zur Selbstständigkeit in tansanischen Schulen stecken noch in den Kinderschuhen,[17] aber selbst ein flüchtiger Blick auf die zeitgenössische tansanische Szene lässt vermuten, dass die Erziehung zur Selbstständigkeit nicht nach Plan funktioniert – ganz im Gegenteil. Bei einer so komplexen Angelegenheit ist es unvermeidlich, dass die Menschen zunächst nur die formalen und oberflächlichen Aspekte begreifen. Viele Lehrerinnen meinen, Erziehung zur Selbstständigkeit bestehe darin, einen Bauernhof zu haben. Sie beschließen also, einen Bauernhof einzurichten, und setzen dann »Selbstständigkeit« auf den Stundenplan, genauso wie Physik, Mathematik oder Geschichte. Zu bestimmten Zeiten gehen die Schüler hinaus, arbeiten und kommen wieder herein, aber es werden keine ernsthaften Versuche unternommen, die verschiedenen Aspekte des Lehrplans so zu integrieren, dass sie in eine bestimmte Richtung weisen. Vermutlich unternehmen die Lehrer nur selten den Versuch, die Schülerinnen in die Bestimmung dessen einzubeziehen, was eine selbstständige Tätigkeit in ihrer jeweiligen Region ausmacht. Sie verfolgen nach wie vor einen autoritären, bürokratischen Ansatz, auch wenn sie vielleicht mit der Vermittlung von Selbstständigkeit in ihrer Schule prahlen. In diesem Zusammenhang ist es von großer Bedeutung, welcher Klasse sie sich verpflichtet fühlen und was ihre ideologischen Einstellungen sind.

Bildung und Befreiung

Letztlich hängt der Erfolg der Revolution im Klassenzimmer wiederum davon ab, wie sich die Strukturen in der Gesellschaft als Ganzes entwickeln. Das tansanische Bildungswesen versucht, neue Normen zu schaffen, aber gleichzeitig muss sich die gesamte Gesellschaft in eine

16 Eine Abschrift der Diskussionen von Paulo Freire in Daressalam im Jahr 1971 befindet sich im Besitz des Instituts für Erwachsenenbildung an der University of Dar es Salaam. Eine Abschrift des Besuchs von 1972 ist in Arbeit. Dieses Zitat wird auch in einer Rezension von Freires »Pädagogik der Unterdrückten« von M. J. Mbilinyi in The African Review, April 1972, angeführt.

17 Eine Dissertation von Simon Nkonoki an der Universität Daressalam befindet sich in einem fortgeschrittenen Stadium. Eine weitere wurde 1971 von David Court an der Stanford University abgeschlossen, zum Thema »Schooling Experience and the Making of Citizens: A Study of Tanzanian Students« (Schulische Erfahrungen und die Herausbildung von Bürgern: Eine Studie über tansanische Schüler). Ich habe diese Studie nicht gesehen, aber die Schlussfolgerungen über die Wirksamkeit des versuchten Wertewandels sind anscheinend recht zurückhaltend, wenn wir von seinem Papier »The Social Function of Formal Schooling in Tanzania« (Die soziale Funktion der formalen Schulbildung in Tansania) ausgehen, das er auf der sozialwissenschaftlichen Konferenz der Universitäten von Ostafrika in Kampala im Dezember 1971 vorgestellt hat.

bestimmte Richtung bewegen. Diese beiden Dinge bedingen sich gegenseitig. In Tansania wurden in vielen Bereichen der politischen Ökonomie ernsthafte Versuche unternommen, neue Strukturen zu schaffen und neue Normen zu etablieren. Sie alle haben mit der versuchten Revolution im Bildungswesen zu tun. Anfang der 1960er-Jahre spotteten die Studenten, als ihnen gesagt wurde, sie sollten ihre Hoffnungen auf die Zukunft zurückschrauben und sich als Diener des Volkes betrachten: »Wie können uns diese Politiker sagen, wir sollen sozialistisch sein, während sie ihren Mercedes-Benz fahren, Immobilien anhäufen und sich an kapitalistischen Unternehmen beteiligen?« Als die Studentinnen 1966 gegen den Nationalen Dienst demonstrierten, forderten sie unter anderem, dass auch die Minister, Staatssekretärinnen und andere Spitzenbeamten etwas abgeben sollten, wenn ihnen die Gehälter beim Nationalen Dienst um 60 Prozent gekürzt würden. Obwohl Präsident Nyerere die Studenten disziplinierte und sie für ein Jahr nach Hause schickte, ist es bezeichnend, dass diese Studentenrevolte der Auslöser für die Arusha-Erklärung war. Nyerere stimmte zu, dass sich die politische Führung selbst disziplinieren sollte. Er kürzte sein Gehalt um 20 Prozent und andere Minister des Kabinetts folgten diesem Beispiel. Für diejenigen, die diesen Verzicht nicht freiwillig auf sich nahmen, wurde ein Gesetz erlassen, das die Gehälter der Spitzenbeamten reduzierte. Ein großer Teil der Erklärung von Arusha war in der Tat darauf ausgerichtet, einen Verhaltenskodex für die obersten Ränge der Gesellschaft – außer denen in der Privatwirtschaft – zu umreißen. Dieser Kodex für die Führungsschichten war so etwas wie eine Verordnung zur Selbstbeschränkung, die seither als Maßstab für die Befolgung oder Nicht-Befolgung einer sozialistischen Ethik im Lebensstil der politisch-bürokratischen Führung des Landes herangezogen wird.

Der Kodex für die Führung der TANU korreliert in gewisser Weise mit den im Bildungswesen vermittelten Werten. Es darf nicht zu einem ständigen Widerspruch zwischen den Praktiken im politischen und denen im erzieherischen Bereich kommen. Kinder werden sich an bestimmten Mustern orientieren. Daher dürfen die wichtigsten der gesellschaftlich praktizierten Muster nicht in krassem Widerspruch zu denen stehen, die im Klassenzimmer idealisiert werden. Was die Landwirtschaft betrifft, so wurden in Tansania Anfang der 1960er-Jahre zunächst viele kleine kapitalistische Unternehmungen gefördert, aber in der jüngsten Zeit erhält die kollektive *Ujamaa*-Landwirtschaft eine stärkere Unterstützung. Es ist sinnvoll, dass die Vorstellungen von *Ujamaa* in der landwirtschaftlichen Gemeinschaft strukturell verankert werden, wenn sie gleichzeitig in der Schule gepriesen werden. Wenn die Kinder die Schule verlassen, in der ihnen der Wert gemeinschaftlicher und kollektiver Anstrengungen beigebracht wurde, haben sie die Möglichkeit, sich einem *Ujamaa*-Dorf anzuschließen und so zu einem dauerhaften Teil der Bewegung für den

Aufbau eines Sozialismus zu werden, der durch ihre Geschichte und ihr Umfeld geprägt und bedingt ist. Die Fragen, inwieweit diese Möglichkeit realisiert wird und wie effektiv die *Ujamaa*-Dörfer selbst sind, stellen sich dann natürlich sofort und verlangen eine Antwort.

Die Umgestaltung des kolonialen Bildungssystems in Tansania und in ganz Afrika ist Teil einer viel breiteren Front des Kampfes gegen den Imperialismus und Neokolonialismus, nach innen und nach außen. Obwohl es sich dabei um einen äußerst wichtigen Aspekt handelt, wird die Umgestaltung des Bildungswesens allein niemals zu einer vollständigen Befreiung der Gesellschaft führen. In der Tat ist es dialektisch unmöglich, das alte Bildungssystem tiefgreifend zu verändern, wenn nicht zuvor und gleichzeitig alle Aspekte der politischen Ökonomie transformiert werden. Die Prognose für die Veränderung des Bildungswesens in Tansania und in Afrika fällt daher zusammen mit der Bewertung der Aussichten auf eine sozialistische Revolution und eine vollständige Befreiung vom Kolonialismus und Neokolonialismus. Langfristig muss diese Einschätzung von den vielfältigen Widersprüchen des Imperialismus ausgehen, die ihn zerreißen und ihn zu einem zum Scheitern verurteilten Teil der Weltordnung gemacht haben. Kurzfristig wird die Dynamik des Wandels in Afrika vor allem durch die Struktur der entstehenden Klassengesellschaft bestimmt und davon, wie schnell die Masse der unmittelbaren Produzentinnen das Bewusstsein und die Fähigkeit erlangt, in ihrem eigenen Interesse zu handeln – mit der Unterstützung von Intellektuellen aus allen Schichten. Aus diesen Gründen müssen wir die Erörterung der Bildungsfragen hier fürs Erste beenden, denn die Untersuchung der genannten kurz- und langfristigen Tendenzen würde den bescheidenen Rahmen dieser Analyse sprengen.

Education in Africa and Contemporary Tanzania, in: Institute of the Black World (Hrsg.): Education and Black Struggle – Notes from the Colonized World, Cambridge/MA 1974, S. 82–89. Dieser Aufsatz basiert auf einem Vortrag, den Walter Rodney am 27. April 1972 am W. E. B. DuBois Department of Afro-American Studies, University of Massachusetts, Amherst, gehalten hat.

IV —— Den Sozialismus aufbauen

Tansanische *Ujamaa* und Wissenschaftlicher Sozialismus

IN DIESEM KAPITEL WIRD der Versuch unternommen, die tansanische *Ujamaa* in bestimmten ideologischen Grundzügen mit dem Wissenschaftlichen Sozialismus zu vergleichen. Es handelt sich um eine theoretische Übung, wobei zu berücksichtigen ist, dass die Theorie des Sozialismus historisch gesehen der Etablierung des Sozialismus als System in irgendeinem Teil der Welt vorausging. Der Wissenschaftliche Sozialismus (oder meinetwegen der Marxismus) ist eine explizite Weltanschauung, die jedes denkbare Phänomen, vom Protein bis zur Literatur, im Sinne einer auf Natur und Gesellschaft anwendbaren Methode betrachtet. Daher ist der Vergleich mit der tansanischen *Ujamaa* nicht ganz passend, da Letztere weder explizit noch allumfassend ist. Dieser Vorbehalt würde jedoch wahrscheinlich auch für jede andere Ideologie gelten, die nicht der Wissenschaftliche Sozialismus ist. In den meisten Fällen können wir eine Ideologie nur in den Handlungen der Menschen finden, die mehr oder weniger stark mit Grundsatzerklärungen oder einer Politik verbunden sind. Der politische Prozess in Tansania hat in den letzten zehn Jahren mehrere bemerkenswerte Grundsatzerklärungen hervorgebracht und zu genügend Handlungen geführt, die diesen Erklärungen Bedeutung verleihen. Das Wort »*Ujamaa*« ist bereits in zwei Zusammenhängen populär geworden: erstens als Bezeichnung für die Großfamilie des afrikanischen Kommunalismus und zweitens im Zusammenhang mit der Schaffung von landwirtschaftlichen Kollektiven, die als *Ujamaa*-Dörfer bezeichnet werden. Der Zusammenhang zwischen diesen beiden Bedeutungen besteht darin, dass die *Ujamaa*-Dörfer versuchen, die Prinzipien der gemeinsamen Produktion, der egalitären Verteilung und der allgemeinen Verpflichtung zur Arbeit, die im afrikanischen Kommunalismus zu finden waren, wieder aufzugreifen. Die folgende Erörterung bezieht sich auf beide Bedeutungen des Worts »*Ujamaa*« und schließt auch das mit ein, was sich aus verschiedenen politischen Dokumenten und staatlichen Planungen ergibt.

Zur Klarstellung muss zunächst eine negative Feststellung vorausgeschickt werden: *Ujamaa* in Tansania ist kein »Afrikanischer Sozialismus«. Angesichts der Tatsache, dass *Mwalimu* Nyerere 1962 *Ujamaa* als »die Grundlage des afrikanischen Sozialismus« bezeichnete, mag diese Behauptung merkwürdig und sogar anmaßend erscheinen. Aber es gibt mehrere Gründe dafür, die beiden Konzepte weit auseinanderzuhalten. Als der »Afrikanische Sozialismus« Anfang der 1960er-Jahre in Mode kam, umfasste er eine Vielzahl von Interpretationen, die von dem Wunsch nach einer sozialistischen Gesellschaft in Afrika bis hin zu dem Wunsch reichten, den Status quo des Neokolonialismus zu erhalten. Seitdem wird der Begriff mit seinem konsequentesten und am wenigsten revolutionären Ideologen, Léopold Senghor, und mit dem verstorbenen Tom Mboya identifiziert. »Afrikanischer Sozialismus« wird im Allgemeinen als eine Reihe von Maßnahmen verstanden, die Kapitalismus und Imperialismus unangefochten lassen. Es ist daher wichtig, die antikapitalistische und antiimperialistische Haltung in Tansania von einer Bezeichnung zu trennen, die sich nicht-revolutionäre afrikanische Führungspersönlichkeiten bereits angeeignet haben. Außerdem wurde das Konzept der *Ujamaa* bei seiner Vorstellung kurz nach der Unabhängigkeit Tanganjikas (ganz bewusst) als abstraktes Wertesystem ohne Bezug zu den für seine Verwirklichung notwendigen gesellschaftlichen Formen definiert.[1] Inzwischen ist politisch viel getan worden, um die erforderlichen gesellschaftlichen Strukturen zu planen und aufzubauen. Dadurch ist der Unterschied zwischen *Ujamaa* und seinen früheren Pendants eines »Afrikanischen Sozialismus« noch deutlicher geworden, zumal Letztere nie vom Ideal zur Realität gelangt waren. Vor allem aber muss die nun seit fast einem Jahrzehnt andauernde Weiterentwicklung der tansanischen Theorie und Praxis zur Kenntnis genommen werden, die eine positive Antwort auf nationale, afrikanische und internationale Entwicklungen darstellt.[2]Andererseits scheint der Versuch, *Ujamaa* mit der Kategorie »Wissenschaftlicher Sozialismus« in Verbindung zu bringen, in völligem Widerspruch zu gegenteiligen Aussagen von tansanischen Politikern zu stehen. Der Wissenschaftliche Sozialismus gilt als Synonym für Marxismus, Kommunismus und dergleichen, zu denen die tansanischen Befürworter der *Ujamaa* auf Distanz gehen. Dieser Widerspruch ist mehr Schein als Sein. Er löst sich zum Teil auf, wenn die erwähnte wichtige politisch-ideologische Weiterentwicklung von der *Arusha*-Erklärung bis zu *Mwongozo*, den neuen Parteirichtlinien, berücksichtigt wird.

1 Julius K. Nyerere: Ujamaa – the Basis of African Socialism, in: ders.: Freedom and Unity, London 1962, S. 162–171 (dt.: Ujamaa – Grundlage des afrikanischen Sozialismus, in: Afrikanischer Sozialismus. Aus den Reden und Schriften von Julius K. Nyerere, Stuttgart 1976, S. 10–18, online unter: www.boell.de/de/2010/09/28/ujamaa-grundlage-des-afrikanischen-sozialismus). In den einleitenden Sätzen heißt es: »Sozialismus ist – wie Demokratie – eine Geisteshaltung. [...] Das Anliegen dieser Studie ist es, diese Haltung zu untersuchen. Nicht beabsichtigt ist, die Institutionen zu umreißen, die erforderlich sein könnten, um diese in einer modernen Gesellschaft konkret zu verwirklichen.«

2 Es ist bezeichnend, dass Tansanierinnen oder ausländische Beobachter, die den Trend zu einer stärkeren sozialistischen Orientierung nicht mitbekommen haben, den neueren Äußerungen von *Mwalimu* Nyerere kaum Beachtung schenken, sondern den Text »Ujamaa – Grundlage des afrikanischen Sozialismus« als einen endgültigen Plan betrachten.

Außerdem ist noch entscheidender, dass diese Abgrenzung weitgehend auf einer Karikatur des Wissenschaftlichen Sozialismus (Marxismus) beruht, der zufolge der Sozialismus nur durch eine proletarische Revolution innerhalb eines bereits entwickelten kapitalistischen Staates herbeigeführt werden kann. Eine solche Definition des Sozialismus würde automatisch die tansanische *Ujamaa* ausschließen, auch wenn sie auf eine sozialistische Organisation der Bäuerinnen abzielt und versucht, das kollektive Prinzip der Produktion und die Gleichheit der Verteilung, die den Kommunalismus kennzeichneten, wiederzubeleben und zu bewahren. Die Verwandlung des Marxismus in eine unfruchtbare, dogmatische, mechanistische und eindimensionale Theorie, wie sie sowohl von einigen selbsternannten Marxisten als auch von bürgerlichen Analytikerinnen betrieben wird, hat verständlicherweise dazu geführt, dass viele kreative Menschen das ablehnen, was der Wissenschaftliche Sozialismus angeblich sein soll. Um diese Frage neu aufzurollen, müssen wir zu den anfänglichen Leitgedanken zurückkehren und uns die wesentlichen Aussagen des Wissenschaftlichen Sozialismus wieder klarmachen.

Der Sozialismus entstand als eine Ideologie innerhalb der kapitalistischen Gesellschaft. Alle seine Vertreter sahen die Bösartigkeit des Kapitalismus und waren sich einig, dass die vorherrschende Produktion für den privaten Profit durch ein System ersetzt werden muss, das die Bedürfnisse aller befriedigt. Nicht einig waren sie sich jedoch über den genauen Inhalt der sozialistischen Gesellschaft und auch nicht über die Mittel, mit denen sie eingeführt werden sollte. In Bezug auf diese Fragen wurde es notwendig, zwischen unrealistischen sozialistischen Hoffnungen und einer genaueren Analyse zu unterscheiden, die für sich ein methodisch streng wissenschaftliches Vorgehen beanspruchen und damit sinnvolle Schritte zur Verwirklichung des Sozialismus bestimmen konnte. Für Marx ist der »Wissenschaftliche Sozialismus« ganz einfach ein Sozialismus, der wissenschaftlich ist.

Saint-Simon, Owen, Fourier und andere Frühsozialisten zu Beginn des 19. Jahrhunderts wurden von Marx und Engels aus verschiedenen Gründen als »utopisch« bezeichnet – vor allem, weil sie nicht erkannt hätten, dass die menschliche soziale Entwicklung bestimmte Stufen durchläuft, und weil ihre sozialistischen Gesellschaftsmodelle die Realität des Klassenkampfes nicht zur Kenntnis nähmen.[3] Andererseits wird der Titel »Wissenschaftlicher Sozialismus« nach wie vor mit der Auffassung verbunden, der Sozialismus könne nur aus der dialektischen Bewegung der gesamten bisherigen Geschichte entstehen und durch den Sieg der Arbeiterklasse erreicht werden. Der utopische Sozialismus oder zumindest utopische Elemente im sozialistischen Denken haben sich gehalten und

3 Friedrich Engels: Die Entwicklung des Sozialismus von der Utopie zur Wissenschaft [1880], in: Karl Marx/Friedrich Engels: Werke [MEW], Berlin 1956ff., Bd. 19, S. 177–228.

sind von Zeit zu Zeit wiederaufgetaucht. Der »Afrikanische Sozialismus« ist utopisch in seiner Weigerung, sich mit den in Afrika vorhandenen Klassenverhältnissen auseinanderzusetzen, und in seiner romantisierenden Ignoranz gegenüber den Etappen der historischen Entwicklung Afrikas. Der Autor ist jedoch davon überzeugt, dass die tansanische *Ujamaa* im Gegensatz dazu von einer richtigen Einschätzung der wesentlichen Entwicklungstendenz ihrer eigenen Gesellschaft ausgeht.

Die Behauptung »in Afrika existieren keine Klassen« wird häufig zur Rechtfertigung kapitalistischer Investitionen auf dem Kontinent herangezogen. Sie ist aber in jüngster Zeit von fortschrittlichen afrikanischen Denkern kritisiert worden.[4] Erstens muss festgehalten werden, dass der internationale Charakter der kapitalistischen Produktion im Zeitalter des Imperialismus dazu geführt hat, dass sich die besitzende Klasse in den Metropolen befindet, während der größere Teil ihrer Arbeitskräfte in den kolonialen oder halbkolonialen Gebieten lebt. Zweitens weisen die kolonialen Gebiete als Folge ihrer Integration in die internationale kapitalistische Wirtschaft unterschiedliche Grade der Schichtung und Klassenbildung auf. Beide dieser Wesensmerkmale werden in den politischen Dokumenten aus Tansania hervorgehoben, die sich der Ausarbeitung der Theorie der *Ujamaa* widmen – die wichtigsten sind die *Arusha*-Erklärung der TANU[5] und der Aufsatz »Sozialismus und ländliche Entwicklung« von *Mwalimu* Nyerere.

In der *Arusha*-Erklärung findet sich kaum etwas zur Entwicklung des Sozialismus auf dem Land, abgesehen von der Feststellung, dass die Sorge um die Kleinbauern Priorität haben müsse. Dieses Dokument bildete jedoch die Grundlage für die Politik des Aufbaus von *Ujamaa*-Dörfern durch die Enteignung der ausländischen Kapitalistenklasse, die bis dahin Eigentümer der wichtigsten Produktionsmittel in Tansania war. Die Erklärung stellte unmissverständlich klar, dass sich die wichtigsten Produktionsmittel unter der Kontrolle und im Eigentum der Bäuerinnen und Arbeiter befinden müssen, vermittelt durch ihre Regierung und ihre Kooperativen. Die Verstaatlichung und der Erwerb von Miteigentum an mehreren Unternehmen waren erste Schritte, um die Verbindungen zwischen den lokalen Arbeiterklassen und der internationalen Bourgeoisie zu kappen. In der *Arusha*-Erklärung wurde auch festgestellt, dass der Sozialismus mit dem Vorhandensein kapitalistischer Elemente unvereinbar ist – im Gegensatz zum »Afrikanischen Sozialismus«, zu dessen Hauptgrundsätzen die Befürwortung der Koexistenz von privatem und öffentlichem Eigentum gehört.

4 Vgl. z. B. Samir Amin: The Class Struggle in Africa [1964], Reprint: African Research Group, 1970; und Kwame Nkrumah: Class Struggle in Africa, London 1970.

5 Anm. d. Hrsg.: TANU sind die Initialen der von Präsident Julius Nyerere geführten politischen Partei – der Tanzanian African National Union.

Utopische Sozialisten propagierten Modelle, in denen Kapitalistinnen mit ihren Arbeitern in der neuen Gesellschaft zusammenarbeiteten. Manchmal wiesen sie den Bankiers eine wichtige Initiativrolle zu. Senghor schlug vor, die Landwirtschaft zu sozialisieren, die öffentlichen Versorgungsbetriebe als gemischten Sektor einzurichten und Banken, Handel und Industrie den kapitalistischen Unternehmen zu überlassen.[6] Die Summe dieser Regelungen sei der »Afrikanische Sozialismus«. Soweit die heutige Theorie und Praxis von *Ujamaa* in Tansania privates Unternehmertum zulässt, handelt es sich dabei ausdrücklich um ein Übergangskonzept. Das ist etwas völlig anderes als eine permanente Koexistenz von kapitalistischen und angeblich sozialistischen Verhältnissen in ein und derselben Gesellschaft und gehörte zu jeder sozialistischen Revolution seit 1917.

Sowohl Feudalistinnen als auch Kapitalisten werden in der *Arusha*-Erklärung als Feinde des Sozialismus bezeichnet. Erstere hatten ihren Platz in der afrikanischen Gesellschaft vor der Ankunft der Europäer, während Letztere im Rahmen des Prozesses auftauchten, durch den die metropolitane kapitalistische Gesellschaft die koloniale Gesellschaft (bewusst und unbewusst) in Richtung von Schichtung und Ausbeutung umgestaltete. Die indischen Geschäftsleute in Ostafrika repräsentierten am ehesten eine vor Ort ansässige Bourgeoisie und es ist kein Zufall, dass sie am stärksten von den Enteignungsmaßnahmen betroffen waren, die mit der Verstaatlichung von Eigentum in ausländischem Besitz verbunden waren, also mit dem Acquisition of Buildings Act von 1971. Sowohl in den ideologischen Erklärungen als auch durch die Regierungspolitik wurde also sehr deutlich gemacht, dass es in Tansania Kapitalistinnen und Feudalisten gibt, die den Arbeiterinnen und Bauern gegenüberstehen. Im gleichen Atemzug macht die *Arusha*-Erklärung eine recht unklare Unterscheidung zwischen dem städtischen und dem ländlichen Tansania, die jeweils die Seite der Ausbeuter und der Ausgebeuteten darstellen sollen.[7] In »Sozialismus und ländliche Entwicklung« wird hingegen ein-

6 Léopold Senghor: Nationhood and the African Road to Socialism. Translated from French by Mercer Cook, Paris 1962 [1960], S. 78.

Die wichtigste Passage lautet wie folgt: »Unser Plan wird drei Sektoren umfassen: einen sozialisierten Sektor – Landwirtschaft; einen gemischten Sektor – öffentliche Versorgungsbetriebe und Unternehmen mit gemischter Wirtschaft; und einen freien Sektor. Letzterer – Banken, Handel, Industrie – wird sich selbst an den Zielen des Plans orientieren und bis zu einem gewissen Grad kontrolliert werden [...]. Der gemischte Sektor wird vorzugsweise Verkehr und Energie umfassen – natürlich innerhalb der Grenzen unserer Möglichkeiten. Was die Landwirtschaft betrifft, so haben wir das Glück, dass sie aufgrund des gemeinschaftlichen Charakters der schwarzafrikanischen Gesellschaft traditionell sozialistisch ist.«

Ansätze einer interessanten Kritik an dieser Position von dem Ugander John Kakonge finden sich in Bede Onuoha: Elements of African Socialism, London 1965, S. 89–92. Zu dieser Zeit vertrat Kakonge noch marxistische Ideen.

7 The Arusha Declaration and TANU's Policy on Socialism and Self-Reliance, TANU, Daressalam 1967, online unter: library.fes.de/fulltext/bibliothek/2-tanzania-s0019634.pdf, S. 13 (dt.: Die Entschließung von Arusha und Die Politik der TANU bezüglich Sozialismus und Selbständigkeit, in: Afrikanischer Sozialismus. Aus den Reden und Schriften von Julius K. Nyerere, Stuttgart 1976, S. 81–97, hier S. 91).

geräumt, dass auch auf dem Land eine soziale Schichtung existiert, und eine realistische Einschätzung der afrikanischen kommunalen Gesellschaft, wie sie war und wie sie sich entwickelt, vorgenommen.

Nachdem die Vorzüge der »traditionellen« afrikanischen Lebensweise in Afrika gepriesen wurden, werden in »Sozialismus und ländliche Entwicklung« sowohl ihre Unzulänglichkeiten als auch die Tatsache aufgezeigt, dass der Kommunalismus als Lebensweise und als Wertesystem unter dem Druck der Einbindung Afrikas in den Kapitalismus immer weiter erodiert ist. Vor allem durch den Cash-Crop-Anbau wurden »die alten Traditionen des Zusammenlebens, der gemeinsamen Arbeit und der Aufteilung der Erträge oft aufgegeben«. An die Stelle der alten *Ujamaa*-Muster trat eine wachsende Kluft zwischen denjenigen, die Land besaßen und Arbeitskräfte anheuerten, und den Landlosen, die ihre Arbeitskraft zur Verfügung stellten, um zu überleben. In diesem Zusammenhang prophezeite *Mwalimu* Nyerere, dass eine solche Entwicklung, wenn sie nicht kontrolliert wird, das Schreckgespenst eines »ländlichen Proletariats« in sich birgt, das für die Minderheit der landbesitzenden Klasse arbeitet.[8] Diese Beobachtung belegt, dass die der modernen Version der tansanischen *Ujamaa* zugrundeliegende Theorie die widersprüchlichen Kräfte innerhalb der Nation sowie die Richtung des Wandels erkennt, die sich aus dem Zusammenspiel dieser Kräfte ergeben muss. Marx und Engels griffen den »Proudhonismus« unter anderem deswegen an, weil für Proudhon der Sozialismus auf unabhängigen Kleinproduzenten der Handwerkerklasse beruhen sollte.[9] Die technologischen Veränderungen in der Mitte des 19. Jahrhunderts hatten jedoch überzeugend gezeigt, dass die Handwerkerinnen durch die maschinelle Produktion und die Universalisierung der kapitalistischen Verhältnisse zum Aussterben verurteilt waren. Natürlich ist auch der Bauer ein Kleinproduzent und in weiten Teilen Westeuropas ist er tatsächlich verschwunden. In vielen Debatten wurde die Frage aufgeworfen, ob die bäuerliche Produktion als Grundlage für einen sozialistischen Staat genutzt werden kann, und die Antwort darauf hängt von der lokalen und internationalen politischen Ökonomie der jeweiligen Zeit ab. Bevor wir uns dieser Frage im spezifischen Kontext von Tansania zuwenden, ist es aufschlussreich, uns kurz die Debatte über den »Bauernsozialismus« anzusehen, wie sie in der recht ähnlichen Situation von Russland am Ende des 19. Jahrhunderts geführt wurde.

8 Julius K. Nyerere: Socialism and Rural Development, September 1967, in: ders.: Freedom and Socialism – Uhuru na Ujamaa. A Selection from Writings and Speeches 1965–1967, Daressalam 1968, S. 337–366, insbesondere S. 342–344 (dt.: Sozialismus und ländliche Entwicklung, in: Afrikanischer Sozialismus. Aus den Reden und Schriften von Julius K. Nyerere, Stuttgart 1976, S. 40–66, hier S. 44–46).

9 Der einzige verfügbare Text, der Marx und Proudhon einander gegenüberstellt, ist leider nicht sehr erhellend: J. Hampden Jackson: Marx, Proudhon and European Socialism, London 1964. Zu Proudhons Auffassung von den Kleinproduzenten vgl. S. 100–101.

Wie das heutige Tansania war das Russland des 19. Jahrhunderts ein ausgebeutetes halbkoloniales Gebiet der internationalen imperialistischen Ökonomie. Anders als in Tansania waren in Russland die feudalen Verhältnisse voll ausgereift und das Land begann sich aus seiner eigenen inneren Dynamik heraus industriell und kapitalistisch zu entwickeln, ganz unabhängig vom Eindringen des westeuropäischen Kapitalismus. Nichtsdestotrotz hatten sich im Feudalismus und im embryonalen Kapitalismus gewisse gemeinschaftliche Organisationsformen unter der Bauernschaft erhalten, nämlich die *Obschtschina* oder der *Mir* (Dorfgemeinschaften) und das *Artel* (Handwerkergenossenschaften). Sozialistisch oder antikapitalistisch gesinnte Russinnen dachten über eine sozialistische Gesellschaft nach, die sich qualitativ von den Vorstellungen der Sozialisten in den westeuropäischen Industriestaaten unterschied. Sie vertraten die Ansicht, Russland könne die Ausreifung kapitalistischer Verhältnisse innerhalb seiner nationalen Grenzen vermeiden und direkt zu einem Sozialismus übergehen, in dem die dominierende soziale Klasse nicht das Industrieproletariat, sondern die Bäuerinnen auf dem Lande wären, die bereits ein Leben führten, das nicht weit von dem Kommunalismus entfernt war, der vor der Leibeigenschaft und dem Kapitalismus existiert hatte.[10] Offensichtlich entspricht vieles in der tansanischen *Ujamaa* den Anliegen dieser Russen, die der Nachwelt als Volkstümler bekannt sind.

In den 1870er- und frühen 1880er-Jahren wurden Marx und Engels, die am Ende ihrer politischen Karriere standen, gebeten, sich zu der Möglichkeit zu äußern, dass Russland die Entwicklung zum Kapitalismus vermeiden könnte. In einem Brief an Minna Karlowna Gorbunowa, eine Volkstümlerin, sah Engels eine sich in Russland bietende Gelegenheit, »an den tausendjährigen naturwüchsigen Assoziationstrieb des Volkes appellieren zu können, ehe dieser ganz erloschen ist«. Marx vertrat die Ansicht, die ländliche Gemeinschaft könne die Triebfeder für eine soziale Erneuerung Russlands sein, sofern zunächst die schädlichen Einflüsse beseitigt würden, die damals von allen Seiten auf sie einwirkten.[11] Die entscheidende Voraussetzung für den erfolgreichen Aufbau des Sozialismus in Russland auf der Basis des alten Kommunalismus sei die Schnelligkeit, mit der weitere Angriffe auf die noch vorhandene Kollektivität verhindert würden. Darüber hinaus sei es unerlässlich, dass der Revolution in Russland der Ausbruch einer Arbeiterrevolution in einem industrialisierten Teil Europas vorausginge oder unmittelbar folgen würde. Dieser Punkt wird in Engels' Artikel »Soziales aus Russland« (1875) und in der Vorrede von Marx und Engels zur zweiten russischen Ausgabe des

10 Vgl. Franco Venturi: Roots of Revolution. A History of the Populist and Socialist Movements in Nineteenth Century Russia. Translated from the Italian by Francis Haskell, New York 1960. Siehe insbesondere das Kapitel über Nikolai Gawrilowitsch Tschernyschewski.

11 Engels an Minna Karlowna Gorbunowa, 5. August 1880, in: MEW, Bd. 34, S. 451–453, hier S. 453; und Marx an Vera Iwanowna Sassulitsch, 8. März 1881, in: MEW, Bd. 35, S. 166–167.

»Kommunistischen Manifests« von 1882 noch einmal ausführlich behandelt. In einem Brief bekräftigte Engels diese Behauptung wie folgt:

> »Ich würde […] sagen, dass es in Russland ebenso wenig wie anderswo möglich gewesen wäre, eine höhere Gesellschaftsform aus dem primitiven Agrarkommunismus zu entwickeln, es sei denn, dass diese höhere Form in einem andern Land *schon existiert* hätte, sodass sie als Vorbild hätte dienen können. Da diese höhere Form, wo immer sie historisch möglich wird, die notwendige Folge der kapitalistischen Produktionsweise und des durch sie hervorgerufenen sozialen dualistischen Antagonismus ist, konnte sie nicht direkt aus der Dorfgemeinde entwickelt werden, es sei denn in Nachahmung eines schon irgendwo existierenden Beispiels.«[12]

Wie aus dem obigen Auszug hervorgeht, haben Marx und Engels die Stadien der menschlichen Gesellschaftsentwicklung viel flexibler behandelt, als ihnen gewöhnlich nachgesagt wird. Sie beharren natürlich darauf, dass die Bewegung vom Kommunalismus über den Feudalismus zum Kapitalismus und Sozialismus eine Bewegung von niedrigeren zu höheren Formen ist, was den Umfang und die Effizienz der Produktion und die Befriedigung der menschlichen Bedürfnisse betrifft. Aber sie unterstellen nicht eine einzige mechanische Linie des historischen Fortschritts und weisen diese Vorstellung im Laufe der Diskussion sogar zurück. In einem kameradschaftlichen Brief an Vera Sassulitsch aus dem Jahr 1881 erklärte Marx, dass sich seine Beschreibung der historischen Unvermeidlichkeit der Entstehung des kapitalistischen Systems ausdrücklich auf die westeuropäischen Länder beschränke.[13] Vier Jahre zuvor hatte er denselben Punkt mit etwas größerer Schärfe herausgestellt – in einer Antwort auf seinen Kritiker Michailowski, der Marx unbedingt falsch verstehen wollte. Zunächst erinnerte Marx seine Leser daran, dass das Kapitel über die »ursprüngliche Akkumulation« in »Das Kapital« nicht vorgibt, mehr zu tun, als den Weg nachzuzeichnen, auf dem in Westeuropa die kapitalistische Wirtschaftsordnung aus dem Schoß der feudalen Wirtschaftsordnung hervorgegangen ist. Im Weiteren schreibt er, dass die gegebene historische Skizze Westeuropas auf Russland anwendbar sein könnte, falls Russland sich weiterhin in dieselbe kapitalistische Richtung wie die westeuropäischen Länder bewegen sollte. Denn in diesem Fall könne Russland nicht erfolgreich sein, ohne zuerst eine beträchtliche Anzahl von Bauern in Proletarier zu verwandeln. Marx lehnte es jedoch entschieden ab, sein westeuropäisches Modell als geschichtsphilosophische Theorie

12 Engels an Nikolai Franzewitsch Danielson, 17. Oktober 1893, in: MEW, Bd. 39, S. 148–150, hier S. 149–150.

13 Marx an Vera Iwanowna Sassulitsch, 8. März 1881, in: MEW, Bd. 35, S. 166–167, hier S. 166.

des allgemeinen Weges zu verwenden, den jedes Volk unabhängig von den historischen Umständen, in denen es sich befindet, zu gehen habe.[14]

Obwohl Marx die Behauptung, ein Volk könne nur über den Kapitalismus zum Sozialismus gelangen, völlig ablehnte, wird dies von bürgerlichen Akademikern verständlicherweise ignoriert, und Marx wird so interpretiert, dass er genau das gemeint habe, was er ausdrücklich nicht gemeint hat.[15] Aber auch selbst ernannte Marxistinnen haben den Anschein erweckt, der Wissenschaftliche Sozialismus könne in irgendeinem Land nur auf der Grundlage eines entwickelten Proletariats erreicht werden und somit nur, nachdem der Kapitalismus dieses Land so wie in Westeuropa für eine längere Epoche beherrscht habe.

Was Russland betrifft, so entpuppte sich die Diskussion zwischen Volkstümlerinnen und Marxisten über die Vermeidung des Kapitalismus als eine nicht realisierbare Hypothese. Marx und Engels befürchteten, dass der Prozess der Schichtung auf dem Lande ungebremst weitergehen würde. Informationen, die sie Ende der 1870er-Jahre erreichten, deuteten darauf hin, dass die russischen Gemeinschaftsformen zu Hüllen wurden, hinter denen sich nur die neuen Ausbeutungsverhältnisse der kapitalistischen Gesellschaft verbargen. Gegen Ende seines Lebens gelangte Engels bedauernd zu dem Schluss, dass die Obschtschina als ein Traum der Vergangenheit betrachtet werden müsse. Eine große Chance sei verpasst worden, aber man müsse sich der Realität stellen, denn der Kapitalismus werde in Russland mit der Arbeit einer landlosen Bauernschaft aufgebaut, die sich in ein Proletariat verwandelt habe.[16] Als Lenin einige Jahre später seine gründliche Analyse der Entwicklung des Kapitalismus in Russland vorlegte, zeigte er überzeugend, dass der kapitalistische Prozess viel zu weit fortgeschritten war, als dass noch an eine Vermeidung dieses Stadiums zu denken sei. Mit anderen Worten: Die Herausbildung eines Landproletariats und von Großgrundbesitzern, vor der in »Sozialismus und ländliche Entwicklung« gewarnt wurde und die in Tansania vermieden werden sollte, hatte in Russland bereits um die Jahrhundertwende unter den Bäuerinnen selbst stattgefunden – zusätzlich zum Fortbestand feudaler und bürgerlicher Grundbesitzer.[17]

14 Karl Marx: Brief an die Redaktion der »Otetschestwennyje Sapiski« [1877], in: MEW, Bd. 19, S. 107–112.

15 I. I. Potekhin zitiert ein Beispiel dafür im Rahmen einer Diskussion über den »Afrikanischen Sozialismus«: I. I. Potekhin: On African Socialism: A Soviet View, in: William H. Friedland/Carl G. Rosberg, Jr. (Hrsg.): African Socialism, Stanford/CA 1964, S. 97–112. Gerechterweise ist anzumerken, dass Léopold Senghor in seiner Feindseligkeit gegenüber dem Wissenschaftlichen Sozialismus selten uninformiert ist. Er ist sich durchaus der klärungsbedürftigen Punkte bewusst, die in den in den Anmerkungen 12 und 13 zitierten Briefen angesprochen werden.

16 Engels an Nikolai Franzewitsch Danielson, 15. März 1892, in: MEW, Bd. 38, S. 303–306.

17 Wladimir Iljitsch Lenin: Die Entwicklung des Kapitalismus in Russland, 1899, in: ders.: Werke, Berlin 1955ff., Bd. 3, S. 7–629. Diese Studie war die Ausarbeitung von Lenins erster Analyse der politischen Ökonomie: Neue wirtschaftliche Vorgänge im bäuerlichen Leben [1893], in: ebd., Bd. 1, S. 1–63.

Selbst als klar wurde, dass innere und äußere Faktoren den endgültigen Zerfall der russischen Formen des Kommunalismus beschleunigten, hielten einige Theoretikerinnen noch immer an der Idee fest, Russland könne den Sozialismus nach dem Vorbild einer alten Kommune aufbauen. Erst zu diesem Zeitpunkt wurden sie von den wissenschaftlichen Sozialisten als Propagandisten einer volkstümlerischen Utopie geächtet. So erklärte Engels 1890, dass der Volkstümler Danielson ein hoffnungsloser Fall sei, trotz eines längeren ideologischen Austauschs und eines Briefwechsels zur Klärung der Bedingungen, unter denen der russische Kommunalismus wiederbelebt werden könnte.[18] Für die Analogie zu Tansania und Afrika ist entscheidend, dass die Gründer des Wissenschaftlichen Sozialismus ernsthaft und enthusiastisch über eine Variante des Sozialismus nachdachten, die der *Ujamaa* sehr ähnlich war, und dass sie die Bedingungen aufzeigten, unter denen sie realisiert werden könnte. Die wichtigsten Voraussetzungen waren: Erstens müssten die »traditionellen« Formen im wirklichen Leben noch existieren und eine gewisse soziale Vitalität haben und zweitens müssten günstige internationale Bedingungen aufgrund eines sozialistischen Durchbruchs in irgendeinem Teil der Welt vorhanden sein. Für Afrika gilt es zu prüfen, ob diese Bedingungen erfüllt sind oder nicht.

Wir haben uns jetzt bemüht klarzustellen, dass es für Marx verschiedene Wege zum Sozialismus gab, und zwar gerade wegen der unterschiedlichen Erfahrungen beim Übergang von einer sozialen Phase zur anderen. Für die Geschichte der Philosophie ist es von einigem Wert, in dieser Frage Klarheit zu schaffen. Es geht dabei nicht in erster Linie darum zu beweisen, dass Marx recht hat, sondern vielmehr darum, dass die Entwicklung der verschiedenen Völker im Laufe der Geschichte tatsächlich erhebliche Unterschiede aufweisen kann. Innerhalb von Europa ließe sich dies anhand des Gegensatzes zwischen Ost- und Westeuropa veranschaulichen. In Asien wies die parallel zum Feudalismus in Europa verlaufende soziale Phase genügend Besonderheiten auf, um sie als »asiatische Produktionsweise« bezeichnen zu können.[19] Für den afrikanischen Kontinent ist die Debatte über eine mögliche »afrikanische Produktionsweise« äußerst wichtig.[20] Mit Ausnahme von Teilen des Nahen Ostens und Ägyptens existierte weder in Asien noch in Afrika die Sklaverei als

18 Engels an Georgi Walentinowitsch Plechanow, 26. Februar 1895, in: MEW, Bd. 39, S. 416–417.

19 Karl Marx: Pre-Capitalist Economic Formations. Edited and with an Introduction by Eric J. Hobsbawm. Translated by Jack Cohen, New York 1965 (Anm. d. Ü.: Der Band enthält in englischer Übersetzung den Abschnitt »Formen, die der kapitalistischen Produktion vorhergehen« aus den »Grundrissen«, in: MEW, Bd. 42, S. 383–421, sowie einen Abschnitt aus »Die deutsche Ideologie« und einige Briefe von Marx und Engels, außerdem aber eine 60-seitige Einleitung von Hobsbawm, auf die sich Rodney hier auch bezieht.); und Centre d'Etudes et de Recherches Marxistes: Sur le »Mode de Production Asiatique«, Paris 1969.

20 Catherine Coquery-Vidrovitch: Recherches sur un Mode de Production Afriquain, La Pensee, April 1968; und I. Varga: African Mode of Production: a Research Hypothesis, Universities of East Africa Social Science Conference, Daressalam, Dezember 1970.

ein eigenständiges soziales System und in den afrikanischen Gesellschaften gab es kaum Sklaverei außer im Kontext der Erbeutung von Gefangenen für den Export. Der afrikanische Kommunalismus entwickelte sich in Richtung Feudalismus oder Quasi-Feudalismus und selbst in den am stärksten geschichteten Gesellschaften blieben Formen des Kommunalismus bestehen. Die herrschenden Eliten in so großen Reichen wie denen der Westsahara sicherten sich ihre Autorität immer noch durch die Oberhäupter von Gemeinschaften und nicht durch vertragliche Beziehungen mit einzelnen Bauern.

Senghor sucht sein Modell eines ursprünglichen »Sozialismus« in Afrika in der Zeit vor der Ankunft der Europäer. Aber als Erstes müssen wir festhalten, dass der Kommunalismus kein Sozialismus war. Die kollektive Produktion war eng begrenzt auf einzelne Ethnien, Stämme oder Gebiete und das egalitäre Verteilungsprinzip wurde durch das niedrige Produktionsniveau eingeschränkt, sodass die Gesellschaften nicht annähernd die Bedürfnisse aller ihrer Mitglieder befriedigen konnten – daher bezeichnete Marx dieses Stadium als »primitiven Kommunismus«.[21] Vor der Emanzipation des Menschen von so elementaren Kräften wie Dürre, Überschwemmung und Krankheit ist Sozialismus nicht denkbar. Um herauszufinden, ob der afrikanische Kommunalismus in der heutigen Zeit noch von Bedeutung ist, muss außerdem geklärt werden, ob er immer noch existiert – das heißt, der tausendjährige Assoziationstrieb darf nicht erloschen sein. In vielen Teilen Afrikas verloren kommunale Formen schon vor Jahrhunderten mit dem Aufkommen feudaler und quasi-feudaler Formen der Ausbeutung der Arbeitskraft, einschließlich der häuslichen Sklaverei, ihre Vorrangstellung. Seit dem 15. Jahrhundert wurden große Teile Afrikas durch die europäische Suche nach versklavter Arbeitskraft in die kapitalistische Wirtschaft integriert. Und in der Zeit der Kolonialherrschaft wurde dann die kapitalistische Ausbeutung der Arbeit in allen Teilen des Kontinents eingeführt. Senghors Warnungen vor einer möglichen Klassenbildung in der heutigen Zeit dürften kaum ausreichen, wenn der Senegal offensichtlich bereits eine lange und intensive historische Erfahrung hinter sich hat, die mit der Aufrechterhaltung von Gemeinschaftsformen oder der Praxis des Egalitarismus unvereinbar ist.

Zugegebenermaßen hat *Mwalimu* Nyerere in »Ujamaa – Grundlage des afrikanischen Sozialismus« einen Ton angeschlagen, der stark an die Standardversion des »Afrikanischen Sozialismus« erinnert: »Wir in Afrika haben ebenso wenig Bedarf daran, zum Sozialismus ›bekehrt‹ zu werden, wie über Demokratie ›belehrt‹ zu werden.« Betrachten wir jedoch den Kontinent als Ganzes, so stellt Tansania insofern eine Ausnahme dar, als selbst am Ende der Kolonialzeit noch Formen des Kommunalismus erkennbar

21 Dieser Ausdruck sollte am besten vermieden werden, da das Wort »primitiv« von den Anthropologen der Kolonialzeit in einer abwertenden Weise verwendet wurde.

waren – eine Folge davon, dass die Bevölkerung nur in geringem Maße in die monetäre kapitalistische Ökonomie des Bergbaus, der Siedlerplantagen und der Cash-Crop-Landwirtschaft eingebunden war. Die geringe interne Schichtung zur Zeit der verfassungsmäßigen Unabhängigkeit spiegelte sich im nationalen Zusammenhalt und in der Solidarität einer einzigen Massenpartei wider. Da es zwischen 1961 und 1967 zu einer zunehmenden Differenzierung gekommen war, wird in »Sozialismus und ländliche Entwicklung« als Kern des Problems herausgestellt, dass der Sozialismus in Tansania nur aufgebaut werden könne, wenn die weitere Schichtung und die Entstehung eines ländlichen Proletariats verhindert werden. Dies war die erste der von Marx und Engels genannten Bedingungen für einen Übergang zum Sozialismus auf der Grundlage der russischen Kommune.

Die Möglichkeit einer Wiederbelebung des traditionellen Kommunalismus hängt auch von Faktoren außerhalb der nationalen politischen Ökonomie ab. Das Vorbild für die *Ujamaa* findet sich in gleichem Maße in der Gegenwart wie in der Vergangenheit. Genauso, wie bestimmte sozialistische Werte aus dem Kommunalismus wiedergewonnen werden können, besteht die Möglichkeit, Werte und konkrete Merkmale des Sozialismus in jeden Teil der Welt zu importieren (und zu modifizieren). Als *Mwalimu* Nyerere auf die Schwachpunkte des traditionellen afrikanischen Kommunalismus hinwies, erwähnte er die technologische Unzulänglichkeit.[22] Dieser Faktor sollte stärker hervorgehoben werden, denn das Fehlen von Technologie bedeutete Knappheit und führte in Teilen von Afrika schon vor dem Kontakt mit Europa zu sozialer Schichtung und der Entstehung von Klassen innerhalb der Gesellschaften. Ebenso trug die technologische Schwäche zum Verlust der Unabhängigkeit bei, als Afrika mit den europäischen Gesellschaften konfrontiert wurde. Der Übergang zu einer höheren Stufe bedeutet eine massive Stärkung der Produktions- und Verteidigungskapazitäten. Doch mit echter politischer Unabhängigkeit kann jede afrikanische Gesellschaft ihre unterbrochene sozioökonomische und technologische Entwicklung auf einem höheren Niveau wieder aufnehmen, indem sie den Fundus an wissenschaftlichen Erkenntnissen nutzt, der der Menschheit heute zur Verfügung steht. Ein Teil dieses Wissens befindet sich bereits in den Händen der ersten sozialistischen Staaten; und selbst wenn es sich noch im Besitz von Kapitalisten befindet, kann es enteignet werden.

In der Tat ist das Überspringen von Stufen beim Übergang vom Kommunalismus zum Sozialismus in einer bestimmten Gesellschaft nur möglich, weil die dazwischenliegenden Stufen anderswo existierten oder noch existieren und weil, wie Engels postulierte, der moderne industrielle Sozialismus sich aus dem Würgegriff befreit hat, in dem der Kapitalis-

22 Nyerere: Sozialismus und ländliche Entwicklung, S. 41–42.

mus zuvor die Welt im Ganzen gehalten hat. Die erste Bedingung eröffnet die technologische Möglichkeit, den Sozialismus aufzubauen, während die zweite ein Vorbild darstellt und die internationale politische Situation tiefgreifend beeinflusst. Amílcar Cabral hebt diese beiden Punkte hervor und erklärt klar und deutlich, dass »die grundlegende Voraussetzung für einen solchen Sprung im historischen Prozess, was den ökonomischen Bereich betrifft, die Stärke der Produktionsmittel ist, über die der Mensch im Augenblick verfügt, und, was den politischen Bereich betrifft, jenes neue Ereignis, das das Weltbild und den Lauf der Geschichte radikal geändert hat: die Gründung der sozialistischen Staaten«.[23]

Potekhin, der bekannte sowjetische Afrikaspezialist, äußerte sich vor einigen Jahren zustimmend zu jenen Versionen des »Afrikanischen Sozialismus«, die im Wesentlichen darauf abzielten, den Sozialismus in Afrika aufzubauen und afrikanische Wege zum Sozialismus einzuschlagen. Seiner Meinung nach könne sich das kolonisierte Afrika vor allem dank der Sowjetunion auf direkte und einzigartige Weise zum Sozialismus entwickeln. Die Sowjetunion biete ihre Unterstützung an und verändere durch ihre Macht das globale politische Gleichgewicht, was den Versuch der großen kapitalistischen Nationen behindern könnte, kleine, den Sozialismus anstrebende Staaten zu unterdrücken und auszubeuten.[24] Die meisten fortschrittlich gesinnten Afrikanerinnen würden die angeblich uneingeschränkte Hilfe der Sowjetunion vermutlich für illusorisch halten, weil sie gelernt haben, dass Selbstständigkeit definitiv die bessere Alternative zu einem »Großen Bruder« ist. Es stimmt jedoch, dass der sozialistische Teil der Welt (ungeachtet seiner Spaltungen) eine Reihe von Vorbildern, eine Reihe von alternativen Handelspartnern und einen besseren Zugang zu technologischer Unterstützung bietet. Die politischen und wirtschaftlichen Außenbeziehungen Tansanias haben bereits viel dazu beigetragen, sich Vorteile zu verschaffen, die sich aus der Existenz des Sozialismus in verschiedenen Teilen der Welt ergeben. Dies ist eine der wichtigsten Möglichkeiten, das zu nutzen, was Marx als goldene Gelegenheit für den Übergang zum Sozialismus auf der Grundlage des Kommunalismus ansah, ohne die für den Kapitalismus charakteristische volle Entwicklung der Klassen erleben zu müssen. Außerdem muss uns klar sein, dass sich eine Kolonie oder Semikolonie innerhalb des imperialistischen Rahmens niemals zu voller kapitalistischer Reife entwickeln kann. Afrika hat fast so viele Jahre kapitalistischer Entwicklung erlebt wie Europa, aber in unserem Fall bedeutete die Entfaltung des Kapitalismus historischen Stillstand und Rückständigkeit. Die damit einhergehende

23 Amilcar Cabral: Grundlagen und Ziele der nationalen Befreiung in Bezug auf die Sozialstruktur [Die Theorie als Waffe, 1966], in: ders.: Die Revolution der Verdammten. Der Befreiungskampf in Guinea-Bissao. Herausgegeben, übersetzt und eingeleitet von Hans U. Stauffer, Berlin 1974, S. 40–60, hier S. 47.

24 Potekhin: On African Socialism: A Soviet View.

Schichtung kam nie an die Dynamik des Kapitalismus in den Metropolen heran. Daher dürfen wir nicht erwarten, der Kapitalismus könne in Afrika eine historisch fortschrittliche Rolle spielen, wie er es in Westeuropa tat. Dies ist ein weiterer Umstand, der eine präzisere Theorie über die Stadien des sozialen Fortschritts der Menschheit erfordert. Eine solche Theorie darf nicht länger davon ausgehen, dass sich die Entwicklung nur innerhalb irgendeiner Gruppe oder Gesellschaft vollzieht. Diese Herangehensweise untermauert auch die Schlussfolgerung, dass für Afrika ein anderer Weg zum Sozialismus nicht nur möglich, sondern unvermeidlich ist.[25] Eine Ideologie wie *Ujamaa* ist insofern wissenschaftlich, als sie diesen neuen Weg logisch und wissenschaftlich vorzeichnet.

Dass der von der *Ujamaa* eingeschlagene Weg in groben Zügen so sehr an die von Marx für Russland erkannte Möglichkeit erinnert, ist ein glücklicher Zufall, soweit es die hier erörterte Frage betrifft. Da Marx den größten Teil seiner Zeit damit verbrachte, unter Anwendung seiner wissenschaftlichen Methode den Kapitalismus in Westeuropa zu kritisieren, kann sich die Debatte außerhalb dieses geografischen Gebiets nicht einfach nur an Marx halten – als ob der Wissenschaftliche Sozialismus ausschließlich in den Seiten von Marx' Schriften zu finden wäre. »Marxismus« als Synonym für Wissenschaftlichen Sozialismus bedeutet die Anwendung der wissenschaftlichen Methode (deren Begründer Marx war) auf die Untersuchung einer bestimmten Situation. Diese Aufgabe ist derart schwierig, dass Marx und Engels oft davor warnten, wie leicht es zu falschen Schlussfolgerungen kommen könne.[26] Jedoch lässt sich aufgrund der Schlussfolgerungen von Marx in Bezug auf eine offensichtlich analoge Situation leichter begründen, dass die *Ujamaa* mit dem Wissenschaftlichen Sozialismus vereinbar ist. Wenn eine Marxistin die Betonung des »traditionellen« afrikanischen Kommunalismus für theoretisch unvereinbar mit dem Wissenschaftlichen Sozialismus hält, dann müsste sie ihrerseits nachweisen, dass die in aller Kürze von Marx vorgenommene Anwendung seiner eigenen Theorie auf den Fall von Russland unwissenschaftlich war. Und umgekehrt müsste der Nicht-Marxist, der die *Ujamaa* von dem trennen will, was er sich unter Wissenschaftlichem Sozialismus vorstellt, zumindest darauf hingewiesen werden, dass Marx selbst die Möglichkeit einer Entwicklung zum Sozialismus für möglich gehalten hat, die an den bäuerlichen Kollektiven aus der Zeit des Kommunalismus anknüpft.

25 Einen Überblick über Afrikas Rolle im internationalen kapitalistischen System bietet Walter Rodney: Wie Europa Afrika unterentwickelte. Aus dem Englischen von Andreas Brandl, Berlin 2023 [1972]. Es sei darauf hingewiesen, dass es keines Arguments für die Möglichkeit des Überspringens von Stufen bedarf, *wenn der Kapitalismus als Gesamtsystem betrachtet wird.*

26 Karl Marx and Frederick Engels: Selected Works, in three volumes, Volume Two, Moskau 1969; sowie Engels an Joseph Bloch, 21. September 1890, in: MEW, Bd. 37, S. 462–465; und Engels an Conrad Schmidt, 27. Oktober 1890, in: MEW, Bd. 37, S. 488–495. Letztere beiden sind zwei der eindeutigen Stellen.

In der Zeit nach Marx wurden aus den revolutionären Erfahrungen heraus neue (wissenschaftliche) sozialistische Ideen entwickelt. Ihre Richtigkeit und Bedeutung wurden durch nichts Geringeres überprüft als durch die Erfahrung, in wirtschaftlich rückständigen Ländern gegen den Widerstand des Imperialismus den Sozialismus aufzubauen. *Ujamaa* ist in diesem Sinne noch nicht vollständig erprobt und es gibt eine ganze Reihe von »sozialtechnischen« Problemen, die bei der Schaffung neuer Strukturen, neuer Werte und letztlich eines neuen sozialistischen Menschen noch angegangen werden müssen. Wäre die Landwirtschaft in Afrika bereits auf mystische Weise irgendwie sozialistisch, dann wäre die ganze Plackerei bei der materiellen Umsetzung und der sozialen Neuanpassung nicht nötig, die in Tansania derzeit stattfindet. Die Umsiedlungen und Kollektivierungen beweisen, wie viele Aspekte des vorherrschenden Systems dem modernen Sozialismus zuwiderliefen: insbesondere die isolierten Produktionseinheiten, die Technologie auf niedrigem Niveau, die Schichtung und die begrenzte vertikale Arbeitsteilung. Für die »Afrikanischen Sozialisten« war die »sozialistische Landwirtschaft« eine bereits bestehende Realität und nicht ein Ziel, das durch den Erhalt von kommunalistischen Elementen erreicht werden sollte – sie hatten also kein sozialistisches Programm. Unter Senghor wurde nichts unternommen, um die Ausbeutung der Bauern in der Cash-Crop-Landwirtschaft zu lindern und die Ausbeutung in den ländlichen Gebieten zu beseitigen, und in Kenia bestand die einzige von Tom Mboya angestrebte Veränderung in der Einführung fortschrittlicher landwirtschaftlicher Maschinen für den einzelnen kapitalistischen Bauern.[27] Selbst die fortschrittlichere politische und ideologische Führung Afrikas vernachlässigte lange Zeit den ländlichen Raum und setzte auf eine einseitige Strategie der Industrialisierung. Die tansanische *Ujamaa* ist ein einzigartiger Beitrag zur sozialistischen Revolution in Afrika und zur sozialistischen Theorie insgesamt, weil sie sich in ernsthafter Weise auf die feststellbaren Gegebenheiten in den ländlichen Gebieten von Tansania bezieht. Aufgrund einer solchen Vorgehensweise werden der »Leninismus« oder der »Maoismus« als eine Bereicherung des von Marx und Engels begründeten Wissenschaftlichen Sozialismus angesehen.

Wenn wir jedoch die konkrete Einführung der tansanischen *Ujamaa* mit der praktischen Anwendung des Wissenschaftlichen Sozialismus in jenen Ländern vergleichen, in denen dies versucht wurde, stoßen wir auf eine sehr viel größere Differenz. Denn auf diesem Gebiet macht die Verleugnung des Wissenschaftlichen Sozialismus einen wirklichen Unterschied, weil sie zu einer Geisteshaltung führt, die Widersprüche verschleiert und sogar die Theorie als solche unter dem Vorwand der »Praxis« über Bord wirft. So lässt sich behaupten, dass die zur Einführung des

27 Tom Mboya: African Socialism, in: Friedland/Rosberg (Hrsg.): African Socialism, S. 250–258.

Sozialismus in Tansania ergriffenen Maßnahmen zu scheitern drohen, weil es an einer präzisen Theorie fehlt, mit der sich die globalen antagonistischen und nicht-antagonistischen Widersprüche erfassen lassen. Die Frage der Verstaatlichungen ist ein typisches Beispiel dafür.[28] Dies bedeutet jedoch nicht, dass die *Ujamaa* und der Wissenschaftliche Sozialismus zwei unterschiedliche Wege beschreiten. Es muss unterschieden werden zwischen dem Bewusstsein von der grundlegenden historischen Entwicklungsrichtung der Gesellschaft einerseits und der Anpassung an diese Bewegung in den Kämpfen und Aufbauversuchen andererseits. Letztere ist immer sehr problematisch, aber Ersteres ist grundlegender und erfordert ein Verständnis dafür, welche Klassen auf dem Vormarsch sind und welche sozialen Systeme dem Untergang geweiht sind. In dieser Hinsicht kann die tansanische *Ujamaa* von sich behaupten richtigzuliegen. Daher besteht kein unüberwindbares Hindernis für die Entwicklung von wissenschaftlichen Strategien und Taktiken.

Das obige Argument kann in Bezug auf den ländlichen Sektor näher betrachtet werden. Es lässt sich nicht sagen, dass der Aufbau der *Ujamaa*-Dörfer einer wissenschaftlichen Linie gefolgt sei, die zunächst Schwachstellen und Stärken ausgemacht hätte, wie es von Engels und Lenin vorgeschlagen und von Mao Zedong und Kim Il Sung praktiziert wurde. Aber Theorie und Politik der *Ujamaa* gehen logisch richtig davon aus, dass die Schlüsselrolle beim Aufbau des Sozialismus den tansanischen Bäuerinnen zukommt. Dies entspricht dem gegenwärtigen Stand der Entwicklung der Produktivkräfte in Tansania und der gegenwärtigen internationalen Lage, und eine solche Einsicht verleiht der *Ujamaa* Erfolgschancen und einen großen Entwicklungsspielraum, die ihr gefehlt hätten, wenn die Theorie auf die falsche Klasse oder das zerfallende kapitalistische Gesellschaftssystem gesetzt hätte. Der tatsächliche Aufbau von *Ujamaa*-Dörfern ist eine Aufgabe, die ein bestimmtes Fachwissen erfordert. Aus soziologischer Sicht müssen bei der praktischen Umsetzung sowohl die unterschiedlichen sozioökonomischen Formationen in Tansania als auch das Phänomen der Schichtung berücksichtigt werden.[29] Jeder Soziologe kann sich mit einigen der Probleme der Kollektivierung befassen, aber letztlich kann nur ein wissenschaftlich-sozialistischer Ansatz den Erfolg garantieren. Zur Veranschaulichung ließe sich Vietnam anführen. Dort hatten bürgerliche Sozialwissenschaftlerinnen der US-Regierung ihre Fähigkeiten bei der Schaffung von »Wehrdörfern« zur Verfügung gestellt.[30] Aber ihr technisches Fachwissen stand im Widerspruch zur

28 Issa G. Shivji: Tanzania: The Silent Class Struggle, Daressalam 1970.

29 Die Vielfalt der sozioökonomischen Formationen wird in »Sozialismus und ländliche Entwicklung« betont.

30 Ein Beispiel für die Schamlosigkeit derartiger imperialistischer »akademischer« Schriften ist William A. Nighswonger: Rural Pacification in Vietnam, New York 1966.

gesellschaftlichen Entwicklung und das Programm der Wehrdörfer wurde von den bewussten und organisierten Bauern Vietnams zunichtegemacht. Gleichzeitig entwickelte sich die kollektivierte Landwirtschaft in den befreiten Teilen des Landes ständig weiter.

Ein Prüfstein für die Wissenschaftlichkeit jeder Version von Sozialismus ist die Berücksichtigung der Interessen der am meisten ausgebeuteten und unterdrückten Klassen. Marx sah die Utopisten in dem Maße zu einer vertretbareren Position fortgeschritten, in dem Leute wie Owen und Fourier die Tatsache begriffen, dass der Sozialismus die Ideologie der Arbeiterklasse ist und daher kompromisslos dieser Klasse dienen muss.[31] Ebenso bezeichnend ist es, dass die spätere Abwendung der Sozialdemokratie von einem wissenschaftlichen und revolutionären Sozialismus die Verbürgerlichung der Intellektuellen und Arbeiterführer in der Epoche des Imperialismus zum Ausdruck brachte. Zur Vervollständigung eines vertieften Verständnisses des Wissenschaftlichen Sozialismus sollte klargestellt werden, dass die sozialistische Theorie die Interessen der am meisten ausgebeuteten Produzentinnen zum Ausdruck bringen muss – dem widerspricht in keiner Weise, dass einzelne Menschen aus den besitzenden oder privilegierten Schichten ihre Klasse verraten und Führungsrollen übernehmen können. In Afrika (wie auch in Europa, Asien und Amerika) rekrutiert sich die Führung der Bewegungen, die sich als sozialistisch bezeichnen, aus den Reihen einer gebildeten Elite. Aber in Bezug auf die grundlegende Klassenloyalität besteht ein riesiger Unterschied zwischen den Vertretern des »Afrikanischen Sozialismus« und den tansanischen Verfechterinnen der *Ujamaa*. Es handelt sich um den Unterschied zwischen einem parodierten schelmischen Gebrauch des Worts »Sozialismus« und der tatsächlichen Ausarbeitung einer Theorie, der sich ein Marxist hinsichtlich ihres Potenzials zur Verwirklichung einer sozialistischen Gesellschaft auf wissenschaftlicher Grundlage ohne Weiteres anschließen könnte.

Fanon forderte die Selbstauflösung des afrikanischen Kleinbürgertums und seine Wiedergeburt als revolutionäre Intelligenz, aber natürlich ist dies auf dem gesamten Kontinent noch lange nicht der Fall. »Afrikanischer Sozialismus« ist lediglich eine irreführende Phrase, mit der die afrikanische Kleinbourgeoisie die bürgerliche Ideologie bezeichnet, um die sich vertiefende kapitalistische Ausbeutung der neokolonialen Ära vor den Massen zu verbergen. In scharfem Kontrast dazu hat die tansanische *Ujamaa* begonnen, den entscheidenden Bruch mit dem Kapitalismus zu vollziehen. Den Beweis dafür finden wir in der *Arusha*-Erklärung, im *Mwongozo*, in der Tansam-Eisenbahn, in der Verstaatlichung bestimmter Gebäude und in praktisch jedem Akt der tansanischen Außenpolitik. Die tansanische *Ujamaa*, so begrenzt ihre tatsächlichen Erfolge auch sein

31 Karl Marx: Das Kapital. Dritter Band, in: MEW, Bd. 25, S. 618–619.

mögen, kann den Anspruch erheben, die Ideologie der Mehrheit der tansanischen Produzentinnen auf dem Land und in den Städten zu sein.

Letzten Endes ist schlichte Ehrlichkeit ein wesentlicher Bestandteil des Wissenschaftlichen Sozialismus – Ehrlichkeit in Bezug auf die Menschen, die Arbeiter und das Engagement für ihre Emanzipation. So subjektiv dies auf den ersten Blick erscheinen mag, so sehr gehört sie zu dem wissenschaftlich bestimmbaren Prozess der gesellschaftlichen Veränderung, weil das Bewusstsein ein wesentlicher Faktor in diesem Prozess ist. Aus eben diesem Grund ist die marxistische Theorie nicht mechanistisch. Wo immer sie eine Projektion in die Zukunft vornimmt, bezieht sie den menschlichen Willen und das Bewusstsein als Variable mit ein, denn Wissen, Selbstbewusstsein und organisierte Aktivität der Ausgebeuteten sind miteinander verbunden. Die tansanische *Ujamaa* hat mit der vulgären manipulativen Unehrlichkeit des »Afrikanischen Sozialismus« gebrochen. So verlangt die tansanische politische Führung zwar die »traditionelle« kommunale Tugend der harten Arbeit, aber nicht in einem Kontext, in dem sich die lokale Ausbeutung und Klassenbildung unkontrolliert entwickeln dürfen und von den Theoretikern des »Sozialismus« selbst sogar gefördert werden. Daher kann die *Ujamaa* das Bewusstsein der Bäuerinnen und Arbeiter ansprechen und vertiefen, was dem Kampf des Volkes für den Aufbau des Sozialismus mehr Schwung verleiht.

Aus sozialtheoretischer Sicht ist es unbefriedigend, dass in den Schriften, die die *Ujamaa* propagieren, nie das Bewusstsein für die Universalität der Gemeinschaftsformen zum Ausdruck kommt. Beispiele, die im Großen und Ganzen der afrikanischen kommunalen Organisation ähneln, lassen sich nicht nur in Russland in der Zeit vor der Leibeigenschaft, sondern zu der einen oder anderen Zeit in allen Teilen Europas und Australasiens finden. Eine der ersten Aufgaben einer Wissenschaftlerin besteht darin, Dinge in dieselbe Kategorie einzuordnen. Das Zögern, dies in diesem Fall zu tun, ist wahrscheinlich auf die Sehnsucht nach Einzigartigkeit unter fortschrittlichen Afrikanern zurückzuführen – sie kann gelegentlich in Sackgassen führen, ist aber im Großen und Ganzen für die Befreiung der Kolonisierten unerlässlich.

Das Beharren auf einer afrikanischen Identität ist ein hilfreiches Korrektiv nicht nur zum bürgerlichen Kulturimperialismus, sondern auch zu dogmatischen Darstellungen selbst ernannter Marxisten oder wissenschaftlicher Sozialistinnen. Die Identifikation mit der Besonderheit der afrikanischen Erfahrung ist ebenso wichtig wie die Anerkennung der Universalität der wissenschaftlichen Methode. Wenn die *Ujamaa*-Lehre einen afrikanischen Weg zum Sozialismus postuliert, bekräftigt sie die Gültigkeit des Wissenschaftlichen Sozialismus, auch wenn die tansanische Führung keine diesbezügliche Erklärung abgegeben hat und bewusst versucht wird, sowohl die *Ujamaa* als auch den Wissenschaftlichen Sozialismus verzerrt darzustellen, um einen grundsätzlichen Widerspruch zwischen beiden ausmachen zu können.

Ernsthafte politische Erwägungen machen es notwendig, diese Art von abstrakter Untersuchung aus der Sicht eines der afrikanischen Revolution verpflichteten Menschen vorzunehmen. Wenn die Bewertung der gesellschaftlichen Theorie und Praxis in Afrika bürgerlichen Theoretikern überlassen wird, packen sie bequemerweise sämtliche ideologischen Strömungen in ein amorphes, mystifizierendes Ganzes, das Äußerungen von Tubman ebenso wie von Nkrumah, von Mboya ebenso wie von Sékou Touré, von Senghor ebenso wie von Nyerere umfasst. Manche gehen sogar so weit zu behaupten, dass »Nyerere und der Senegalese sich inhaltlich näher stehen als er zu Sékou Touré oder Nkrumah«.[32] Gleichzeitig zeigen fortschrittliche europäische Freunde oft einen Hang zum Perfektionismus eines Lehnstuhlmarxismus, sodass für sie Nyerere und Senghor tatsächlich zur selben Brut gehören, nur weil Ersterer sich nicht für den Marxismus ausgesprochen hat.[33] Zu dieser oberflächlichen und konfusen Schlussfolgerung gelangen die Autoren, weil sie nicht an der Durchführung der Revolution beteiligt sind – andernfalls hätten sie die Unterschiede zwischen Form und Inhalt nicht übersehen können. Die Substanz der *Ujamaa* ist ihre klare Einstellung gegen den Kapitalismus, gegen den Imperialismus, gegen den Rassismus und gegen jede Art von Ausbeutung; und (um es positiv auszudrücken) ihre Haltung für die Emanzipation der arbeitenden Bevölkerung Afrikas und für die Umgestaltung der Gesellschaft entlang der Linien der sozialistischen Gleichheit und der sozialistischen Demokratie.

Merkwürdigerweise werden die für die imperialistischen Metropolen charakteristischen hegemonialen Tendenzen gerade von fortschrittlichen Europäerinnen zum Ausdruck gebracht, weil sie keine Zeit für Erkenntnisse haben, die in irgendeiner Weise von westeuropäischen Modellen abzuweichen scheinen. Die ehemaligen imperialistischen Herren wiederum, die um die Kraft des afrikanischen Nationalismus wissen, der sie aus der konstitutionellen politischen Sphäre verdrängt hat, ignorieren die Suche nach einer afrikanischen Identität nicht, sondern bemühen sich um die Förderung ihrer negativsten Aspekte – nämlich der Abwendung von den revolutionären Tendenzen des europäischen Denkens. Um beide Mängel zu beheben, muss die Theorie für die afrikanische Revolution von denjenigen ausgearbeitet werden, die unter Sklaverei,

32 Chandler Morse: The Economics of African Socialism, in: Friedland/Rosberg (Hrsg.): African Socialism, S. 35–52, hier S. 37.

33 1971 veröffentlichten schwedische Genossinnen eine Broschüre, die neben »The Silent Class Struggle« von Issa Shivji auch Kommentare von Saul, Rodney und Szentes enthielt (Zenit Reprint 6, Stockholm 1971). In einem angehängten Absatz heißt es provokativ, dass »die Ideologie des Afrikanischen Sozialismus – sei es nun die von Tom Mboya, Léopold Sédar Senghor oder Julius Nyerere entwickelte – die Existenz von Klassen in afrikanischen Gesellschaften leugnet«.

Kolonialismus, Entkulturalisierung, Rassismus und Superausbeutung ihre historischen Erfahrungen gemacht haben und sozialisiert worden sind, die das besondere Los der Menschen in Afrika waren. In diesem Kontext wird dann schnell klar werden, wer eine volksfeindliche Linie wie den »Afrikanischen Sozialismus« unterstützt und wer für eine echte Befreiung eintritt, wie sie die tansanische *Ujamaa* anstrebt.

Eine genauere Bewertung der aktuellen Ideologien in Afrika ist auch in Hinblick auf den möglichen Dialog zwischen Wissenschaftlichen Sozialisten und Nationalistinnen eine politische Notwendigkeit. Erstere sind nur eine Handvoll und können heute in den meisten afrikanischen Ländern kaum darauf hoffen, mit den bestehenden Regimen zusammenzuarbeiten. Würden sie es tun, müssten sie ihre sozialistischen Prinzipien verleugnen und würden Gefahr laufen, von »Afrikanischen Sozialisten«, »Arabischen Sozialisten« und anderen Konfessionen, die mehr damit beschäftigt sind, Religionskriege gegen den »Kommunismus« zu führen, als die Menschen in Afrika zu emanzipieren, sinnlos liquidiert zu werden. Die Behauptung hier ist jedoch, dass die tansanische *Ujamaa* einen radikal anderen Rahmen für die politische Aktion des selbstbewussten Marxisten bietet. Ungeachtet der verbalen Verwandtschaft der *Ujamaa* mit antimarxistischen Doktrinen hat sie den gemeinsamen Kampf gegen Kapitalismus und Imperialismus auf eine viel höhere Ebene gestellt. Der Wissenschaftliche Sozialismus ist immer wieder angegriffen worden. Wann immer der Angriff auf offener oder verdeckter Feindseligkeit gegenüber den arbeitenden Massen beruhte, wurde er von einer Politik des Bündnisses mit der Bourgeoisie gegen die entschlossensten Kräfte in der Arbeiterklasse begleitet. Die Geschichte des Fabianismus, der Sozialdemokratie und ähnlicher Bewegungen zeigt dies deutlich und trägt dazu bei, die tansanische *Ujamaa* davon abzugrenzen als einen Ansatz, der mit den Grundsätzen des Wissenschaftlichen Sozialismus und dem Aufbau einer echten sozialistischen Gesellschaft vereinbar ist.

Vermutlich ließe sich belegen, dass die tansanische *Ujamaa* in ihrer jetzigen Form das Ergebnis einer Reihe »pragmatischer« Anpassungen an schwierige Situationen ist, zu denen solche Dinge wie die Krise der Schulabbrecher, der Staatsstreich in Uganda und das Problem der Devisen gehören.[34] Die meisten der vorstehenden Argumente lassen jedoch den Schluss zu, dass die Reaktionen auf ein Engagement für die Massen hindeuten. Wenn dies nicht der Fall wäre, warum haben dann andere afrikanische Regime auf die gleichen Anreize und den gleichen Druck, wie sie

34 So könnte behauptet werden, dass die Politik der »Erziehung zur Selbstständigkeit« ihre Wurzeln in der Unzulänglichkeit des kolonialen Bildungssystems hatte, insbesondere im Hinblick auf den Engpass auf der Ebene der Sekundarschulen; dass der Staatsstreich in Uganda der Auslöser für die *Mwongozo*-Parteirichtlinien war; und dass in jüngster Zeit das Devisenproblem zu Beschränkungen bei der Einfuhr von Privatfahrzeugen führte, mit denen politisch gesehen der Prestigekonsum des Kleinbürgertums gezügelt werden soll.

in Tansania aufgetreten sind, anders reagiert? Die zunehmende Stärkung einer revolutionären Haltung in Tansania (auf die eingangs hingewiesen wurde) ist ein Faktor von größter Bedeutung. Sie deutet auf eine Bewegung auf dem Weg zum Sozialismus hin, sowohl in praktischer Hinsicht als auch in Bezug auf die ideologische Entwicklung. Natürlich gibt es einen großen Unterschied zwischen historischer Tendenz und vollendeter Tatsache, aber das Bewusstsein und das politische Verhalten bilden einen Teil der Brücke zwischen beiden. Dies darf von niemandem übersehen werden, der sich der strengen Aufgabe stellt, die wissenschaftliche Methode auf die soziale Wirklichkeit anzuwenden, um die Entstehung des afrikanischen und internationalen Sozialismus zu unterstützen. Nichtmarxistische Theorien müssen dahin gehend bewertet werden, ob sie in ihrem Kern arbeiterfeindlich oder wissenschaftsfeindlich sind oder nicht. Sozialistische Revolutionen hatten in vielen Fällen ihre Wurzeln nicht im Gedankengut des Wissenschaftlichen Sozialismus, sondern in selbstständig entwickelten und korrekten Konzepten von Vorläufern, die nicht vom Wissenschaftlichen Sozialismus ausgegangen waren.[35]

Afrikanischen Nationalistinnen sind mit Sicherheit an der afrikanischen Revolution beteiligt, deren beide Fronten von Mosambik und Tansania repräsentiert werden: der Front des bewaffneten Kampfes und der Front der »friedlichen« Transformation. Die Anführer dieser beiden verwandten Kämpfe werden sich irgendwann mit einer kohärenten Theorie auseinandersetzen müssen, um ihre Situation zu »begreifen« und entsprechend zu handeln. Russland, China, Vietnam, Korea, Kuba – also jede erfolgreiche sozialistische Revolution hat die Wahrheit von Engels' Beobachtung bewiesen, dass der Wissenschaftliche Sozialismus die grundlegende Bedingung jeder vernünftigen und konsequent revolutionären Taktik ist. Die Mobilisierung der Produzentinnen, die Verteidigung der revolutionären Errungenschaften und das Vorantreiben des Kampfes gegen den modernen Monopolkapitalismus sind keine Aufgaben, die allein durch gute Absichten erfüllt werden können. Die Massen müssen sich auf eine Epistemologie und eine Methodologie einlassen, die sich von denen unterscheiden, an die sie gewöhnt sind. In China wird dies als das »Mao-Zedong-Denken« bezeichnet – eine Mischung aus spezifischen Einsichten und bereits bestehender Theorie. Es ist in keiner Weise ausgeschlossen, dass sich die tansanische *Ujamaa* bis zu dieser Position weiterentwickelt. Aber angesichts der Behauptung, dass bestimmte Intellektuelle so sehr in Tansania verliebt sind, dass sie ihre kritische Funktion aufgeben, möchte ich klarstellen, dass dies kein Lobgesang ist. Es ist die

35 Was die russische Situation betrifft, so hatten sowohl Marx als auch Lenin die höchste Wertschätzung für Tschernyschewski. In Kuba gehört José Martí zu dieser Kategorie, während Fidel Castro selbst ein lebendes Beispiel für den Übergang vom ehrlichen, engagierten bürgerlichen Idealismus zum Wissenschaftlichen Sozialismus ist.

Einschätzung einer Möglichkeit, die nur durch einen ideologischen und politischen Kampf verwirklicht werden kann, in dem die Entfremdung von jenem Teil des menschlichen Erbes, der sich »Wissenschaftlicher Sozialismus« nennt, überwunden wird.

Tanzanian Ujamaa and Scientific Socialism, in: The African Review. A Journal of African Politics, Development and International Affairs (University of Dar-es-Salaam), 4/1972, S. 61–76.

Klassenwidersprüche in Tansania

SAMIR AMIN, DER HEUTE einer der führenden marxistischen Theoretiker auf dem afrikanischen Kontinent ist, schrieb 1964 einen Aufsatz mit dem Titel »Klassenkampf in Afrika«, der ohne Namensangabe veröffentlicht wurde. An diesem sehr bezeichnenden Umstand zeigt sich, dass es damals nicht opportun war, über den Klassenkampf in Afrika zu schreiben. Zu jenen Zeiten propagierten Léopold Senghor und andere ihre Thesen, die weltweit Aufmerksamkeit erregten – sie besagten, dass es in Afrika keine Klassen gebe. Heute, elf Jahre später, hat sich sowohl in der öffentlichen Wahrnehmung als auch in der akademischen Sphäre die Bedeutung der Klassenfrage für die Analyse Afrikas in der Gegenwart und in der jüngeren Vergangenheit – und im breiteren wissenschaftlichen Rahmen auch in der ferneren Vergangenheit – verändert.

Schon zu Beginn der Debatte in den frühen 1960er-Jahren traf es nicht zu, dass es in der afrikanischen Gesellschaft keine Klassen gab. Vielmehr war es wohl so, dass sich der Klassenwiderspruch in Afrika damals vor allem als eine Ausweitung der Klassenwidersprüche der herrschenden kapitalistischen Metropolengesellschaft manifestierte. In der Praxis fungierte die kapitalistische Klasse Europas oder Euroamerikas als die Klasse, die den afrikanischen Kontinent ausbeutete, und etwaige Vermittler zwischen ihnen waren relativ unbedeutend und zeigten keine wirkliche politische Präsenz. Wenn daher Marxistinnen versuchten, die interne Entwicklung von Klassenproblemen zu untersuchen, dann wurden ihre Begriffe nicht nur als fremd, sondern auch als bedeutungslos für die Diskussionen über die afrikanische Gesellschaft angesehen. Heute hat sich die Begrifflichkeit der Klasse so weit verallgemeinert, dass ihre Verwendung nicht mehr verteidigt werden muss. Im Falle Tansanias ist dies insofern bemerkenswert, als es sich wahrscheinlich um eines der Gebiete handelt, in denen die Klassenbildung auf dem afrikanischen Kontinent am wenigsten entwickelt ist. Trotzdem würde es nicht sofort zu Kontroversen führen, wenn nach den Klassenwidersprüchen in Tansania gefragt wird. Dies deutet darauf hin, wie sehr sich diese Position heute auf dem afrikanischen Kontinent etabliert hat.

Der Begriff der Klasse

Bevor ich mich mit den Klassenwidersprüchen befasse, möchte ich zunächst versuchen, den Begriff der Klassenbildung zu erklären, da sich die Klassen in Afrika meiner Ansicht nach noch in einem embryonalen Stadium befinden – der Prozess ihrer Entstehung hat gerade erst begonnen. Nun ließe sich wohl sagen, dass keine Klasse ihre Herausbildung jemals völlig abgeschlossen hatte. In jeder Gesellschaft sind Klassen einem ständigen Wandel unterworfen. Aber zu bestimmten Zeiten ist es schwieriger, den Begriff der Klasse als ein methodisches Werkzeug zu nutzen, weil sich die einzelnen sozialen Gruppen, aus denen sich die Klasse zusammensetzt, noch auf dem Weg zu einem Bewusstsein ihrer selbst befinden und nicht unbedingt über den organisatorischen Apparat verfügen, um sich als Klasse auszudrücken. Als Vergleich könnte das 18. Jahrhundert in Frankreich herangezogen werden. In seinen Schriften über diese Zeit musste Marx darauf hinweisen, dass die Bourgeoisie zur Zeit der Französischen Revolution noch nicht existierte – so sehr sie auch als bürgerliche Revolution bezeichnet werden mag. Elemente, die zur Entstehung der Bourgeoisie beitrugen, waren im Frankreich des 18. Jahrhunderts sicherlich schon vorhanden, und im Laufe des späten 18. und frühen 19. Jahrhunderts reifte diese Klasse zu der Form heran, die sie in der Mitte des 19. Jahrhunderts annehmen sollte. Das Gleiche gilt für Afrika. Aber hier ist Vorsicht geboten – wir müssen verstehen können, wie verschiedene Stränge und Schichten zusammenkommen, um das zu produzieren, was schließlich als Klassen bezeichnet werden könnte.

Der Prozess der Klassenbildung

Auch wenn dieser Prozess unzweifelhaft bereits in der Kolonialzeit begonnen hat, will ich für den Fall von Tansania zeigen, dass die Klassenbildung nach 1960 genauso wichtig, wenn nicht sogar wichtiger war als die Klassenbildung vor 1960 – oder vor 1961, wenn wir vom genauen Zeitpunkt der Erreichung der Unabhängigkeit ausgehen wollen. Es handelt sich um ein sehr junges Phänomen, das durch den Prozess der nationalen Unabhängigkeit beschleunigt worden ist. Die geringe Ausprägung von Klassen in Tansania vor der Unabhängigkeit erklärt meiner Meinung nach eine Reihe von einzigartigen Merkmalen der politischen und sozialen Entwicklung in diesem Land. Eines dieser Merkmale ist die politische Einheit.

Diese politische Einheit lässt sich jedenfalls zum Teil nur dadurch erklären, dass im kolonialen Tansania vor der Unabhängigkeit keine starken Segmente des Kleinbürgertums existierten. Betrachten wir die historischen Erfahrungen einer Reihe anderer Länder – zum Beispiel von Ghana, dem frühesten und in vielerlei Hinsicht immer noch am besten untersuchten afrikanischen Staat, der sich auf dem Weg zur Nationalität befand –, so können wir feststellen, dass embryonale kleinbürgerliche Elemente unterschiedlicher Art beachtlich angewachsen waren. Einige hatten ihren Ursprung in der alten traditionellen Gesellschaft: Häuptlinge oder Söhne von Häuptlingen oder diejenigen, die in die Struktur der sogenannten Eingeborenenherrschaft der Briten eingegliedert worden waren; sie hatten eine Basis auf dem Land und natürlich in der vorrangigen Cash-Crop-Produktion von Kakao entwickelt; es gab Berufsklassen, die bis ins späte 19. Jahrhundert in Westafrika zurückreichen, und eine gewisse Anzahl von einheimischen Händlern, einschließlich der sehr wichtigen Marktfrauen, usw.; es gab Bruchstücke eines Kleinbürgertums in Ghana. Ich denke, die Art der Herausbildung dieser Gruppierungen ermöglichte es den Briten, Elemente zu manipulieren und Widersprüche zwischen den Klassen zu schaffen, lange bevor die Bourgeoisie, die Kleinbourgeoisie, wirklich ausgereift war. Bereits in diesem embryonalen Stadium kam es zu Kämpfen innerhalb dieser Klasse, und auch das ist historisch nicht neu. Segmente der Klassen, wie der Bereich des Handels im Gegensatz zu dem der Industrie, oder der Kapitalistenklasse hatten schon immer ihre inneren Widersprüche. Und durch die gezielte Politik der Kolonialmächte bekamen diese Widersprüche eine politische Bedeutung. In diesem Fall versuchte Großbritannien, sich aus Ghana – wie aus Nigeria, aus dem Sudan und aus Uganda – so zurückzuziehen, dass der Staatsapparat in den Händen verschiedener Elemente des Kleinbürgertums verblieb.

In Tansania war der Versuch, verschiedene Teile gegeneinander auszuspielen, nicht sehr erfolgreich, weil diese Klasse, die damals eigentlich nur eine Schicht oder eine Vielzahl von Schichten darstellte, kaum entwickelt war. Die Versuche, die sogenannten konservativen afrikanischen Nationalisten dazu zu bringen, eine politische Partei gegen die TANU[1] zu gründen, waren weit weniger erfolgreich als ähnliche Versuche in Ghana, sich der KPP[2] entgegenzustellen. Die erste Konsequenz dieses kaum ausgeprägten Profils war die Entwicklung hin zur nationalen Einheit. Für die Zeit nach der Erreichung der Unabhängigkeit können wir wieder zum Vergleich die Ereignisse in einigen anderen Gebieten heranziehen – vor allem in Kenia, Nigeria und Uganda –, in denen die Kleinbourgeoisie ethnische Unterschiede politisierte, um die staatliche Hegemonie zu erlangen. Derartige Unterschiede existieren und natürlich gibt es sie auch auf dem afrikanischen Kontinent. Sie sind jedoch nicht zwangsläufig politische Unterschiede. Sie müssen nicht dazu führen, dass sich Menschen gegenseitig umbringen. Zum sogenannten Tribalismus entwickeln sie

1 Anm. d. Hrsg.: Tanganyika African National Union; Regierungspartei in Tansania nach der Unabhängigkeit 1961.

2 Anm. d. Hrsg.: Convention People's Party; erste Regierungspartei in Ghana nach der Unabhängigkeit 1957.

sich erst, wenn sie in einem bestimmten Rahmen politisiert werden. Und im Afrika nach der Unabhängigkeit wurden sie vor allem von Teilen der sogenannten afrikanischen Elite politisiert. (Ich bezeichne sie als die afrikanische Kleinbourgeoisie, die nach Grundlagen für ihren eigenen Machterhalt sucht.)

In Tansania hingegen haben wir es mit einer ziemlich einzigartigen Situation zu tun. In internen Diskussionen in Tansania wird gelegentlich auf sogenannte ethnische oder stammesbezogene Loyalitäten hingewiesen, aber sie haben sich innerhalb des Staates nie als bestimmend für die Richtung des politischen Wandels erwiesen. Das liegt nicht daran, dass es keine ethnischen Gruppen gibt – in Tansania existieren genauso viele oder mehr ethnische Gruppen wie in anderen Gebieten. Es liegt auch nicht an der Vorherrschaft bestimmter ethnischer Gruppen, denn wenn wir die Ethnien in Tansania aufschlüsseln, lassen sich zwei oder drei sehr dominante ethnische Gruppen ausmachen. Das Muster in Tansania unterscheidet sich nicht allzu sehr von dem im heutigen Zaire, wo eine ethnische Politik eine wichtige Rolle spielt. Der Mangel an Politisierung ist also nicht in erster Linie auf ethnische Unterschiede zurückzuführen, sondern auf die eher schwache Entwicklung des Kleinbürgertums als Klasse. Daher bestand für die kleinbürgerlichen Elemente nicht die Möglichkeit, sich um die Macht zu streiten und dafür ihre jeweilige ethnische Basis zu nutzen.

Ein dritter und vielleicht der wichtigste Punkt in Bezug auf den Prozess der Klassenbildung in Tansania besteht darin, dass die Schwäche des Kleinbürgertums die spezifische Entwicklung ermöglichte, die als *Ujamaa* oder tansanischer Sozialismus bezeichnet wird. Ich denke, wir müssen nach einer historischen Erklärung dafür suchen, warum gerade dieses afrikanische Land diese Option gewählt hat. Es war nicht einfach eine Entscheidung, eine politische Entscheidung, die jeder afrikanische Staat hätte treffen können. Wir sollten nach den Bedingungen suchen, die es Tansania 1967 ermöglichten, den sogenannten Sozialismus auszurufen und die *Arusha*-Erklärung zu verkünden. Ich würde behaupten, dass der wesentliche Grund in der Schwäche jener Klasse bestand, die an erster Stelle von einer solchen Erklärung betroffen war.

In anderen Teilen Afrikas, in denen die Kleinbourgeoisie oder einige ihrer Elemente bereits hinreichend gefestigt waren, wäre es schwer vorstellbar gewesen, dass eine *Arusha*-Erklärung abgegeben wird und diese Elemente sich einfach in ihr Schneckenhaus zurückziehen und keinen Widerstand leisten.

Ich hatte das Glück, zu dieser Zeit in Tansania zu sein. Wer damals, 1967, Mitglieder der TANU-Führung sah, erhielt einen deutlichen Eindruck von deren Unbehagen. Viele Elemente – einzelne Leute wie Minister, Mitglieder der Hierarchie und des öffentlichen Dienstes – applaudierten nur sehr gequält der *Arusha*-Erklärung. Es war zu erkennen, dass sie nicht gerade ihrer Vorstellung von dem entsprach, wie sich das Land hätte entwickeln sollen. Daher lässt sich sagen, dass sie in gewissem Sinne gezwungen waren oder zumindest gedrängt wurden, sich in diese Richtung zu bewegen. Und der Zwang war zu sehen – er bestand in einem Klassenkampf zwischen ihnen und der Masse des Volkes. Die Masse des Volkes, Arbeiterinnen und Bauernschaft, haben sich mit solch einer enormen Kraft hinter das Dokument gestellt, dass ich nicht glaube, das schwache und fragile Kleinbürgertum oder irgendjemand aus dieser Klasse hätten genügend Selbstvertrauen gehabt, um zu sagen: »Wir sind gegen diese Option.« Das wäre fast einem Selbstmord gleichgekommen. Sie verfügten damals über keine Machtbasis, um sich der Masse der Bevölkerung entgegenzustellen. Wie wir sehen werden, zogen sie sich daher zurück und entwickelten eine Reihe von Strategien, um eine direkte Konfrontation zu vermeiden. Aber die offene Ablehnung dieser Position war angesichts des Gleichgewichts der Klassenkräfte im Jahr 1967 einfach nicht möglich.

Das Gleiche geschah 1971, als die TANU ein weiteres wichtiges Dokument, die neuen Parteirichtlinien der TANU oder *Mwongozo*, wie sie genannt werden, vorlegte. In vielerlei Hinsicht ist dies ein noch schärferes Dokument als die *Arusha*-Erklärung. Wir können davon ausgehen, dass die Formulierung und Ausarbeitung dieses Dokuments in gewissem Sinne nur einer kleinen Anzahl von Personen innerhalb der Parteihierarchie zu verdanken ist, die einen bestimmten Standpunkt vertraten. Die anderen waren jedoch nicht bereit, sich offen dagegen auszusprechen, wiederum aus denselben Gründen. Es war zu offensichtlich, dass die große Mehrheit der tansanischen Bevölkerung hinter dieser Programmatik stand und dass jeder, der sich dagegenstellen wollte, dies heimlich tun musste. Eine Opposition war nur auf heimliche und hinterhältige Art und Weise möglich, ohne sich zu erkennen zu geben und zu verkünden: »Wir sind gegen die Politik des Sozialismus und der Selbstständigkeit« oder »Wir sind gegen die Politik der Arbeiterkontrolle« oder »Wir sind gegen eine antiimperialistische Linie«. Bis auf eine kleine Handvoll fühlten sich alle gezwungen, die Parolen zumindest nachzubeten. Einige wenige sagten nach der Erklärung von Arusha: »Nun, es ist Zeit für uns zu verschwinden; wir ziehen das Privateigentum dem sozialistischen Jargon vor und werden gehen.« Aber eine ganze Reihe von ihnen entschied, dass die beste Strategie darin bestehen würde, das zu sagen, was ihrer Meinung nach gesagt werden musste, und dann zu versuchen, es zu entkräften, zu versuchen, die Konzepte zu trivialisieren und ihrer eigentlichen Bedeutung zu berauben.

Natürlich spreche ich von einer relativen Situation – Tansania im Vergleich zum übrigen Afrika, nicht im Vergleich zum Rest der Welt. Für den

Rest der Welt ist es offensichtlich, dass die Klassenbildung in Afrika nicht die gleiche scharfe Differenzierung hervorgebracht hat, wie sie in anderen Teilen der Welt in der Vergangenheit stattgefunden hatte. Aber selbst im Vergleich zum übrigen Afrika besteht ein Unterschied, denn in einer beträchtlichen Anzahl afrikanischer Gebiete hat sich eine kleine Grundbesitzerklasse, ein Kleinbürgertum mit Grundbesitz, eine Kulakenklasse, um den bekannten russischen Begriff zu verwenden, herausgebildet. In Tansania haben Analysten, die sich auf dem Land umgesehen haben, ebenfalls etwas entdeckt, das sie als eine aufstrebende Kulakenklasse bezeichnen, aber ich glaube, dass sie sich sehr oft nur auf oberflächliche Befunde beziehen. Ein Kulak macht noch keine Kulakenklasse. Angesichts der Größe des Landes und der Entwicklung von Cash-Crop-Anbau in einigen isolierten Gebieten lassen sich hier und da ein oder zwei Kulaken finden, aber wir können nicht sagen, dass sie in derselben Weise tätig wurden, wie es in Ghana oder der Elfenbeinküste oder Westnigeria oder dem Senegal der Fall ist. Denn es handelte sich quantitativ und qualitativ um ein anderes Phänomen. In Tansania gab es keine wirkliche Kulakenklasse, keine Grundbesitzerklasse, wie sie in den ostafrikanischen Ländern Uganda oder Kenia existierte. Natürlich gab es auch keine Industriellen; nur sehr wenige afrikanische Länder hatten Industrielle. Aber in einer Reihe von afrikanischen Ländern gab es einige afrikanische Kapitalistinnen, Holzhändler oder Leute, die Holzkonzessionen besaßen, also Kaufleute und keine Industrielle – die Kaufmannsschicht in West- oder Zentralafrika zum Beispiel. Aber in Tansania wie auch im übrigen Ostafrika hat die Präsenz der Asiaten als Kompradoren, als Handelsbourgeoisie, dazu geführt, dass nur sehr wenige Afrikanerinnen im Bereich des Handels tätig wurden oder durch Handel zu Reichtum gelangten. Und in Uganda, Kenia und Tansania gab es nur sehr wenige Fachkräfte, weniger als in Westafrika. In Kenia lag dies unter anderem an der weißen Siedlerwirtschaft, die nur sehr wenige afrikanische Fachkräfte zuließ.

Wir stellen also fest, dass das Kleinbürgertum in Tansania klein war. Und es war nicht nur klein, sondern wies noch ein zweites wichtiges Merkmal auf: Es war auf bestimmte Produktionszweige oder Sektoren sozialer Aktivitäten beschränkt, insbesondere auf den öffentlichen Dienst und, als Erweiterung davon, auf die Zwangsapparate – die Polizei und die Armee. Hier fand sich das afrikanische Kleinbürgertum wieder. Ich denke, dies ist für das Verständnis der späteren Entwicklung ebenso wichtig wie die Tatsache, dass es sich um ein nur gering entwickeltes Kleinbürgertum handelte. Es war klein, aber sein Charakter war auch begrenzt und auf bestimmte Sektoren beschränkt. Es war nicht merkantil. Es war nicht in größerem Umfang als Fachkräfte tätig. Es verfügte über keinen Grundbesitz. Faktisch war es vor allem im Bereich des Staates, entweder im öffentlichen Dienst oder im Polizei- und Militärapparat, zu finden. Ich glaube, dass sich dadurch eine gewisse Entschlossenheit, eine gewisse Vorliebe für staatliche oder auf den Staat bezogene Lösungen für ihre besonderen Probleme herausgebildet hat – eine Vorliebe, die weder in Uganda noch in Kenia vorhanden war, um die ostafrikanischen Nachbargebiete als Vergleich und Kontrast zur tansanischen Entwicklung heranzuziehen. In Kenia gibt es immer noch ein klares Bekenntnis zum Groß- oder Kleinbürgertum, und dasselbe gilt für Uganda. In Tansania hatten die aufstrebenden Eliten nie eine echte Bindung an das Land in Form von Privateigentum. Daher war es eigentlich nicht allzu überraschend, dass sie begannen, eine Politik zu verfolgen, die das Land sofort zurückgab oder bestätigte, dass das Eigentum am Land in den Händen der Bevölkerung liegen sollte. Hätte es bereits eine substanzielle Entwicklung in Richtung Latifundien gegeben, dann wäre dies keine Option gewesen, die so einfach hätte umgesetzt werden können. Aber aufgrund der fehlenden Entwicklung einer privaten Grundbesitzerklasse gab es meines Erachtens kein Hindernis für eine Entwicklung in diese Richtung.

Die Struktur der Arbeiterklasse

Werfen wir einen kurzen Blick auf die Arbeiterklasse, bevor wir zum Kleinbürgertum zurückkehren, das im Mittelpunkt der Analyse stehen wird. In Tansania (wie in so vielen afrikanischen Ländern) war die Arbeiterklasse klein. Es handelte sich um eine flüchtige Arbeiterklasse mit einem hohen Anteil an Wanderarbeitern, obwohl sich deren Zahl in den Nachkriegsjahren einigermaßen stabilisiert hat. Die Arbeiterklasse blieb jedoch im Wesentlichen ländlich geprägt, der größere Teil arbeitete auf den Plantagen und war weitgehend ungelernt, entweder in denselben ländlichen Berufen oder in anderen Bereichen wie den Docks, wo sie unorganisiert blieben. Die tansanische Arbeiterklasse hat nie ein nennenswertes Maß an unabhängiger Organisation erreicht. Und es ist die unabhängige Organisation, die letztlich eine Klasse ausmacht. Ende der 1950er- und Anfang der 1960er-Jahre, in der Zeit zwischen Kolonialismus und Unabhängigkeit, kämpften die Arbeiterinnen Tansanias für kurze Zeit um ihre eigene Organisation. Die Gewerkschaften, die in den Jahren 1961–1962 entstanden waren, verfolgten noch immer denselben Weg wie im antikolonialen Kampf, das heißt einen Weg, der darauf abzielte, die Arbeiter zu repräsentieren und ihnen ein unabhängiges Organ zu geben. Doch 1964 wurde diese Entwicklung durch einen Meutereiversuch in der Armee, an dem einige Gewerkschaftsführer beteiligt waren, völlig zum Erliegen gebracht. Die Regierung setzte der unabhängigen gewerkschaftlichen Organisation praktisch ein Ende – unabhängig im Sinne von unabhängig vom Staat, unabhängig von der führenden Partei. Dies steht im Gegensatz zu Kenia, wo die Unabhängigkeit der Gewerkschaften in organisatorischer Hinsicht weniger ausgeprägt ist.

Infolgedessen kämpfte die Arbeiterklasse auch über die dominierende Partei, die TANU, und den Staat um die Macht. Hätten die Arbeiterinnen eine unabhängige gewerkschaftliche Organisation behalten, wäre sie vielleicht zum Instrument ihres eigenen Kampfes geworden. Aber diese Organisation wurde nach 1964 in den Parteiapparat der Regierung integriert. Infolgedessen wird die Macht der Arbeiter in Tansania entweder durch die Partei TANU oder durch den Staat ausgeübt, der in gewisser Weise das Instrument der Regierungspartei ist. Daher konzentrieren sowohl das Kleinbürgertum als auch die Arbeiterinnen ihre Energien auf dieselbe soziale Organisation, auf denselben Mechanismus – die politische Partei und der Staat werden zur Arena, in der nach Lösungen für die Widersprüche zwischen Arbeitern und Kleinbürgertum gesucht wird. Das ist es, was ich untersuchen möchte. Wozu dient der Staat? In wessen Händen liegt er? Was ergibt sich aus der staatlichen Politik?

Die Arbeiterinnen, das Kleinbürgertum und der Staat

Die Erklärung von Arusha ist ein Ausgangspunkt der modernen Entwicklung Tansanias. Sie war eine Antwort auf die interne Krise, eine Antwort auf die Stagnation der neokolonialen Wirtschaft in Tansania, und sie markierte tatsächlich das Scheitern der Hoffnungen des Kleinbürgertums, das internationale Kapital könnte ihm beistehen, um seine Klasse in besonderer Weise zu stärken. Das Kleinbürgertum war davon ausgegangen, es müsse lediglich ausländisches Kapital und internationale Hilfe begrüßen, dann werde das internationale Kapital nach der Unabhängigkeit ins Land kommen. Das war die eigentliche Annahme: Sie stellten sich vor, dass es einen Wachstumsprozess innerhalb des neokolonialen Bildes, innerhalb des postkolonialen imperialistischen Rahmens gäbe, der es ihnen ermöglichen würde, sich als Klasse zu entwickeln. Dies war jedoch nicht der Fall. Alle Untersuchungen zu Tansania und einer Reihe anderer afrikanischer Länder in dieser Zeit weisen sehr deutlich auf die unerfüllten Hoffnungen auf ausländische Investitionen und Hilfe hin. Unerfüllt in vielerlei Hinsicht, insbesondere weil sie (in vielen Fällen) einfach nicht kamen. Selbst wenn sie kamen, trafen sie nicht unbedingt zu dem Zeitpunkt und an dem Ort ein, an dem die Regierung sie erwartet hatte. Und sollten sie zur Verfügung stehen, waren sie mit einer Reihe weiterer politischer und wirtschaftlicher Komplikationen verbunden, die die Regierung Tansanias nur schwer akzeptieren konnte. Daher stagnierte die tansanische Wirtschaft Mitte der 1960er-Jahre angesichts des Verfalls der Weltmarktpreise für wichtige Produkte (wie Sisal und Baumwolle). Meines Erachtens entschied sich das Kleinbürgertum unter dem Druck der arbeitenden Massen für die Option der *Arusha*-Erklärung. Aufgrund der Stagnation und der Verschlechterung der Lebensbedingungen musste es die arbeitende Bevölkerung benutzen, um sich selbst zu stärken. Auf deren Druck musste reagiert werden und die Antwort kam in Form der Erklärung von Arusha. Diese Erklärung war insofern positiv, als sie den Bestrebungen und Hoffnungen des Volkes entsprach, dass die Produzenten in der Lage sein sollten, das Produkt ihrer eigenen Arbeit zu kontrollieren und die Gestaltung der Gesellschaft zu kontrollieren, um die Entfremdungen, die sich aus der primären Entfremdung des Produkts der menschlichen Arbeit ergeben, abzubauen. Das war positiv, aber gleichzeitig konnte die Kleinbourgeoisie eine Strategie ausarbeiten, mit der sie diese neue Intervention als Mittel zur Festigung ihrer Kontrolle über den Staat nutzen würde.

Welches Ziel auch immer mit der Umgestaltung verfolgt wurde, eines war sicher: Das Kleinbürgertum beabsichtigte, seine Vorherrschaft über den Staatsapparat aufrechtzuerhalten. Nach 1967 nutzten sie die neue Politik als Mittel, um sich als Klasse zu reproduzieren. In gewisser Weise geschah dies fast zwangsläufig: Da es sich beim Kleinbürgertum im Wesentlichen um eine bürokratische Formation handelte, vergrößerte es sich in dem Moment, in dem es die wirtschaftliche Produktion verstaatlichte und in gewisser Weise zu kontrollieren begann, oder dehnte sich auf diese Bereiche der wirtschaftlichen Tätigkeit aus. Es errichtete riesige Komplexe wie die National Development Corporation (NDC) und die State Trading Corporation (STC), die in Tansania als Erweiterungen des Staates, als Erweiterungen des alten öffentlichen Dienstes bekannt wurden. Davon profitierte vor allem die junge Kleinbourgeoisie.

In Kenia entwickelten sich die Dinge anders, weil das Kleinbürgertum dort über einen Vorteil verfügte: Kenia war und ist ein subimperialistisches Zentrum in Ostafrika. Es ist der Eintrittspunkt für ausländisches Kapital in die gesamte ostafrikanische Gemeinschaft, nicht nur allein nach Kenia. Daher gab es in Kenia immer größere Möglichkeiten, »Beute« zu machen, wenn wir es so nennen wollen. Aufgrund der Präsenz multinationaler Konzerne, die zum Teil durch die Anwesenheit von Siedlerinnen in der Kolonialzeit bedingt war, konnten Kenianer tatsächlich daran denken, Geschäftsführer verschiedener multinationaler Unternehmen zu werden. Für Tansanierinnen war dies aus ideologischen Gründen nicht möglich. Zudem gab es ganz praktische Gründe, warum sich das Kleinbürgertum nicht viel in dieser Richtung erhoffen konnte. Tansania war keine derartige Wirtschaft. Vor 1967 war die Expansionsrate des multinationalen Kapitals in Tansania relativ gering. Daher konnten nur durch das Eingreifen des Staates Möglichkeiten geschaffen werden, Arbeitsplätze in Leitungspositionen zu bekommen – nicht als Geschäftsführerinnen in ausländischen Firmen, sondern in Zweigstellen der NDC oder STC oder als Manager von bestimmten Werken. Faktisch vergrößerte sich das Kleinbürgertum selbst als eine Klasse.

Zugleich traf das afrikanische Kleinbürgertum in Tansania, wie im übrigen Ostafrika, auf einen alten Gegner: das asiatische kommerzielle Kompradorenelement. Diese Gruppe war dem afrikanischen Volk in vielerlei Hinsicht aufgedrängt worden – die britische Regierung hatte sie bewusst als eine Schicht zwischen ausländischem Kapital und Afrikanerinnen gefördert. Sie erhielten Zugang zu Krediten; die meisten von ihnen stützten ihre Geschäfte auf das System der Neunzig-Tage-Kredite. Sie wurden faktisch von den Banken und den großen Import-Export-Häusern gesponsert – denselben Banken, die sich weigerten, Afrikanern Kredite zu gewähren. Die britische Regierung und die Kolonialstaaten hatten dies durch den Erlass von Kreditbeschränkungsverordnungen sanktioniert, die es den Afrikanern unmöglich machten, als Zwischenhändler voranzukommen. Die Erfahrungen mit den sogenannten Asiaten, also den Menschen vom indischen Subkontinent, waren also mit der britischen Politik in Ostafrika verbunden. Wie so oft zieht der Komprador oder der Mittelsmann den Zorn der verschiedenen einheimischen Klassen in stärkerem Maße auf sich, als die herrschende Klasse der Metropolen. In Tansania und Uganda kam es in den 1920er-, 1930er- und 1940er-Jahren zu sogenannten asiatischen Unruhen oder anti-asiatischen Unruhen. Manche würden sie als »Rassenunruhen« bezeichnen, aber das waren sie nicht. Es handelte sich bei ihnen um einen Ausdruck von Klassenkampf. Auf Jamaika richteten sich ähnlich Unruhen gegen Chinesen, weil sie dort die Mittelsmänner waren. Die einfachen Bäuerinnen auf dem Lande, die Arbeiter in den Sisalplantagen und in den Städten sahen in dem sogenannten *duka walla* – dem Inder, der die *duka* oder den Laden kontrollierte – ihren unmittelbaren Feind, denn dieser Inder kaufte ihre Produkte, er betrog sie beim Wiegen ihrer Produkte, er betrog sie beim Weiterverkauf dessen, was er aus dem Ausland importierte. Obwohl dies im Vergleich zu der grundlegenden Ausbeutung durch den Markt, der in der Mining Lane in London etabliert worden war, unbedeutend war, mussten der Bauer und die Arbeiterin auf den unmittelbaren Feind reagieren. Und so kam es zu einer beträchtlichen anti-indischen Stimmung, die klassenbezogen war. Auch das afrikanische Kleinbürgertum erblickte im Inder das erste Hindernis, als es versuchte voranzukommen und von einem gewissen Aufstieg träumte. In der Barclays Bank konnte es nicht seinen unmittelbaren Feind erkennen, denn sie war zu weit weg, zu mächtig, und es konnte nicht im Entferntesten daran denken, mit der Barclays Bank zu konkurrieren. Aber die Kleinbürgerin konnte danach streben, Konkurrentin eines asiatischen Kaufmanns oder einer asiatischen Fachkraft oder einer asiatischen Angestellten im öffentlichen Dienst zu werden. Auch für das Kleinbürgertum waren die Asiaten also sehr oft der unmittelbare Feind. In der Zeit nach der *Arusha*-Erklärung haben die Asiaten in Tansania begonnen, sich als Kompradorenklasse aufzulösen. Das gilt für ganz Ostafrika.

In Uganda sind sich die Menschen natürlich der dramatischen Wendung der Ereignisse nach der Machtübernahme durch Amin bewusst. Was in Kenia geschieht, ist den Menschen vielleicht weniger bewusst, aber auch in Kenia wurde die asiatische Kleinbourgeoisie von der aufstrebenden afrikanischen Kleinbourgeoisie ständig unter Druck gesetzt und schikaniert. In Tansania ist dies nicht in der gleichen Weise geschehen, nicht in der Form, dass einzelne Afrikaner versucht hätten, asiatische Geschäfte zu übernehmen. Vielmehr ist der Staat in Bereiche eingedrungen, in denen das asiatische Kleinbürgertum dominierte. Und da dieser Staat vom afrikanischen Kleinbürgertum kontrolliert wurde, expandierte die bürokratische Klasse oder der bürokratische Sektor des Kleinbürgertums gegenüber dem kommerziellen Kleinbürgertum. So übernahm die staatliche Handelsgesellschaft einen Großteil der Aufgaben, die ursprünglich von einer Vielzahl privater Importeure, vor allem aus Asien, wahrgenommen worden waren. Zunächst wurden die Geschäfte mit dem Ausland übernommen. Nach und nach hat die STC dann auch versucht, sich mit einigen Verkaufsstellen im Einzelhandel zu etablieren. Das hat dazu geführt, dass die Fragen, was in welchen Mengen und zu welchen Preisen eingekauft und wie es verkauft werden soll, nun vom Staat, von der afrikanischen bürokratischen Bourgeoisie und nicht mehr von der indischen Händlerklasse bestimmt werden – es sei denn, sie können defensiv reagieren und versuchen, mit bestimmten Tricks durchzukommen, was sie auch tun. Aber im Großen und Ganzen ist die Initiative in dieser Hinsicht in die Hände der afrikanischen Kleinbourgeoisie übergegangen, der bürokratischen afrikanischen Kleinbourgeoisie.

Die Erklärung von Arusha und die Entwicklung hin zu sozialer und staatlicher Kontrolle von Produktion und Verteilung haben diesen Widerspruch zwischen dem kommerziellen Kleinbürgertum, das aus einer bestimmten ethnischen Gruppierung bestand, und dem bürokratischen Kleinbürgertum verschärft. Er wurde insofern zugunsten des Letzteren gelöst, als die Asiaten anscheinend beschlossen haben, dass sie in Ostafrika nichts mehr zu suchen haben. Ihr Hauptanliegen war es, ihr Kapital zu liquidieren und außer Landes zu schaffen, was sie auf unendlich viele verschiedene Arten getan haben. In Tansania ist es extrem schwierig, Geld aus dem Land zu bekommen. In der Regel verhält es sich jedoch so, dass auf ein von den Asiatinnen genutztes Schlupfloch immer erst ein oder sogar zwei Jahre später mit einem neuen Erlass zur Devisenkontrolle reagiert wird. Daher konnten enorme Geldsummen nach London, Kanada und in die USA transferiert werden. Zugleich bemühen sich die Asiaten, Verbindungen zu Mitgliedern des afrikanischen Kleinbürgertums aufzubauen und sie durch Geldzahlungen dahin gehend zu bestechen, dass sie die Position des asiatischen Kleinbürgertums dulden. Es handelt sich also um eine schrumpfende Klasse, aber sie kann noch Einfluss ausüben, da sie über einige liquide Mittel verfügen. Und diese werden genutzt, um das Ausmaß von Bestechung und Korruption im System zu erhöhen.

Trotzdem würde ich sagen, dass sich an diesem Punkt – noch bevor die Asiaten als Klasse völlig am Ende sind – feststellen lässt, dass es für sie in den alten Rollen, die sie in Ostafrika und Tansania gespielt hatten, keine Zukunft mehr gibt. In Tansania hat der Staat dafür gesorgt, in Uganda die Armee und andere private afrikanische Unternehmerinnen und in Kenia die privaten Unternehmen. Am wichtigsten für die Menschen in Tansania sind die Widersprüche zwischen dem Kleinbürgertum und dem, was ich als Produzentenschicht bezeichnen möchte – die Bauernschaft auf dem Lande, mit Ausnahme der wenigen Kulaken. Außerdem existiert ein Widerspruch zwischen der Kleinbourgeoisie und den Arbeiterinnen in den Städten und auf dem Land. Dieser Widerspruch, der viel schärfer und antagonistischer als der frühere zwischen dem kommerziellen Element und dem bürokratischen Element ist, manifestiert sich auf allen Ebenen in vielfältiger Weise.

Ideologie und Klassenwidersprüche

Im Bildungsbereich zum Beispiel – und da ich in diesem Land unterrichtet habe, bin ich hoffentlich sensibel für die Vorgänge in diesem Bereich – fand der Klassenkampf in Tansania meiner Ansicht nach seinen Ausdruck in ideologischen Fragen und äußerst zugespitzten ideologischen Debatten. Dies geschah dort stärker als in allen anderen afrikanischen Ländern, die ich kenne, mit der möglichen Ausnahme von Äthiopien. Dort wurde der Konflikt in einer ganz anderen Art und Weise ausgetragen, nämlich hauptsächlich von äthiopischen Studenten als Teil einer ganzen Untergrundbewegung. In Tansania fand er in aller Öffentlichkeit statt, innerhalb der Bildungseinrichtungen und insbesondere innerhalb der Universität – einer jungen Universität, die wie so viele Universitäten der Dritten Welt so wie andere Betriebe von den Metropolenländern ins Land gebracht worden war. Sie wurde 1961 als typisch bürgerliche Bildungseinrichtung gegründet und funktionierte Mitte der 1960er-Jahre in dieser Weise, was ihre Lehrpläne, ihr Personal, ihre Programme, ihre Struktur und alles andere betraf. Aber die Entwicklung zum Sozialismus – die noch auf der Ebene der Rhetorik verblieb, da vieles davon nicht in die Praxis umgesetzt wurde – war stark genug, um in Tansania Klassen hervorzubringen, was die Entwicklung der Universität von Daressalam nicht unberührt lassen konnte. Daher kam es dort zu einem riesigen Konflikt zwischen bürgerlichen Lehrmeinungen und einer wissenschaftlichen Analyse der tatsächlichen Praxis der Produzentenklassen in Tansania und der Welt im Allgemeinen zu diesem besonderen Zeitpunkt. Einige der Fragen betrafen die Theorie: Die ganze Fülle des bürgerlichen Wissens musste infrage gestellt werden, seine Methodologie und seine Sichtweise mussten geklärt werden, um den Kampf zwischen Idealismus und Materialismus zu verstehen. Ich denke, ich muss hier nicht weiter auf derartige Details eingehen. Diejenigen von uns, die auf die eine oder andere Weise an diesen Debatten teilgenommen haben, hatten einen Bezug zu den Studentinnen und zur Bevölkerung außerhalb der Universität, wodurch sie zu einem wirklichen Spiegel der Veränderungen wurden, die in der Gesellschaft insgesamt stattfanden. Natürlich gab es auch breite Debatten über die Organisation der Universität, darüber, wie die akademischen Disziplinen organisiert werden, usw. Aber viele der Debatten hatten eine große Bedeutung für die unmittelbaren politischen Entscheidungen der tansanischen Regierung. So wurde die Frage der Entwicklung nicht rein akademisch diskutiert. Sie ergab sich aus der Wahrnehmung realer politischer Entscheidungen: Was sollte zu einem bestimmten Zeitpunkt in bestimmten Bereichen der wirtschaftlichen, politischen und sozialen Entwicklung getan werden? Sie ergab sich aus der Erarbeitung von Lösungen für das sogenannte Problem der Unterentwicklung. Die Menschen begannen, den theoretischen Rahmen und die Paradigmen zu hinterfragen, die bestimmte Lösungsansätze stützten. Wenn sich die Lösungen in der Praxis als falsch erwiesen, wurden ihre theoretischen Begründungen einer viel kritischeren Analyse unterzogen und schließlich im Rahmen dieser Institution dermaßen angegriffen, dass sie sich bis heute davon nicht mehr erholt haben. Die Debatte war also mit dem in Tansania stattfindenden Kampf verbunden.

Von Zeit zu Zeit ergriffen die Studenten selbst die Initiative. Dies war äußerst nützlich, denn die Studentinnen waren nicht nur Studenten der Universität, sondern gleichzeitig auch Mitglieder des Jugendverbands der TANU. Dadurch war sichergestellt, dass es sich um einen Kampf handelte, der jederzeit auf die unmittelbaren Bedürfnisse der Tansanier ausgerichtet war.

Dies ist eine Ebene. An der Universität und in allen anderen Bildungseinrichtungen wie den Sekundarschulen wurde derselbe Kampf geführt, um die Theorie zu klären und zu erkennen, dass die Ideen, die in dieser Gesellschaft existierten, nicht einfach frei schwebende Ideen waren. Sie hatten historische Wurzeln. Sie hatten ihren Ursprung in sozialen Klassen und diese sozialen Ursprünge mussten aufgedeckt werden, um bei der Klärung dieser Ideen vorankommen zu können.

Wirtschaftspolitik und Klassenwidersprüche

Unmittelbarer – und politisch betrachtet entscheidender – waren die Widersprüche auf der Ebene der Wirtschaftspolitik, die in gewisser Weise auch mit den Widersprüchen im Bildungssystem zusammenhingen. Aber größere Debatten betrafen bestimmte Aspekte der Politik – zum

Beispiel den Tourismus. Ein gutes Jahr lang wurde im ganzen Land heftig darüber gestritten, ob Tansania den Tourismus fördern sollte oder nicht. Wir könnten uns das als eine einfache Frage vorstellen: »Bist du für oder gegen den Tourismus?« Als ob es sich um eine freie Entscheidung handeln würde. Wir stellen die Positionen vor, wir analysieren die Situation, wir prüfen die Daten und wir gelangen zu einer Position dafür oder dagegen. Aber so einfach ist es nicht. Wenn wir uns genauer anschauen, wie die Debatte geführt wurde – wer für und wer gegen die Option des Tourismus war –, stellen wir fest, dass es klassenspezifische Gründe gab, für oder gegen den Tourismus Stellung zu beziehen. Schon vor langer Zeit hat Fanon 1960/1961 in der ihm eigenen Art darauf hingewiesen, dass der Tourismus ein sehr wichtiger Hebel ist: Das Kleinbürgertum verschafft mit ihm der Bourgeoisie aus den Metropolen Erholung und nutzt diese Gelegenheit, seine klassenmäßigen Beziehungen zu dieser Bourgeoisie zu stärken. In Tansania wurde sehr deutlich, dass trotz der Beteuerungen für den Sozialismus dieses enorme Bedürfnis, den Tourismus voranzutreiben und zu rechtfertigen – der rein ökonomisch gesehen eine der bedeutungslosesten Branchen ist –, mit dem offensichtlichen Wunsch der tansanischen Bourgeoisie verbunden war, in Kontakt mit ihren Lehrmeistern aus den Metropolen zu bleiben. Im Grunde genommen unterschied sich das nicht sonderlich von dem, was in Kenia geschah – nur dass Kenia seinen Tourismus ganz offen im Namen des Kapitalismus betrieb. Tansania versuchte, seinen Tourismus im Namen des Sozialismus zu betreiben. Faktisch ist der Tourismus bereits gescheitert, aber es ging darum, diese Position, die eine Klassenposition war, zu rechtfertigen. Das Kleinbürgertum hatte ein bestimmtes Entwicklungskonzept. Es hatte eine Vorstellung von dem, was konsumiert werden sollte, von dem, was gebaut werden sollte, von einer Gesellschaft, die sich an der bürgerlichen Welt der Metropolen orientiert. Die Hotels, die Flughäfen, die Verkehrsmittel – diese Dinge passten zur Klassenperspektive des Kleinbürgertums in Tansania.

Auf der anderen Seite standen natürlich Angehörige der gleichen Klasse, die eine Debatte führten, die in gewisser Weise artikuliert werden musste. Im Wesentlichen handelte es sich dabei um junge Tansanierinnen, die aus der gleichen sozialen Schicht stammten, aber auf andere Klassenloyalitäten reagierten und diese auch zum Ausdruck brachten. Sie erklärten, dass unsere Arbeiter und Bäuerinnen nichts mit denjenigen zu tun haben, die kommen wollen, um Löwen und Gazellen und die Massai usw. zu beobachten, und sich selbst als Touristen bezeichnen: Das wird der Masse unserer Bevölkerung nichts bringen. Im Gegenteil, es wird die Entwicklung ernsthafter wirtschaftlicher Optionen verhindern, die zu einer echten integrierten Entwicklung führen könnten. Es wird zu kultureller Rückständigkeit und kultureller Entfremdung führen und sie verstärken und unser Volk ständig in die Position von Dienern Euroamerikas versetzen. Mit diesem Argument konnten sich die Gegnerinnen des Tourismus zunächst nicht durchsetzen und die Befürworter behielten die Oberhand. Aber in den folgenden Jahren zeigte sich, dass der Tourismus rein wirtschaftlich betrachtet nicht rentabel war – ganz abgesehen von allem anderen. Es wurde darauf hingewiesen, dass die Verwendung eines so großen Anteils der Finanzmittel für diesen Sektor zwangsläufig katastrophal sein müsse, was sich bereits bewahrheitet hat. Zwischen dem Kilimandscharo und der Stadt Arusha, wo sich nur zehn Flugminuten von Nairobi entfernt die Wildreservate befinden, wurde ein riesiger moderner automatisierter Flughafen gebaut. Dies war in keiner Weise zu rechtfertigen, aber es wurde behauptet, dass ein Flughafen mehr Besucherinnen zur Beobachtung der Tiere anlocken würde. Als die Besucher nicht kamen, um die Tiere zu beobachten, und dieser riesige Flughafen leer stand, begann dasselbe Kleinbürgertum vorzuschlagen, vielleicht um diesen Flughafen herum etwas Gemüse anzubauen. Auf diese Weise könnte frisches Gemüse exportiert und ein gewisser Gewinn erzielt werden. Die Reihenfolge der Prioritäten war nicht auf einen Mangel an Visionen zurückzuführen, sondern auf eine besondere Art von Zwangsjacke, in der sich diese Klasse befand. Daher dachte sie zuerst an den Tourismus, und erst später, als der Tourismus am Boden lag, begann sie, an die Produktion zu denken. Aber auch dann musste für sie die Produktion natürlich an die bestehende Infrastruktur gebunden sein – eine bedeutungslose Infrastruktur, weil es sinnlos ist, nur für den Export nach Europa zu produzieren. Aber das ist eine andere Frage.

In gleicher Weise, wenn auch nicht immer so deutlich wie bei der Tourismusdebatte, prallten die Meinungen aufeinander, wenn es um Fragen der Bewässerung, der Auswahl der Ackerkulturen und der allgemeinen Durchführung der Agrarpolitik ging. In der Tourismusdebatte waren die Fronten klar und die Leute mussten sich für eine Seite entscheiden. Bei anderen Aspekten der Wirtschaftspolitik wie dem Anbau von Cash Crops, der Auswahl der Feldfrüchte im Allgemeinen oder dem Für und Wider der Bewässerung waren die Standpunkte nicht immer so klar. Im Nachhinein lässt sich jedoch erkennen, dass das Kleinbürgertum dazu tendierte, für die Landwirtschaft im Wesentlichen eine Intensivierung der bisherigen Verhältnisse im Auge zu haben. Es gab keine Vorstellung von einem Bruch. Nehmen wir als Beispiel Sisal oder Baumwolle: Wenn die Preise fielen, wurde davon ausgegangen, dass mehr angebaut werden könnte. In bestimmten Gebieten hätte der Anbau von Baumwolle und Sisal aufgegeben werden müssen, weil er nicht mehr rentabel war. Aber es gab kein neues Konzept, um mit der internationalen Arbeitsteilung zu brechen, in der sich das Kleinbürgertum als eine Klasse entwickelt hatte. Infolgedessen leiden heute große Teile Afrikas unter einer Hungersnot.

Die Menschen wenden sich dann je nach ihrer religiösen Zugehörigkeit an Allah oder an Gott oder an die Ahnen von wem auch immer – oder an die Regengötter, die angeblich dafür verantwortlich sind, dass es keinen Regen gibt. Der Hunger wird so zu einem Gemisch aus verschiedenen Naturphänomenen und die Lösung wird in metaphysischen oder religiösen Interventionen gesucht. Die Hungersnot ist jedoch weder natürlich noch metaphysisch. Sie ist ein soziales Phänomen. Dürre und Hungersnot sind nicht einfach »natürlich«. In welchem Sinne könnten wir sie als »natürlich« bezeichnen, wenn die Gesellschaft technisch und organisatorisch in der Lage ist, erstens das Auftreten von Dürre und Hungersnot zu verhindern oder zumindest zu verringern und zweitens die Folgen von Dürre und Hungersnot zu lindern? Wir sehen also, dass diese Gesellschaften ihre koloniale Politik fortgesetzt haben, indem sie nicht als Erstes die kritische Frage der Ernährung angegangen sind, sondern sich mit dem beschäftigt haben, was sie »Devisen« nennen, indem sie Kaffee, Baumwolle, Sisal und sonst was anbauen.

Das muss als Teil der historischen Erklärung dafür gesehen werden, warum Hungersnot und Dürre derzeit in ganz Afrika so weit verbreitet sind. Darin spiegelt sich die Unfähigkeit der neokolonialen Gesellschaften wider, sich selbst zu ernähren oder ihre Bevölkerung vor den Wechselfällen zu schützen, die außerhalb der unmittelbaren Kontrolle des Einzelnen liegen, aber nicht außerhalb der Kontrolle der Gesellschaft als Ganzes, wenn diese Gesellschaft auf die Lösung des Problems ausgerichtet wäre. Es handelt sich also um Aspekte des bürgerlichen Denkens und der kleinbürgerlichen Politik. Die Tatsache, dass diese Politik trotz des Einspruchs einiger weniger durchgesetzt wurde, verweist auf die Widersprüche in der Gesellschaft. Sie wurde nicht einfach überwältigt, die gesamte Gesellschaft lebte nicht in seliger Unwissenheit von alternativen Möglichkeiten. Alternativen wurden diskutiert und das Kleinbürgertum hat sich für seinen Weg entschieden, der in den meisten Fällen in die Katastrophe geführt hat.

Um den Punkt zur tansanischen Wirtschaftspolitik abzuschließen, sei noch kurz auf die anhaltende Debatte über Wirtschaftsberater eingegangen, über die Frage der Wirtschaftsabkommen, der sogenannten Managementabkommen, mit denen verstaatlichte oder teilverstaatlichte Unternehmen in die Hände ausländischer Unternehmensberaterinnen gelegt werden. Diese Debatte über Berater und Expertinnen dauert noch an. Ihre Tätigkeit wurde zum Teil von einem nationalistischen Standpunkt aus angegriffen. Einige Tansanier sagten: »Nun, wir müssen verstaatlichen oder afrikanisieren, dann können wir alle diese sensiblen Positionen nicht anderen überlassen.« Aber es reicht nicht aus, zu verstaatlichen. Die Nationalisten selbst, die kleinbürgerlichen Nationalisten, haben an einem bestimmten Punkt aufgegeben, weil sie kein Vertrauen in sich selbst hatten. Um das Kleinbürgertum zu verstehen, müssen wir wieder auf Fanon zurückgreifen und uns seine Ausführungen zu den »Missgeschicken des nationalen Bewusstseins« in »Die Verdammten dieser Erde« ansehen. Er hat das sehr gut dargestellt: das mangelnde Selbstbewusstsein einer Klasse, die aus einer anderen historischen Erfahrung hervorgegangen ist und nie irgendetwas eigenständig kontrolliert hat. Sie hat die Produktion nicht kontrolliert. Sie kontrollierte nicht das Eigentum. Sie ist aus dem kolonialen System hervorgegangen. Ihr fehlt das Selbstvertrauen, dieses System grundlegend infrage zu stellen. Sowohl kulturell als auch wirtschaftlich und politisch ist sie abhängig geblieben. Daher fällt es diesen Menschen sehr schwer, mit dieser Vorstellung von ausländischen Beratern, ausländischem Management usw. zu brechen. Und weil sie sich das nicht trauen, rationalisieren sie ihr Vorgehen, indem sie sagen: »Nun gut, McKinsey kann uns nicht dabei helfen, Sozialisten zu werden. McKinsey stellt uns lediglich das technologische Know-how zur Verfügung. Für den politischen Input müssen wir sorgen.« Die kapitalistische Firma kommt herein und geht all unsere Unterlagen durch, und das Harvard-Beraterteam trampelt mit seinem ganzen Tross von bürgerlichen Individuen weiter in Daressalam und auf dem Lande herum. Das alles wird rationalisiert, indem gesagt wird: »Wir holen uns von ihnen nur die technische Expertise, das ist alles. Um die politische Ausrichtung werden wir uns kümmern.« Einer der grundlegendsten Irrtümer der Bourgeoisie besteht darin zu meinen, Technologie und Ideologie könnten voneinander getrennt werden, dass sich die Mechanik eines Prozesses von der grundlegenden eingeschlagenen Richtung, vom Klasseninhalt der Ratschläge zu Organisationsstrukturen usw. trennen ließe.

Produktion von Klassenwidersprüchen

Jenseits der wirtschaftspolitischen Sphäre haben sich die für Tansania entscheidendsten Widersprüche – diejenigen, auf denen die wirklich handfesten Ausdrucksformen des Klassenkampfes beruhen – unmittelbar aus den Produktionsstätten heraus entwickelt, entweder auf dem Land oder in den Städten. Auf dem Land haben sich Widersprüche aus der Politik der *Ujamaa* und ihrer Umsetzung ergeben, in den Städten erleben wir Konflikte zwischen dem bürokratischen Management und den Arbeiterinnen in der Produktion. Die *Ujamaa*-Politik selbst hat viel Gutes zu bieten. Die *Ujamaa*-Dörfer sind nicht nur eine Form der sozialen Organisation und der wirtschaftlichen Produktion, sondern sie sollen ein soziales und kulturelles Ganzes bilden. Sie sind als ein Umfeld gedacht, in dem die ländlichen Produzenten wieder die Kontrolle über ihr eigenes Leben erlangen, indem sie an der Gestaltung ihres täglichen Lebens teilnehmen und Entscheidungen über grundlegende Dinge ihres täglichen Lebens treffen. Wie Nyerere erklärt hat, sollen sie dem beginnenden Eindringen der Geldwirtschaft und der Klassenbildung auf dem Lande Einhalt gebieten. Durch sie sollten die Herausbildung von großbäuerlichen Elementen und die damit verbundene Entstehung eines landlosen Proletariats aufgehalten werden. In Wirklichkeit hat dieses Programm nur wenige seiner Ziele erreicht. Im Großen und Ganzen kam es zu einer gewissen Umgruppierung der Kräfte, insbesondere in dünn besiedelten Gebieten des Landes oder dort, wo die räumliche Verteilung der Bevölkerung und der Wirtschaftstätigkeit eine Bündelung der Kräfte rechtfertigte. Solche Umsiedlungen fanden beispielsweise in Zentraltansania statt, wo die Bevölkerungsdichte gering ist, und in Westtansania, wo die Gehöfte ebenfalls verstreut liegen. Das ist sinnvoll, denn so können die Menschen dort zusammenkommen, wo sie mit medizinischen Einrichtungen, Schulen und einer Reihe anderer Dinge versorgt werden können – oder die Regierung sich darum kümmern kann. Damit erfüllt eine Regierung, die sich selbst als sozialistisch bezeichnet, eine historische Aufgabe, die in anderen Gesellschaften in einer früheren Epoche erfüllt worden war. Der Kapitalismus und auch der Feudalismus hatten zur Umgruppierung der Bevölkerung beigetragen. So hat der Kapitalismus sehr rücksichtslos Land eingehegt und Bauernhöfe zusammengelegt. Außerdem konzentrierte er die Bevölkerung in städtischen Zentren.

In Tansania hat dieses Programm der Zusammenlegung der Landbevölkerung in den letzten Jahren einige schwere Rückschläge erlitten. Dies zeigte sich in den Jahren 1973 und 1974, als das Programm zur Schaffung von *Ujamaa*-Dörfern ins Stocken zu geraten schien. Es hatte nicht die quantitativen Dimensionen erreicht, die ursprünglich geplant waren, da in einer Reihe von Gebieten die Menschen offenbar nicht wie erwartet in die Dörfer umgezogen waren. Bei näherer Betrachtung hat es nicht den Anschein, als ob ernsthafte politische Anstrengungen unternommen wurden, um diese Menschen zum Umzug zu bewegen. Die Menschen zu bitten, umzuziehen, ein neues Leben zu beginnen und an einer völlig neuen Produktionsform teilzunehmen, würde offensichtlich eine erhebliche Politisierung erfordern. Auf dieser Voraussetzung beruhten die Umsiedlungen in China – von der gegenseitigen Hilfe durch die Brigaden bis hin zu den Kommunen. Es handelte sich bei der *Ujamaa* vor allem und zuallererst um einen politischen Prozess, aber für die Bürokraten war es ein rein bürokratischer Prozess. Für sie war es kein Prozess, in dem es darum geht, zusammen mit der Masse der Bevölkerung eine Veränderung herbeizuführen, sondern einer von logistischen Fragen und Statistiken und Landkarten, auf denen sie mit kleinen Stecknadeln markieren, wo die *Ujamaa*-Dörfer liegen und was wo angebaut wird. Für sie stellt sich das Problem so dar: »Wir müssen eine bestimmte Anzahl von Menschen von diesem Punkt zu einem anderen bringen, dafür brauchen wir so und so viele Lastwagen. Also besorgt die Lastwagen, fahrt in das

Gebiet, nehmt die Polizei mit, reißt die Dörfer der Menschen nieder und sagt ihnen, dass es für sie viel besser sein wird. Vielleicht klappt es ja, vielleicht entscheiden diese Menschen, dass es besser für sie ist.« Aber auf der ganzen Welt haben wir schon oft erlebt, dass bestimmte Personen anderen Personen erklären, was gut für sie sei und dass sie notfalls zu ihrem eigenen Besten umgebracht werden müssten. Das Ergebnis davon sehen wir heute in Südostasien. Aus sozialistischer Sicht ist es immer gefährlich, wenn sich die Bürokratisierung im Namen des Sozialismus breitmacht. Dazu ist es unter Stalin gekommen, was dem Sozialismus für lange Zeit einen gewissen Schaden zugefügt hat. Daher betrachten wir diese Entwicklung in Tansania mit einiger Sorge.

Das hohe Maß an bürokratischer Aktivität, an bürokratischer Entscheidungsfindung im Zusammenhang mit den *Ujamaa*-Dörfern hat zu einem wirklichen Widerspruch geführt, weil die Bäuerinnen sehr wohl wissen, was vor sich geht. Sobald sich die Dörfer gebildet haben, kommt es zu Kämpfen um die Kontrolle der Tagespolitik. Die Bauern geben nicht auf, sie sind ziemlich hartnäckig. Und sie wissen, wie sie ihre Sichtweise auf die Probleme einbringen können. Es handelt sich also nicht um eine einseitige Beziehung, aber weil das Kleinbürgertum in stärkerer Weise den Staatsapparat kontrolliert, ist es zurzeit für die Bauernschaft ziemlich schwierig, bedeutende Siege zu erringen.

Und dann gibt es da noch die eigentlichen Arbeiterinnen. Sie bilden eine kleine Klasse, im Vergleich zu Europa eine unbedeutende Klasse. Nur ein winziger Prozentsatz der gesamten produktiven Kräfte kann überhaupt als Proletariat angesehen werden. Aber wie so oft in derartigen Ökonomien befindet sich das Proletariat an strategisch wichtigen Punkten. Es lebt in der Hauptstadt und in anderen städtischen Gebieten und arbeitet in sensiblen Sektoren der Produktion. Daher kann nicht einfach ignoriert werden, was es sagt und was es tut. Ich habe den Eindruck, dass die Widersprüche zwischen Arbeiterinnen und Bürokraten in dem Maße sehr deutlich zum Vorschein gekommen sind, in dem die Arbeiterklasse sich über sich selbst klar geworden ist, was zum Teil das Ergebnis eben der Politik ist, die von der Regierung verfolgt wird. Die Ambivalenz dieser Politik ist klar zu sehen: Elemente innerhalb des Kleinbürgertums haben es ermöglicht, dass bestimmte Theorien und Ideen in Bezug auf die Verhältnisse in Tansania ausgearbeitet wurden, die zur weiteren Stärkung der tansanischen Arbeiterklasse beigetragen haben. Und diese stellt nun in höchst aufgeklärter Weise ihre Forderungen an das System. Sie fordert nicht nur höhere Löhne (was sie getan hat und was notwendig ist, um den Lebensstandard der Bevölkerung zu verteidigen), sondern darüber hinaus haben die Arbeiter in den letzten Jahren in Tansania eine Reihe von sehr fortschrittlichen Forderungen bezüglich ihrer Rolle im Produktionsprozess und bei der Kontrolle des Produktionsprozesses gestellt.

Nachdem die Fabriken verstaatlicht worden waren, nachdem eine Einrichtung der Nationalen Entwicklungsgesellschaft unterstellt worden war und sich entweder in staatlichem oder teilstaatlichem Besitz befand, meinte das Kleinbürgertum, der Prozess sei damit abgeschlossen. Es handele sich nun um ein tansanisches Unternehmen und in einem von tansanischen Managerinnen geführten tansanischen Unternehmen, sollten sich die Arbeiter einfach an die Regeln halten und sich mehr oder weniger so verhalten, wie sie es zuvor getan hatten. Es stellte sich jedoch heraus, dass die Arbeiterinnen damit nicht einverstanden waren. Sie forderten, dass diese Industrien nach ihrer Verstaatlichung von dem tansanischen Management in einer neuen Art und Weise geführt werden sollten, die mit den Interessen, dem Selbstverständnis usw. der tansanischen Arbeiterschaft übereinstimmt. Eine der Folgen davon war, dass die Partei sich bereit erklärte, die Parteirichtlinien von *Mwongozo* herauszugeben, die sich in der Tat mit dem gesamten Problem der bürokratischen Verwaltung befassten. Die Partei erklärte: »Die Bürokraten können sich nicht so verhalten wie die Kolonialisten oder die Imperialisten«, oder sie sagte, dass die Verstaatlichung eine völlig neue Art der Organisation der Produktion und der Veränderungen impliziere, eine qualitative Veränderung der Beziehungen zwischen Arbeiterinnen und Management in der Zeit unmittelbar nach der Proklamation von *Mwongozo* im Jahr 1971. Interessanterweise wurde jedoch der Kleinbourgeoisie nach der Annahme der Richtlinien selber klar, dass sie zu einer gefährlichen Waffe werden könnten. Die Arbeiter zogen mit einem kleinen Büchlein umher, in dem die Richtlinien abgedruckt waren und das in jede Tasche gesteckt werden konnte. Sie machten es sich zur Gewohnheit, mit dieser Ausgabe der *Mwongozo*-Richtlinien herumzulaufen und sie bei jeder Gelegenheit herauszuholen – so wie die Chinesinnen ihr kleines rotes Büchlein[3] konsultieren. In der Konfrontation mit den Bürokraten schlugen sie dann die entsprechende Seite auf und sagten: »Sehen Sie nur, was im Paragrafen 14 steht. Aber was dort steht und gesagt wird, ist etwas völlig anderes, als wie es hier läuft.« Dann gingen sie in gleicher Weise die nächsten Paragrafen durch und das wurde allmählich gefährlich. Sie maßten sich an, die Gebildeten zu belehren. Mit anderen Worten, es drohte eine Revolution zu werden.

Als sich der Klassenwiderspruch in dieser Weise manifestierte, begann das Kleinbürgertum, die Sache von *Mwongozo* herunterzuspielen, und sagte: »Nun gut, in seiner eigenen Institution kann jeder eine Ausnahme machen und erklären, warum sich *Mwongozo* dort nicht anwenden

3 Anm. d. Hrsg.: Das Büchlein »Worte des Vorsitzenden Mao Tsetung«, auch bekannt als »Das kleine Rote Buch« oder »Mao-Bibel«, enthält kurze Zitate aus Reden und Artikeln von Mao Zedong zu verschiedenen Themen. Es gehört zu den am weitest verbreiteten Büchern der Geschichte und war in der Volksrepublik China ein allgegenwärtiges Nachschlagewerk, insbesondere in der Zeit von den 1950er- bis zu den 1970er-Jahren.

lässt.« Die Ärzte sagten sofort: »Nun, schaut euch dieses Krankenhaus an. Wir sind die Ärzte. Nach uns kommen die Krankenschwestern und das Reinigungspersonal usw. Ich meine, dieses Krankenhaus muss von Ärzten geleitet werden. Wir haben das Fachwissen. *Mwongozo* und Selbstmanagement und solche Dinge funktionieren in einem Krankenhaus nicht. Die Menschen würden sterben.« Dabei müssten sie sich nur die Erfahrungen aus China ansehen und ein Buch wie »Away with All Pests« (dt.: Arzt in China. Medizin und Menschlichkeit nach der Revolution, 1975) von Joshua Horn lesen. Dann würden sie verstehen, dass in einer wirklich demokratischen Gesellschaft auch die Krankenhäuser von allen geleitet werden, einschließlich den Patientinnen. Aber sie meinten, sie würden zu Recht eine Ausnahme verlangen. In den Schulen beriefen sich die Jugendlichen auf *Mwongozo* und kritisierten die Erziehung in der Art der Missionsschulen – das Muster von Hierarchie und Autoritarismus, das in vielen Internaten in Tansania vorherrschte. Natürlich sagten daraufhin die Schulleiterinnen und Lehrer: »Ihr seid noch zu jung, um *Mwongozo* zu verstehen. *Mwongozo* wurde für Erwachsene geschrieben, nicht für Kinder. Als Kinder steht ihr unter unserer Obhut.« Und so beschlagnahmten sie alle Exemplare von *Mwongozo*, die in der Schülerschaft im Umlauf waren.

In den Bankinstituten sagten dann die Bankerinnen und Chefbanker: »Das ist eine Menge Geld, das wir hier haben. Mit dieser Finanzfrage können wir nicht scherzen. Diese Arbeiterinnen haben keine Ahnung von Buchhaltung. Sie verstehen nichts von Fragen wie: ›Was ist der aktuelle Wechselkurs des tansanischen Schillings zum Dollar?‹ Wie sollte sich da *Mwongozo* in unserer Institution anwenden lassen?« Es war also zu beobachten, wie das Kleinbürgertum auf verschiedene Weisen von der Position abrückte, die ihm zunächst in der Frage der *Mwongozo*-Richtlinien aufgezwungen worden war, während sich die Arbeiter weiterentwickelten, indem sie das Niveau ihrer Forderungen hochschraubten und über alle möglichen Fragen ständig auf der Grundlage von Prinzipien sprachen. Sie prangerten das falsche Verhalten in den Fabriken an. Sie brachten die Günstlingswirtschaft zur Sprache und Entlassungen, die von der ethnischen Zugehörigkeit des Managers abhingen. Sie deckten jede Art von Schikanierung oder Ausbeutung der Frauen in den Fabriken auf, sei es in sexueller oder anderer Hinsicht. In den Jahren 1971 und 1972 nahmen diese Vorgänge erheblich zu und erreichten ihren Höhepunkt, als die Arbeiterinnen in einer Fabrik, einer Gummifabrik, beschlossen, das Management auszusperren und die Fabrik für eine gewisse Zeit selbst zu leiten (nicht sehr lange, eigentlich nur bis die Polizei kam). Die Arbeiter übernahmen die Fabrik aufgrund der Vorwürfe, die ihnen bei einem Streik gemacht worden waren: Da sich die Fabrik jetzt in Staatseigentum befinde, richte sich jeder Streik gegen das nationale Interesse und nicht gegen das Interesse des Kapitals, wie es vor der Verstaatlichung der Fabriken der Fall war. Darauf reagierten die Arbeiterinnen mit ihrer Besetzung und erklärten: »Wir werden nicht streiken. Wir unterbrechen nicht die Produktion des Landes. Unter unserer Leitung werden wir die Produktion der Fabrik sogar steigern.« Sie warfen damit eine grundlegendere Frage auf: die Frage, wer die Produktion kontrolliert und wer in der sogenannten sozialistischen Gesellschaft der Chef ist. Aber im Moment hat das Kleinbürgertum natürlich immer noch die Kontrolle über den Staat und konnte es nicht zulassen, dass die Arbeiterklasse eine derartige Initiative ergreift. Daher mussten diese Arbeiter festgenommen und auseinandergetrieben werden.

Schlussfolgerung

Wenn ich über Tansania spreche, stehe ich oft vor dem Problem, das Land gegenüber Reaktionären verteidigen zu müssen, während ich zugleich versuche, denjenigen die tatsächlichen Verhältnisse zu erklären, die sie romantisieren. Das sind zwei verschiedene Übungen. Tansania hat Feinde, denen die sozialistische Orientierung nicht gefällt. Alles was dort schiefläuft, ist Wasser auf ihre Mühlen. Gegenüber solchen Angriffen muss die Kritik an der Realität und dem Veränderungsprozess vorsichtig sein und darauf hinweisen, dass bestimmte Erwartungen nicht erfüllt wurden und die Widersprüche noch nicht zu den erhofften Verbesserungen für die arbeitenden Massen geführt haben. Wenn du hingegen mit den Romantikern sprichst – mit Leuten, die die Entwicklung in Tansania im Grunde begrüßen, aber nicht in ihrem Alltag mit ihr konfrontiert sind –, dann muss darauf hingewiesen werden, dass die sozialen Widersprüche nicht einfach verschwinden, weil eine Regierung ein Dokument herausgegeben hat.

Die *Arusha*-Erklärung ist sehr schön. Dann wird ein weiteres Dokument herausgegeben, in dem es heißt, dass der Sozialismus für die Selbstverwirklichung oder die Erziehung zur Selbstständigkeit und *Mwongozo* ist. All das ist sehr positiv – auf jeden Fall besser als in benachbarten Ländern wie Kenia und Uganda, die entweder kein Dokument haben oder einige politische Erklärungen, die wirklich absurd sind. Aber solche Schriften sind weder eine Antwort auf die Realität noch ein Ersatz für die Realität. Die verkündeten Positionen wurden zum Teil von fortschrittlichen Elementen und mit dem Druck der Arbeiterinnen und Bauern durchgesetzt, aber verwirklicht werden können sie nur in der Praxis und in Abhängigkeit vom Gleichgewicht der Klassenkräfte. Gegenwärtig hat das Kleinbürgertum, obwohl es zahlenmäßig klein ist, die Kontrolle über den Staat. Es reproduziert sich selbst. Und es steht immer noch in einer gewissen Verbindung mit der internationalen monopolkapitalistischen Welt.

Zum jetzigen Zeitpunkt wäre es schwierig, eine Prognose über die unmittelbar bevorstehende Lösung der oben beschriebenen Widersprüche abzugeben – ob fortschrittliche Tendenzen oder eher reaktionäre Tendenzen die Oberhand gewinnen werden. Ich habe eine gewisse, vielleicht zu sehr von meiner Hoffnung gefärbte Zuversicht, dass die Entwicklung, auch kurzfristig, doch noch zu einer Lösung dieser Widersprüche zugunsten der fortschrittlichen Elemente unter den arbeitenden Menschen führen wird. Natürlich kann ich mir da nicht ganz sicher sein. Aber wichtiger sind die langfristigen Tendenzen. Denn auf lange Sicht besteht kein Zweifel, dass die Masse der Bevölkerung dazu gebracht worden ist, sich an der Politik zu beteiligen, und dass sie in diesen ersten fünf Jahren, beginnend mit 1970, in einer Weise zu kämpfen begonnen hat, die viel bedeutsamer ist als in den meisten anderen neokolonialen afrikanischen Gebieten. Was auch immer auf kurze Sicht geschieht, so können wir doch sehen, dass im besten Sinne um den Zugang zur Macht gekämpft wird, denn diese historischen Veränderungen werden sich nicht von selbst vollziehen.

Geschichte wird natürlich von Menschen gemacht. Das war Marx und seinen Anhängern völlig klar. Von bürgerlicher Seite wird marxistischen Ansätzen immer wieder vorgeworfen, sie würden nur von Dingen, Abstraktionen und Verdinglichungen reden. Aber in Wirklichkeit reden wir über die Menschen in einer Gesellschaft. Und wie diese ihre Geschichte machen, hängt immer auch von dem jeweiligen Stand ihres Bewusstseins ab. Daher sind Widersprüche wichtig, weil sie das Bewusstsein der am meisten ausgebeuteten und unterdrückten Klassen schärfen – und das wird auf lange Sicht eine sehr positive Tatsache sein.

Class Contradictions in Tanzania, in: Haroub Othman (Hrsg.): The State in Tanzania, Daressalam 1980, S. 18–41. Vortrag an der Northwestern University, Chicago, im April 1975.

Übergang

DER BEGRIFF »ÜBERGANG« *(transition)* findet sich schon seit Längerem in wissenschaftlichen Arbeiten, die sich mit zeitgenössischen Ländern im Entwicklungsprozess befassen. In diesem anschwellenden Schrifttum werden dem Begriff präzise – wenn auch manchmal widersprüchliche – Bedeutungen zugeschrieben, die sich sowohl auf miteinander zusammenhängende Einzelfragen wie den Technologietransfer, die Ökonomie des Übergangs oder die Dynamik des kulturellen Wandels beziehen als auch auf die Rolle des Staates bei der Entwicklung. Jede dieser Facetten erfordert natürlich höchste Aufmerksamkeit und wird sich nur durch vergleichende Studien zu verschiedenen objektiven Situationen klären lassen. Die vorliegende Analyse hat sich eine bescheidenere Aufgabe gestellt, nämlich die Rahmenbedingungen des Begriffs vom Übergang zu untersuchen, unter denen er sich aus einer allgemeinen Perspektive sinnvoll verwenden lässt. Übergang und Entwicklung sind bereits in den allgemeinen Wortschatz eingegangen. Es gilt nun, die Kluft zwischen den akademischen Fachgebieten und einer breiteren informierten Öffentlichkeit zu überbrücken, die danach fragt, was der Begriff des Übergangs in dieser Zeit und in diesem Teil der Welt bedeutet und mit welchen positiven Maßnahmen er verbunden ist.

Weder die Geschwindigkeit der Veränderung noch ihre Dauer sind bestimmt, wenn von Übergang gesprochen wird. Hunderte von Jahrtausenden befand sich die Menschheit in einem Übergang, während sie Werkzeuge aus Stein benutzte. Allein der neolithische Teil der Steinzeit dauerte mehrere Jahrtausende, aber es lässt sich sagen, dass der Beginn der Landwirtschaft in dieser Zeit die wichtigste »Revolution« in der Geschichte der menschlichen Gesellschaft darstellt. Etwas präziser lässt sich vom Übergang von einer Produktionsweise zu einer anderen sprechen. Aber auch dann sind wir immer noch mit Zeiträumen von mehreren Jahrhunderten konfrontiert, wie sie die Übergänge von der Antike zum Feudalismus und vom Feudalismus zum Kapitalismus markieren. In der Geschichte Guyanas könnten wir das erste Jahrzehnt nach der Abschaffung der Besitzsklaverei im Jahr 1838 als die Einführung von freier Arbeit betrachten. Und dennoch wich der direkte gesetzliche Zwang zur Arbeit erst 1921 dem, was wir unter der üblichen Beziehung zwischen Lohnarbeit und Kapital verstehen. Es lässt sich also sagen, dass der Übergang von der Sklavenarbeit zur freien Arbeit in Guyana von 1838 bis 1921 dauerte. (1917 kamen die letzten Arbeiterinnen in Schuldknechtschaft aus Indien und erst 1921 liefen alle Indenturverträge aus.)

In jedem der oben genannten Zusammenhänge wird zu Recht der Begriff »Übergang« verwendet. Aber bei einer derart allgemeinen Verwendung des Begriffs besteht die Gefahr, dass die gesamte Geschichte als Übergang von einem Stadium zum anderen charakterisiert werden könnte. Um den Begriff nicht tautologisch und trivial werden zu lassen, muss er sich zur Bestimmung eines zeitgenössischen sozialen Wandels offensichtlich auf eine eng umgrenzte Zeitspanne beziehen. Diese zeitliche Eingrenzung des Übergangs bedeutet außerdem, dass es sich um eine Phase einer beschleunigten Veränderung handeln muss.

Unabhängig vom Kontext lässt sich immer erst im Nachhinein feststellen, ob es sich um einen Übergang gehandelt hat. Er verbindet zwei historischen Epochen und enthält daher Elemente sowohl des Alten als auch des Neuen. Der Zustand des Übergangs weist per definitionem keine einzigartigen, klassischen oder scharf umrissenen Merkmale auf. All dies soll in der vorliegenden Analyse berücksichtigt werden, ohne dabei außer Acht zu lassen, dass sich der Begriff nur dann sinnvoll auf moderne Entwicklungsgesellschaften (die alle ihre jeweiligen Besonderheiten aufweisen) anwenden lässt, wenn unter Übergang eine eher kurze Verzahnung als eine amorphe und langwierige Phase verstanden wird. Ein Übergang ist also eine kurzfristige Phase zwischen zwei Epochen.

Der Zeitpunkt des Übergangs wird durch die Widersprüche der vorangegangenen Epoche bestimmt. Es ist davon auszugehen, dass die Widersprüche einen Reifepunkt erreicht haben und ihre Auflösung notwendigerweise eine qualitativ andere Situation impliziert. Aus diesem Grund ist der Übergang eine kurze Periode intensivierter Aktivität, in der neue soziale Formen über die alten in einem Kontext scharfer Kämpfe triumphieren. Der Übergang entspricht dem älteren marxistischen philosophischen Begriff »Sprung«, der den Punkt bezeichnet, an dem die Evolution und der quantitative Wandel in eine Revolution und einen qualitativen Wandel umschlagen. Danach setzt wieder die Veränderung in einem evolutionären Tempo ein. Der zeitgenössische Übergang impliziert einen Sprung oder (besser noch) eine Reihe von Sprüngen in der materiellen Produktion, den sozialen Beziehungen und dem Bewusstsein, die alle innerhalb eines begrenzten Zeitraums stattfinden und sich gegenseitig verstärken.

Es wird hier davon ausgegangen, dass der Marxismus die einzige konsistente Weltanschauung für eine Lösung der Probleme des Übergangs bietet. Langfristige und unerbittliche soziale Kräfte haben die transnationalen Monopole zur charakteristischen und dominierenden Form des Kapitalismus gemacht. Das transnationale Kapital (das natürlich imperialistisch ist) hat die Produktionsmittel weit über den Punkt hinaus vergesellschaftet, den Lenin in der ersten Hälfte des 20. Jahrhunderts ausgemacht hatte. Gleichzeitig hat das internationale Kapital die Kontrolle über den Mehrwert in immer weniger (privaten) Händen konzentriert und eine internationale Arbeitsteilung geschaffen, die ihrem Wesen nach instabil und krisenanfällig ist. Währenddessen haben proletarische und bäuerliche Bündnisse in mehreren Ländern sozialistische Revolutionen herbeigeführt. Wie unvollständig und verzerrt diese sozialistischen Revolutionen auch sein mögen, die betreffenden Länder haben den Sprung von der Theorie zur Praxis des Sozialismus geschafft und sind in eine Reihe von sozialen Widersprüchen verwickelt, die sich von denen der kapitalistisch-imperialistischen Welt unterscheiden. In den unterentwickelten Teilen der kapitalistischen Welt bemühen sich bestimmte gesellschaftliche Kräfte darum, die kapitalistisch-imperialistischen Produktionsverhältnisse aufrechtzuerhalten, während andere eine Steigerung der Produktion unter Federführung einer von der sozialistischen Ideologie angeleiteten Arbeiterklasse anstreben. Die letztgenannte Option bildet den Rahmen für den Moment des historischen Wandels, der eine neue Gesellschaft herbeiführen wird. Angesichts dieser Situation sollte von Übergang in der heutigen Dritten Welt unmissverständlich als dem »Übergang zum Sozialismus« gesprochen werden.

In der Praxis wurde der Übergang zum Sozialismus immer unter ererbten Bedingungen materieller und sozialer Rückständigkeit und starker äußerer Zwänge versucht. Sozialistische Revolutionen wurden mit unzureichender Technologie eingeleitet, sie wurden dort durchgeführt, wo sich das Proletariat kaum herausgebildet hatte, sie standen vor der Aufgabe, vorkapitalistische Gesellschaftsformationen umzuwandeln, und sie waren mit dem Bündnis zwischen den lokalen besitzenden Klassen und der Bourgeoisie in den Epizentren des Imperialismus konfrontiert. Dies galt für die Sowjetunion und China; es gilt in noch stärkerem Maße für Kuba, Vietnam, Kampuchea (Kambodscha), Mosambik und alle anderen ehemaligen Kolonien, in denen die inneren Widersprüche den Sozialismus als Endziel und als Mittel der Transformation auf die Tagesordnung setzen.

Es ist das Verdienst der gesamten antikolonialen Bewegung (die größtenteils nichtsozialistisch war), die Diskussion über Entwicklung und Übergang wieder aufgenommen zu haben – eine Diskussion, die zum ersten Mal ausdrücklich mit dem Entstehen der Sowjetunion nach dem Ersten Weltkrieg aufkam. Interessanterweise hat das gestiegene Bewusstsein für den Wandel in der postkolonialen Welt eine afrikanische Zeitschrift mit dem Namen *Transition* hervorgebracht, die einst unter den

Intellektuellen dieses Kontinents sehr beliebt war. Das Wiederauftauchen des Titels in Guyana ist mehr als nur ein Zufall. Es zeugt von der Ähnlichkeit der objektiven und subjektiven Bedingungen, denn die rasche Auflösung von Teilen der alten Ordnung des Kolonialismus zwingt dazu, über die Möglichkeiten qualitativ veränderter Gesellschaften nachzudenken. In den 1960er- und 1970er-Jahren hat sich die Debatte über Gesellschaftsveränderung auf praktisch alle Teile der Welt ausgeweitet, aber sie wurde nicht unbedingt vertieft. Im Gegenteil, Übergang und Entwicklung wurden äußerst ungenau definiert und die Dringlichkeit der Revolution wurde so weit gedämpft, dass sie nicht mehr von der Zeitlosigkeit der Evolution zu unterscheiden war. Diese Tendenzen beruhen zum Teil darauf, dass nicht klar genug bestimmt wurde, in welchem Stadium sich der fortgeschrittene Imperialismus befindet, der sich durchgesetzt hat. Aber in erster Linie sind sie darauf zurückzuführen, welche klassenspezifischen Vorstellungen die bürgerlichen und kleinbürgerlichen Kräfte von den vor uns liegenden historischen Entwicklungsstufen hatten.

Innerhalb der antikolonialen nationalistischen Bewegungen haben alle Klassen und Schichten in der Fremdherrschaft ein negatives Merkmal der sich in Auflösung befindlichen Weltgesellschaft gesehen. Nationalistische Klassenbündnisse hatten den alten politischen Überbau des globalen Imperialismus praktisch zerstört. Darüber hinaus kann es auf nationaler Ebene keine Einigkeit geben. Aufgrund der Existenz von widerstreitenden Klassen in den Ländern der Dritten Welt ist es nicht möglich, Kapitalismus und Imperialismus einhellig als die tragenden Elemente der alten Weltordnung zu begreifen. Aus eigennützigen Interessen wird daher zwangsläufig geleugnet, dass Übergang und Entwicklung den Untergang von Kapitalismus und Imperialismus erfordern. Daher bin ich mir sicher, dass die ausbeutenden Klassen nur Pseudolösungen für die Probleme der Entwicklung vorschlagen. Außerhalb eines Rahmens des Übergangs zum Sozialismus stellt sich die Frage des Übergangs eigentlich gar nicht. Die Lösung der Arbeiterklasse besteht darin, die Gesellschaft zu revolutionieren. Alle anderen Vorschläge modifizieren oder erweitern nur mehr oder weniger jenes System der Produktion und der Reproduktion, das auf der Kommodifizierung der Arbeitskraft und der Aneignung von Mehrarbeit beruht.

Die postkoloniale Welt ist zu differenziert, als dass sie auf ein einziges neokoloniales Stereotyp reduziert werden könnte. Dennoch findet sich am einen Ende des Spektrums der klassische Neokolonialismus von Staaten, die an ihrer politisch-militärischen Abhängigkeit von den ehemaligen Kolonialmächten kaum etwas geändert und ihre Verbindungen zum internationalen Kapitalismus auf der üblichen Grundlage des Privateigentums an den Produktionsmitteln noch intensiviert haben. In solchen Fällen – wie Malaysia, Zaire, Trinidad und Tobago – folgte auf den

Abzug der Kolonialverwaltungen eine rasche Wiedereingliederung der lokalen Bourgeoisie und des Kleinbürgertums in die transnationale kapitalistische Produktion. Technologietransfers, moderate Verschiebungen in der internationalen Arbeitsteilung und die zunehmende Hegemonie der USA und Japans sind einige der neuen Merkmale der klassischen neokolonialen Tendenz. Aber das Ergebnis ist nichts anderes als die Intensivierung von etwas, das Jahrhunderte alt ist – nämlich der kapitalistischen Akkumulation im globalen Maßstab. Im weiteren Verlauf dieser Analyse wollen wir uns nur mit jenen Verhältnissen und Strategien beschäftigen, die zumindest den Anschein erwecken, den Beginn einer neuen sozialen Ära zu markieren.

In mehreren Ländern der Dritten Welt wurde die Idee einer »gemischten Wirtschaft« in einem sehr attraktiven Format präsentiert. Ein privater Sektor, ein staatlicher Sektor und ein Sektor von Joint Ventures würden das Beste aus beiden Welten gewährleisten und selbst ein neues Gebilde darstellen, das als Sozialismus besonderer Art definiert wird – siehe zum Beispiel die Werke von Léopold Senghor. Es ist alles andere als beruhigend, dass diese Ideen am vehementesten von der herrschenden Klasse in Ländern wie dem Senegal und Singapur vertreten werden, denn gerade diese beiden Staaten sind fest und problemlos in den imperialistischen Rahmen eingebunden. Es ist höchst umstritten, ob die politischen Führungsriegen im Senegal oder in Singapur überhaupt die Absicht hatten, den Sozialismus aufzubauen. Aber unabhängig davon hätte der Übergang zum Sozialismus kaum durch ein paar läppische Maßnahmen der staatlichen Beteiligung an einer Wirtschaft bewirkt werden können, die fest im internationalen kapitalistischen System verankert blieb. Die »gemischte Wirtschaft« ist bestenfalls ein logischer Trugschluss, sofern sie nicht sogar ganz bewusst der Verschleierung der bürgerlichen und kleinbürgerlichen Klasseninteressen dient. Ein Übergang müsste notwendigerweise aus einer Mischung aus kapitalistischen Überbleibseln und embryonalen sozialistischen Formen, die bereits eine dominierende Stellung einnehmen, bestehen. Die Transformation würde also die unaufhaltsame Verdrängung der letzten Hinterlassenschaften des Kapitalismus bedeuten.

Eine Reihe von Ländern der Dritten Welt hat sich zu Anhängern oder Entdeckern der einen oder anderen Form des Sozialismus erklärt. Dort, wo ein verbales Bekenntnis zum Übergang zum Sozialismus abgegeben wurde, muss sehr genau untersucht werden, ob es sich bei dem, was vorgeschlagen wird, tatsächlich um einen Übergang handelt. Der *Ujamaa*-Sozialismus in Tansania ist in dieser Hinsicht einer der aufschlussreichsten Fälle. Die sozialistische *Arusha*-Erklärung wurde vor etwa zwölf Jahren, 1967, verkündet und ihre Umsetzung erfolgte durch eine Regierung, die in der Dritten Welt Respekt genießt. Zudem liegen zum *Ujamaa*-Sozialismus mittlerweile zahlreiche Schriften vor. Eine der jüngsten und sorgfältig dokumentierten Studien über die *Ujamaa*-Dorfkollektive in Tansania lässt ernsthafte Zweifel daran aufkommen, ob der Prozess des sozialistischen Übergangs auf dem Lande bereits eingeleitet wurde. Die Hauptgründe für dieses negative Urteil sind folgende:

– das niedrige Produktions- und Produktivitätsniveau der landwirtschaftlichen Kooperativen (also der *Ujamaa*-Farmen);

– die Stagnation und Rückschritte des kooperativen Sektors bei der Anwerbung von Arbeitskräften;

– das Versagen der Kooperativen bei der Bereitstellung von verbesserten landwirtschaftlichen Technologien; und

– die Bürokratisierung der Entscheidungsfindung in den Dörfern anstelle einer Demokratisierung.

Die Forscher Mapolu und Phillipson sehen das Grundproblem nicht in den Dörfern selbst, sondern in den politischen Rahmenbedingungen, die sich nicht entschieden auf die Klassen stützen, die das größte objektive Interesse an der Transformation haben: die Bauernschaft und die Arbeiterklasse. Sie gehen auf sämtliche Fragen der Produktivkräfte, der gesellschaftlichen Organisation, der Ideologie, des Staates und der Klassen ein, um zu erklären, warum die sozialistische Entwicklung und der sozialistische Übergang im Falle Tansanias nicht in Gang gekommen sind. Ganz klar benennen sie die Kriterien ihrer Bewertung:

> »Da die Entwicklung der Produktivkräfte insbesondere die Entwicklung der allgemeinen Fähigkeiten der Produzenten selbst beinhaltet, sollte es die kooperative Arbeitsweise ermöglichen, fortschrittliche Ideen in allen Aspekten des bäuerlichen Lebens stärker zu verankern und durch genossenschaftliche Selbstverwaltung und Entscheidungsfindung den direkten Produzentinnen mehr Kontrolle über den Staatsapparat auf lokaler Ebene zu geben und sie dadurch stärker an der Leitung der Wirtschaft auf nationaler Ebene zu beteiligen.
>
> Die Kooperation [...] erhält ihren Klassencharakter durch die allgemeine Entwicklungsstrategie, in die sie eingebettet ist, die ihrerseits Ausdruck der Interessen der herrschenden Klasse (oder des herrschenden Klassenbündnisses) in der jeweiligen Gesellschaftsformation ist. [...]
>
> Das niedrige Niveau der Produktion und das Tempo des Fortschritts im ländlichen Tansania lassen sich nicht erklären, ohne die bestehende Sozialstruktur zu analysieren und zu untersuchen, auf welche Weise die nationale Ökonomie mit der internationalen kapitalistischen Ökonomie verbunden ist. Daher ist der Umstand, dass dieser politische Ansatz nicht zu einer wirklichen Grundlage für die Entwicklung der ländlichen Produktion geworden ist, darauf zurückführen, dass die Politik es versäumt hat, sich mit den grundlegenden

> Problemen der Sozialstruktur und der wirtschaftlichen Integration zu befassen. Im Grunde ist das Problem also ein politisches: Um die Massen ausreichend mobilisieren und organisieren zu können, um die Wirtschaft von ihrer Beherrschung und Ausbeutung durch den internationalen Kapitalismus zu befreien, bedarf es einer Klassenbasis und einer ideologischen Perspektive, die derzeit kaum einer afrikanischen Regierung zugeschrieben werden kann.«[1]

Ausgehend von dieser überzeugenden Feststellung können wir die Auffassung vom Übergang unter besonderer Berücksichtigung seiner politischen Facetten vertiefen. Die Notwendigkeit der gesellschaftlichen Veränderung in der Dritten Welt ergibt sich aus dem Zusammentreffen von Widersprüchen im System der kapitalistisch-imperialistischen Produktion. Aber die Anerkennung dieser Notwendigkeit und ihre historische Umsetzung erfordert die politische Organisierung derjenigen sozialen Klassen, die ein objektives Interesse am Sturz des Kapitalismus und an der Schaffung einer von der Ausbeutung der Arbeit befreiten Gesellschaft haben. Der Sprung von der Evolution innerhalb des Kapitalismus zur Evolution innerhalb des Sozialismus ist nicht einfach ein spontaner Prozess. Er beinhaltet eine Veränderung des Bewusstseins, die Herausbildung von Organisation und Selbstdisziplin der Arbeiterklasse und vor allem die Revolutionierung des Staates und damit des Charakters aller nachfolgenden sozialen und politischen Interventionen.

Der Kampf um die nationale Unabhängigkeit nährte oft die euphorische Hoffnung, dass sich die nationale Entwicklung in der Zeit nach Erreichung der Unabhängigkeit praktisch von selbst vollziehen würde. »Suchet zuerst das politische Reich und alles andere wird dazukommen«, lautete ein berühmtes Diktum Kwame Nkrumahs. Er ging davon aus, dass die Widersprüche, die den Kolonialismus unterminierten und den Imperialismus daher zwangen, seine politische Form zu ändern, auch eine Änderung seiner sozialen, kulturellen und wirtschaftlichen Substanz erzwingen würden. Der Imperialismus hat sich jedoch in der Peripherie als weitaus mächtiger und widerstandsfähiger erwiesen, als dies in den Auffassungen von einem »todgeweihten Kapitalismus« suggeriert worden war. Nach der Unabhängigkeit waren die lokalen kleinbürgerlichen Kompradorenklassen zunehmend marginalisiert worden, was nicht gerade günstig für die Einleitung eines Übergangs war. Daher waren die Staaten der Dritten Welt bestrebt, die einheimische Bourgeoisie durch eine Umgestaltung der internationalen Arbeitsteilung zu fördern. In den Entwicklungsplänen fast aller unabhängigen afrikanischen und karibischen Staaten finden

1 Anm. d. Ü.: H. Mapolu/G. Phillipson: Agricultural Cooperation and the Development of the Productive Forces: Some Lessons from Tanzania. In: Africa Development/Afrique et Développement, 1/1976, S. 42–58, hier S. 43, 55.

sich fast identische Regelungen zur Förderung des einheimischen Privatkapitals, und tatsächlich kam es zu einem Wachstum des einheimischen Kapitals bei gleichzeitiger Verarmung der Arbeiterinnen, Bauern und des Lumpenproletariats. Die Herausbildung einer einheimischen Bourgeoisie kann zwar zu Spannungen mit dem etablierten multinationalen Kapital führen, aber trotzdem trägt die neue Klasse in der Peripherie zur Reproduktion des Kapitals und der kapitalistischen sozialen Beziehungen im globalen Maßstab bei. Von Institutionen wie der Weltbank wurde die Entstehung einer solchen Klasse begrüßt und es dürfte schwerfallen, in der Strategie des einheimischen kapitalistischen Wachstums noch irgendeine Variante von Sozialismus erkennen zu wollen.

Nichtmarxistische Versionen des Sozialismus leugnen oft die Existenz von Klassen oder zumindest die zentrale Dynamik, die der Gesellschaft durch antagonistische Klassenwidersprüche verliehen wird. Selbst scheinbar antiimperialistische Führungen – wie in Ghana und Tansania – haben sich diese Position zu eigen gemacht. In der Realität hat sich das Kleinbürgertum mittlerweile als Klasse gefestigt. Ein Entwicklungsprogramm, das die unabhängige Existenz der Arbeiterklasse und der Bauernschaft leugnet, ist nicht in der Lage, diese Klassen in ihrem eigenen Interesse zu mobilisieren oder sie zu den führenden Klassen im Staat zu machen. Umgekehrt ermöglicht es dieselbe Leugnung der Klassenbildung dem Kleinbürgertum und der Kompradorenbourgeoisie, die Kontrolle über den Staat zu übernehmen – zunächst heimlich und dann schamlos –, weil sie während der nationalistischen Phase des antikolonialen Kampfes ein größeres Gespür für organisatorische Fragen entwickelt hatten.

In Bezug auf das internationale Kapital stehen dem Kleinbürgertum und den mit ihm verbündeten Schichten die verschiedensten Optionen zur Verfügung, die von Joint Ventures bis hin zur Verstaatlichung des ausländischen und inländischen Kapitals reichen. Natürlich gibt es einen Unterschied zwischen dem ungehemmten privaten Unternehmertum in Trinidad oder Marokko und dem Versuch der Verstaatlichung in Guyana und Algerien. Bemerkenswert ist jedoch, dass die staatlichen Eingriffe für die Masse der unmittelbaren Produzentinnen keine wesentlichen Verbesserungen ihrer Lebensbedingungen gebracht haben. Noch auffälliger ist jedoch die Tendenz, solche fortschrittlichen Ziele, die vielleicht in früheren Zeiten von einer nationalistischen Massenbasis durchgesetzt worden waren, abrupt wieder aufzugeben. Eine fortschrittliche Außenpolitik zum Beispiel kann sich praktisch über Nacht in ihr Gegenteil verkehren. Ein Übergang ist eine Bewegung in eine bestimmte Richtung – er ist kein Pendelverkehr. Doch das Eigentum an Produktionsmitteln ist von privaten Händen auf den Staat übertragen und dann wieder in private Hände gelegt worden – in Indonesien, in Ägypten, in Ghana. Objektiv betrachtet könnte gesagt werden, dass die Zeit des staatlichen Eigentums lediglich dazu diente, einen Teil der einheimischen Bevölkerung besser darauf vorzubereiten, im Zeitalter der multinationalen Giganten die Rolle der kleinen und mittleren Privatkapitalisten zu übernehmen.

Bei der Bewertung dieser »fortschrittlichen« Länder, die sich in mancher Hinsicht von den klassischen neokolonialen Staaten unterscheiden, stellt sich eine besonders beunruhigende Frage. Haben sie begonnen, einen neuen antiimperialistischen und nichtkapitalistischen Kurs einzuschlagen, oder stellen sie soziopolitische Formationen dar, die der Kapitalismus aufnehmen und begrüßen kann? Die fortgeschrittenen Sektoren des französischen Kapitalismus sind mit dem algerischen »Experiment« durchaus einverstanden; die Weltbank findet es nützlich, sich mit der tansanischen Kleinbourgeoisie zu verbünden; das nordamerikanische Bergbaukapital hat das Regime in Guinea abgesegnet; und in Bezug auf Guyana ignorieren die USA die Anwendung ihrer eigenen, kürzlich entwickelten »Menschenrechts«-Kriterien. Das bedeutet, dass der Imperialismus noch nicht an die Grenzen seiner Möglichkeiten gestoßen ist. Er wird Staaten, die als Reaktion auf interne und externe Kräfte Maßnahmen gegen ausländisches Privateigentum ergriffen haben, entgegenkommen, sofern die neuen rechtlichen Eigentumsverhältnisse nicht den langfristigen Beitrag des Landes zur globalen kapitalistischen Akkumulation beeinträchtigen und der Staat weiterhin die Aufspaltung der Gesellschaft in Klassen garantiert. Die entscheidende Variable ist die Zusammensetzung des Staates. Jedes Land der Dritten Welt befindet sich in einer gewissen Übergangsphase, wenn die Klassen und Schichten, die in der Kolonialzeit vorherrschend waren, ihre Kontrolle über die Produktionsmittel und den Staat verlieren. Anders ausgedrückt: Die Bewegung zum Sozialismus erfordert eine vorherige Einbindung der Arbeiterklasse in den Staat, sodass der Staat zunehmend die Rolle der Arbeiterklasse in der Produktion widerspiegelt.

Staaten mit unterschiedlichen Klassenbasen können in einigen Bereichen der nationalen Entwicklungspolitik übereinstimmen. Veränderungen in der internationalen Wirtschaft werden zum Beispiel von allen Ländern der Dritten Welt befürwortet. Die aufstrebende Kleinbourgeoisie stimmt mit den Realisten unter den führenden Vertretern der Bourgeoisie überein, die zugeben, dass die alte internationale Ordnung in der gleichen Form und mit dem gleichen Inhalt nicht überleben kann; daher die Forderungen nach einer neuen internationalen Wirtschaftsordnung und nach der Aufnahme eines sogenannten Nord-Süd-Dialogs. In der Tat erfordern die Belastungen des Imperialismus in seiner gegenwärtigen Phase eine partielle Veränderung, wenn es einen neuen Aufschwung geben soll. Marxisten und Intellektuelle der Arbeiterklasse fordern seit Langem eine Neugestaltung der internationalen Wirtschaftsordnung. Sie können für sich in Anspruch nehmen, entschlossener und konsequenter auf solche Veränderungen hingearbeitet zu haben, und sie haben realistischerweise darauf gedrängt, das Beste aus den kurzfristigen Vereinbarungen herauszuholen, selbst innerhalb der durch Abkommen wie das Lomé-Abkommen gesetzten Grenzen.[2] Die Ziele der Arbeiterklasse sind jedoch weitreichender als jene Anpassungen, die den akkumulierenden Klassen an der Peripherie des Kapitalismus Luft verschaffen. Denn gerade aus der Perspektive der entfremdeten Arbeit in der Dritten Welt stellen sich die Operationen der alten internationalen Ordnung am unerträglichsten dar. Nur ein Staat der Arbeiterklasse wird die gesellschaftliche Reproduktion innerhalb seiner eigenen Grenzen revolutionieren und gleichzeitig zur endgültigen Zerschlagung des globalen Imperialismus beitragen.

Das bedeutet, dass der Sprung zum Sozialismus untrennbar mit den bewussten Zielen einer Führung der Arbeiterklasse verbunden ist, die sich im Staat manifestieren. Nicht alle historischen Sprünge sind bewusst gesteuert worden. Im Gegenteil, die Übergänge von einer Produktionsweise zur anderen, die dem Sozialismus vorausgingen, waren das Ergebnis von Kräften, die selbst von den wichtigsten Klassen in diesem Drama nicht richtig verstanden wurden. Von der Bourgeoisie lässt sich wohl kaum sagen, dass sie die anfängliche Herausbildung der kapitalistischen Gesellschaft gelenkt hätte. Der Sozialismus ist einzigartig aufgrund des hoch entwickelten Bewusstseins der beiden miteinander kämpfenden Klassen – der Bourgeoisie und des Proletariats. Die gesellschaftlichen Verhältnisse in den Ländern der Dritten Welt können heute nicht unabhängig vom Willen der Menschen verändert werden. Es müssen bewusste Entscheidungen getroffen werden, um die Produktivkräfte (einschließlich der Größe, Qualifikation und Zusammensetzung der Arbeiterklasse), die Produktionsverhältnisse und die Vermittlung dieser Verhältnisse durch den Staat zu ändern. Allerdings bedeuten »bewusste Ziele« weit mehr als bloße Aussagen oder ideologische Erklärungen. Das verbale Bekenntnis zum Marxismus in Kongo-Brazzaville, Guinea, Somalia und Äthiopien ging mit gesellschaftlichen Entwicklungen einher, die sich nicht von denen in Staaten unterscheiden, in denen die Theorie der Klassenwidersprüche ausdrücklich abgelehnt wurde: Das heißt, marxistische Intellektuelle wurden zum Schweigen gebracht, Repräsentantinnen der Arbeiter wurden ausgeschaltet und die Arbeiterklasse insgesamt

2 Anm. d. Hrsg.: Das im Februar 1975 in Lomé, Togo, unterzeichnete Abkommen war ein Handels- und Entwicklungshilfeabkommen zwischen der damaligen Europäischen Wirtschaftsgemeinschaft (EWG) und 77 Ländern Afrikas, der Karibik und des Pazifiks (AKP), insbesondere jenen, die früher britische, niederländische, belgische und französische Kolonien gewesen waren. Es ermöglichte zollfreie Exporte von landwirtschaftlichen Erzeugnissen und Mineralien in die EWG und versprach den AKP-Staaten Hilfe und Investitionen in Höhe von drei Milliarden ECU seitens der EWG.

von der demokratischen Beteiligung am gesellschaftlichen Umbau ausgeschlossen. Ein wirklicher Übergang muss die umfassende Förderung einer ernsthaften sozialistischen Bildung beinhalten und sich fest auf die Arbeiterdemokratie stützen.

Die Widersprüche innerhalb des imperialistischen Systems und zwischen Imperialismus und Sozialismus bilden die objektive Grundlage für den Übergang zum Sozialismus in den abhängigen kapitalistischen Ländern. Dies müssen wir uns immer wieder klarmachen und dann mit der ebenso wichtigen Variable des Handelns von klassenbewussten Kräften verbinden. Der Übergang ist also gleichbedeutend mit einer planmäßig durchgeführten Transformation, einer Gesellschaftspolitik, die von der Arbeiterklasse in ihrem eigenen Interesse angeleitet wird. Der Begriff der Arbeiterdemokratie eröffnet weitreichende und herausfordernde Möglichkeiten, die sowohl im Produktionsprozess als auch auf den verschiedenen Ebenen des Staates von Bedeutung sind. Es sollte auch klar sein, dass ein solcher Übergang den Schichten, die eng oder potenziell mit der Arbeiterklasse verbündet sind, eine bedeutende Rolle zuweisen würde: vor allem der Bauernschaft sowie den selbstständigen Handwerkern, den Ladenbesitzerinnen, den unteren Angestellten, den Studentinnen, den Technokraten und anderen Intellektuellen. Der Rahmen der vorliegenden Abhandlung erlaubt es nicht, die komplexen, miteinander verknüpften Probleme zu erörtern, die gelöst werden müssen, sobald der Übergangsprozess in Gang gekommen ist. Umfassende Antworten werden letztlich durch die gesellschaftliche Praxis und den Versuch der Transformation zu finden sein.

Transition, in: Transition 1978.

Dekolonisierung

WER SICH IN KURZER ZEIT mit einem derart umfassenden Thema beschäftigt, läuft automatisch Gefahr, äußerst oberflächlich zu bleiben. Ich werde mich daher auf eine einzige Hypothese konzentrieren und versuchen, bestimmte Zusammenhänge zwischen Kolonialismus und Neokolonialismus herzustellen, und werde diese Hypothese vor allem am Beispiel des südlichen Afrikas illustrieren.

Bezüglich der Arbeit des UN-Komitees für Dekolonisation können wir feststellen, dass es sich gegenwärtig mit Ländern wie der Republik Südafrika, Simbabwe, Namibia, den französischen und kamerunischen Inseln sowie den französischen Gebieten der Afar und Issas in Afrika befasst.[1] Es geht also um die Überreste des formalen Kolonialismus. Das ist es, was Dekolonisierung in diesem speziellen Kontext bedeutet, nämlich die Beendigung der formalen kolonialen Beherrschung von Afrika.

Viele Afrikaner und Nicht-Afrikanerinnen würden vielleicht sagen, dass das Thema passé ist, denn es ist sicherlich nicht so wichtig und drängend wie die Frage, was aus den Staaten auf dem afrikanischen Kontinent wird, die bereits nominell unabhängig geworden sind. Mit anderen Worten: Für viele Menschen, die auf dem afrikanischen Kontinent leben, geht es nicht annähernd oder vielleicht nicht in erster Linie um die Freiheit von formaler Kolonialherrschaft, sondern um die Erweiterung der Freiheit innerhalb der rechtlich unabhängigen Staaten. Dabei geht es natürlich um die Auseinandersetzung mit dem neokolonialen Schicksal, von dem diese Länder im Gefolge des Kolonialismus betroffen sind.

Die afrikanischen Staaten, die ihre Unabhängigkeit noch nicht erlangt haben – die noch nicht im Sinne des UN-Komitees dekolonisiert worden sind –, führen ihren Kampf für die Unabhängigkeit zu einer Zeit, in der andere Menschen in Afrika und anderswo bereits einen Kampf gegen den Neokolonialismus führen. Und diese Überschneidung, diese Durchdringung der Existenz des Kolonialismus mit der Existenz des Neokolonialis-

1 Anm. d. Hrsg.: Die Afar und Issas von Afrika war die Bezeichnung für das überseeische Gebiet des französischen Somalilandes zwischen 1966 und 1977, bevor es zum heutigen Dschibuti wurde.

mus – so meine Hypothese – wirkt sich in mehrfacher Hinsicht auf den Charakter der Dekolonisierung aus.

Sie wirkt sich auf den Charakter der Dekolonisierung derjenigen Staaten aus, die formal noch nicht unabhängig sind, die formal noch Kolonien sind, und sie wirkt sich auf den Charakter der Dekolonisierung in den Gebieten aus, die faktisch noch Kolonien sind. Diese besondere Wechselbeziehung im heutigen Afrika möchte ich kurz untersuchen.

Mein Ausgangspunkt sind die Territorien des sogenannten portugiesischen Afrikas in den 1960er-Jahren, die heute unabhängigen Länder Mosambik, Angola und Guinea-Bissau. Aber in den späten 1960er- und frühen 1970er-Jahren hatten die Unabhängigkeitsbewegungen in allen drei dieser Gebiete eines der besonderen Merkmale herausgebildet, die wir in den Schriften von Anführern wie Amílcar Cabral in Guinea-Bissau vor seiner Ermordung, Samora Machel in Mosambik und Agostinho Neto in Angola erkennen können. Dieses Merkmal bestand darin, dass sie sich mit den Staaten in Afrika befassten, die bereits nominell unabhängig waren. Das Programm zur Dekolonisierung oder Befreiung von Angola, Mosambik und Guinea-Bissau ergab sich zum Teil aus dem Entwicklungsweg, den die bereits unabhängigen afrikanischen Länder durchgemacht hatten. Es existierte eine Richtschnur. Angola konnte auf Zaire, Mosambik auf Sambia, Guinea-Bissau auf Guinea und Senegal schauen und sich fragen, was in diesen vermeintlich unabhängigen afrikanischen Ländern geschah und ob das Muster des dortigen Wandels die Art von Zielen, die Art von Gesellschaft repräsentierte, für die in Guinea-Bissau, Angola und Mosambik gekämpft werden sollte. Es gab ein Muster, es gab einen Bauplan. Es gab eine objektive, historische Situation, mit der sie sich vergleichen konnten, die es in der früheren Periode der Dekolonisierung natürlich noch nicht gegeben hatte.

Meine These ist also, dass die Programmatik in Angola und Guinea-Bissau tatsächlich davon bestimmt war, wie eine Reihe anderer afrikanischer Länder ihre Unabhängigkeit erreicht hatten und was ihre Entwicklung darüber aussagte, was Unabhängigkeit in einem afrikanischen Land bedeuten könnte. Ihr könnt dies leicht an den Schriften der oben genannten politischen Anführer selbst überprüfen. Wieder und wieder betonen sie, dass unser Kampf nicht nur darin besteht, die Portugiesen zu ersetzen; nicht nur darin, die Strukturen der Ausbeutung umzufärben und die weißen Betreiber oder Aufseherinnen dieser Strukturen durch Schwarze Betreiber derselben Strukturen zu ersetzen. Ständig weisen sie darauf hin, dass die Menschen in Angola und Mosambik und Guinea-Bissau nicht nur dafür gekämpft haben, ein Glas zu erheben und eine Nationalhymne zu zelebrieren. Dies scheint mir eine sehr wichtige Dimension der Entwicklung des Denkens und Handelns und der Organisation innerhalb der befreiten Gebiete zu sein, die zum portugiesischen Afrika gehörten.

Menschen, die sich am bewaffneten Kampf beteiligen, opfern in höchstem Maße ihr Leben, ihre Gliedmaße oder ihre Heimat. Diese Menschen müssen sich sehr genau überlegen, was die Ziele der Dekolonisierung sein sollen. In einer früheren Epoche war es zulässig und nachvollziehbar, dass die Menschen einfach sagten, wir kämpfen für die Unabhängigkeit, für die Freiheit von der Herrschaft des weißen Mannes. Aber in einer späteren Phase, als diese Freiheit in einer Reihe von afrikanischen Ländern angeblich erreicht worden war, stellte sich heraus, dass sich die materiellen Lebensbedingungen nicht radikal verändert hatten. Auch die kulturellen Verhältnisse waren nicht radikal umgewälzt worden. Und die sozialen und politischen Strukturen hatten sich nur dahin gehend verändert, dass nun eine neue Klasse von Eigentümern die Kontrolle übernehmen konnte. Dann begannen sich die Menschen in anderen Teilen Afrikas zu fragen, ob dies die Art von Staat und Gesellschaft war, für die sie diese enormen Opfer brachten. Und die Antwort lautete im Großen und Ganzen nein. Niemand in Angola, Mosambik und Guinea-Bissau hätte sich für diesen kolossalen Volkskrieg mit dem Versprechen mobilisieren lassen, dass wir lediglich so sein wollen wie die anderen afrikanischen Staaten, die ihre Unabhängigkeit bereits erlangt haben.

Die Vertiefung dieses Bewusstseins, die im portugiesischen Afrika zweifellos stattfand, wurde zum Teil von der Logik des bewaffneten Kampfes diktiert, zum Teil aber auch davon beeinflusst, was die Dekolonisierung in diesen anderen Teilen Afrikas angeblich bedeutete. Ich glaube, in Simbabwe ist die Situation zwangsläufig dieselbe: Nehmen wir nur einmal an, die Briten hätten 1964, als Smith im Namen der weißen Siedler von Rhodesien einseitig die Unabhängigkeit erklärte, die Macht und den Willen gehabt, den Übergang zu organisieren und die Herrschaft den Schwarzen zu übergeben, dann hätten sie die Regierung in die Hände der ZANU und der ZAPU gelegt.[2] Sie hätten die Regierung nicht an die Massen in Matabeleland und Harare übergeben. Und das Muster, das sich in Simbabwe von 1964 bis heute herausgebildet hätte, dürfte sich nicht grundlegend von dem Muster unterschieden haben, das sich in Sambia von der Unabhängigkeit bis heute entwickelt hat. Denn die Führungen der ZANU und der ZAPU entstammten derselben sozialen Struktur und nichts deutete darauf hin, dass sie eine andere ideologische Orientierung als die der Regierung in Sambia vertreten würden. Und die große Mehrheit der Bevölkerung – die Bauern, die Arbeiterinnen, die Wanderarbeiter und die fest angestellten Arbeiterinnen auf den Farmen und in den Bergwerken – beteiligten sich noch nicht an dieser Bewegung für die nationale Unabhängigkeit. Meiner Meinung nach hätte daher 1964 ein Übergang

2 Anm. d. Ü.: ZANU (Zimbabwe African National Union) und ZAPU (Zimbabwe African People's Union) waren zwei Parteien im damaligen Rhodesien, die im Kampf für die Unabhängigkeit aktiv waren.

zur Unabhängigkeit, den wir als Dekolonisierung bezeichnen können, etwas völlig anderes bedeutet als das, was Dekolonisierung heute in der Ära des Neokolonialismus bedeutet. Die Existenz des Neokolonialismus ist eine Richtschnur, die den Charakter der Forderungen und Erwartungen der Beteiligten in Bezug auf die Dekolonisierung verändert.

Heute beteiligen sich die Massen der Bevölkerung in Simbabwe bereits zum Teil an der Durchführung des politischen Kampfes, der in der Illegalität stattfindet und über eine sehr bedeutende bewaffnete Komponente verfügt, einem Kampf, der das Niveau eines bewaffneten Volkskriegs erreicht hat. Das bedeutet, dass sich der Kampf in vielerlei Hinsicht erweitert hat, wozu vor allem die politische Dimension und das Ausmaß der Beteiligung der Massen gehören. Um Simbabwe heute zu dekolonisieren, muss natürlich zunächst die Herrschaft von Smith beseitigt werden, was schon 1964 notwendig gewesen wäre. Aber sehr viel mehr als nur das ist erforderlich. Das Volk von Simbabwe muss über die Optionen entscheiden, die ihm von der Führung präsentiert werden – und wenn, wie es der Fall zu sein scheint, der größte Teil der Führung, die die ursprüngliche, frühere Ära überlebt hat, den Kontakt zu den Empfindungen und Forderungen des simbabwischen Volkes in diesem Lernprozess verloren hat, dann ist diese Führung automatisch überholt. Dann muss es eine neue Führung geben, neue Strukturen, neue Forderungen, die der heutigen Zeit entsprechen. Zu dieser Veränderung ist es zum Teil dadurch gekommen, dass heute die Abfolge von Kolonialismus und Neokolonialismus erkennbar geworden ist.

Zu dem Fall von Simbabwe können wir noch Namibia und die Republik Südafrika hinzufügen, die beide Kolonien im alten, traditionellen Sinne sind. Auch sie sind Zeugen gewisser Veränderungen auf dem afrikanischen Kontinent, die darauf hindeuten, dass die für den Kolonialismus charakteristische politische Herrschaft nur eine Facette war – und zwar ein eher oberflächliches Element im Rahmen des Imperialismus – und dass die Kolonialherrschaft als politisches Phänomen nur der Ausdruck von sehr viel tiefgreifenderen Kräften des Eindringens in den afrikanischen Kontinent war – von Kräften, die eine wirkliche Umgestaltung der Produktionsweise in Afrika und eine Veränderung der sozialen Verhältnisse in Afrika herbeiführten, Kräften, die über die rein politischen Grenzen hinausgingen, wie sie von Großbritannien, Frankreich, Belgien, Italien usw. gezogen worden waren. Ich denke, diese Kräfte sind heute deutlicher zu erkennen, weil die Fassade der politischen Herrschaft in vielen Gebieten beseitigt wurde und die Realität der wirtschaftlichen Ausbeutung für alle sichtbar geworden ist. So wird zum Beispiel sichtbar, dass nicht erst mit dem Ende des Kolonialismus solche Kräfte wie die multinationalen Konzerne an Einfluss gewonnen haben, die jetzt als die neuen Verbindungen, als die neuen Formen fungieren, durch die der Export von Überschüssen sichergestellt wird. Es wird sichtbar, dass es schon immer eine grundlegende ökonomische Aufteilung und eine ständige ökonomische Neuaufteilung gegeben hat, die während der Kolonialzeit stattfand und heute noch stärker ausgeprägt ist. Und dies wiederum, so glaube ich, gibt dem, was Dekolonisierung bedeuten muss, eine neue Dimension. Zunächst bestand die Dekolonisierung darin, sich mit der politischen Macht auseinanderzusetzen, die die formale Kontrolle über das eigene politische System hatte. Britische Beamte in Westminster kontrollierten das eigene Territorium, also bedeutete Dekolonisierung, nach London zu gehen und von ihnen zu verlangen, diese politische Herrschaft abzugeben.

Aber heute bedeutet Dekolonisierung, zu den wirtschaftlichen Kommandozentralen des kapitalistischen Weltsystems zu gehen und sich klarzumachen, dass mit dieser Art von Verbindungen zu den Kommandozentralen gebrochen werden muss. Und daher müssen wir uns den Vereinigten Staaten von Amerika zuwenden. Die USA waren nie eine Kolonialmacht auf dem afrikanischen Kontinent, sondern standen immer etwas im Schatten, etwas im Hintergrund hinter dem französischen, britischen und belgischen Kolonialismus. Amerikanisches Kapital ist in verschiedenen Teilen Afrikas aufgetaucht, vor allem aber im südlichen Teil von Zaire südwärts bis zum Kap, unter dem Deckmantel, den Portugal, Belgien, Großbritannien in Rhodesien, die südafrikanische Regierung in Namibia und die Republik Südafrika boten.

Es kam zu einem kontinuierlichen Prozess der wirtschaftlichen Neuaufteilung, durch den die Vereinigten Staaten ihren Anteil am afrikanischen Handel auf Kosten der anderen Kolonialmächte ständig vergrößern konnten, ihren Anteil an den Investitionen in Afrika und an den Gewinnen, die aus Afrika repatriiert wurden. Deutlich sichtbar wurde dieser Prozess an der Entwicklung des Bergbaukonzerns Anglo American in der Zwischenkriegszeit und der Vielzahl von multinationalen Konzernen in der Nachkriegszeit. Die Vereinigten Staaten haben eindeutig eine räuberische Position eingenommen, die ihnen zu einer hegemonialen Stellung innerhalb dieser wirtschaftlichen Aufteilung des südlichen Afrikas verholfen hat. Portugal wurde von ihnen abgelöst, nachdem sie schon vor einiger Zeit im ehemaligen Kongo, der heutigen Republik Zaire, die Führung von Belgien und Frankreich übernommen hatten. In der Republik Südafrika haben sie lange Zeit Großbritannien unterstützt und sind heute dort zum größten Investor geworden. Diese wirtschaftliche Aufteilung ist also ein sehr wichtiges Element, denn wenn die Völker des südlichen Afrikas heute über Dekolonisierung sprechen, dürfen sie nicht nur auf ihre Kolonialmacht oder die dort ansässige weiße Siedlerminderheit schauen. Sie müssen weiter schauen und sich fragen, welche Kräfte die besondere Produktionsweise aufrechterhalten, welche Kräfte die Arbeit in den Bergwerken und auf den Feldern ausbeuten und welche Kräfte die besondere Art und

Weise aufrechterhalten, in der das südliche Afrika in das kapitalistische Weltsystem integriert ist. Und die Hauptkräfte dafür befinden sich nun einmal in den am weitesten entwickelten kapitalistischen Sektoren dieser Wirtschaft, dem multinationalen oder transnationalen Sektor.

Der Eintritt der Vereinigten Staaten in den diplomatischen Bereich und die politischen Manöver um Simbabwe, Angola und die Republik Südafrika sind ein deutlicher Beweis dafür, dass die Vereinigten Staaten gezwungen waren, diese Hegemonie und die politische Rolle der Polizei im südlichen Afrika von den Briten zu übernehmen, die dazu nicht mehr in der Lage sind.

Wenn wir also die Bedeutung der Dekolonisierung erweitern wollen, scheint mir eine der hilfreichsten Methoden darin zu bestehen, diese beiden Modalitäten, die des Kolonialismus und die des Neokolonialismus, nebeneinanderzustellen und wahrzunehmen, dass der Kampf um die formale Dekolonisierung unvermeidlich von den Veränderungen beeinflusst ist, die auf dem gesamten Kontinent stattfinden – zu dem natürlich auch diejenigen Gebiete gehören, die angeblich bereits unabhängig sind. Ich würde noch weiter gehen und sagen, dass es auch umgekehrt funktioniert. Wenn sich also die Menschen in einem vermeintlich unabhängigen Gebiet die Gesamtkonstellation im südlichen Afrika ansehen, wo die Afrikanerinnen des südlichen Afrikas gegen die Apartheid kämpfen, scheinbar nur gegen die Apartheid, und die Menschen in Simbabwe für die Unabhängigkeit, dann müssten sie sich fragen, welches die Hauptwidersprüche sind, die sich heute auf unserem Kontinent manifestieren. Und sie würden feststellen, dass diese Widersprüche weit über die alten Fragen der rein politischen Herrschaft hinausgehen. Wer sich von Gebieten wie Tansania, Kenia, Uganda oder Nigeria aus die Konstellation im südlichen Afrika ansieht, sollte erkennen können, dass die Konfrontation und die Widersprüche heute viel breiter und tiefer sind als die Konfrontation, die für die Menschen in den heute unabhängigen afrikanischen Staaten in den 1960er-Jahren die wichtigste gewesen sein mag.

Bei einem Blick auf die wirtschaftlichen Strukturen ist zu erkennen, dass sich nicht über Dekolonisierung sprechen lässt, ohne beispielsweise auch über die Rückgewinnung der nationalen Ressourcen zu sprechen. Diese Frage hat sich jedoch erst in der Zeit nach der Erlangung der politischen Unabhängigkeit gestellt, ist aber nach wie vor ein legitimes Anliegen der Dekolonisierung. Wir müssen hier also vorsichtig mit dem Sprachgebrauch sein, sonst verstricken wir uns in Widersprüche. Heute müssen wir daher begreifen, dass es um eine kontinuierliche Veränderung geht, in der die Erreichung der politischen Unabhängigkeit nur ein Moment und vielleicht nicht unbedingt ein sehr wichtiges Moment darstellt, wenn wir von der Gesamtheit von Veränderungen ausgehen, die wir als Dekolonisierung bezeichnen könnten. Und auch wenn wir das Gebiet, das seine politische Unabhängigkeit erlangt hat, vielleicht nicht mehr eine »Kolonie« nennen können, sollten wir es zumindest solange als »neokolonial« bezeichnen, bis wir grundlegendere Veränderungen feststellen können. Und wenn diese Veränderungen auf der Ebene der Wirtschaftsstruktur stattfinden, werden einige unter uns darauf hinweisen, dass diese Veränderungen zwangsläufig auch innerhalb der Klassenstrukturen stattfinden müssen. Denn die Ökonomien formal kolonialer oder neokolonialer Territorien müssen durch bestimmte soziale Mechanismen aufrechterhalten werden, sie funktionieren nicht in einem Vakuum. Es gibt bestimmte soziale Klassen, die in erster Linie die Verbindungen zwischen externem Kapital und einheimischer Arbeit darstellen, und es gibt lokale Klassen, die sich herausbilden und ihre eigene Stärke gegenüber anderen Sektoren der afrikanischen Bevölkerung konsolidieren, indem sie sich in der Regel um den Staatsapparat scharen und sich einen großen Teil der Güter und Dienstleistungen sichern, die in der Wirtschaft produziert werden. Aufgrund dieser Abfolge von Entwicklungsstufen ist es notwendig, tiefgreifendere Fragen zu stellen, als sie eine Nationalistin oder ein Dekolonisator vor einem Jahrzehnt vielleicht gestellt hätte. Dem Programm für die Dekolonisierung muss ein sozialer Inhalt, ein ideologischer Inhalt gegeben werden. Während die Dekolonisierung vor einigen Jahren als Afrikanisierung verstanden wurde, müssen wir heute über den Sozialismus als integralen Bestandteil – und nicht als späteres Stadium – des Dekolonisierungsprozesses selbst sprechen. Wenn wir nicht über eine Neuordnung der Klassenverhältnisse in Afrika sprechen, können wir uns auch nicht darum kümmern, die Reproduktion des Kapitalismus zu beenden, wie er sich in Afrika in den letzten fünf Jahrzehnten gefestigt hat.

Schon in der Zeit des Kampfes um die Befreiung von der formalen Kolonialherrschaft hatte Cabral gesagt: »Wir halten es für unabdingbar, für eine unabdingbare Voraussetzung für die nationale Unabhängigkeit, dass wir unsere nationalen Ressourcen zurückgewinnen.« Damit hatte er bereits eine Ebene der Analyse erreicht, die erst jetzt von vielen Afrikanern im unabhängigen Afrika verstanden wird, die bisher die Frage der Rückgewinnung der wirtschaftlichen Ressourcen aufgeschoben hatten, als ob sie für die Phase der Dekolonisierung keine Bedeutung hätte. Aber für jemanden wie Amílcar Cabral, Samora Machel und Agostinho Neto, und hoffentlich auch für einige der Nationalisten in Simbabwe wie Mugabe, ist die Frage der Rückgewinnung der nationalen Ressourcen einer der Punkte, die in der gegenwärtigen Phase der Erlangung der politischen Unabhängigkeit auf die Tagesordnung gesetzt werden müssen. Sie müssen politische Bewegungen organisieren, die partizipativer und repräsentativer für die Masse des einfachen Volkes in ihren eigenen Gebieten sind. Denn dann kann sich die Masse der mobilisierten Kader zum Zeitpunkt der Eroberung der Staatsmacht auf ein System mit partizipativen Strukturen stützen. Sie könnten in einer Situation agieren, in der zumindest einige Führungsschichten an der Basis existieren, die sowohl über die politische Bildung wie auch die Waffen verfügen, die notwendig wären, um die unter der neokolonialen Herrschaft auftretenden Deformationen zu bekämpfen.

Um konkret zu werden, betrachten wir das Beispiel der FRELIMO.[3] Sie bildete ein System, das zunächst nicht die staatliche Macht von Portugal eroberte. Vielmehr begann es, in den befreiten Gebieten Systeme der politischen Partizipation, der politischen Organisation und der zivilen Verwaltung aufzubauen und anzuregen, die zumindest einen Gegenpol zu der Entfremdung darstellen, zu der es kommt, wenn die von den Kolonialisten hinterlassenen staatlichen Strukturen einfach übernommen werden. Denn wer diese Strukturen übernimmt, macht sich damit selber zu einem Werkzeug dieses Kolonialismus. Sie können nicht einfach für die Unabhängigkeit genutzt werden, sondern diese Strukturen würden zu einem bestimmenden Faktor werden und die afrikanischen Herrscher würden sich lediglich an derselben Art einer kapitalistischen und autoritären Struktur beteiligen. Ich habe den Eindruck, dass in den noch um ihre Unabhängigkeit kämpfenden Teilen Afrikas angesichts dieser Lehren aus dem sogenannten unabhängigen Afrika, aus dem neokolonialen Afrika, die Möglichkeit besteht, sich mit Fragen zu befassen, die sich in der früheren Phase noch gar nicht gestellt hatten.

Abschließen möchte ich mit einem Blick auf die unabhängigen Staaten, die die Befreiungsbewegungen im südlichen Afrika unterstützen. Ein grober Maßstab für den Grad der wirklichen Dekolonisierung eines afrikanischen Staates ist das Ausmaß, in dem dieser afrikanische Staat in der Lage ist, sinnvolle Beziehungen mit den Befreiungsbewegungen einzugehen. Es ist sicher kein Zufall, dass es außerhalb des südlichen Afrikas die konservativsten und reaktionärsten Staaten sind, die den Befreiungsbewegungen durchweg keine hilfreiche Unterstützung gewährt haben. Sie alle gehen von der Prämisse der nationalen Befreiung aus. Dennoch sind sie nicht in der Lage und nicht willens, die Befreiungsbewegungen zu unterstützen. Sie sind diejenigen, die ihre Beiträge zum Befreiungskomitee der OAU stets hinauszögern.[4] Sie sind diejenigen, die den fortschrittlicheren Sektoren der Befreiungsbewegungen stets Steine in den Weg legen. Sie sind diejenigen, die im Fall von Angola mit Ausflüchten, Verzögerungen und Manipulationen versuchen, die Anerkennung der MPLA zu verhindern, und stattdessen die Bildung einer Regierung mit Beteiligung der UNITA und der FNLA als den Fürsprechern der Interes-

3 Anm. d. Hrsg.: Frente de Libertação de Moçambique (FRELIMO, Mosambikanische Befreiungsfront).

4 Anm. d. Hrsg.: Das Komitee war 1963 von der Organisation für Afrikanische Einheit (OAU) gegründet worden; sein offizieller Name war Koordinationskomitee für die Befreiung Afrikas.

sen des Imperialismus vorschlagen – was geradezu ein Musterbeispiel für den formal unabhängigen afrikanischen Staat wäre.[5] Was ist das für eine Haltung gegenüber jenen Staaten, die gegen den formalen Kolonialismus kämpfen? Für sie würde es ausreichen, wenn das südliche Afrika in genau derselben Weise unabhängig werden würde, wie Sambia oder Kenia unabhängig sind.

Ich habe zum Beispiel mit einem Vertreter des Befreiungskomitees der OAU gesprochen, der damals – als klar war, dass die Portugiesen besiegt werden würden – meinte, für sie habe sich in Bezug auf Mosambik die Aufgabe des Befreiungskomitees erledigt. Es sei ihnen egal, an wen Portugal mit der Unabhängigkeit die Macht übergeben würde, denn die Portugiesen versuchten, in Mosambik, in Guinea-Bissau und auch in Angola durch einige Schachzüge andere Organisationen als die Befreiungsbewegungen mit der Unabhängigkeit zu beauftragen. Und dieser Beamte sagte, das sei für ihn in Ordnung: »Uns geht es nicht darum, wer regieren wird und wie sie regieren werden. Uns geht es nur um die Freiheit, also um die Dekolonisierung.« Solche Funktionäre und solche Elemente der afrikanischen herrschenden Klasse in unabhängigen afrikanischen Ländern würden es vorziehen, wenn die Unabhängigkeit nur nominell wäre, denn das Mosambik, das die FRELIMO anstrebt, wäre mehr als nur nominell unabhängig, was nicht nur die Republik Südafrika, sondern auch die Eliten des unabhängigen Sambias bedrohen würde. Und es würde auch Malawi unter Druck setzen, weil in diesem Staat soziale Ziele verkündet werden, die es in Malawi nicht gibt.

Schärfen wir unseren Blick für das, was im südlichen Afrika zu tun ist, ebenso wie für das, was im unabhängigen Afrika zu tun ist, indem wir begreifen, dass die Definition der Dekolonisierung als solcher einem Wandel unterliegt – durch die Kämpfe der Menschen, durch die Lebenserfahrung der Afrikanerinnen in verschiedenen Teilen des Kontinents ist sie reicher und tiefer geworden. Dekolonisierung muss untrennbar mit einer umfassenden Strategie der Befreiung verbunden sein, zu der die Kontrolle über die materiellen Ressourcen und eine Umstrukturierung der Gesellschaft gehören, damit diejenigen, die produzieren, auch über die Verteilung ihres Reichtums entscheiden. Diese wesentlichen Punkte müssen berücksichtigt werden, wenn wir über die Dekolonisierung in irgendeinem Teil des afrikanischen Kontinents nachdenken – oder auch in anderen Teilen der Welt, auch wenn dies hier nicht das Thema war.

Decolonization, 1976.

5 MPLA, UNITA und FNLA waren drei konkurrierende Befreiungsbewegungen in der portugiesischen Kolonie Angola: Die Movimento Popular de Libertação de Angola (MPLA, Volksbewegung zur Befreiung Angolas), die União Nacional para a Independência Total de Angola (UNITA, Nationale Union für die völlige Unabhängigkeit Angolas) und die Frente Nacional de Libertação de Angola (FNLA, Nationale Front zur Befreiung Angolas).

Die Walter Rodney Foundation (WRF)

WALTER RODNEY (1942–1980) war Historiker, Afrikanist, Professor, Autor und wissenschaftlicher Aktivist. Rodney stellte die Annahmen westlicher Historiker über die afrikanische Geschichte infrage, lieferte einen Rahmen für die Auseinandersetzung mit der Unterentwicklung des afrikanischen Kontinents und seiner Menschen und schlug neue Standards für die Analyse der Geschichte unterdrückter Völker vor. Rodneys Werke bieten eine Plattform für die Diskussion zeitgenössischer Themen und sind umfassende historische Quellen.

Die Walter Rodney Foundation (WRF) ist eine gemeinnützige Organisation, die von der Familie Rodney gegründet wurde, um das Leben und das Werk von Dr. Walter Rodney mit Studentinnen, Wissenschaftlern, Forscherinnen, Aktivisten und Gemeinschaften weltweit zu teilen. Die WRF will Rodneys Beiträge zur Praxis der Wissenschaft, des politischen Aktivismus und Bewusstseins sowie des sozialen Wandels fördern. Die Erlöse aus diesem Buch unterstützen die Arbeit der Walter Rodney Foundation.

Zentrale Aufgaben und Aktivitäten der Walter Rodney Foundation

Walter Rodney Papers: Im Jahr 2003 wurden die Walter Rodney Papers von der Familie Rodney an das Atlanta University Center Robert W. Woodruff Library (AUC RWWL) in Atlanta, Georgia, gespendet. Die Sammlung ist die größte und umfassendste Sammlung von Schriften, Reden, Korrespondenzen, Fotografien und Dokumenten von oder über Walter Rodney weltweit und steht zur Einsichtnahme und Recherche zur Verfügung. Reisekostenzuschüsse können beantragt werden. Wenden Sie sich an +1 404.978.2052 oder archives@auctr.edu.

Veröffentlichungen: Rodney hat mehr als zehn Bücher und fünfzig Artikel verfasst, darunter »How Europe Underdeveloped Africa« und »A History of the Upper Guinea Coast«. Es wird eine aktuelle Bibliografie aller Bücher, Abhandlungen, Zeitschriften und Artikel von und über Walter Rodney geführt. Die Stiftung gibt außerdem die peer-reviewed Zeitschrift *Groundings: Development, Pan-Africanism and Critical Theory* heraus.

Walter Rodney Vermächtnisprojekte: Laufende weltweite Aktivitäten zur Sammlung, Aufzeichnung und Bewahrung von mündlichen Überlieferungen, Informationen und Erinnerungen über Dr. Walter Rodney. Alle Materialien werden Teil der Walter-Rodney-Sammlung am AUC RWWL.

Walter Rodney-Symposium: Seit 2004 findet jährlich in der Woche von Walter Rodneys Geburtstag (23. März) ein Symposium in Atlanta, Georgia, statt. Ziel ist es, Wissenschaftlerinnen, Forscher, Aktivistinnen, Studenten und Menschen aus der Stadt zusammenzubringen, um aktuelle Themen aus der Perspektive Rodneys zu diskutieren und zu erörtern, inwiefern Rodneys Methodik heute noch von Bedeutung ist.

Walter Rodney Vortragsreihe: Seit 2013 findet jährlich im Frühjahr eine Vortragsreihe statt, die sich mit dem Leben und dem Vermächtnis von Dr. Walter Rodney befasst. In Zusammenarbeit mit Colleges und Universitäten im Großraum Atlanta können sich Studierende mit und ohne einen ersten Abschluss für diese Kurse anmelden, deren Besuch als Teil ihres Studiums anerkannt wird.

Kontakt

The Walter Rodney Foundation
3645 Marketplace Blvd, Suite 130–353
Atlanta, GA 30344
walterrodneyfoundation.org
Telefon: +1 678.597.8754
Fax: +1 404.601.1885
E-Mail: walterrodneyfoundation@gmail.com
Facebook: facebook.com/thewalterrodneyfoundation
Instagram: https://www.instagram.com/walterrodneyfoundation/
X: @RodneyProject
YouTube: https://www.youtube.com/@walterrodneyfoundation